JN280796

地方分権と
財政調整制度
*Fiscal Equalization
in the Drive to Decentralize*

改革の国際的潮流
Global Trends in Sweeping Reform

持田信樹［編］
Nobuki Mochida

東京大学出版会

Fiscal Equalization in the Drive to Decentralize
Global Trends in Sweeping Reform

Nobuki MOCHIDA, Editor

University of Tokyo Press, 2006
ISBN978-4-13-046092-7

はしがき

　本書の目的は「地方財政調整制度をめぐる改革の潮流を国際的視野から検証し，地方分権下でのあるべきシステムを構想する」ことにある．21世紀の今日，財政調整制度改革への動きは先進国に共通する潮流であり，そのなかでわが国の地方交付税改革を位置づける必要がある．しかも当面の問題のみならず，かなり長期的な見通しについても考えておかなければならない．

　地方財政調整制度は，全国的に共通なサービス水準を，直接担当する地方団体の財政力如何にかかわらず維持するために不可欠な，福祉国家財政にとって基幹的なシステムである．この制度は，典型的には，中央政府が徴収した租税の一部を地方政府の財政力の強弱に応じて，それを平衡化させることを目的として交付するもので，その使途は原則として受取地方政府にまかされる．

　しかし，地方財政調整制度はつねに安定しているというわけではない．なにしろ明示的であれ暗黙であれ，このシステムは経済的に恵まれた地域から徴収された租税を貧しい地域へ再分配するという形で実施される．分け合うべきパイが小さくなれば，富を共有するという原則に潜在的に反発する豊かな地域の支持が弱くなる可能性がある．それだけではない．地方公共団体への交付は税収調達能力に逆比例的に，財政需要には比例的になされるのが原則である．よほど巧妙に制度を設計しないかぎり，地方公共団体は税収を増加しようとする自主的な努力を怠り「貧困の罠」に陥るといった批判の矢面に立たされることになる．しかも格差を是正するために制度を精緻にすれば算定方法が複雑になる．

　もっとも日本では地方交付税制度の財源保障の水準やモラルハザードの誘因，算定方式の複雑性などをめぐる実証分析が，近年，極めて精力的に行なわれている．財政や地方自治に関連する諸学会においても，財政調整制度は

最もポピュラーなテーマのひとつである．それを促した一つの原因は，地方財政論の新たな展開であった．例えば財政的外部性やソフトな予算制約論などがそれである．しかし研究テーマの細分化と分析方法の高度化を反映してか，世界的な改革の潮流を実証的に検討することは，まだ萌芽的な段階にある．それらの特徴と問題点を明らかにしつつ，わが国での改革をいかに位置づけるかについての包括的な議論は必ずしも十分に行われているとは言えない．

さて本書が対象とする10カ国は上記のような諸問題に取り組んで，その改革を実践してきた代表的な国々である．例えば，ドイツにおける新財政調整法に関する基準法の制定（2001年），オーストラリアにおけるGST歳入交付金の導入（2000年），スイスの「財政調整と役割分担法」とそれついての国民投票（2004年），スウェーデンの新財政調整制度への移行（2005年），そして日本における「三位一体」改革などである．本書に収められた各章では，まず各国における国と地方の機能分担や税源配分を数量的に確認して，財政調整制度の算定公式を検討する．次に公平性，中立性，簡素といった経済学観点から，問題点とその解決をめざす改革を検証する．そして最後に，経済財政政策の焦点となっている地方交付税の制度設計に，その教訓を生かすべく，総括的な議論を展開する．

もちろん財政調整制度改革の潮流を包括的に論じることは野心的な試みであり，おそらく国際的に見てもユニークな仕事である．また執筆者によって意見が異なることも少なくない．しかし，このような意見の差異や問題意識の先鋭さにもかかわらず，財政調整制度についてのアカデミックな議論の枠組みをより多くの方々に共有していただけるのではないかと自負している．地方交付税制度を改革する際の新しい発想や分析の視点を本書から汲み取っていただけることを編者として強く期待している．なお各執筆者による研究は刊行時期との関係で2006年1月には打ち切らざるをえなかった．したがってプライマリー・バランスの黒字化を目的とした「骨太の方針2006」あるいは「新型交付税」や「地方共有税」をめぐる動向，更にはカナダの専門委員会報告等をフォローできなかったことなど不満足な点はあるが，やむをえないことと思っている．

ところで本書のベースとなる研究の起点は文部科学省科学研究費による共同研究プロジェクトであった．われわれの間での共通した動機は，アドホックで時事的な評論ではなく役割分担論，税源配分論および政府間移転論を包括した体系的かつ長期的視点に立った研究を行いたいということであった．さらに経済学や財政学といった伝統的アプローチだけではなく，政治学や行政学のアプローチからも対象に接近したいと考えた．だが対象が絶え間なく変化し続けているため研究の準備・構想・実施は9年間という長丁場となった．

　かかる経緯と世界各地での実態調査や資料収集，国内での合宿を踏まえ，最終年度に国内外の第一線の研究者に参加を呼びかけて，国際コンファレンス「財政調整制度の国際比較」(2005年11月12-13日，於：学術総合センター）を開催した．そこで報告された論文を基礎に，書きかえられたものが本書である．本研究の趣旨に賛同され，国際コンファレンスで報告していただいたヴォルフガング・レンチュ，ユルゲン・ロッツ，ポール・ホブソン，バイジャン・グルーワル，林健久，町田俊彦，星野菜穂子，橋都由加子，石田三成の各氏に感謝したい．

　また国際コンファレンスでの討論では，国際協力機構や総務省自治財政局をはじめ，各大学の研究者，政府省庁，新聞社等の多数の方々にも時間を割いていただいた．一人一人のお名前を挙げることは省かせていただくが，心よりお礼申し上げたい．また中井英雄，岡本全勝の両氏には国内研究会で貴重な助言を頂いた．京都市理財局の足立祐一氏には予算編成の実際について教示を賜った．なお8章を執筆し，初期の段階から本研究プロジェクトの中心的メンバーの一人として活躍されていた古川俊一教授が2006年4月に急逝されたことは痛惜の念にたえない．心よりご冥福をお祈り申し上げる．

　各執筆者の行った海外調査の際には，各機関より資料を賜り，議論の為の時間を割いていただいた．とくに以下の機関・方々にお礼を申し上げたい．オーストラリア国立大学，連邦交付金委員会，連邦大蔵省，タスマニア州地方政府交付金委員会，タスマニア州大蔵省，ビクトリア州地方政府交付金委員会（以上，オーストラリア），クウィーンズ大学ロビン・ボードウェイ教授，アケーディア大学ポール・ホブソン教授，連邦財務省（以上，カナダ），英国副

首相府，公会計士協会，ロンドン特別区ルイシャム，オックスフォード大学イアン・マクリーン教授（以上，イギリス），米国会計検査院，全国行政アカデミー・ブルース・マクドゥーウェル氏（以上，アメリカ），ブランデンブルク州政府，ザールラント州政府（以上，ドイツ）．

　なお本書のベースとなる研究には各方面の機関から研究費の支給と，研究上の便宜を受けた．本研究には文部科学省の科学研究費（2003-2005年，基盤B-1）を受けている．また本書は東京大学日本経済国際共同研究センターの2006年度刊行助成を受けて刊行される．刊行助成にあたっての植田和男東京大学経済学研究科長のご尽力に心より感謝したい．最後になるが，いつもながら執筆者に快適な環境を保証し，本書の編集を担当された東京大学出版会の池田知弘氏ならびに国際コンファレンスを手伝ってくれた学生諸君に厚くお礼申し上げたい．

2006年6月

編　者

目 次

はしがき

第Ⅰ部　再分配とインセンティブ
　　　——問題の構図

1章　なぜ財政調整制度の改革なのか　………………………………持田信樹
　1. 財政調整制度の持続可能性　3
　2. 拠出と配分のルール　4
　　2.1　理念と拠出者　5
　　2.2　総額と配分ルール　6
　　2.3　財政調整制度と純財政便益　7
　3. 財政調整制度への批判　9
　　3.1　「過剰平準化」論　9
　　3.2　「貧困の罠」論　10
　　3.3　複雑性・不透明さ　11
　4. 改革の国際的潮流　13
　　4.1　拠出の抑制と交付水準の調節　13
　　4.2　インセンティブの付与　14
　　4.3　裁量からルールへ　15
　　4.4　世紀の大改革　17
　5. 社会経済の環境変化　18
　　5.1　緊縮財政と地方自治　18
　　5.2　グローバル化　20
　6. 国際比較の教訓　21

2章　民主主義体制における財政調整制度と政府間関係 ………秋月謙吾

1. はじめに　25
2. 集権・分権と融合・分離　25
   2.1　集権・分権／融合・分離のモデル　25
   2.2　政策領域ごとの分析　27
   2.3　国ごとの分析　29
3. トポクラートと擬似トポクラート　33
   3.1　トポクラートの概念　33
   3.2　アメリカにおける擬似トポクラート　36
   3.3　日本における擬似トポクラート：自治官僚　40
4. まとめ：日本についての含意　42
   4.1　戦後日本の財政調整制度の解釈　42
   4.2　分権改革の今後の方向性　43
   4.3　日本型擬似トポクラートの将来　44

3章　平準化効果の国際比較 ………橋都由加子・石田三成

1. はじめに　47
2. 分析作業の仮説　48
3. データと収入項目の定義　50
   3.1　日本のデータ　50
   3.2　カナダのデータ　51
   3.3　オーストラリアのデータ　51
   3.4　ドイツのデータ　53
4. 分析の結果　54
   4.1　収入項目の変動係数　54
   4.2　ジニ係数を用いた財政調整係数　57
   4.3　一般補助金の規模と財政調整係数　59
   4.4　順位の変動を考慮に入れた場合　61
5. 考察と課題　62

4章　地方交付税と純財政便益 ………堀場勇夫

1. はじめに　65
2. 純財政便益の概念　66

3. 純財政便益と資源配分の効率性 67
   3.1 基本モデル 67
   3.2 居住地課税と効率性 69
   3.3 源泉地課税と効率性 74
4. 純財政便益と公平性 77
   4.1 純粋公共財と水平的公平性 78
   4.2 準私的財と水平的公平性 78
5. 結びにかえて 79

第Ⅱ部　裁量かルールか
　　　　　——垂直的財政調整

5章　水平的財政平衡原則の二元的運用：オーストラリア
　　　　　　　　　　　　　　　　　　　　　　　　　　　　　　　花井清人

1. はじめに 83
2. オーストラリアの政府間財政関係 84
   2.1 政府間財政関係の概観 84
   2.2 財政調整制度の運営方法 87
3. 州政府間での財政調整制度の機能と役割 88
   3.1 GST歳入交付金配分のマネージメント 88
   3.2 水平的財政平衡化の効果 91
   3.3 2000年税制改革に伴う政府間財政関係の見直し 93
   3.4 財政調整制度再検討の動向 94
4. 州政府内での地方政府間の財政調整制度 96
   4.1 財政支援交付金配分のマネージメント 97
   4.2 地方政府間の財政調整制度再検討の動向 99
5. 結論およびわが国への示唆 103

6章　代表的課税システムによる平衡化：カナダ……………持田信樹

1. はじめに　107
2. 租税徴収協定と「支出権限」　108
   - 2.1　課税ベースの重複　108
   - 2.2　一般補助金の優位　110
3. 平衡交付金の算定と理念　111
   - 3.1　代表的課税システム　112
   - 3.2　グロス・システム　114
   - 3.3　最低保障と特例解決　115
   - 3.4　同様な租税調達力の確保　116
4. 改革をめぐる論争　117
   - 4.1　代表的課税システムの正統性　117
   - 4.2　憲法第36条と調整水準の過少　121
   - 4.3　誇張された効率性の問題　123
5. むすびにかえて　125

7章　強制されたアカウンタビリティ：イギリス……………北村　亘

1. はじめに　129
2. 地方財政の制度的コンテクスト　131
   - 2.1　制度的な発展経路　131
   - 2.2　強制されたアカウンタビリティ　132
3. 財政調整制度と地方での予算編成　134
   - 3.1　戦後イギリスにおける財政調整制度をめぐる理念的対立と改革　134
   - 3.2　中央政府内部での地方予算編成過程　137
   - 3.3　地方自治体の予算編成　138
4. 地方税財政制度のパフォーマンス　139
   - 4.1　公共セクター内部の空間的分割　139
   - 4.2　地方歳入　141
   - 4.3　中央省庁による地方自治体への移転支出　144
   - 4.4　地方歳出　145
5. 結語　146

8章　財政調整制度の長き不在：アメリカ……………………………古川俊一
1. はじめに　151
2. 協調的連邦主義と歳入分与　152
    2.1　二元的連邦主義から協調的連邦主義へ　152
    2.2　歳入分与の創設　154
3. 歳入分与の算定　156
    3.1　創設当初の算定方法　156
    3.2　配分手続き　157
4. 歳入分与の効果　158
    4.1　再分配効果　158
    4.2　財政的効果と政治的効果　160
5. 歳入分与の廃止　162
    5.1　州の除外と政府間組織の縮小　162
    5.2　廃止の影響と代替案　164
    5.3　州による地方政府への一般補助金　165
6. 教訓と示唆　167
    6.1　憲法的連邦主義の優位　167
    6.2　日本への示唆　169

9章　「分税制」改革後の地域格差と財政調整：中国　…………町田俊彦
1. はじめに　173
2. 経済力格差と地方税収格差の拡大　174
    2.1　経済力の地域格差の拡大　174
    2.2　地方税収格差の拡大　175
3. 分税制改革後の租税体系と中央・地方間税収配分　177
    3.1　租税負担率の上昇と直接税の比率上昇　177
    3.2　税収配分における中央政府のシェアの上昇　179
4. 特定補助金を主軸とする財政調整　182
    4.1　1990年代後半における財政調整機能の低下　182
    4.2　2000年代初頭における財政調整機能の強化　184
5. むすびにかえて　186

第Ⅲ部　動揺を通じた安定化
　　　──水平的財政調整

10章　州間の水平的調整における根本問題：ドイツ
……………………………………ヴォルフガング・レンチュ（伊東弘文訳）
1. 連邦国家における財政基本規範の役割　191
2. 機能的連邦主義のモデルにおける財政基本規範の役割　195
3. 不均衡とその原因　203
4. 連邦法による州・市町村の財政負担　207
　4.1　社会扶助　208
　4.2　貨幣給付法における家賃補助　209
　4.3　小括　211
5. 結語　211

11章　水平的財政調整の動揺：スウェーデン ……………林　健久
1. はじめに　219
2. 国情と財政の概観　219
　2.1　国情の概観　219
　2.2　財政の概観　220
3. 財政調整発展小史：1966年から2004年まで　222
　3.1　1966〜1985年：財政調整の発足と拡充　223
　3.2　1986年：水平的財政調整システムの登場　225
　3.3　1993年：水平的財政調整制度の廃止　227
　3.4　1996年：水平的財政調整制度の甦生　230
4. 垂直的調整の支配的地位の確立：2005年改正　232
　4.1　背景　232
　4.2　新制度の内容　233
　4.3　実態　235
5. むすびにかえて　237

12章　再分配的福祉機能と連帯財政調整：北欧諸国
　　　　　　　　　………………………………………ユルゲン・ロッツ（橋都由加子訳）
1. 北欧諸国における分権化と統制の問題　239
2. 北欧の交渉システム　242
3. 一般補助金，特定補助金，裁量的補助金の役割　244
   3.1 財源保障，マクロ経済的統制　244
   3.2 定率補助金，ミクロ経済的統制　245
   3.3 裁量的補助金の利用に伴うリスク　246
4. 水平的不均衡と財政調整　246
   4.1 地方政府に対する財政調整の議論　246
   4.2 2つのモデル：連帯または補助金型の財政調整　247
   4.3 財政調整の規模は？　インセンティブ問題は存在するか？　248
   4.4 タイムラグ　250
   4.5 制度はそれほど複雑な必要があるのか？　250
   4.6 地方の財政需要の測定　251
5. 結論　253

13章　分権国家における財政調整制度：スイス　……………………世利洋介
1. はじめに　257
2. 政府間関係の骨格　257
   2.1 連邦主義　257
   2.2 執行連邦主義　258
   2.3 連邦主義の活性化策　259
3. 従来の財政調整制度：概要と問題点　260
   3.1 連邦憲法・法律上の根拠　260
   3.2 財政移転と財政力関連額　261
   3.3 配分上の問題　263
   3.4 財政力指数の問題　264
   3.5 調整効果　264
4. NFAによる新財政調整制度　265
   4.1 連邦憲法・法律上の根拠　265
   4.2 財政中立の原則と財政調整枠　266
   4.3 配分方式　268

xiv 目次

  4.4 調整効果 270
  4.5 新旧財政調整制度の比較 271
 5. 日本への示唆：制度設計の視点から 273
  5.1 制度設計上の民主的手続き 274
  5.2 コンセンサスの形成枠 275
  5.3 広義の財政調整の視点 276

第Ⅳ部　試練と選択
  ——日本の地方交付税

14章　地方自治と地方交付税 ……………………………………… 林　正寿
 1. 政府間関係の特質 281
  1.1 大規模な財源移転 281
  1.2 地方財政調整の理念 282
 2. 地方交付税の総額 284
  2.1 特定国税の一定比率 284
  2.2 交付税特会による特例措置 285
 3. 地方交付税の個別配分ルール 286
  3.1 基準財政需要額の算定 287
  3.2 基準財政収入額の算定 289
 4. 最近の主要論点 290
  4.1 再分配効果 290
  4.2 税率選択に対する中立性 293
  4.3 補正係数の複雑性 294
 5. むすびにかえて 298

15章　高齢者保健福祉の財源保障 ………………………………… 星野菜穂子
 1. はじめに 301
 2. 介護保険制度導入と地方交付税 302
 3. 高齢者保健福祉需要額の算定の概要 304
 4. 神奈川県および徳島県下市町村を事例とした検証 305

4.1　高齢者保健福祉費基準財政需要額の概観　305
　　4.2　65歳以上人口測定単位経常経費の補正係数　310
　5.　補正係数の算定根拠　314
　　5.1　密度補正　314
　　5.2　段階補正×普通態容補正　316
　6.　むすびにかえて：中立性，簡素，アカウンタビリティ　319

16章　「試練の時代」の地方交付税 ……………………………………伊東弘文
　1.　はじめに　325
　2.　自治と集権のバランス　325
　3.　地方財政計画の意義とジレンマ　329
　4.　地財対策の2つの見方　331
　5.　荊に満ちた道：2005年度地方財政計画　333
　6.　地方交付税はいかに苦境を脱するか　339

索　引　343

第Ⅰ部　再分配とインセンティブ
　　　──問題の構図

1章　なぜ財政調整制度の改革なのか

持田信樹

1. 財政調整制度の持続可能性

　日本の地方交付税は前身の地方財政平衡交付金にかわって，1954年に創設された．以後，50年を過ぎたことになる．50年というのは，「人間」に置き換えれば「壮年期」に当る．壮年期は，知恵と経験と力の総合において頂点に達する時期である．しかし地方交付税は現在，苦境にある．それは本来法的根拠をもたない地方財政対策が地方交付税という財政現象の実際の世界で「普通名詞」の地位を確実に占めつつあるということに如実に現れている（16章伊東執筆）．一体，地方交付税は持続可能なのだろうか．交付税をめぐる喧しい議論をわれわれはどのように受け止めたらよいのだろうか．

　ところで地方財政調整という言葉に当たるドイツ語はFinanzausgleichであり，英語ではFiscal Equalizationである．この言葉は常識的にいうと，地方公共団体間，とくに同位のそれの間における水平的な財政力格差を完全もしくは部分的に平準化する機能を含む制度を示す．よく知られているように福祉，医療，あるいは教育といった対人サービスは，福祉国家の成熟にともない膨張する分野であるとともに老齢年金や失業給付と違って，地方的・個別的対応が必要な分野でもある．そのような生存権保障にかかわるサービスの水準は全国統一的であることが求められるのに，それを実施する地方政府には財政力に大きな懸隔がある．特定補助金制度はいうまでもなく地元負担を伴うため豊かな地方ほど得やすいという難点がある．この水平的財政不均衡をとりあえず解決するのが地方財政調整制度である．かくして地方財政調整制度は国民に居所の如何を問わず生存権を保障する福祉国家にとって不可欠なものである．

　けれどもこの制度はつねに安定しているというわけではない．なにしろこ

の制度は明示的であれ暗黙であれ，経済的に恵まれた地域から徴収された租税を貧しい地域へ再分配するという形で実施される．高度成長が終わり分け合うべきパイが小さくなれば，富を共有するという原則に潜在的に反発する豊かな地域の支持が弱くなる可能性があろう．逆に経済が成長していても，富の共有のコンセンサスが希薄であれば財政調整は社会に根づかない．それだけではない．地方公共団体への交付は税収調達能力に逆比例的に，反対に財政需要には比例的になされるのが原則である．よほどうまく制度を設計しないかぎり地方団体のインセンティブに任せておくと税収を増加しようとする自主的な努力を怠り「貧困の罠」に陥る云々といった攻撃の矢面に財政調整制度は立たされることになる．すでに 1958 年に U.K. ヒックス夫人は財政調整制度を通じた税率とサービスの均等化を「地方自治の最後のかけらを打ち壊してしまうもの」と捉えている．悪いことに格差を是正するために制度を精緻にすればするほど財政調整制度の算定方法が納税者から見て理解できないほど複雑になっていくという自己矛盾もかかえている．

さて本書は，10 カ国の国と地方の機能分担や税源配分といった政府間財政関係の特質から説き起こし，ついで財政調整制度の算定公式を検討し，ひるがえって公平性，中立性，簡素といった評価基準から現行の問題点を明らかにしていく．本章では以下の各章で様々な角度からなされる国別のケース・スタディを読む動機付けを試みたい．

2. 拠出と配分のルール

はじめに財政調整制度とは地方公共団体間，とくに同位のそれの間における水平的な財政力格差を完全もしくは部分的に平準化する機能を含む制度であると述べた．けれども国よってその仕組みはいちじるしく異なっている．本節では，いま少し各国の財政調整制度についてその基幹的部分を説明し，かつ経済学的な正当化根拠を明らかにする[1]．

---

[1] 算定公式の詳細については本書第 II～IV 部の各章ならびに持田 (2004), 第 4 章を参照されたい．

2.1 理念と拠出者

　財政調整制度は中央と地方の政府間関係に規定されつつ，歴史的に形成されてきた．したがって中央政府が決定した公共サービスを地方政府が執行している国と，反対に各地方政府が自由に財政活動を行う国とでは財政調整制度の理念はおのずから違ってくる．

　単一制国家では前者のように標準税率で全国一律の公共サービスの供給が可能になるように財源を保障する財源保障機能がそのレゾンデートルとなる傾向がある[2]．もっとも財源保障機能をもつのは単一制国家の制度だけにかぎらない．レンチュ教授はドイツの州は連邦で決定された政策を執行するための機関であると捉え，これを「機能的連邦主義」と定義している（10章）．基本法第106条第3項に掲げられた「生活関係の統一」という文言も財源保障機能の事例だといえよう．一方，独立した植民地政府が連邦政府を結成した連邦制国家では福祉国家の成立を境にして連邦と州が協調するようになる．これに伴い，各地域が同様の負担で同様の公共サービスを提供することが可能になるための財政能力の均等化が政策目標になる．カナダの1982年憲法第36条第2項の規定がその代表的なものだといってよい．しかし，二元的連邦主義（連邦と州が権限と財源を分離すること）が優位を占めているアメリカでは，ニクソン政権期の1972年に一般歳入分与という財政調整制度が史上はじめて導入されたものの，1985年統合予算調整法により14年間の短い命を終えた（8章古川執筆）．日米両国ともに政治的な影響力を持ったトポクラートは存在するが，中央において制度的・組織的基盤を持つパートナーとしての擬似トポクラートが欠けていたことはアメリカの財政調整制度の維持発展にとっては決定的であった（2章秋月執筆）．

　ところで財政調整制度は経済的に恵まれた地域から相対的に貧しい地域へ所得を再分配するという形で実施される．問題はだれが一体この原資を拠出

---

[2] 例えば地方交付税法第3条の2項には「国は，交付税の交付に当っては，地方自治の本旨を尊重し，条件をつけ，又はその使途を制限してはならない」と規定されているが，地方財政法第11条の2項では国庫負担金事業の地方負担分を地方交付税の財政需要額に算入しなければならないとされている．国に義務付けられた事務の財源措置義務を交付税は負っているといえよう．

表1-1 財政調整制度のタイプ

	垂直的調整		垂直・水平混合制度	水平的調整
	ルール[1]	予算措置		
財政力ベース型	カナダ			ドイツ[4]
需要・財政力混合ベース型	オーストラリア 日本	イギリス 中国 アメリカ[2]	スウェーデン[3] スイス[5]	デンマーク ドイツ[4]
需要ベース型				

(注) 1. 国税の一定割合等.
2. 歳入分与制度（1972-1985）.
3. 2005年1月1日以降.
4. 州間財政調整．実質的には財政能力ベースだが，形式上，需要と収入を比較.
5. 2004年11月国民投票，2008年1月実施見込み.

するかである．原理的にいうと水平的財政調整と垂直的財政調整とで拠出の仕方が異なる．前者は「ロビンフッド・モデル」とも呼ばれ，スウェーデンとデンマークおよびドイツの州間財政調整において実施されている（11章林健久執筆）．財政的に豊かな地方団体が調整資金を拠出して，それを貧困な地方団体へ移転するので，中央政府の関与はない．これに対して後者では貧困な地方団体の歳入を一定の全国標準に引き上げて標準的なサービスを提供するため中央政府が補助金を交付する．

2.2 総額と配分ルール

水平調整の場合は地方団体間の総拠出額と総受領額とが一致するように制度を設計すれば中央政府の負担はゼロになる．これに対して垂直的財政調整制度を実施しようと思えば，原資の規模を決定することからはじめなければならない（表1-1を参照）．客観的なルールを採用するものとしてはカナダの平衡交付金のように算定公式によって各地方政府の受領額を計算し，それらを加算した額を原資とする方式がある．もっとも現実には無制限というわけではなくGDPにスライドした上限があったりする．ルールにもとづく方式には日本の地方交付税やドイツの共同税あるいはオーストラリアのGST歳入交付金のように，国税の一定割合を原資とすることを法律で定める一方，その配分比率を変更する余地を残しておく方式も含まれる．しかし自動的に

決定するルールだけが原資総額を決める方式ではない．イギリスの歳入補塡交付金（7章北村執筆）や2000年までのオーストラリアの財政支援交付金（5章花井執筆），アメリカの歳入分与（8章古川執筆）では毎年の予算で政府が時々の経済状況を勘案して裁量的に原資総額を決めている．

さて交付金の原資総額が決まると各地方団体へどのように配分するかということが次の問題となる．一般に租税がより多く地方に配分されるにしたがって配分ルールは歳入調達能力を反映するものになる．地方政府が代表的な課税標準に標準的な課税努力をもって賦課したときに確保できるであろう歳入が当該地域の財政能力である．カナダの平衡交付金で採用されている代表的課税システムがその典型である．ドイツの州間財政調整も実質的にはこれに近いかもしれない．1958年から2007年までのスイスの財政調整制度も基本的に歳入面での平準化を図っている．

これに対して平等化へのコミットメントが強い国や国の画一的な事務の多くが地方政府へ委任されている場合には，財政能力に加えて公共サービスの需要ないし供給コストをも含んだ配分ルールが設定されている．かかる混合ベース型の配分ルールはオーストラリア，イギリス，日本，中国の財政調整制度において採用されている．これらの国々では平均的な課税努力を行っている地方政府が標準的な公共サービスを提供できるように，中央政府が各地方政府の財政需要と財政能力とのギャップを補塡する．一旦導入されて短命に終わったアメリカの一般歳入分与も需要と財政能力の両面を考慮していた．

2.3 財政調整制度と純財政便益

財政調整制度を本当に理解している人は少ないが誤解している人は意外に多い．その最たるものは分権化をすすめると財政調整制度は不要になるという説である．たしかにアダム・スミスは『諸国民の富』（1776年）の中で次のように述べている．「その利益が地方的または州的なもの（例えば特定の都会または地区の治安のために支出されたもの）に対する地方的または州的な経費は，地方的または州的収入によってまかなわれるべきであって，すこしもその社会の一般的収入に負担させてはならない」．しかし財政調整制度は地方

分権化と対立するものではない．経済学的にいうと地方分権に伴う非効率，不公平を緩和して，分権化のメリットを享受することに財政調整制度の役割がある．

　理論的には純財政便益をキー概念にしたボードウェイ＝ホブソンモデルとフラッターズによる地域資源配分モデルの二派があるが，実はその両者の内的連関は必ずしも明らかにされていなかった．4章（堀場執筆）は両者の間には内的な連関性があることを説得的かつ厳密に論証している．ここで純財政便益の概念を直感的にわかるよう説明すると次の通りである．地域間には経済力格差があり，この経済力格差によって財政能力にも差が生じる．他方，財政需要は高齢者数なり児童数の違いなりによって地域ごとに異なっている．このため分権的なシステムでは居住する行政管轄区域が違うというだけで，経済的に等しい人々の純財政便益には格差が発生する．ここで純財政便益とは住民が地方政府から受け取る便益とそのための税負担との差を示す．

　これは効率性の観点からいうと重大な問題となる．なぜならばこの格差を放置したままで分権的地方政府の行動にまかせると，人々は限界生産性が等しくなるように地域間を移動するのではなく純財政便益の大きい地域に過剰に集まってしまうからである．さらに純財政便益の格差が存在すると非効率的になるだけではなく，水平的な公平性すなわち居所の如何にかかわらず平等に処遇されるという原則も踏みにじられる．

　もし地方政府が源泉地課税（法人税，天然資源税）をかけていると，一人当たりの課税ベースの差に税率をかけた値が純財政便益の格差となる．これに対して居住地課税（所得税，売上税，固定資産税）の場合にはそれが応益原則からどのくらい乖離しているかによって結論が異なる．代表的なケースは住民が所得比例的な居住地課税を負担してそれを財源に地方政府が準私的財を供給する場合である．このときには財政的公平性のために一人当たり居住地課税を平準化しなくてはならない．つまり地方財政調整制度は経済学的にいうと純財政便益の格差を取り除くことによって効率性と公平性を達成する役割を果たしているといえる．

　実際，日本の財政調整制度はこれらの原則の適用に合致しているとの指摘がある[3]．すなわち所得階層別の負担は日本では標準的なケースに近いとい

う．居住地課税全体では，最低所得階層を除くと，ほぼ所得比例的である．また教育費と民生費の2つの準私的財の便益はやや低所得層に手厚いことが判明したという．つまり日本の地方政府の予算は所得再分配的である．かかる所得再分配性は日本における居住地課税の平準化を正当化する．

3. 財政調整制度への批判

前節では財政調整制度の基幹的部分に関する類型論を述べ，かつその経済学的な根拠について述べた．これをうけて本節ではこの制度がいかなる課題に直面しているのかを「過剰平準化」論，「貧困の罠」論，不透明さの3つに注目して述べよう．

3.1 「過剰平準化」論

財政調整制度を通じた地域間の所得再分配が人々の公平感にかなっているとしても，どのような分配が適正かについて，一義的な解があるわけではない．何よりもこの制度は明示的であれ暗黙であれ，経済的に恵まれた地域から徴収された租税を貧しい地域へ再分配するという形で実施される．例えば需要・財政力混合ベース型のオーストラリアと日本では一般財源の順位は，交付後に逆転している．またドイツでは売上税配分の平準化効果が大きく，州間財政調整の平準化効果は限界的なものにとどまっている（3章橋都・石田執筆）．

このような再分配を支えているのは究極的にはそれぞれの社会に埋め込まれた規範である．カナダの平衡交付金は憲法によって規定されており，連邦が交付しなければならない財政移転である．富裕州はある程度，富を再分配する責任を認識している（6章持田執筆）．経済的に豊かなアルバータ州やオンタリオ州が平衡交付金を規定している1982年憲法を批准している事実が何よりの証拠である．ドイツでは州相互の調整水準はドイツ平均の95%であるが，憲法裁判所は連帯と自治との正当な中道であると確認した．

---

3) 地方分権下での地方交付税制度を財政連邦主義の基本原則に照らして評価し，研究史上の空白を埋める試みとして，Boadway, Hobson and Mochida (2001) がある．

しかし高度成長が終わり分け合うべきパイが小さくなるとか，グローバル化に乗り遅れた地域の問題を抱えるならば，富を共有するという原則に潜在的に反発する豊かな地域の支持が弱くなる可能性がある．その弱い環をなしているのが，垂直的財政調整に比べてより完全な財政調整を実施している水平的財政調整であろう．前者では，最も豊かな地方団体は財政調整制度の枠外に置かれるのが普通であるが，後者では拠出が義務付けられる．例えばスウェーデンの水平的財政調整については，負担を求められる地方団体から抵抗があり，「ロビンフッド税」なるニックネームが捧げられた．そのうえ地方に拠出を義務付ける制度が憲法違反ではないかという裁判が提起された（11章林健久執筆）．

同様の事態はやはりドイツでも起こっている．新諸州（旧東ドイツ地域）をも含む全ドイツ的財政調整への移行が1995年に実現されたことを契機にして拠出義務を負う富裕諸州の不満が高まった．富裕州を代表するバイエルンとバーデン・ヴュルテンブルク州がドイツの財政調整制度について連邦憲法裁判所に法令審査請求を行った．

もっとも垂直的調整でも原資の多くは経済的に恵まれた地域の税収が占めるので，地域間の所得再分配は発生する．しかし垂直的調整ではあたかも全ての地方団体が拠出なしに交付金を受領しているように見えるので農村部に基盤をおく政党には有利である．換言するならばモデルの選択は政治的な動機付けが背後にあるといえる（12章ロッツ執筆）．水平的調整は補助金モデルに比べて豊かな地方団体による拠出をより透明なものにする．例えばデンマークでは1988年に保守党政権が経済的に豊かで社会民主党の地盤である大都市圏がより貧しく保守党の地盤である農村部のために負担している構図を隠すために，水平的調整を廃止して垂直モデルに戻した．しかし1996年には社会民主党政権はこれを再び水平的調整に戻した．

3.2 「貧困の罠」論

地方公共団体への交付は税収調達能力には逆比例的に，反対に財政需要には比例的になされるのが原則である．したがって財政調整制度は課税努力を行った地方団体が交付金の減額というペナルティーを受けるとか，あるいは

反対に努力をしない地方団体には交付金の増額というプレゼントが贈られないように注意深く制度設計がなされている．オーストラリアではクイーンズランド州は税率が低いからGST交付金を多く受領していると主張する政治家がいる．しかし本当の理由はクイーンズランド州の経済が標準的な課税努力をもってしても同じ歳入をあげることができないからである．カナダでも平衡交付金の受領額は実際の州の税率選択と独立して決定される仕組みになっている．例えば，ある州で売上税の税率が0％であっても10％であっても，平衡交付金の受領額は変わらない．

しかし1990年代以降，いまやグローバル化に伴い地域は直接に国際競争にさらされるようになる一方で，かたや中央政府は補助金を削減して財政赤字からの脱出を図ろうとしている．地方財政調整制度は課税努力のインセンティブ云々といったそれ自体は誰からも反対を受けそうもない批判にさらされる環境に置かれているといえる．こうした批判に有利な条件のもとでインセンティブ論をたてて議論を展開すれば，それなりに政治的な成功を得ることはありえないことではない．財政調整制度は課税ベース拡大に負のインセンティブを与えるとの批判がそれである．スウェーデンでは後述の2005年度の制度改正の際，その理由付けとしてインセンティブ論が使われた．

『新約聖書』ルカ伝の，エリコに向かう瀕死の旅人に対する献身的なサマリア人は，自己の喜捨によって相手が不労の利を悟るのではないか，というジレンマに直面する．かのサマリア人はユダヤの司祭やレビ人と同じように道の反対側を通りすぎていったかもしれない．地方財政調整制度が経済的に恵まれた地域から徴収された租税を貧しい地域へ再分配するという形で実施されているとき，納税者はブキャナンのいう〈サマリタンのジレンマ〉に類似した状況に直面しているといえよう．

3.3 複雑性・不透明さ

しばしば物取り主義によって財政調整制度は複雑になっているとか，算定方式を根本的に単純化すべきだという議論が展開されている．しかし標準的な行政サービスを保障するという観点に立てば，受益者数に単位費用を乗じ，かつ地域の自然・社会条件を勘案するというニーズの把握の仕方そのものは

各国共通でかつ何の問題はない（15章星野執筆）。もちろん地域住民の選択の結果としてのサービス水準や効率性による歳出の違いは地域住民が負担すべきであって財政調整制度でいうニーズには含めるべきではない。パフォーマンス指標はニーズではなくサービス水準を測るものなので避けるべきである。

けれども政治経済学的な観点からいうと財政調整制度を運営することは実はむずかしい問題をはらむ。ロッツ氏が指摘するように，拠出した地方公共団体が不平を鳴らすだけでなく，交付金を受け取る団体もまた十分ではないと納得しないからである。しばしば取るに足らない「需要」をアドホックに算入するといったかたちで複雑な妥協が制度に加えられていく。

ドイツにおける財政調整制度研究の第一人者であるレンチュ教授は東京で開催されたコンファレンス[4]で「ドイツでは財政調整制度を本当に理解しているのは12人しかいない」と発言し，参加者を驚かせた。しかしスイスの旧財政調整制度より複雑な仕組みはないだろう（13章世利執筆）。オーストラリアのGST歳入交付金の算定に使われる「阻害要因」は交付税の補正係数と同じ役割を果たしている。だが複雑すぎて政治的な無関心バイアスを生んでいるようである。閣僚会議でニュー・サウス・ウェールズ州とビクトリア州が手法を変えるべきだと主張し，これを受けて財務省が財政調整手法の簡素化を行うことを決定したのはこのためである（5章花井執筆）。カナダの平衡交付金では算定式が合理的に目的を達成するよう設計されているが算定式が複雑であることは否定できないと専門家も指摘している。このため最近では個人所得や地域内総生産を指標にしたマクロ算定方式も議論されている。

トクヴィルは名著『アメリカの民主主義』（1840年）の中で次のように述べた。「すべての地位が不平等であるときには，どんな大きな不平等でも，人々の心を傷つけることはない。これに反して，一般的一律性のうちにあっては，どんな小さな差別でも，人々の心に衝撃を与える」。財政調整制度の算定公式は納税者からみてあまりにも複雑になっているという批判に接するたびにトクヴィルのこの言葉を思い出さずにはいられない。

---

4) はしがき参照。

4. 改革の国際的潮流

ではこのような問題に取り組み，ある程度その是正に成功した国の経験はいかなるものだろうか．その詳細は各章に譲るとして本節では拠出と給付の調整，インセンティブの付与，裁量からルールへといった3つの変化に注目して，一般的な傾向を述べよう．

4.1 拠出の抑制と交付水準の調節

改革の潮流が地域間で所得を再分配する際に生じる緊張をほぐすことを主眼としたものであることは容易に想像できよう．すなわち受領団体の給付水準は据え置いたまま，恒常的な負担者の地位におかれている大都市圏の拠出を抑える．その結果，生じる総負担額＜交付金総額という不均衡は中央政府からの垂直調整を拡充することで埋め合わせる．つまり垂直的調整と水平的調整の混合制度への移行である．このシナリオを絵に描いたように実行に移したのが，2005年1月1日から実施されたスウェーデンの新財政調整制度である．世界的にユニークなコミューン・レベルまで含む水平的調整の登場，廃止，再生そして縮小というドラマがスウェーデンでは演じられた．絶えず動揺しながら，大きな垂直的調整と小さな水平的調整という安定点を見出していく事例として，この国の経験は示唆に富む（11章林健久執筆）．

ドイツでも2001年7月に新財政調整法に関する基準法が成立した．この法律の制定はブレーメン，ザールラント両州の救済に対する富裕州の苛立ちに端を発している．基準法では貧困州の受領額と富裕州の拠出額の双方を削減して水平調整をごくわずかではあるが縮小して，連帯を重視した制度から各州の自立性やインセンティブを重視するものへと歩をすすめた[5]．しかしドイツやスウェーデンが連帯の精神にもとづいた水平調整をただちに放棄する可能性はないとみてよいだろう．

それでは財政調整制度のメインストリームである垂直調整はどうなっているのであろうか．日本では2002年度以降を見ると，事業費補正や段階補正

---

5) 南ドイツ3州の違憲訴訟とそれに対する連邦憲法裁判所の判決については中村（2004）を参照．

の縮小，さらには特別会計借入停止等を通じて地方交付税はスリム化されつつある．この結果，地方交付税は2000年度の約22兆円から2004年度の約17兆円へと約5兆円も量的に削減されている．またイギリスでは国から交付される歳入援助交付金を所与として，各地方公共団体には標準歳出評価額を上回る超過歳出分についてはカウンシル税の税率引き上げによって住民が負担する仕組みが早くから導入された．しかし単一税制の下ではギアリング効果の存在により少しの支出増も大きな税率引き上げに結びつくため，実際にはあまり税率を上げる動きにならないようである（7章北村執筆）．

4.2　インセンティブの付与

地域経済の拡大に比例して地方公共団体の分け前が増加するのでなければ，税収拡大の刺激は僅少である．かくて「貧困の罠」から地方公共団体を脱出させるために様々な対応が試みられることになった．租税力の強い州が徴収する追加的な1DMは最大限80Pf.（ペニッヒ）まで取り上げられるといわれるドイツでは，平均拠出率の上限を72.5％とする改正が2005年から実施された．また前年度に比べて平均を超える税収の増減があったとき，超過分の12％は狭義の州間財政調整の対象外とするプレミア・モデルも導入されている．これによって各州の税源を涵養する意欲を刺激しようというのである．日本においても2003年度から都道府県分について留保財源率が20％から25％へ引き上げられたことは記憶に新しい．より徹底しているのはカナダの平衡交付金における天然資源収入の取り扱い，いわゆる「特例解決措置」であろう．これはある税目に占める特定州のシェアが70％以上を超える場合に，その課税ベースの30％は平準化の対象外とするものである．

こうしたインセンティブ志向の延長線上に生産の増加が地域間の再分配，さらには不平等の縮小の代案であるという究極の発想がでてくる．この方法を実践しているのは市場経済化を加速させている中国である．中国においては一般補助金の配分による地方財政調整制度が主軸にすえられていない。それは中央・地方を通じて経済成長促進が最優先課題になっている中で，地方政府がルール化された一般補助金よりも，自らの地域へのインフラ整備向けの特定補助金を選好しているからである（9章町田執筆）．

このようにインセンティブ論，モラルハザード論は一見理解しやすく，政治的にも成功を収めつつあるように思われる．しかし多くの注釈を加えておく必要がある．まず指摘したいのは財政調整制度を個人間の垂直的再分配として理解している論者がいるが，これは誤解であろう．この制度は地方団体が同様の負担で同様の公共サービスを提供することを目的にしているのであって，個人間の所得再分配を目的にしているわけではない．次にモラルハザード現象については，定性的ないしは直感的な議論が多く，説得力のある実証分析が意外と少ない．実証分析も多くが事業費補正など投資的経費を中心にしたものに偏っている．むしろ基礎的自治体の行う不可欠な公共サービスである福祉等の対人社会サービスに焦点をあて，交付税の現状を分析することが，財源保障機能を検討していく上で重要である（15章星野執筆）．たしかに各地方団体の開発政策により課税標準が拡大すれば交付金は減少する．しかし実際に地方公共団体がどこまで課税標準に影響を与えることができるかと考えると，効率性・インセンティブに関する議論は誇張されていると思われる[6]．さらに地方公共団体の開発政策あるいは税源涵養の努力はそもそも財政調整制度だけに左右されるのではなく，首長の公約や再選戦略といった政治的な要因にも依存する．インセンティブ論の多くが開発政策の政治的な側面を軽視ないし無視しているとしたら必ずしもフェアとはいえないだろう．

4.3 裁量からルールへ

財政調整制度というとわれわれの関心はとかく配分公式に向けられる傾向がある．たしかに税収調達能力に逆比例的に反対に財政需要には比例的に交付されるのだから，配分ルールが平準化効果に大きな影響を与えることは想像にかたくない．しかし配分公式がいくら精緻であっても肝心の原資総額が細々としていたり安定していないならば，平準化効果は低くなる．どんなに優秀な知識や技術を持ち，すぐれた設備や様々な道具を持ったシェフでも，

---

[6] 地方交付税に依存している地方圏において実効税率および負担水準が低いという現象について，堀場・持田・深江（2003）は現行固定資産税に関するかぎり制度的に意図されたというよりもバブルによって生じた地価の変動と固定資産税制度およびその変更に伴って結果的に生じたと考えられ，いわゆる地方交付税が内包しているモラルハザードの結果とは必ずしもいえないと指摘している．

材料がよくなければどうにもならないのと同じである．中国の過渡期移転交付やアメリカの一般歳入分与の効果が弱いのは，配分公式自体に欠陥があるというよりも，十分で安定的な財政資源がこの制度に供給されてないからである（8章古川執筆）．一方，ドイツの共同税システムでは売上税の50.4％が州に配分されることが法律で保障されている．人口というもっとも単純な指標によって配分しているにもかかわらず州の財政力が平均税収の92％まで一挙に平準化されているのはこのためである．

　世界各国における改革の潮流を見渡すと深刻な財政危機ならびに補助金削減を背景に，原資総額をめぐる中央と地方の綱引きが過熱しつつあることがわかる．日本では1954年以来，地方交付税の総額は国税3税の一定割合として自動決定することに任せつつ，中期的に，地方財政もしくは地方行政に係る制度の改正または地方交付税の率の変更を行うことによって財源保障を行っている．しかし，法定率による自動決定という予算編成に適合的な手段を重視すれば，地方団体の財源保障という交付税の本来の目的は達成されない．逆に本来の目的の達成を至上とすれば，積み上げないとしても，法定率の変更を追求せざるを得ず，予算編成を著しく困難なものとする．このような事情のために，1975年以後，ジレンマの調節を行う地方財政対策と地方財政計画の意義は高まった（16章伊東執筆）．

　ルールの形骸化という点ではカナダの平衡交付金も大きな岐路に立たされているように見える．2005-06年度以降は平衡交付金の算定はこれまでと異なり，原資として総額109億カナダドルを貧しい州に振り分ける方法を採用することとなった．基準5州の平均一人当たり課税力まで貧しい州のそれを引き上げるという方法を変更したことになる．ただし総額を行政府が決定するというやり方は専門委員会の結論がでるまでの一時的なものにすぎないという指摘もあり，ひきつづき注視していく必要がある．

　もっとも原資についてはルールの形骸化というマイナスの変化だけが起こっているわけではない．オーストラリアでは原資総額の決定が裁量からルールへとドラスティックに転換した（5章花井執筆）．2000年の抜本的税制改革によりGST（財・サービス税）財源の全額を州政府に配分するGST歳入交付金が新たに導入された．それ以前の財政援助交付金では首相会議が総額を決

定したので，州が将来にわたって受領する交付金額は不明確であった．GST の税収は伸張性があると推計されており，所得税と比較して景気に対する変動も小さいと予想されることから，今回の改革は州歳入の安定性に貢献するものと考えられる．またGSTの全額が州に移転され，GSTに関する決定は閣僚会議の全員一致でしか変更されないため，大蔵省はGSTを連邦税としてではなく州税として扱い，連邦は州の代理として徴収し州に配分しているとの立場をとっている．これは地方交付税は「間接課徴形態の地方税」であるという見方に近く興味深い．

4.4 世紀の大改革

これまで見てきた国々での改革はどちらかというと財政調整制度の基幹的部分には手をつけないで微調整を図るものだったのに対して，次に触れるスイスの場合は著しい対照をなしている．改革のプロセスといい，その深度といい，他の国には見られない大胆さが興味を引くのである（13章世利執筆）．

スイスには公用語が4種類あり宗教的にも多様であるだけでなく，各カントンはその地理的経済的な条件が異なっているために財政的能力にいちじるしい懸隔がある．このため1958年に導入された財政調整制度はこの国でも重要な役割を担ってきた．これを構成しているのは①分与税，②特定補助金，③社会保障拠出金の3つであるがおおまかにはそれぞれのルートを通じて，財政能力の弱いカントンに傾斜的に資金が配分されてきた．しかし財政調整制度にはしだいに制度疲労が蓄積していった．長い間，連邦とカントンまたカントン間で既得権益をめぐる交渉を繰り返してきたのであまりにも制度が複雑になり，再分配効果も低下してしまったのである．こうした問題を解決するためにスイスでは1994年以来，国民的な議論と専門家による調査を積み重ね，ついに2004年11月28日「財政調整と役割分担法」を国民投票にかけて賛同を得て（64％），2008年から実施することになったのである．乾坤一擲，世紀の大改革である．その詳細については13章（世利執筆）に詳らかであるが要約すれば以下のようになるであろう．

まず第1に50種類から構成された制度を廃止し，基本的に財政能力の差を調整する財源調整とサービスのコスト差を補塡する負担調整の2つに簡素

化した．これによって透明性が高められたことはいうまでもない．第2に財源調整では潜在的な租税調達能力を基準にして，最低保障水準を全国平均の85％に設定した．この最低保証水準によってカントンへの財源保障が確保され，再分配効果も強化された．また潜在的指標を用いるためモラルハザード的行動を抑制する効果が期待されている．第3に原資総額はあらたに4年毎に連邦議会が決定するというルールを導入して，かつ国からの垂直調整を主軸にこれを豊かなカントンが拠出する水平的財政調整で補完するシステムを構築した．アカウンタビリティを高めるために連邦議会の議決には国民投票が義務付けられた．

こうした改革が中央政府主導で行われたのではなく，連邦政府とカントン代表者が対等に参加するプロジェクト機関で10年かけて慎重にすすめられたことも示唆に富む．原資総額のルール化といい，公平・中立・簡素な配分公式といい，制度設計への対等な参加と全国民による民主的統制といい，スイスの経験は歴史に残る偉大なモニュメントになるだろう．

5. 社会経済の環境変化

さて前節では財政調整制度をめぐる改革の潮流について注目すべき傾向を述べたが，本節ではより広い経済社会の環境変化に目を転じることにしよう．そしてそのような環境変化と財政調整制度のインターフェイスの間に，いかなる緊張関係が生じつつあるかを考察する．そういう変化として緊縮財政，グローバル化および地方分権化の3つに焦点をあてる．

5.1 緊縮財政と地方自治

われわれが住んでいる現代では，利用可能な財政資源の限界と膨張する福祉需要とのギャップがますます拡大している．財政の持続可能性を高めるには財政再建は不可避であるが，問題はいかに緊縮財政に伴う痛みを国と地方とで分かち合うかである．いいかえるならば財政再建は必然的に政府間関係の再編に直結する．これまでのところ財政再建の痛みは主に中央政府が負担してきた．しかし他方で補助金の削減や地方への財源なき権限委譲を通じて

財政再建は実施されている[7]。州・地方に負担が転嫁された例は少なくない。例えばアメリカでは1990年代を通じて、議会は州向けの補助金を抑制したので、州政府は所得税の負担を引き上げてこれに対応した。またカナダでも連邦政府の歳出カットの中に州向けの補助金削減が多く含まれていた。

とくにEU加盟国では安定と成長協定を遵守しているか否かが、一般政府のパフォーマンスを基準に評価されるので、財政再建のために異なるレベルの政府間での連携を強める必要性が高い[8]。たしかにこの地域では供託金没収や格付けの下落という形で協定違反についての責任を負うのは地方政府ではなく、中央政府である。しかし多くのEU加盟国では近年、異なるレベル政府間での財政的な連携が強化されてきている。例えば罰金つきの数値目標（オーストリア、ドイツ、イタリア、ポルトガルおよびスペイン）を国内向けに導入するといった動きがそうである。地方の分権への要求に対応しながら、同時に中央の政策にそれを動員したり補助金や一般補助金をカットしたりという高等戦術も繰り出されるようになる。

しかし、上記の動きが補助金や財政調整制度の単純な削減や改廃につながるかというとそうではない。たしかに福祉国家が成熟すれば、逆に、地方や個人の自主自律の要求がたかまり地方分権がすすみ、中央の地方統御が忌避されるようになる。超国家機関の一挙手一投足が地域経済に直接に影響を及ぼすようになればなるほど、住民は地域のアイデンティティに目覚め、分権化を推進していく。統合に対する拮抗力としての住民の身近なレベルでの説明責任を求める動きは世界的に発生している。イタリアは1993年に市と州の首長直接選挙を導入した。韓国では1995年以降、もはや地方議員は国が任命するのではなく、地方選挙で選ばれている。アイルランドでも1999年に地域議会が創設されたし、イギリスでもスコットランド、ウェールズにおいて議会が創設された。地方分権の利点は有権者や納税者に対する説明責任を強化し、地域の選好に合わせた多様な行政サービスを提供することにある。

---

7) OECD諸国の政府間財政の再編を包括的に論じたものとして、Joumard and Kongrud (2003) が秀逸である。本項の多くも同論文に負っている。

8) EU統合がヨーロッパ諸国の地方財政に与える影響を検討したものとして林（2004）が参考になる。

5.2 グローバル化

しかしながら,経済・金融取引のグローバル化はどちらかといえば中央集権化,とりわけ歳入面でのそれを推し進めるベクトルになっている.例えば取引高税や小売売上税に比較して付加価値税の優位性が目立つようになったのはあきらかに集権化のトレンドを強めた.数カ国(オーストラリア,中国,スイス)では近年,これまで州政府が徴収していた取引高税や小売売上税から,中央政府が管理する付加価値税への移行を実施した.また地方政府が税を賦課していた法人や資本所得など「足の速い」課税ベースも国際競争力を削ぐという理由でやはり廃止・改廃される傾向が見られる.ドイツの営業資本税は1998年に廃止された.フランスでも地方税の基幹税である職業税が1999年から段階的に縮小され,2003年には完全に廃止されることになった.だが地方で公共サービスの多くは地方政府が供給している.これでは地方団体がたとえ標準的な課税努力で地方税を徴収してもそれだけでは教育・福祉サービスを供給できない.つまり財政ギャップを埋める一般財源としての地方財政調整制度への要請はこの面からは強くなる.

しかも移動を妨げる障壁が取り除かれるのだから,資本はもっぱら集積の利益を享受でき,規模の経済を謳歌しうる地域にまっさきに集中するであろう.かくてグローバル化は地域間の所得格差をますます拡大し,財政調整制度がもともとはらんでいる豊かな地域と恵まれない地域との緊張関係を高めていく.最近の研究によるとEU加盟国間の所得格差は収斂する傾向にあるが,そのことは地域間には当てはまらない[9].例えばイタリア,ドイツ,フランスでは地域間の一人当たり所得格差は拡大している.同一地域の中でも都市部や中継地は市場開放のメリットを享受しているのに,人口密度が低くて地域的にも孤立している地方はなんらの恩恵を被ることがない.WTO加盟後の中国での内陸部と沿海地方との所得格差はそれを物語っている.このような地域格差の拡大に対応するには財政調整制度を通じた再分配を強化しなければならないだろう.

---

9) Joumard and Kongrud (2003) を参照.

このように考えると，財政調整制度が単純な削減や改廃の対象になるわけでないといえそうである．それまでの福祉国家が達成した財政調整制度の基幹部分は大幅に改廃されることはなく，負担や給付の水準を上下したり，原資総額の決定ルールを修正したり，配分公式の複雑性や負のインセンティブが取り除かれたりすることによって制度の合理化が図られ，経費の節減がもたらされるというのが，今後の見通しであるといってよい．

6. 国際比較の教訓

ひるがえって日本の地方交付税制度に目を転じるとフローで見てもストックで見ても問題含みである．たしかに2002年度以降，事業費補正や段階補正の縮小，さらには特別会計借入停止等を通じて地方交付税はスリム化されつつある．しかし改革の「痛み」はもっぱら人口規模3万5,000人未満の小規模団体に集中している．この「痛み」があまり表面化していないのは様々な優遇措置（合併特例債，合併算定替）がカンフル剤のように効いていて，「痛み」の感覚を麻痺させているからだろう．しかしその効果が剥落するであろう10-15年先には破綻の可能性もないとは言い切れない．

いわゆる「三位一体」改革後の財政調整および財源保障機能について基本的な考え方を提示すべき時期に来ていることは明白である．その基本的なトーンは将来の厳しい財政運営についてのメッセージになることは否定できない．ただし国から地方へのコスト・シフティングではなく，あくまでも地方分権の実現というスタンスで一貫させるべきである．例えば，すくなくとも大都市圏の地方団体では交付税に依存しない財政運営を可能にするシステムを設計するといった目標がよいと思われる．また法的根拠のない地方財政対策からの脱却を図るといったコミットメントも必要かもしれない．いずれにせよ国と地方との信頼関係を壊さないことに配慮しながら，地方交付税の改革をすすめる必要がある．

この点で財政再建に成功しつつある諸外国で財政調整制度についていかなる改正が実施されたかは日本にとって教訓的であった．繰り返しになるがアメリカ，中国以外の諸外国を見ると財政調整制度は単純な削減や改廃の対象

になっていない．それまでの福祉国家が達成した財政調整制度の基幹部分は大幅に改廃されることはなく，負担や給付の水準を上下したり，原資総額の決定ルールを修正したり，配分公式の複雑性や負のインセンティブが取り除かれたりすることによって制度の合理化が図られ，結果的に経費の節減がもたらされているのである．

ではどうすれば交付税はその苦境を脱することができるのであろうか．いわゆる「三位一体」改革において4兆円の国庫補助金削減と地方への3兆円の税源移譲が決定されたが，両者はマクロのレベルでは概ね一致している．しかしながら個別地方団体への影響は都市部と農村部で異なる．たしかに住民税のフラット化や法人事業税の分割基準の見直し，あるいは移譲財源の100％基準財政収入への算入といった措置によって格差の拡大は抑制されてはいる．しかしそれでも補助金削減額が税源移譲額を上回ってしまう地方団体に居住する人口は全人口の4割ぐらいにはなる．少なくとも短期的には税源移譲を定着させるために交付税の財政調整機能は不可欠といえよう．

このように交付税の財政調整機能についての異論は少ないと思われる．けれども財源保障機能については厳しい意見の対立がある．財源保障機能そのものを廃止せよという極端な意見を主張する論者もいる．たしかに地域単位で給付水準に応じて応益負担（保険料や人頭税）を行うのであれば，地域の給付水準は地域住民の選択の結果であり交付税による財源保障とは相容れない．しかし国民が真に必要と判断する公共サービスについては，ナショナル・スタンダードを実現するために，国が一定の財源を保障するという考え方が正しい．10章（レンチュ執筆）が指摘するように，中央が企画を行い，州・地方が執行と財源負担を負うシステムにおいては，全国家的に重要である諸要請を過大な公的債務を負うことなく実現するには，地域的な経済力とは無関係に，租税収入を再配分しなくてはならない．負担水準が高いことが地域の受益水準が標準以上である結果としてのみ受け止められ財源が保障されなければ，小規模団体のような財源が不足する地域においては制度そのものが成り立たなくなるからだ．

もっともだからといって現行の基準財政需要や地財計画での歳出を無批判に「ナショナル・スタンダード」とすることは慎むべきであろう．地方財政

計画に上方弾力性と下方硬直性があることは否定できない[10]．地域住民の選択の結果としてのサービス水準や，効率の悪さによる歳出の無駄は地域住民が負担すべきであって財源保障の対象外である．対象外にするという意味は仕事そのものをやめるという範疇のものと標準税率の世界から超過課税等の裁量の世界に任せるという範疇のものとを示す．法令によって実施や基準が義務付けられておらず，かつ一般財源で措置されている公共サービスについては見直しが避けられないであろう．

しかし一部の論者がいうように一般行政費の対計画比での上振れ（いわゆる逆乖離問題[11]）をすべて「無駄」＝財源保障の対象外と断定するのはオーバー・ステイトメントであり，明らかに強すぎる言い方である．税収のほとんどない小さな町村を考えれば，交付税の需要はナショナル・ミニマムと言おうが，ナショナル・スタンダードと言おうが，その町村の住民が同じ日本国民としてなんとか我慢出来る水準のものでなければならず，そこには単純な受益と負担の関係はあり得ないことから，都市住民を含めた国民全体の合意が形成出来る常識的な水準として国が設定するしかない．

こういうと「財源保障機能にはモラルハザード現象があるではないか」という反論が返ってくることが多い．しかしモラルハザード現象については，実証分析の多くが事業費補正など投資的経費を中心にしたものに偏っている．15章（星野執筆）で考察されているように，むしろ基礎的自治体の行う不可欠な公共サービスである福祉等の対人社会サービスに焦点をあて，交付税の現状をみていくことが財源保障機能を再検討していく上で重要であろう．また実際に地方公共団体がどこまで課税標準に影響を与えることができるかと考えると効率性・インセンティブに関する議論は誇張されていると考えられる．したがって留保財源率のこれ以上の引き上げは必要でない．

---

10) 地方財政計画の問題点については持田（2004）を参照されたい．
11) 決算乖離とは地方財政計画額（投資）が決算額を大きく上回り，上回った乖離分から来る余裕金額が人件費などの別項目の需要（経常）に流用されているのではないか，というものである．「老人介護等の経常経費の単独分が地方の実際の決算より過少である一方，生活関連道路の整備費等の投資的経費の単独分が過大に計上される」という状況があったのである．これは投資的経費の単独分のみ見れば計画の過大計上を内容とする決算乖離であるが，実は他方の経常経費の単独分では逆乖離も生じていたわけで，地方財政計画が社会の変化に対応し得なかったことになる．この点については本書の16章（伊東執筆）が詳しい．

標準的な行政サービスを保障するという観点に立てば，受益者数に単位費用を乗じ，かつ地域の自然・社会条件を勘案するというニーズの把握の仕方そのものは各国共通で，かつ何の問題はなくシンプルである．ただそのための計算があまりにも複雑になり納税者から見てアカウンタビリティが損なわれているとすれば問題である．簡素化は必要である．しかし，地方が自由に歳出を決定する部分ならまだしも，標準的なナショナル・スタンダード部分の需要は，人口や面積で測定することはできない．過度に簡素化を追求するあまり，標準的な財政需要から大きく乖離させてしまう愚を行ってはならない．

参考文献

Boadway, Robin W., Paul A. Hobson and Nobuki Mochida (2001), "Fiscal Equalization in Japan: Assessment and Recommendations," *The Journal of Economics* (Tokyo University, Faculty of Economics), Vol. 66, No. 4, pp. 24-57.

Joumard, Isabelle and Per Mathis Kongrud (2003), "Fiscal Relations across Governments," OECD Economic Department Working Papers No. 375.

中村良広 (2004)，「ドイツ州間財政調整制度の改革―「水平的財政調整」の射程」『自治総研ブックレット 79』地方自治総合研究所．

林健久 (2004)，「福祉国家の経済政策と政府間財政関係―90 年代の EU 諸国の若干の事例」林健久・加藤榮一・金澤史男・持田信樹編『グローバル化と福祉国家財政の再編』東京大学出版会．

堀場勇夫・持田信樹・深江敬志 (2003)，「地方交付税制度とモラル・ハザード―固定資産税制度との関連で」『青山経済論集』第 54 巻第 4 号．

持田信樹 (2004)，『地方分権の財政学―原点からの再構築』東京大学出版会．

2章　民主主義体制における財政調整制度と政府間関係

秋月謙吾

1. はじめに

　本章は，日本の事例を中心に，民主主義体制における財政調整制度のあり方について政治学的な立場から論じる．

　まず，〈集権―分権〉・〈分離―融合〉モデルについて詳述する．現代統治システムにおいては，政府間関係は国によって多少の程度の差はあれ「融合」的にならざるをえない．自治省ないし自治省的な中央省庁は，その融合型行政において財政と地方行政のマネジメントを行う．日本の戦後の政府間関係はその典型例であった．

　そのうえで，地方政府の指導者をトポクラート，自治官僚を擬似トポクラートと位置づける．民主主義体制における財政調整制度（広く言えば，融合的な政府間関係に伴う諸問題とそのマネジメント）における「民主主義の死角」の問題は，トポクラートと，そのパートナーである擬似トポクラートをどのように位置づけるかによって大きく解釈が変わる．

2. 集権・分権と融合・分離

2.1　集権・分権／融合・分離のモデル

　天川晃によって提示された集権・分権／融合・分離のモデルを分析枠組みとして用いる（図2-1）．集権・分権という軸は中央と地方の間の影響力関係においてどちらが相対的に優位に立つかという問題を，融合・分離の軸は1つの政治体における統治の機能の分担をどのように行うかという問題を扱う．

　〈集権―分権〉の軸とは，中央政府との関係でみた地方政府の意思決定の自

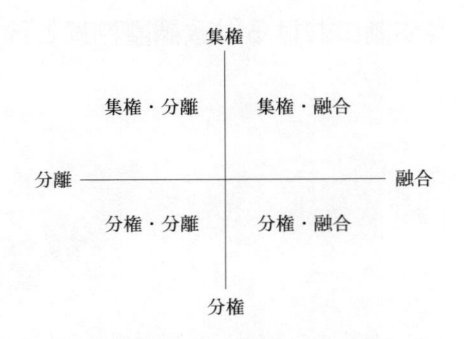

```
            集権
              │
     集権・分離 │ 集権・融合
              │
分離 ─────────┼───────── 融合
              │
     分権・分離 │ 分権・融合
              │
            分権
```

図 2-1 〈集権―分権〉・〈分離―融合〉モデル

律性を問題とし，中央政府との関係で地方政府がどの程度まで自律的に，その区域内の住民の意思に従って，その意思を決定することができるのかという軸である．〈集権〉とは地方に関する意思の決定をもっぱら中央政府が行い地方政府とその住民に許容する自主的決定の範囲を狭く限定しようとすることであり，〈分権〉とは地方政府とその住民の自主的決定の範囲の拡大を意味する．

〈分離―融合〉の軸とは，地方政府の区域内の中央政府の行政機能を誰が担うかに関する軸である．中央政府の行政機能を地方に設置した中央政府の機関が独自に実施することを「分離」，中央政府の行政機能を地方政府が実施することを「融合」と定義している．

〈集権―分権〉，〈分離―融合〉という2つの軸を組み合わせて考えるならば，中央―地方の関係としては〈集権・分離〉，〈集権・融合〉，〈分権・分離〉，〈分権・融合〉の4つの型を考えることができる（天川，1986）．

集権と分権は，様々な政策決定の権限や影響力において中央政府と地方政府のどちらが強いかということを示す軸である．天川は，融合と分離を，中央の決定を中央の出先機関で実施するか，地方に分担させるかというある種の事務配分に基づいて定義したが，それでは誰が執行するかという制度の一側面を過度に重視することになるので，ここではそれを修正して，融合とは中央と地方におけるそれぞれの政府が有する関心領域の重複が幅広い状態，分離とは中央と地方では関心領域の重複が少ない状態をいうこととする．

2.2 政策領域ごとの分析

融合と分離の概念を具体的な政策領域にあてはめて考えてみよう．たとえば，郵便という機能がある．近代国家において，国内郵便は国家の基盤となる最重要機能の1つであった．この郵便のシステムを建設するにあたっては中央政府が主要な役割を果たしてきた．アメリカにおいても，広大な国土を連絡するための駅馬車のネットワーク（のちに，鉄道，高速道路，航空と主役は移るが）が整備され，1872年に創設された郵政長官（Postmaster General）は，1971年に郵政庁が公社に再編されるまでは，（しばしば重要な）閣僚ポストであった．民間の運送業者による自由化にむけた挑戦によって，郵便は公共部門の独占ではなくなりつつある．しかし，いまだに郵政事業についての政策決定は，日本の例でも明らかなように，圧倒的に中央政府が握り続けている．地方政府は，郵便の機能に対して権限もなければ，関心もない．「人口5,000人のわがまちに独自の郵便システム」を作ることにはおよそ意味がないからである．

郵便とはまったく逆の例として，消防という機能を考えてみよう．アメリカのアリゾナ州スコッツデールにおいては，1951年に市として認められて以来，民間業者1社が消防機能を提供してきた．この方式はアメリカの一部やデンマークなどにも普及しており，公共部門の独占物ではないが，通常は公共部門の仕事であると考えられている．

それでは公共部門のうちどのレベルの政府がこれを担うかといえば，地方政府，それも市町村などの基礎自治体の仕事とされることが多い．「アメリカ全土，どこでも火事が起こればすぐ消しに参上します」などというシステムには意味がないからである．日本においても消防は，基礎自治体を中心にした組織によって担われている．総務省（旧自治省）の中にある消防庁は各組織間の調整，法制度の整備，国際共助などを行っているのみで，消防機能を担うものではない．東京消防庁は23区と市町村からの委託で都内の消防を行う．また，東京都だけでなく，消防学校は都道府県に設置される．また，小規模自治体などの場合，複数で事務組合を作って消防にあたる場合が多い．ある程度の水平的・垂直的な調整メカニズムを伴いながらも，消防が基礎的

自治体によって担われ続けているのである．

　このように，消防も郵便も，「分離的」な政策領域であるといえる．消防は地方が，郵便は中央が担当する．これらの分担は，仕事の性質によって自然に決まっていくので，国によってバラエティはあまり見られない．

　ところが，政策領域によっては中央がやるべき性格と，地方がやるべき性格が混在している場合もある．たとえば初中等教育を考えてみよう．教育を受ける権利は人権として国民に与えられていることが多い．そうである以上，教育水準をある程度まで維持管理することは，中央政府の責任となる．しかし，それぞれのコミュニティが自分たちの子女を自分たちの責任において教育すべきだ，という考え方もある．土地独特の教育内容（たとえば独自の民族教育，郷土史などの歴史教育，方言や少数言語）があることが望ましいということも考えられるし，その地方の気候風土にあった教育のしかた（たとえば，夏休み冬休みの開始時期）も，またある程度必要であろう．「全国標準」に重きをおけば，教育は中央政府が政策決定の主役を演じるべきだということになり，「地方の独自性」が重要であれば地方政府が決定すべきだとなる．この両者のどちらが正しいとは簡単に決められないのである．前者の代表はフランスであり，後者の代表は，教育に関する権限については常に州と（市町村レベルの）教育委員会の争いが中心となるアメリカである．アメリカ人の来訪を受けたフランスの文部大臣は，「この私の大臣室から，全フランスの学校の教室で何が起こっているかを知ることができる」と豪語したという逸話がある．やや誇張を含みつつも，強大な権限でカリキュラム，教員人事，インフラ整備などすべてをコントロールする制度的な集権性がうかがえる．

　教育のような，国や時代によって中央と地方の役割分担が変動する政策領域を，あえて図に位置づけるならば，図2-2のようになろう．すなわち，すべての教育を国家が担うようなことは，よほどの小国でなければありえないが，しかし中央政府の介入をほとんど完全に排除して地方政府によって担われる場合があるからである．

　ある特定の事業や政策の領域が，中央政府か地方政府のいずれの守備範囲になっているのか，明確になっている場合は分離的で，混在しオーバーラップしていれば融合的である．ある1つの国の統治システムについて融合か分

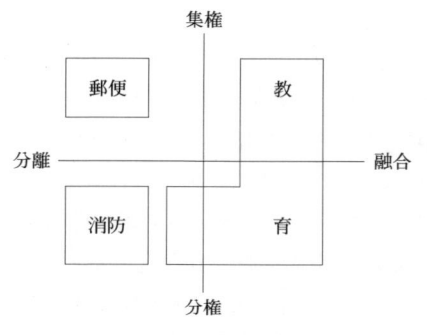

2章 民主主義体制における財政調整制度と政府間関係　　29

```
                  集権
                   │
        ┌──────┐ │ ┌──────┐
        │ 郵便 │ │ │ 教   │
        └──────┘ │ │      │
   分離 ─────────┼─│      │─── 融合
        ┌──────┐ │ │  育  │
        │ 消防 │ │ └──────┘
        └──────┘ │
                   │
                  分権
```

図 2-2　政策領域の例示

離かをはかる場合には，もちろんすべての政策領域についての加算的な判断も重要であるが，おそらくそれ以上に重要なのは，中央と地方，どちらにも正当化しうる関心があるような領域について，それでも見切りをつけてどちらかの政府レベルに張りつけてしまうような態度をとるときには分離的であり，そうではなく複数の政府レベルの関心，あるいは関与の重複を積極的に認め，むしろ協働するための仕組みを整備すべきだというような態度をとるときには融合的であるといえるであろう．

2.3　国ごとの分析

天川のモデルはもともと，一国における制度構造の歴史的変遷を分析するために設計されたものである．たとえば，レーガン政権における州への分権政策は，明らかに，ニューディール以来，集権・融合の方向に進んできたアメリカの連邦制を整理して州に権限を戻そうとするものであった．時系列分析のために作られたモデルを国家間比較に用いる際には困難が伴うことを付言したうえで，それぞれの象限に該当する国を挙げると，以下のようになるであろう[1]．

---

1) 国ごとの分析における各国の記述はきわめて概括的なものであり，詳細な分析はより複雑でニュアンスに富んだ実態を示すことになる．なおこの記述は，秋月編 (2006) JICA 研修用テキスト『政府間関係』における日本語原稿（永戸力担当）に拠るところが大きい．

集権・融合型：日本

日本は単一主権国家であり，また，中央政府による地方統制の手段として，機関委任事務，補助金，天下り人事があり，集権型であるとされる．「機関委任事務制度とは，国の事務を国の監督のもとに自治体に実施させる方式である．機関委任された事務については，地方自治体の執行機関（長や行政委員会）は国の下部機関とみなされ，主務大臣の指揮監督を受けるものとされていた」（市川, 2002, p. 35）．機関委任事務制度の本質は，中央政府の意思（基準・手続き）に基づいて事務を管理執行する仕組みの確保にあり，そのためには地方的関与をできる限り排除する性質をもっていた（辻山, 1992）．

次に，日本の政府間機能配分関係は，「縦割り型」となっており（高橋, 1978, p. 157），また，機関委任事務制度があるため，融合型である．機関委任事務制度は，ナショナル・ミニマム達成のために貢献した．なぜなら，福祉行政が国のエージェントとして地方自治体首長に委任され，かつその実施が国の政策として規定されたために，福祉行政における地方首長のリーダーシップ能力を地方の諸アクターとの関係で高めたからである（久米, 2001）．

以上のような特徴から，日本は集権・融合型システムとして位置づけることができる．多くの仕事が都道府県・市町村に委ねられていながら実質的な決定権は国の中央省庁が握っているという「集権的」な側面と，地方が行う仕事には地方自治体の仕事と国の下部機関として行う中央政府の仕事（機関委任事務）が「融合」している側面があるからである（西尾, 1999）．諸外国との比較においては，日本は国の関与が強いと同時に，サービス供給者が地方政府であるという特徴をもっている．ナショナル・ミニマムとの関係でいえば，日本の融合型という特徴，なかんずく機関委任事務制度が重要であり，この制度により，国はナショナル・ミニマムの達成を追求することができたといってよい[2]．

分権・分離型：アメリカ

憲法構造としては，第一に，連邦政府の機能の憲法による限定列挙主義

---

[2] 2000年地方分権一括法によって，機関委任事務は廃止され，自治事務と法定受託事務に振り分けられたが，法定受託事務に中央のコントロールの契機が残存している．

（アメリカ合衆国憲法第1章第8節）がある．また，憲法に列挙されていない国民生活に密着した一般政府的機能は州政府にあるとされる．憲法によって合衆国に委任されず，また各州に対して禁止されなかった権限は各州または国民に留保されている（アメリカ合衆国憲法修正第10条）のである．したがって，州内の問題に連邦政府が直接介入することは，憲法違反となる恐れがある．こうした連邦型の憲法がある程度安定的に今日まで効力を持ち続けたこと（アメリカ合衆国憲法は現行では最古の成文憲法である）が分権型の政治行政構造を生み出したといえる．また，州が地方自治体の制度的基盤となっており，連邦制の地方政府に直接介入しにくく，分離型といえる．

この憲法体制は，集権か分権かという観点からは，独立当初に採択された連合規約よりもはるかに集権的であるが，当時の他のシステムとの比較や後のアメリカ連邦制の動向から見ればすぐれて分権的な構造であった．融合か分離かという観点からは，憲法の文言が政府レベル間の機能は共有するというよりも分担される，という分離的なアプローチを前提にしていたことになる．憲法はその後の政治的な動向に大きな枠をはめるものではあるが，歴史的には南北戦争を始めとする一連の流れのなかで次第に集権化し，さらにニューディールによって集権化が進むと同時に分離の程度が弱まったとされる．具体的には，都市問題などの政策課題に憲法の文言を越えて連邦政府が関与し，さらに補助金や法律の規制で州や地方自治体を通じて連邦政府の政策が実現される傾向が強まった．とはいえ，たとえば日本などと比較するならばアメリカはより分権的かつ分離的な性格を維持していたことは疑いがない．

集権・分離型：イギリス

イギリスは単一主権制の国家であり，議会主権に基づいた民主主義の母国である．したがって，議会の意思によって大きな政策変更が大胆になされ，しばしば地方はそれに追随せざるをえない傾向がある．またイギリスにおける地方自治体に対する中央統制として，以下のものがある（辻，1985）．まず，行政統制の手段として，①指揮，②規制，③条例の承認，④監督，⑤行政監察制度，⑥通達などがある．①指揮とは，特定の政策を執行するにあたって地方自治体がどのような権限を行使すべきかという点に関して法的に規

定されるところの大臣および行政機関の指揮権限の行使である．②規制とは，ある種の行政分野において特定の機能の達成方法，サービスの基準，およびこれに伴う補助金の使用条件に関して，所轄の大臣は自治体の活動に一定の規制を設けることができることである．③条例の承認とは，条例はいずれも中央政府機関による確認を得なければ実施できないことである．④監督とは，地方自治体の行政運営に対する中央各省庁の監督権限のことである．⑤行政監察制度では，行政監察官は，地方自治体の運営するサービスに関連をもつ各所轄大臣によって任命され，地方行政の能率的な運営と適切なサービス基準を確保するために，中央省庁と地方自治体の双方に対し，政策面および行政技術面に関して助言と報告を行うことを任務とする．⑥通達とは，大臣から各地方自治体へ送付される回状のことである．

次に，財政統制の手段として，①起債許可制度，②地方会計監査制度，③国庫補助金制度がある．①起債許可制度とは，地方自治体は，個々の起債を行う場合に環境大臣の許可を受けねばならないということである．②地方会計検査制度とは，地方会計検査官によって，地方自治体の財政の合法性如何がチェックされることである．③国庫補助金制度には，3つの統制方法がある．特定補助金の増大に伴うところの，地方自治体の個々の施策内容に対する中央政府の介入，補助金の財政調整機能に重点を置いた地方財政運営に対する総合的な統制，補助金額の削減という制裁措置をもって地方財政の緊縮化を課し，地方自治体の活動に統制を加える方法である．

次に，イギリスにおける政府間機能配分の特徴として，「政府間機能配分において，行政責任明確化の建前が貫徹し，いわば『横割りの型』の配分関係になっていること」(高橋, 1978, p.157) を指摘できる．これに対して日本の政府間機能配分関係は「縦割り型」となっている．このような特徴から，イギリスは集権・分離型であると見ることができる．

分権・融合型：ドイツ，スイス

ドイツ連邦制にあっては，各州が独自の主権を有し，それぞれが州憲法，議会，州首相による政府，裁判所を持っており，いわば国家に準ずる地位と権能を保有している．ドイツは連邦型憲法たるドイツ基本法を維持しており，

市町村は，地域社会の全問題について決定権を有する旨の憲法上の保障があるため，分権型に分類することが可能である．

次に，市町村には大量の事務事業が州により委任されている．市町村は，国家的な統治機構の一環として，連邦法および州法の施行にあたっているのである．郡は，それ自体が地方自治体であると同時に市町村と州の中間に位置する国家の行政単位でもある．この地位において，郡は国の下級行政機関として，多くの連邦および州の委任事務を処理している．首長が国の下級官庁として州政府の指揮監督の下にそれらの事務を処理している（山下・谷・川村，1992）．郡および市町村の事務に占める委任事務の比重は大きく，自治体は連邦および州の法律の7割以上の事務をこなす（永戸，2004）．

事務事業の実施においてカントンに多くを依存する連邦制をとるスイスも同様に見ることができる．さらに課税権がカントンにあることから，分権的な構造が明確になると同時に，政府レベル間の制度化された連携に融合的な側面を見ることができる（世利，2001）．

この枠組みを，税財政的側面に当てはめた場合，集権・分離であれば，国税中心で財政移転が（少）ない，集権・融合であれば補助金中心の財政移転，分権・分離であれば地方税中心，財政移転が（少）ない，分権・融合であれば交付税中心の財政移転ということになろう．たとえば分権・融合型のドイツなどでは，交付税が大きな役割を果たしながら連邦財政が維持されている．しかし，後述するように日本という集権・融合型とされる国において，交付税が大きな役割を果たしてきたことでもわかるように，個別具体的ケースとは相当に大きなずれを見出すことができる．

3. トポクラートと擬似トポクラート

3.1 トポクラートの概念

民主主義における財政調整制度を考察するにあたって，本章では鍵となる概念としての「トポクラート」を用いる．トポクラートとはギリシャ語の「場」を意味するtoposに「支配（層）」のcrat（ia）をあわせた造語である．

「その権威が特定の地域に由来し、したがって特定の地理的区域の利害を増進もしくは擁護しようとする」人々のことをいう (Beer, 1973)。1970年代にアメリカの政治学者サミュエル・ビアが提唱した概念である。

　トポクラートの語感から明らかなように、ビアはこの概念をテクノクラートに対置されるべきものとする。テクノクラートとは、周知のように、20世紀以降政府の巨大化と複雑化に伴い重要になった、科学技術や経済運営、社会政策など、特定の高度に技術的専門的技能や知識をもち、それによって政策立案実施に関与する一群の官僚、専門家たちをさす。そしてそのようなテクノクラートたちに権力が過度に集中する体制をテクノクラシーとよび、ときに文明批判、科学技術批判の文脈を背景に否定的な意味を含む。

　テクノクラートが、機能別の専門知識や技能をもってその存在を正当化し、その権力の基盤とする者であるのに対して、トポクラートは、地理的な境界線内における固有の知識やネットワークに依拠する。すなわち、「炭鉱の安全規制」「高齢者福祉」などの特定の機能だけではなく、「高知県」「ニューヨーク市」といった特定の地域も権力を生み出す。トポクラートは、地域特有の歴史文化、地勢・水脈などの地理的知識、人脈などを背景としながら、境界線を伴った一定地域の利益を総合的に増進する。すなわち、テクノクラシーは、しばしば民主主義に対する挑戦（高度に科学技術が発展した社会における分断化や特定の技術をもった閉鎖的エリートによる支配）として提示された概念であるが、トポクラシーはテクノクラシーを掣肘し、民主主義を補完する性格をもちうる。

　さらに、トポクラートによる支配（トポクラシー）は近代民主主義よりも古く歴史的にはさかのぼることも可能である。身近な例では、場所と権力の関係という点で想起されるのが幕藩体制における大名たちである。鎌倉時代以来、武士階級は一所懸命をスローガンに土地と領民を統治することによってその正統性を獲得し、それをやり損なうと所領を与えた上位の権威（幕府）からの「取り潰し」「国替え」などの制裁が待ち受けている。ところが、幕藩体制において、その例外として京都や大坂などの枢要な地域は、こうしたトポクラート色の強い大名たちではなく、かわりに幕府のエリート官僚たちが奉行、所司代、城代などとして支配した。彼らにとって転勤は制裁ではなくむ

しろ栄達の道であるから、一所懸命の思想は弱い。そして、与えられた任務を大過なく果たすことに最大の注意を払う。京都や大坂の近代における発展において、しばしば指摘される市民的自治（町衆）の存在は、このようなトポクラシーの欠如と深く関係していると考えられる。

伊藤大一は、トポクラート概念に依拠しながらも、日本における中央と地方の関係を分析するにあたって、「擬似トポクラート」という概念を提示する。アメリカにおいてはトポクラートが「中央指向の強いテクノクラートとの間に対立・緊張関係を生み出して」いる。ところが、日本においては、「各事業官庁はここでいうテクノクラートになぞらえることができる」が「母体となるべき分権主義の伝統」を欠くために、「真正トポクラート」は存在しない。そのかわりに、派遣人事の形でトポクラートの代理を務め」るのが「擬似トポクラート」たる自治官僚であるとする[3]。

本章においては、伊藤の概念構成を修正して利用する。まず、「真正」かいなかは別にして、どの国にも、「特定の地理的区域の利害を増進もしくは擁護しようとする」公職者は必ずといってよいほど存在するものとする。自治官僚が「擬似トポクラート」であるという位置づけにおいては一致するが、それは分権主義の母体が欠如しているゆえの代理者だからではない。自治官僚は、（最終的に知事などの公選ポストについた者は別として）中央と地方を、そして複数の地域を渡り歩くからであり、地方に身をおき身分を地方公務員に移していても、そのことを周囲、とりわけトポクラートたちが知っているからである。つまり、特定の地域ではあっても、土着・固有のものではない、あくまで仮の任期付のコミットメントだからである。さらに、伊藤は、「そもそも擬似トポクラート自体日本に独特のものであり、他に類例を見ない」[4]としている。しかし、次項で示すように、たとえばアメリカにおいても、土着性のないコミットメントをする存在としての市支配人があり、これも擬似トポクラートとして扱う。

---

3) 伊藤（1989），p. 38による。
4) 伊藤（1989），p. 39による。

3.2 アメリカにおける擬似トポクラート

テクノクラシーは，既述のように，しばしば否定的な響きをもって使われることが多いが，アメリカでは19世紀以来，とくに地方レベルにおいて，むしろ積極的な導入が唱導された．

第7代大統領アンドリュー・ジャクソンとその支持者・後継者たちの政治的な態度や思想は，選挙と統治という過程を経ながら，徐々に「ジャクソニアン・デモクラシー」と呼ばれるイデオロギーとしてまとまっていく．中核となる考え方は，貴族的な生い立ちや，特殊な能力や，大学などで得た知識や教養や資格，そういったものは，統治において何の役にも立たない，もしそんなものが必要な統治があったとしたら，それはおかしな統治である，というものである．したがって統治にかかわる公職者は，もっぱら選挙によって選抜される．公選によるポストは多い方がよく，その任期は短い方がよい (long ballot, short term)．その方が統治される側による統治者のコントロールが効くからである．また選挙において，統治される側の意思を形成し，伝達する手段として最も有効なのはなによりもまず政党である．

ジャクソニアン・デモクラシーの最盛期であった19世紀前半，州の憲法や市などの憲章 (Charter) では，こうした考え方を着々と制度化していった．弱市長制，すなわち多数の官職を選挙で選び，したがって市長の権限は相対的に弱い体制はジャクソニアン・デモクラシーの制度遺産の典型であるといえよう．

このように，ジャクソニアン・デモクラシーは今もとくに州や地方レベルの政治に脈々と生き続けている．例えば，アメリカの州および地方レベルでは，きわめて低い地位の，あるいは技術性の濃い公職も選挙で選んでしまう傾向がある．裁判官，検察官，検死官，保安官，測量官，監査官，遺言検認官などが例として挙げられる．その地位につくべきかどうかは，学歴，学位，過去の経験，実績などによって判断されるはずのもので，党の予備選挙で勝ち抜いたとか，住民の大半が支持を表明したとかいうことは関係がない，と（日本などアメリカ以外の国の多くの常識では）考えることができるような地位が選挙の対象となる．選挙の過剰と政党重視，さらに選挙にかからない職で

表2-1 アメリカ合衆国における2つの統治イデオロギー

	ジャクソニアン・デモクラシー	改革・進歩主義
行政とは	誰でもできる簡単なもの ゆえに 選挙で一般人から信任を得て一般人が行うべき	専門家が特殊な能力を行使して初めて遂行可能 ゆえに 試験・資格によって任命されるべき
裁判とは	誰でもできる簡単なもの ゆえに 選挙で大衆から信任を得て一般人が行う	高度な訓練を受けた法律家によって行われるもの 有資格者からさらに能力に応じて選任
選挙とは	一般人の意思を統治システムに吹き込むもの（絶対善）	共和主義的正統性の源（必要悪）
政党とは	選挙において統合機能を果たす制度	統治にバイアスをもたらす悪
地方議会選挙	多数の議員を党派的な小選挙区で選出	少数の議員を非党派的な大選挙区（全市一区）で選出

（出所）Johnson et al. (1990), Appendix p.7 をもとに筆者が作成.

は猟官制,という組み合わせは,どうしても政治腐敗,汚職の横行,あるいは公職者の無能などの問題が浮上することになる.その究極ともいえる統治形態が,民主党が支配する都市部で多く発生したマシーンポリティックスという,移民,役人,ビジネス,政治家の資源交換メカニズムであった.

19世紀後期には,こうした傾向に対して正面から改革の必要を訴える,いわゆる市政改革運動が腐敗のひどかった都市部を中心にして起こる.ジャクソニアン・デモクラシーとは対照的に,彼らは統治における専門家の役割を強調する.選挙は可能なかぎり限定的に行い,選挙や行政の執行においては腐敗を防止し,公職の選定は猟官を廃してメリットシステムを貫徹させる.

市政改革運動は,アメリカにおいて学問としての行政学を誕生させた.当時のアメリカ行政学が政治と行政の明確な区別を求めたのは,こうした背景から見てきわめて当然のことであった.また現実に,改革運動は州や市の統治構造を大幅に修正した.現在にいたるまで,この統治をめぐるイデオロギーはアメリカの地方自治の大きな潮流としてせめぎあいを演じている（表2-1）.

こうした反ジャクソン主義,改革主義の動きを地方レベルにおいて制度化

したものが，市会―市支配人（Council-Manager Plan）である[5]．ここにおいては，市民によって選ばれた市議会が行政の責任者としての市支配人を任命する．市議会は市支配人の任免権をもっており，市支配人は市会に対して責任を負う．市会の定員は通常，比較的少数（5人から9人程度）である．議会の互選によって，象徴的・儀礼的な市の代表者としての市長（Mayor）が選出されるが，議会の議事進行などを除き，実質的な権限は与えられない．市支配人は行政各部局の責任者として広範な指揮権と人事権を有する．政治と行政の分離を信奉し，市支配人は通常，市の外部から，一定の学歴要件を満たし，他の市での実績をもつ専門家から選定される．また，他の公職とは異なり，選定時点では市内に居住していることは要件とされない．

20世紀に入り勢力を得た改革・進歩主義が攻撃対象としたのは，都市部のマシーンポリティックスとその基盤となる選挙区（Ward）単位の選挙に見られる腐敗であった．また，政党政治家がしばしば行政管理において無能ぶりを曝け出したことも，改革・進歩主義の主張を強化した．市支配人制度が，こうした考え方に最も合致した組織構造であったことはいうまでもない．最初にこの制度を正式に採用したのは，1908年，バージニア州ストーントン（Staunton）であった．1912年には，サウスカロライナ州のサンター（Sumter）がはじめて市の設置（incorporation）に際して制定される憲章に市支配人の制度を明記した．主要都市において市支配人制を採用したのは，オハイオ州デイトン（Dayton）であった．1913年に同市を襲ったマイアミ川氾濫による水害に対して，市のマシーン政治家たちはまったく対応できず，州政府によって緊急に任命されたウェイト（Henry Waite）がかわって責任者として被害の処理にあたった．彼は，水害処理が一段落した後も市政に関与し，1914年に同市の市支配人に就任した．彼の汚職摘発，会計制度改革，人事刷新，保健衛生の向上など多方面にわたる活躍はめざましく，市支配人制の有効性を示すモデルケースとされた．同1914年には，市支配人やそれに準じる立場の公務員に対する専門活動の支援や教育養成を行うことを目的として，国際市支配人協会（International City Managers' Association：ICMA）が設立

---

5) 市支配人制度については，シティ・マネージャー制度調査研究委員会編 (1983)，日本都市センター編 (2004) などを参照．

された[6]．1921年には市支配人制は270都市に伝播した．1930年代からは，バージニア州アーリントン（Arlington）郡や，ノースカロライナ州のデュラム（Durham）およびロブソン（Robeson）郡のように郡においても支配人を置くケースが出始めた．

専門家としての市支配人たちの利益を守り促進する職能団体とともに，そうした専門家を養成するための大学における学問領域としての行政学（Public Administration）の拡大発展も，市支配人制の定着にきわめて重要な意義をもつものであった．当初は，医療や土木などの特殊技能を持った専門家が市支配人になる傾向が強かったが，行政学という学問領域によって，次第に市支配人そのものが専門職としての位置づけを獲得していったのである．現在では，全国各地に行政大学院をもつ大学があり，そこで修士号を取得することが市支配人になる要件の1つとされている．

ICMAが発行している文書によれば，市支配人に与えられる権限は，典型的な例としては以下のようなものを含む．

- 市の憲章や法規条例によって特に除外規定がない限り，市の行政職員全員の任命，職務執行上必要があれば停職，解雇を行うこと
- 予算案を作成し，必要な説明を付して市会に提出し，市会によって承認された場合はその執行を，責任をもって行うこと
- 会計年度の終わりに，市の財政状況と活動状況の報告書を準備し市会に提出すること
- 市の財政状況と市の将来の需要について市会に対して日常的に報告し，必要と判断した場合は勧告を行うこと
- 市の憲章や法規条例によって特に除外規定がない限り，市の全部局を指揮監督すること
- 管轄下にある部局や職位の統廃合を行うこと．なお，市支配人が特定部局の長を兼任することを妨げない．
- 法規条例が正しく執行されるべく必要な処置をとること
- 市の全部局にかかわる諸事項について調査を行うこと[7]

---

6) 1969年にInternational City Management Association，1991年にはInternational City/County Management Associationと改称したが，略称はICMAのままである．

このように，市支配人は，市会による任免やその他の授権という点を除けば，包括的かつ排他的な指揮監督権限を市の部局や職員に対して有していることになる．

ICMAは市支配人やそれに準じる地方自治体の管理者の利益を代表する団体である．この団体は，単に会員個人に対する情報・親睦機会・引退後の年金基金などの各種サービス提供にとどまらず，市支配人制という制度の維持拡大に重大な利益と関心をもって活動している．同協会は市会・市支配人制を自らの地域に導入することについて関心を持つ市民に対しての情報提供や，他の有権者に対する説得の戦略やアプローチ方法に関する助言・支援活動を行っている．こうした活動は，会員の就業機会を増やすのであるから当然といえば当然であるが，それはある意味で制度的な安定を揺るがしてでも市支配人制を広めていこうとする面もある．2000年のデータでは，2,500人以上の人口の基礎自治体のうち，この制度を採用しているものは3,302自治体（48.5%）で，日本の基礎自治体に近い市会・市長制度（2,943自治体）をわずかながら上回っている[8]．

3.3 日本における擬似トポクラート：自治官僚

日本の地方における統治において，旧内務省地方局以来，自治官僚の存在は大きなものであった．明治以来日本は，地方に独自の機能を与えるのではなく，内務省と知事のラインによって統合しつつ，国家と地方が（当然，国家の指導のもとで）連携して行政を執行する体制の整備を進めていたといってよい．中央レベルでは，内務省が知事任命を含めた地方への人事的コントロール，財政的な監督権，さらには各省からの補助金の調整機能などの幅広い権限を掌握していた．地方レベルでは，知事は府県という地方団体の長であると同時に地方官官制に基づく天皇の官吏でもあった．知事は内務省だけではなく各省の所掌事務を統括する立場にあり，さらに域内市町村に対して監督する立場でもあった．これは，システムの集権的な性格を意味すると同時

---

7) ICMA, "Typical Ordinance for Establishing Council-Manager Government," Section 4 (document not dated).
8) Hansel (2000) ICMA p. 5.

に，機能や関心において中央，府県，市町村が重複していることを前提とした融合的なものであったことをも示す．こうした制度の中核にいたのが，明治地方制度の設計者であった山縣有朋とその後継者たちが拠点とした内務省であった．内務省は，地方局によって地方団体を統括するだけでなく，警察，厚生労働，国土交通など内政の実働部隊（飴とムチ）である事務官・技官集団をも含む巨大官庁であった．しかしその巨大さと警察による統制機能の問題もあって，内務省そのものは占領期に解体された．しかし，地方局の機能は組織的な変遷を経て生き残り，1960年には自治省となる．

伊藤大一は，「情報ネットワークのノーダリティと出向システムを通ずる職員の能力開発の結果産み出された組織を動かすコツとコンセンサスを作り出すコツ」を身につけた自治官僚を「擬似トポクラート」とした．本省における自治官僚は特定の固有名詞を伴った地域にはコミットしないが，なお「諸機能を含む政策を，地域を基礎として総合的に進めよう」とする政策的立場と地方自治の発展という抽象的なスローガンを確固としてもつ．さらに，都道府県や政令指定都市，場合によっては一般市に移籍して地方行政を担う出向の自治官僚の場合は，既述のように，「任期つき」ではあるが特定の地域に奉仕する存在となる．

自治省の役割とは，まず地方の中央における利益代弁者である．代弁する先は，事業官庁であったり，財政当局であったり，政権政党であったり多様である．この場合，特定の地方団体の利益ではなく，むしろ地方政府全体あるいは特定のレベル（政令指定都市，町村など）にかかるものが多い．次に，財政調整制度の設計，維持管理者である．地方交付税というきわめて複雑な制度を毎年のように改定しながら，地方財政全体の健全化をはかろうとする．そこで自治省のもう1つの顔である，地方政府に対する指導者が顕在化する．地方の財政が悪化し，それを改善するための資源を投入するかわりに，硬軟取り揃えた指導監督助言のためのツールとノウハウが用意されている．これらを一言でまとめるならば，政府間関係の管理者となる．地方に対する出向によるネットワークは，そのマネジメントの有効性を担保するものである．

アメリカの擬似トポクラートである市支配人と，自治官僚とりわけ地方に出向している自治官僚は，非常に類似している点がある．まず，彼らはあく

表 2-2 日米 擬似トポクラートの差異

	アメリカ・市支配人	日本・自治官僚
行動原理	個人・プロフェッショナリズム	組織
首都における存在	圧力団体	省・局
ポスト変更	市場的移動	階統的異動

までも「助っ人」(hired guns) である．勤務している地域へのコミットメントは多くの場合かりそめのものである．また，首長として立候補する自治官僚を除いて選挙にはかからず，公選の雇い主であるトポクラートに奉仕する存在である．さらに，トポクラートとの同盟，協力関係は両者にとって不可欠なものであるが，時には対立する（自治官僚の場合，財政問題などでの指導が反発を生む可能性が高い．市支配人も個別的に市会と対立する事例は多く，また市支配人制度の導入や廃止などの動きによっても利害が激しくトポクラートとぶつかるケースがある）．

しかし，表2-2が示すように，両者には大きな差異もある．まず，市支配人があくまでも独任の個人として行動するのに対して，自治官僚は本省（省のみに忠誠）でも地方（省と地方政府に忠誠）でも組織として行動する．首都におけるプレゼンスは，自治省が省や局を拠点としているのに対して，市支配人は非政府の圧力団体をもつ．また，彼らが帰属する地方政府間を変更する場合，市支配人の場合は（それほど大規模ではないが）労働市場が存在し，雇い主と雇い人の間の相場，評判などをもとに交渉が行われるのに対して，自治官僚にはより明確でピラミッド型の構造を前提とした人事異動が行われる．○県の総務部長と，○市の助役と，本省の○課長と，どちらがどれくらい偉いかは皆が了解しているのである．

4. まとめ：日本についての含意

4.1 戦後日本の財政調整制度の解釈

日本における財政調整制度のあり方には多くの議論がなされてきた．財政調整制度は，中央と地方の需要と税収入を調整する垂直的な移転と，富裕な地域とそうでない地域の水平的な調整を担うきわめて重要な機能をもつが，

（たとえば特定補助金などと比較して）政治的な注目を浴びることも少なく，選挙における争点にもなりにくい．こうした「民主主義における死角」をどのように解釈するべきであろうか．

アメリカにおいては，8章（古川執筆）が詳細に検討しているように，ニクソン政権において小規模ではあるが財政調整制度としての一般歳入分与が導入され，新しい連邦制のあり方を示すものと見られたが，結局財政移転におけるインパクトは限定的なものにとどまり，レーガン政権下で廃止されるにいたった．使途を特定されない連邦からの給付は，州や基礎自治体の立場から「アイスクリーム以来最高においしい」ものとして評価されていたにもかかわらず，このような結果に終わった．予算を審議決定する連邦議会の立場からはこれは当然のことで，誰がどのような貢献をして地元に利益をもたらしたかが明確な補助金のほうが，政治的メリットがはるかに大きいからである．

だが日本においては，補助金をめぐる国会や政党における取引は活発であったが，同時により安定し，静かなる財政移転である交付税も並存し，維持拡大されてきたのである．これを説明するうえで，トポクラートと擬似トポクラートの制度的な同盟関係は重要である．単純な比較は困難であるが，日米両国ともに，政治的な影響力をもったトポクラートは存在するが，中央において制度的・組織的基盤を有するパートナーとしての擬似トポクラートが欠けていたことは財政調整制度の維持発展にとっては致命的であった．

4.2　分権改革の今後の方向性

かりに日本におけるトポクラートと擬似トポクラートの連携があり，それが財政調整制度の管理に有効であったとしても，それが民主主義の観点から望ましいものであるかどうかは大いに議論の余地がある．日本における擬似トポクラートは，いまだ弱体な地方の影響力や行財政能力を補完するうえで不可欠の存在であり，彼らとの同盟によって地方レベルの民主主義が意味をなすのだと論じることもできる．いっぽうで，このような擬似トポクラートを，むしろ財政調整制度の管理運営という特殊技能に特化したテクノクラートの亜種と捉え民主主義の死角を埋めるどころか，複雑な制度を作り上げて

専門性の障壁を高くすることなどによってむしろ温存させるものだとすることもできよう．

　こうした判断は，つまるところ，分権を進めていくうえで融合的な側面を維持しながら改革を進めていくべきか，あるいはアメリカ的な分離型に舵を切って，政府間の調整と地域間格差是正から，権限・責任の明確化と地域間競争へと進んでいくべきか，といった価値判断とリンクせざるをえないであろう．分離型への転換のメルクマールは一義的に定めにくいが，筆者は，自治官僚と地方リーダーとのパートナーシップが解消されたならば，分離型に移行したものと判定できると考える．

4.3　日本型擬似トポクラートの将来

　本章においては一貫して2000年省庁再編を度外視して，「自治省」，「自治官僚」を用いてきた．しかし，現在，自治省はすでになく，あるのは総務省自治行政局・自治財政局・自治税務局と消防庁である．省庁再編と地方分権改革がほとんど同時並行的に行われたのは偶然であろうが，総務庁と郵政省という色彩の異なる2つの非内務省系官庁との合併は，意図せざる結果を生む可能性がある．自治省はなくても自治官僚は残り，省内でも主流をおさえるといった強気の姿勢があるいっぽうで，省内の組織調整コストの増大と，地方自治を専管する閣僚が消えたことへの不安を強調する声も聞かれる．

　自治官僚の将来にとってより重要なことは，地方の財政悪化とそれを補うべき中央からの移転資源不足という環境下で，どのように制度を維持管理できるかという点であることはいうまでもない．仮に政府間の調整と地域間格差是正から，権限・責任の明確化と地域間競争へと進んだ場合，トポクラートたちにとって，財政的な貢献を十分に保証できない中央のパートナーに意味があるのだろうか．財政以外の行政管理や法規的な助言や支援を行うといったノウハウ提供に特化したコンサルティング機能をもった組織となるか，あるいは，自治官僚たちは個人あるいはコンサルタントとして地方に散っていくのか．示唆的な現象として，日本におけるトポクラートたちの一部から，アメリカ的な地方制度の多様性，とくに市支配人制度の許容を求める声が上っている[9]．自治官僚という擬似トポクラートのあり方に変容が迫っている

ことは確かなようである．

参考文献

Beer, Samuel (1973), "Modernization of American Federalism," PUBLIUS, vol. 3.
Hansel Jr., William (2000), "Evolution and Change : Characterize Council-Manager Government," Public Management, ICMA.
Johnson, Paul E., et al. (1990) *American Government*, 2nd ed.
天川晃 (1986),「変革の構想―道州制論の文脈」大森彌・佐藤誠三郎編『日本の地方政府』東京大学出版会．
秋月謙吾編 (2006),『政府間関係』国際協力機構．
市川喜崇 (2002),「中央―地方関係と分権化」福田耕治・真渕勝・縣公一郎編『行政の新展開』法律文化社．
伊藤大一 (1989),「テクノクラシー理論と中央・地方関係―自治省と地方公共団体」『レヴァイアサン』第 4 号．
久米郁男 (2001),「機関委任事務制度はいかなる政策効果をもっていたのか」『季刊行政管理研究』No. 94.
シティ・マネージャー制度調査研究委員会編 (1983),『シティ・マネージャー―諸外国における理論と実態』自治総合センター．
世利洋介 (2001),『現代スイス財政連邦主義』九州大学出版会．
高橋誠 (1978),『現代イギリス地方行財政論』有斐閣．
辻隆夫 (1985),「イギリス地方自治制度と中央統制」片岡寛光編『国と地方―政府間関係の国際比較』早稲田大学現代政治経済研究所．
辻山幸宣 (1992),「福祉行政をめぐる分権と統制」社会保障研究所編『福祉国家の政府間関係』東京大学出版会．
永戸力 (2004),「流行の振り子―オランダとドイツにおける地方行革を事例に」『国際文化研修』vol. 45.
西尾勝 (1999),『未完の分権改革』岩波書店．
日本都市センター編 (2004),『自治体組織の多様化』日本都市センター．
山下茂・谷聖美・川村毅 (1992),『比較地方自治（増補改訂版)』第一法規．

---

9) 埼玉県志木市は，2003 年 6 月，市長制を廃止して市支配人制度を導入する「シティ・マネジャー特区構想」を提案した．認定には至らなかったが，地方制度調査会などで検討が開始された．

3章　平準化効果の国際比較[1]

橋都由加子・石田三成

1. はじめに

　財政調整制度は，国民に居所の如何を問わず生存権を保障する福祉国家にとって不可欠な装置である．しかし，財政調整制度を通じた地域間の所得再分配が人々の公平感にかなっているとしても，どのような分配が適正かについて一義的な解があるわけではない．なによりもこの制度は明示的であれ暗黙的であれ，経済的に恵まれた地域から徴収された租税を貧しい地域に再分配するという形で実施される．本章はこのような問題を考えるにあたって不可欠となる客観的情報を整理することを狙いとしている．すなわち補助金による地方財源の平準化効果を測定することで，地方団体間の財源格差や原資総額，配分公式の持っている意義を定量的に分析することを目的とする．

　補助金の平準化効果に関しては，日本の都道府県や市町村を対象として地方交付税による平準化効果を計測した先行研究が豊富であり，伊多波(2002)，貝塚他 (1987)，中井 (1988)，林 (1996)，矢吹他 (2004) などが挙げられる．一方で，収入項目の定義をそろえて複数の国の平準化を計測した研究は少ない．

　財政調整効果の国際比較を行った先行研究としては Wolman and Page (1987) が挙げられる．この研究では，オーストラリア，カナダ，デンマーク，イギリス，ドイツ，アメリカの 6 カ国を対象とし，1970 年代後半と 1980 年代初頭の 1 年ずつ計 2 年を取りあげて，地方団体の一人当たり税収と一人当たり補助金額の相関や，地方団体の課税力の格差，税収と補助金交付後の

---

[1]　本章をまとめるにあたっては，持田信樹教授と伊東弘文氏にデータ収集に関するご示唆と貴重なコメントを頂いている．また，2005 年度のカンファレンスの際は質問者から有益なご指摘を頂いた．これらの方々に感謝申し上げたい．

収入の順位相関,補助金による地方団体収入の平準化効果を考察している.地方団体間の財源の格差の計測には変動係数を用いている.

また,日本の先行研究では財務省財務総合政策研究所 (2002) が挙げられる.この研究では,日本,イギリス,フランス,スウェーデン,ドイツ,カナダの6カ国を対象とし,1990年代の単年をとりあげて,地方団体を人口一人当たり税収の高い団体と低い団体,中位の団体などにグループ化し,全国平均を1とした場合の地方団体の一人当たり税収と,一人当たり税収に一人当たり財政調整を主な目的とした補助金を加えた値とを比較することによって,各国の財政調整効果を比較している.この手法では,一人当たり税収で計った上位団体と下位団体の財源の格差や財政調整の前後での財源の変化の大きさが分かりやすく確認できるが,計測される財政調整効果はグループに含まれる地方団体の数の選び方によって異なるため,恣意性が高く問題である.

このため,本章では基本的には Wolman and Page (1987) の手法を踏襲し,変動係数などを用いて補助金による財政調整効果を計測する.

2. 分析作業の仮説

本章での考察にあたっては,特に以下の3点に着目した.第1に,地域間格差の実態と平準化機能との関係である.平準化機能の定義は,財政需要と課税能力を合わせた財政力の格差を是正する機能とする.財政力格差の平準化の程度は地域間格差の度合いとは直接関係がなく,その国の平準化に対する熱意を反映することが主張されている[2].一方で,一国の設計された制度について時系列に観察した場合には,地方団体間の財政力格差が大きいときほど補助金による平準化が期待されて,財政力格差が拡大すれば平準化効果が強まる傾向が予想される.

第2に,配分公式と平準化効果の関係である.補助金の配分公式を財政需要と課税能力を勘案しているか否かで分類すれば,オーストラリアのGST

---

2) Bird (1986), pp. 196-202, 持田 (2004), pp. 43-44 を参照.

交付金や日本の地方交付税のように両者を勘案する配分公式が，財政力の平準化効果が最も高く，課税能力のみを勘案する配分公式がそれに次ぎ，人口に比例して補助金を配分することで大まかな財政需要を勘案する配分公式の平準化効果が最も低くなることが予想される．

　第3に，補助金の原資の決定方法と平準化効果の関係である．補助金には，中央政府の歳入や税収の一部を原資に充てる歳入分与方式や税収分与方式，原資を定めずに算定し，中央政府から補助金を拠出する方式，地方団体が拠出を行って地方団体間に再分配する水平的財政調整方式などが考えられる．このうち水平的財政調整方式では財政力の弱い団体が補助金を受領するだけではなく，財政力の強い団体が財源を一部拠出するために，財政力の平準化効果は最も強い．また，原資が定められている場合の補助金総額は安定的に推移するのに対して，原資が定められていない場合には，補助金額の決定が裁量的になり，地方団体による需要圧力により補助金額が拡大したり，中央政府のコントロールにより補助金額が縮小する傾向が予想される．このため，地方間の自主財源の格差が安定的に推移する場合には，原資が定められている補助金の平準化効果の方が安定しやすい．

　本章で取り上げる対象国は，日本，カナダ，オーストラリア，ドイツの4カ国である．対象年は基本的に1990年から2000年までとした．地方団体は日本には都道府県と市町村が，連邦制国家には州政府とその下位に位置する地方政府が存在するが，本章では日本については都道府県を，連邦制国家は州政府のみを対象とした．地方の収入項目は，地方税，地方税以外の自主財源，一般補助金，特定補助金の4つに分類して，①地方税収，②自主財源（地方税と地方税以外の自主財源の合計），③自主財源と一般補助金の合計，④自主財源と一般補助金と特定補助金の合計，または歳入総額，の4つについて，各地方団体の人口一人当たり額の変動係数を用いて，地方団体の収入が補助金の交付によって平準化される度合いを計測した．また，変動係数は地方団体の人口数を加味しないため，人口数を加味したジニ係数を用いた計測なども行った．

　ただし，この分析にはデータの制約上の限界があることを先に述べておく．まず，財政調整効果を計測するためには，本来は収入面の格差だけではなく

需要面の格差を考慮に入れる必要があるが、分析では収入面のデータのみを用いており、財政需要の格差と財源の格差が同じ傾向を持つことを仮定している。また、その場合には補助金の配分公式を勘案することによって、補助金を財政需要の格差を考慮する部分と財源の格差を考慮する部分とに区分した上で分析を行うのが望ましいが[3]、本章ではデータの制約上、そのような区分を行わなかった。このため、特に補助金の配分公式が財政需要を強く勘案している場合には、収入面と需要面の両者を合わせた財政力の平準化効果を正しく測定していない可能性が高い。さらに、分析対象とする地方団体には市町村を含めていないが、中央政府が州などの地方団体に補助金を交付する際に、その地方団体の下位に位置する地方団体を勘案している場合や、上位の地方団体から下位の地方団体への財政移転が大きい場合には、上位の地方団体の財政のみを取り上げて平準化効果を測定することには限界がある。

3. データと収入項目の定義

データは各国の政府や統計局の発表するものを中心に、地方団体について統一的に示している資料を用いた。以下には各国の分析対象期間と団体、データの出典と分析に用いた地方団体の収入項目の定義を示している。

3.1 日本のデータ

対象期間は1989年度から2002年度で、47都道府県を対象とした。分析に用いるデータは、総務省自治行政局『住民基本台帳人口要覧』各年と地方財務協会『地方財政統計年報』各年版からとった。収入項目の定義は以下の通りである。自主財源は地方税、使用料、手数料、財産収入、寄付金、繰入金、繰越金、諸収入、分担金および負担金の合計額とした。一般補助金は地方交付金、地方譲与税、地方特例交付金の合計額、特定補助金は交通安全対策特別交付金、国庫支出金、国有提供施設等所在市町村助成交付金の合計額とし

---

[3] 中井 (2005) では、日本について地方団体が受領する地方交付税を、地域的な事情や行政コストの格差を調整する「需要要素」と税源の偏在を調整する「税源要素」に区分して分析を行っている。

た．

3.2 カナダのデータ

対象期間は 1989 年度から 2004 年度で，10 州を対象とした．分析に用いるデータは全て Statistics Canada Web site (http://www.statcan.ca/ last accessed: Jan 31 2006) からとっている．収入項目の定義は以下のとおりである．自主財源，一般補助金，特定補助金の定義は Statistics Canada による全政府の支出，収入の統一的基準である FMS (Financial Management System) の分類に従った．自主財源は地方税および諸収入の合計額，一般補助金は平衡交付金，CHST (Canada Health and Social Transfer) などの合計額，特定補助金は EPF (Established Programs Financing)，CAP (Canada Assistance Plan)，障害者雇用援助交付金，各州への個別の特定補助金などの合計額とした．また，特定補助金として分類されていた EPF と CAP は 1996 年度より CHST に統合されたことを受け，FMS は CHST を一般補助金として分類をしているため，ここではその FMS の分類に従った．

3.3 オーストラリアのデータ

対象期間は 1989-90 年度から 2003-04 年度，団体は 6 州と 2 準州を対象とした．なお図表中では年度の始まる年を取って，1989-90 年度を 1989 年度と表記した．分析に用いるデータの出典は以下のとおりである．1) 連邦統計局の HP (http://www.abs.gov.au/ last accessed: Jan 31 2006) より，Australian Historical Population Statistics (3105.0.65.001)，2004 年 (『人口統計』)．2) 5512.0 Government Finance Statistics/Australian Bureau of Statistics (連邦統計局『政府統計』)，1990-91 年度版から 1997-98 年度版の各年版．3) 連邦統計局の HP より，5512.0 Government Finance Statistics のうち，2005 年 4 月 15 日発表の TIMESERIES DATA CUBES (1998-99 年度から 2003-04 年度の数値)．4) Budget Paper No.3 1998-99/Commonwealth Government (連邦予算)．5) Final Budget Outcome/Commonwealth Government (連邦最終予算報告書)，各年版．6) James, D. W. (1997) *Commonwealth Assistance to the States Since 1976* (1 次資料は連邦予算書)．

また収入項目の定義は以下のとおりである．税収は 1997-98 年度以前は一般政府歳入のうち，税，使用料および手数料（Taxes, fees and fines），1998-99 年度以降は一般政府部門の損益計算のうち，税収（Taxation Revenue）とした．一般補助金は財政援助交付金（FAG），GST（Goods and Services Tax）交付金，特別歳入援助（Special Revenue Assistance），特別交付金（Special Grants），一般補助金化された医療・道路補助金（Identified Grants for Health and Roads），全国競争政策交付金（National Competition Payments），一般目的資本補助金（General Purpose Capital Assistance）の合計額である．特定補助金は州への特定補助金（Specific Payments to the States），州を通じた特定補助金（Specific Payments through the States）とした．

次に，歳入は 1996-97 年度と 1997-98 年度は一般政府歳入の歳入合計，1998-99 年度以降は一般政府部門の損益計算（Operating Statement）のうち，GFS 歳入とした．4 つの収入項目のうち，「②自主財源」は歳入総額から特定補助金と一般補助金を減算することで，「③自主財源＋一般補助金」は歳入総額から特定補助金を減算することで算出した．基本的に連邦統計局のデータを用いたが，統計局のデータでは補助金が一般補助金と特定補助金に分類されていないため，補助金の内訳の計算には連邦予算書のデータを用いた．上記の項目の算出に対応するデータ出典は以下のとおりである．

まず税収と歳入は 1997-98 年度以前については資料 2），1998-99 年度以降は資料 3）を用いた．一般補助金，補助金については 1996-97 年度以前は資料 6），1997-98 年度は資料 4），1998-99 年度以降は資料 5）を利用した．ただし 1997-98 年度のデータのみ推計値（1998 年 5 月時点の推計）を用いた．人口は資料 1）から，年度の始まる前日の 6 月 30 日時点の値を利用した．なお 1996-97 年度から 1998-99 年度までは，連邦の財政再建を目的とした，州から連邦への拠出が行われている．その具体的な拠出方法は財政援助交付金額との相殺，特定補助金との相殺，州から連邦への直接支払い，それらの組み合わせの中から 1 つを州が選択した．このため，分析では州の拠出方法に応じて，拠出額を一般補助金や特定補助金の額から差し引いた．州から連邦への直接支払いを選択した州については，拠出額を一般補助金の額から差し引いて計算した．

なお，会計基準の変更により 1998-99 年度以降は発生主義ベースがとられており，それ以前のデータとは連続していないため，1997-98 年度と 1998-99 年度の間を挟んでの時系列の分析を行うことはできない．また，政府統計は毎年遡及再計算されているが，資料 2) には単年度のデータのみが掲載されている．資料 3) は時系列データであるので，税収や歳入について資料 2) の各年のデータを用いて分析を行った場合とはずれが生じる可能性がある．

3.4 ドイツのデータ

対象期間は 1995 年から 2001 年，対象団体は 16 州（市町村を含まず），変動係数はベルリンを除く 10 旧州と，ベルリンを除く 5 新州について計算した．データの出典は以下のとおりである．1) Finanzbericht/Bundesministerium der Finanzen（連邦大蔵省『財政報告書』）各年．2) Rechnungsergebnisse des öffentlichen Gesamthaushalts, Fachserie 14 Finanzen und Steuern. Reihe 3.1/Statistisches Bundesamt（連邦統計局『公的部門収支』統計シリーズ 14「財政と租税」3.1 巻）各年．3) Statistisches Jahrbuch ... für die Bundesrepublik Deutschland/Statistisches Bundesamt（連邦統計局『統計年鑑』）各年．4) Steuerhaushalt, Fachserie 14 Finanzen und Steuern. Reihe 4/Statisches Bundesamt（連邦統計局『税収』統計シリーズ 14「財政と租税」4 巻）各年．

次に収入項目の定義について述べる．財政調整制度の特徴を考慮し，ドイツの歳入については他の国と異なる次の分類を行った．①売上税配分前の税収，②売上税配分後の税収，③税収＋州間財政調整，④税収＋州間財政調整＋不足額補充交付金，⑤税収＋州間財政調整＋不足額補充交付金＋その他の連邦補充交付金，⑥歳入総額，ただし州間財政調整の拠出州については歳入総額から拠出額を減算する．州間財政調整と連邦補充交付金以外の一般補助金，特定補助金および税収以外の自主財源は⑥と⑤の差額に含まれている．また，本来，州間財政調整の拠出州の拠出額は歳入ではなく歳出であるが，州間財政調整の効果を確認するために，この分析では州間財政調整をネットの額で加算した（受領州はプラス，拠出州はマイナス）．このため，拠出州の歳入総額からも州間財政調整の拠出額を減算している．

上の収入項目の算出では,「①売上税配分前の税収」は税および公課から売上税配分額を減算している．上記の項目の算出に対応するデータ出典は以下のとおりである．税および公課（Steuern, Steuerähnliche Abgaben）は資料2)を，売上税配分額は資料4)を用いた．州間財政調整額は資料4)，連邦補充交付金総額は資料4)，連邦補充交付金のうち，不足額補充交付金は資料1)を用いた．また歳入総額（Bereinigte einnahmen）は資料2)を利用した．人口は資料3)を用いた．この分類を用いて，図3-1から図3-4では地方税を売上税配分前の税収，一般補助金を売上税配分額，ネットの州間財政調整額，不足額補充交付金とその他の連邦補充交付金の合計として分析を行った[4]．

4. 分析の結果

4.1 収入項目の変動係数

はじめに，表3-1で各国の地方団体間の収入項目の格差と，収入項目ごとの変動係数の推移を概観する．まず，日本の変動係数の推移を見ると，収入項目の中では地方税の変動係数が1990年の0.481から2001年の0.356へと低下していることが目をひく．これはバブル崩壊による都市部の減収を反映していると考えられる．地方税と比較して自主財源の変動係数が比較的小さいことも特徴的である[5]．自主財源に一般補助金を加えた変動係数は全期間を通じて地方税の変動係数よりも小さく，地方交付税などによる平準化効果を確認できる．さらに，一般補助金を加えた係数と，一般補助金と特定補助金を加えた係数はいずれも0.25前後を安定的に推移しており，地方税のケースように大きな変化は見られない．特に1990年代前半は地方税と自主財源の変動係数が大きかったが，その後の期間よりも一般補助金の平準化効果が高かった様子が分かる．

---

4) ドイツでは州に配分される売上税は地方税として分類されるが，配分が徴収地ではなく財政力と住民数にもとづいて行われていることから，本章では便宜上，一般補助金として分析を行った．

5) ただし，これが地方税の少ない団体は手数料や使用料などの収入を増やすことによりバランスをとっていることを表しているのかどうかは，詳しく検討しなければならない．

3章 平準化効果の国際比較

表3-1 各国の収入項目の変動係数

	年度	1990	1991	1992	1993	1994	1995	1996	1997	1998	1999	2000	2001
日本	地方税	0.481	0.457	0.432	0.410	0.383	0.381	0.406	0.384	0.343	0.339	0.336	0.356
	自主財源	0.342	0.314	0.292	0.274	0.267	0.261	0.270	0.255	0.239	0.247	0.251	0.248
	自主財源+一般補助金	0.236	0.245	0.248	0.251	0.244	0.246	0.255	0.261	0.265	0.268	0.265	0.261
	自主財源+一般補助金+特定補助金	0.237	0.247	0.258	0.265	0.259	0.261	0.268	0.274	0.281	0.285	0.283	0.279
カナダ	地方税	0.174	0.171	0.154	0.161	0.147	0.125	0.130	0.118	0.144	0.164	0.151	0.170
	自主財源	0.152	0.152	0.129	0.140	0.152	0.167	0.151	0.157	0.178	0.155	0.146	0.238
	自主財源+一般補助金	0.074	0.071	0.084	0.092	0.095	0.096	0.082	0.081	0.091	0.085	0.065	0.122
	自主財源+一般補助金+特定補助金	0.074	0.075	0.087	0.091	0.087	0.091	0.080	0.084	0.097	0.093	0.073	0.120
ドイツ	売上税配分前の税収	n.a.	n.a.	n.a.	n.a.	n.a.	0.507	0.600	0.592	0.598	0.625	0.645	0.589
	売上税配分後の税収	n.a.	n.a.	n.a.	n.a.	n.a.	0.245	0.262	0.263	0.273	0.289	0.287	0.253
	州間財政調整後（ネット）	n.a.	n.a.	n.a.	n.a.	n.a.	0.266	0.263	0.269	0.281	0.286	0.275	0.262
	税収+州間財政調整+不足額補充交付金	n.a.	n.a.	n.a.	n.a.	n.a.	0.263	0.259	0.266	0.276	0.279	0.268	0.258
	税収+州間財政調整+連邦補充交付金	n.a.	n.a.	n.a.	n.a.	n.a.	0.332	0.324	0.330	0.336	0.333	0.314	0.304
	歳入総額（ただし，州間財政調整の拠出額を減額）	n.a.	n.a.	n.a.	n.a.	n.a.	0.378	0.365	0.401	0.349	0.372	0.339	0.341
オーストラリア	税収	0.138	0.144	0.155	0.150	0.135	0.134	0.149	0.152	0.159	0.165	0.235	0.202
	自主財源	0.081	0.077	0.073	0.055	0.055	0.063	0.101	0.096	0.086	0.099	0.150	0.132
	自主財源+一般補助金	0.404	0.454	0.428	0.384	0.392	0.400	0.428	0.374	0.322	0.309	0.363	0.317
	自主財源+一般補助金+特定補助金	0.381	0.396	0.365	0.347	0.351	0.356	0.376	0.357	0.303	0.282	0.327	0.324

次に，カナダの変動係数の推移については，2001年度を除き，期間内の各変動係数は安定的に推移している。カナダでは州個人所得税のウェイトが大きく，各州は完全な税率設定権を持っているが，変動係数に大きな変化は見られず，その値も比較的小さい。1991年に連邦政府がGSTを導入し，アルバータ州以外は，小売売上税，協調売上税，付加価値税のいずれかを賦課したが，この表からはその影響は見られない。自主財源と一般補助金交付後の収入を比較すると，一般補助金交付後の変動係数は大幅に低下しており，一般補助金による平準化効果が大きいことが分かる[6]。2001年度の数値が極

---

[6] 本章ではStatistics CanadaのFMSによる分類に従い，CHSTを一般財源として扱って平衡交付金と合算しているが，CHSTは大まかな目的拘束のある特定補助金と解釈することもできるため，平衡交付金に分離して分析をすると異なるインプリケーションが得られる可能性がある．例えば，財務省財務総合政策研究所（2002）のカナダに関する分析は，①自主財源，②自

端に振れたのは，アルバータ州の天然資源収入に関する割戻しが行われ，同州の一人当たり自主財源が約30％増加したことに起因する．ただし，この年を除けば変動係数はいずれの収入項目でも0.2未満と小さく，財政移転後の変動係数が0.1を下回ることから，州間の地域間格差は4カ国の中では小さい部類に属すると言える．

オーストラリアの各収入項目の変動係数を確認すると，2000-01年度に税収と自主財源の変動係数が増大しているが，これはこの年度のはじめに行われた税制改革に起因する．この税制改革では複数の州税が廃止されたが，それらの税が歳入に占める割合は財政力の弱い州で高かったために，廃止によって一人当たり税収や自主財源の格差が拡大したからである．税収や自主財源の変動係数は補助金を加えた収入の変動係数よりも小さいことが示されているが，これは北部準州の影響が主な要因である[7]．北部準州の財政需要が大きく一般補助金や特定補助金が多く配分されており，補助金を含めた一人当たり収入額が突出して大きい．また，自主財源の変動係数が税収の係数よりも小さいことから，地方税の少ない州がそれ以外の自主財源を相対的に多く確保していることが示唆される．

オーストラリアの一般補助金は，従来は原資を定めずに総額が首相会議で決定されていたが，2000年度以降はGST税収の全額を原資とするようになり，かつ配分公式は大きく変わらなかった興味深い事例であるので，ここで原資と平準化効果の関係についても検討したい．一人当たり税収と一般補助金額の相関係数を計算すると，1989-90年度に-0.55であったのが1994-95年度の-0.33から急速に0に近づき，1997-98年度には-0.01となっていることから，補助金の配分が税収に逆比例して交付される度合いは弱くなっていると解釈できる．また，1999-2000年度の相関係数は-0.18であるが，税

主財源＋CHST，③自主財源＋CHST＋平衡交付金の3つの平準化効果を測定し，その結果，①の格差が②の段階である程度改善され，③では大幅に格差が縮小することを明らかにしている．

7) ここでは，各団体を人口規模にかかわらず等しく扱った場合の収入格差を観察するために変動係数を用いているが，変動係数は各団体の人口を加味しないため，オーストラリアは特殊な1準州の影響を強く受ける結果となっている．北部準州の人口は全国人口の0.1％と非常に小さいことから，人口を考慮するジニ係数で同様の計算を行った場合には，税収のジニ係数は自主財源や補助金を加えた収入の係数よりも大きくなる．

制改革を挟んで2000-01年度には −0.55 まで絶対値が拡大し，2003-04年度には −0.68 となった．分析期間の税収の州間格差が変化しているために原資と平準化効果の関係のみを取り出すことは難しいが，この事例からは原資の決定をルール化したことにより，裁量的に決定するよりも平準化効果が高くなったことが観察される[8]．

ドイツの各収入項目間の変動係数の差に注目すると，売上税配分前から配分後への変動係数の縮小が最も大きく，売上税の配分による平準化効果が高いことが分かる．また，時系列で見た場合にも売上税配分前の税収の係数の変動が大きく，それに対して売上税の配分後，州間財政調整後，連邦補充交付金の配分後の収入の格差は小さく，安定的に推移していることが見てとれる．

4.2 ジニ係数を用いた財政調整係数

前項まで各国の収入について変動係数を用いて概観してきたが，この係数の算出にあたり，各地方団体には人口によらず等しいウェイトをおいていた．ここでは人口規模を考慮したジニ係数を用いて分析を進める．また，4カ国の財政調整による格差の改善度を比較するための一次的接近として各国の財政調整係数を算出する．伊多波（2002）では，$C(\cdot)$ を括弧内の変数の不平等指数，T を地方税，S を地方交付税とおき，日本の地方交付税の財政調整係数を次のように表している．

$$財政調整係数 = 1 - C(T+S)/C(T)$$

この式に倣って，$C(\cdot)$ をジニ係数，T を一人当たり地方税，$T+S$ を一人当たり自主財源と一般補助金の合計として各国の係数を計算して，地方税のジニ係数とあわせて示したものが図3-1である．まず地方税のジニ係数を比較すると，相対的に日本とドイツで大きく，カナダとオーストラリアで小さい．しかし財政調整係数は変動を含みつつも，カナダとオーストラリアで

[8) ただし1990年代後半は税収の格差が拡大する一方で，補助金交付後の格差が縮小していることから，平準化効果が強まる傾向が見られた．また，税制改革後は税収の格差が縮小するのに対して，補助金交付後の格差がやや拡大している．原資のルール化と平準化効果の一般的な関係を明らかにするためには，この点やその他の事例の研究を含めてさらなる検討が必要であると考える．

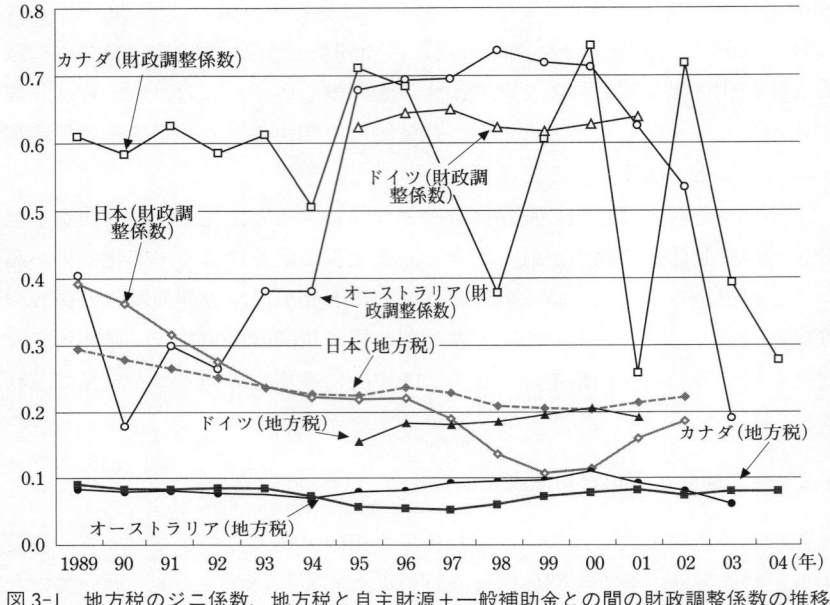

図 3-1 地方税のジニ係数,地方税と自主財源＋一般補助金との間の財政調整係数の推移

高くなっている[9]．したがって各国間では，地方税の格差が大きくなれば財政調整係数が大きくなるという関係は見られない．一方で，一国ずつの値の推移を観察すれば，地方税の格差の動きと財政調整係数の動きは近く，ジニ係数が大きくなると財政調整係数も大きくなる傾向が見られる．図 3-2 は地方税のジニ係数と自主財源＋一般補助金のジニ係数の関係を表したグラフであるが，特に日本とドイツについて明らかなことは，移転前のジニ係数の変動の大きさと比較して，移転後のジニ係数がかなり安定している．このことから，一国の制度について見れば，地方税の地方間格差が拡大すると収入面の平準化効果がより大きく表れることで，財政移転後の格差が時系列的にも安定していることが確認できる．

---

[9] 財政調整係数の定義式を見ると，移転前の不平等度指数が小さいほど，移転後の不平等指数の限界的な変化に対して財政調整係数が大きく変化する．図 3-2 からも明らかなように，カナダとオーストラリアは，移転前のジニ係数が日本とドイツの係数と比べて小さいため，移転後のジニ係数が微小に変化しただけで財政調整係数が相対的に大きく振れている．

3章 平準化効果の国際比較　59

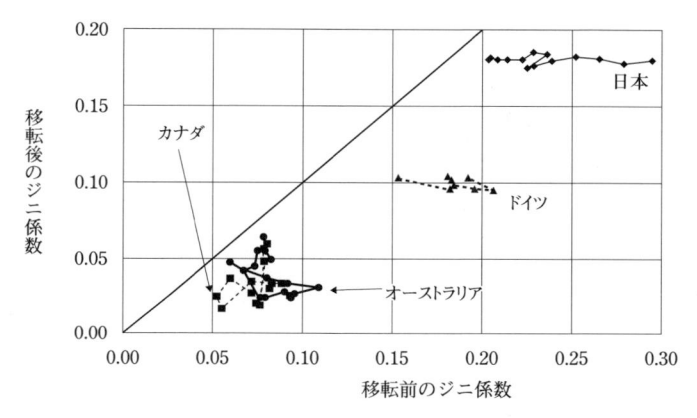

図3-2　地方税と自主財源＋一般補助金のジニ係数の関係

4.3　一般補助金の規模と財政調整係数

次に，一般補助金の規模と平準化効果の関係を検討するために，縦軸に上述の財政調整係数をとり，横軸に地方歳入に占める一般補助金額の割合をとったグラフが図3-3である．ドイツの一般補助金は売上税配分額，州間財政調整，連邦補充交付金（不足額補充交付金とその他の連邦補充交付金の合計）に分けてプロットした．この図からは，まず日本とオーストラリアの一般補助金の規模が大きく，カナダは相対的に小さいことが確認できる．ドイツは売上税配分額の規模が特に大きく，地方歳入に占める割合は日本やオーストラリアの一般補助金と同程度であり，一方で連邦補充交付金の規模は小さい．

これらの財政調整係数の規模は一般補助金の配分方法と結びつけることができる．極端な例では，ドイツの州間財政調整は水平的財政調整制度を用いているために，平準化効果を働かせるために全国合計で必要なネットの財源はゼロである．また，カナダは一般補助金の規模が日本やオーストラリアよりも小さいが，財政調整係数は高い位置に分布している．これは，分析データを収入面に限っていることに関係している．ここでの財政調整係数が収入面の平準化効果のみを表していることから，カナダのような歳入調整型の算定方式では，一般補助金の規模に対して財政調整係数が大きく表れている．

図 3-3 のグラフ部分(軸ラベル・凡例等):

- 縦軸: 財政調整係数 (−1.0 ～ 1.0)
- 横軸: 地方歳入総額に占める一般補助金の割合 (0 ～ 30%)
- 凡例: ◆ 日本、■ カナダ、● オーストラリア、▲ ドイツ
- 注記: 「オーストラリア」「ドイツ(売上税配分前⇒売上税配分後)」「カナダ」「ドイツ(売上税配分後⇒州間財政調整後)」「日本」「ドイツ(州間調整後⇒各種交付金受領後)」

図 3-3 一般補助金の割合と財政調整係数

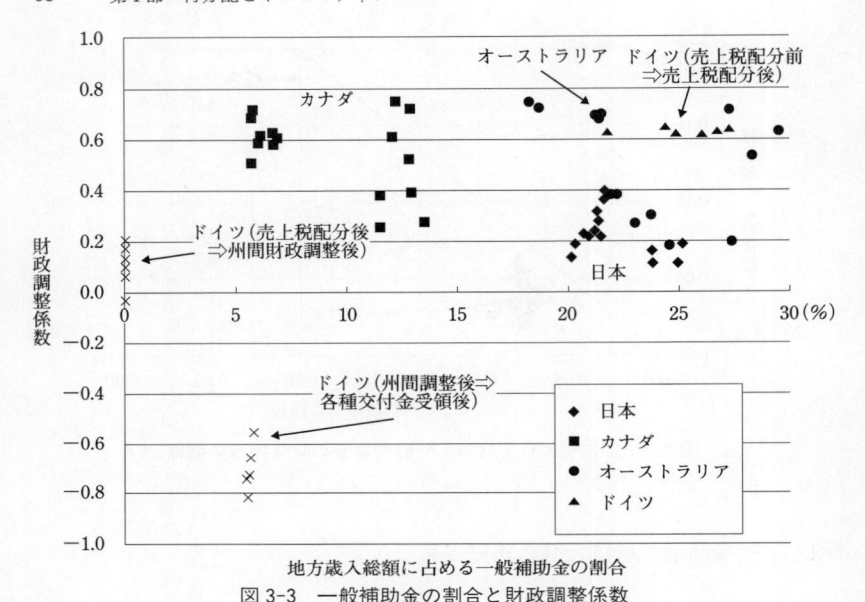

ドイツの連邦補充交付金については反対のことが言えよう．連邦補充交付金の財政調整係数はマイナスとなっているが，不足額補充交付金は州間財政調整後においてもなお財政力が弱い州に対して交付され，その他の連邦補充交付金は主に需要面を考慮して交付されているため，収入面の平準化効果を示す財政調整係数は小さく表れている．

同時に，同図からは一般補助金の規模も財政調整係数に大きな影響を与えていることが分かる．売上税配分額は 25％ が財政力の弱い州に優先的に配分されるが，残りの大部分は住民数に比例して配分されるため，配分公式自体の持つ平準化効果はゆるやかなものと予想される．しかし，売上税配分額の財政調整係数は 0.6 以上と大きい．対照的に，財政力の強い州の拠出を必要とする水平的財政調整制度の持つ平準化効果は強いと予想されるが，実際には限界的な効果にとどまっていることが分かる．これは売上税配分額の規模が大きいために，平準化効果が強く表れたためである．

このことから，平準化効果には補助金の配分方法だけではなく，一般補助金の大きさも強く関係していることが分かる．

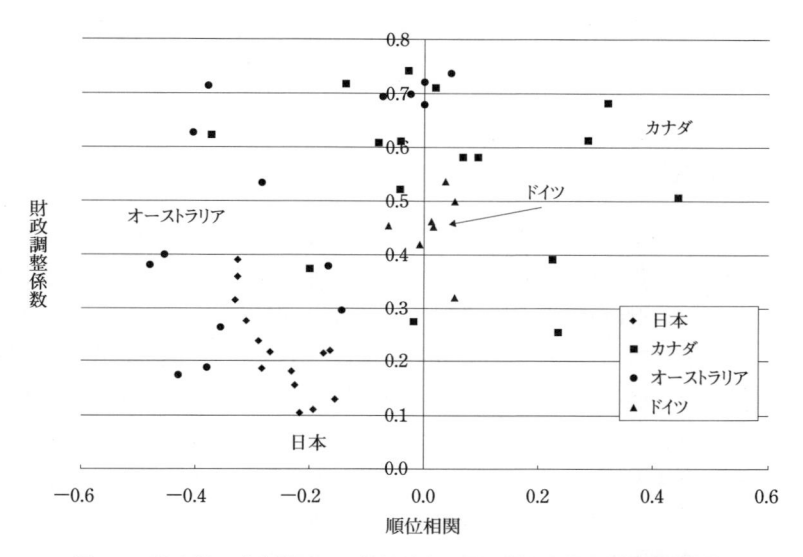

図 3-4　地方税と自主財源＋一般補助金の間の順位相関と財政調整係数

4.4　順位の変動を考慮に入れた場合

　上のジニ係数を用いた分析では，財政移転によって一人当たり収入項目の順位が入れ替わる効果は明示的に取り出せなかった．日本やオーストラリアでは需要考慮型の算定方式をとっているために，収入面に限った分析では平準化効果を過小に評価するバイアスがかかっているが，この点を考慮するために，地方税と自主財源＋一般補助金の間の順位相関を算出した．この係数は移転前の順位と移転後の順位の関係を表しており，平準化の量的な規模を示すものではないため，単独で平準化効果の評価に用いることはできないが，これを用いてジニ係数などの指標の解釈を補完することができる．図3-4は横軸にこの順位相関をとり，縦軸に前述の財政調整係数をとったグラフである．ドイツとカナダでは順位相関はゼロを中心に分布しており，移転前の順位と移転後のそれとにはっきりとした関係は見られない．しかし，日本とオーストラリアでは順位相関はマイナスに分布していることが明らかである．これは両国では収入格差の是正に加えて需要も考慮しているために，一般財

源ベースで見ると地方団体の収入の順位が逆転する傾向があることを示している．

5. 考察と課題

以上の分析により明らかになったことを総括しておこう．第1に，一般補助金による平準化の程度は団体間の地方税の格差の程度に必ずしも対応していない．各国の財政調整の平準化効果は，格差の実態以外の要因によっても決まっていると考えられる．これらの要因は，平等化への熱意に代表される社会的規範など様々な角度から今後検討される必要がある．一方で，それぞれの国では移転前のジニ係数の変動の大きさと比較して移転後のジニ係数が安定的に推移する傾向が見られることから，地方税の地方間格差が拡大すればそれに対応した平準化効果が発揮されている．また，平準化効果を持つのは一般補助金に限らず，特に地方税以外の自主財源が格差の縮小に果たしている役割が大きく，地方税の少ない団体は手数料や使用料などの収入を増やすことによりバランスをとっていることも示唆された．

第2に，一般補助金の配分公式の違いによる平準化の強さは，財政調整係数を用いて分析をすると，課税能力の勘案に特化したカナダの方式が強い結果となった．ただし，財政調整係数は収入面の平準化効果のみに着目するため，財政需要と課税能力の両者を合わせた平準化効果を表しておらず，結果の解釈には重大な留保が必要である．また，日本とオーストラリアではいずれも順位相関はマイナスに分布しており，両国では収入格差の是正に加えて需要も考慮しているために，一般財源ベースで見ると順位が逆転する傾向があることが示されていた．加えて，地方歳入全体での平準化効果は一般補助金による明示的な平準化効果に必ずしも従わない．特定補助金は財政調整を第1の目的としていなくとも結果的に平準化機能を果たしているため，財政需要が一般補助金で勘案されない場合は特定補助金で特に強く勘案されている可能性もある．実際に，オーストラリアでは一般補助金交付後の変動係数は特定補助金交付後にさらに低下するのに対して，カナダでは自主財源の格差が一般補助金の交付によって大きく縮小したものが，特定補助金交付後は

ふたたび拡大するケースも確認される．

　第3に，平準化効果と原資の決定方法との関係は，配分公式を変えずに原資の規定が変わったオーストラリアの事例では，原資の決定をルール化した方が裁量的に決定するよりも順位相関のマイナスの絶対値が大きく，平準化効果が高いことが観察された．また，平準化効果には補助金の配分方法だけではなく財政調整に用いられる原資の規模が重要な役割を果たしていることが示された．

　最後に本章の限界について述べよう．本章では分析に地方団体の収入面のデータのみを用いたが，はじめに述べたように，財政力の平準化機能の計測は本来，地方団体の財政需要をも考慮するべきである．このため，本章で分析されたのは平準化効果の一部であることを留意する必要がある．また，連邦制国家では州の中の地方団体は州の創造物であり，州が強い権限を持つこともある．この場合，州内の地方団体と州の財政を切り離さずに分析を行うことが適当であるが，このために中央政府から下位の地方政府への補助金の確定や，中央政府から中間の地方政府への補助金を，受領団体の直接支出に用いるものと下位の地方政府への補助金に用いるものに分類した上での分析が必要となる．日本以外の単一国家やドイツ以外の水平的財政調整制度を持つ国などを含め，分析の対象国を増やして国際比較の意義を高めることも今後の課題としたい．

参考文献

Bird, Richard (1986), *Federal Finance in Comparative Perspective*, Canadian Tax Foundation.

Wolman, Harold and Edward Page (1987), "The Impact of Intergovernmental grants on Subnational Resource Disparities : a Cross-National Comparison," *Public Budgeting & Finance*.

伊多波良雄 (2002)，『地方分権時代の地方財政』有斐閣．

貝塚啓明・本間正明・高林喜久生・長峯純一・福間潔 (1987)，「地方交付税の機能とその評価 Part II」『フィナンシャル・レビュー』第5号，pp. 9-26.

財務省財務総合政策研究所 (2002)，「財政調整制度の国際比較」『地方財政システムの国際比較』第3章　http://www.mof.go.jp/jouhou/soken/kenkyu/zk058/zk058d.pdf (last accessed : Jan 31 2006).

中井英雄 (1988), 『現代財政負担の数量分析』有斐閣.
中井英雄 (2005), 「地方交付税の変革―ミクロ・マクロの限界責任の発揮と全体責任の確保」, 伊東弘文編著『現代財政の変革』ミネルヴァ書房, pp. 233-252.
中村和之・國崎稔 (1996), 「地方交付税と国庫支出金の等価性」『フィナンシャル・レビュー』第 40 号, pp. 50-64.
林宏明 (1996), 「地方交付税の地域間再分配効果」『フィナンシャル・レビュー』第 40 号, pp. 20-36.
持田信樹 (2004), 『地方分権の財政学』東京大学出版会.
矢吹初・高橋朋一・吉岡祐次 (2004), 「地方交付税制度の財政調整効果」日本財政学会第 61 回発表論文.

4章　地方交付税と純財政便益[1]

堀場勇夫

1. はじめに

　一般補助金である地方交付税の目的は，一般的に財政調整と財源保障であるといわれている．さらに，財政調整は，階層が異なる政府の間で徴税能力と財政責任の不一致から生ずる，歳出・歳入の不均衡を調整するために用いられる垂直的財政調整と，経済力の異なることに起因する県間，市町村間に生ずる財政力格差を均等化するために用いられる水平的財政調整とに分類される．本章では，地方交付税の目的のうち，財政調整制度について経済理論あるいは財政理論の観点から分析を行うことを目的としている．

　財政調整を目的とした一般補助金については，Buchananの財政余剰による議論が先駆的業績としてあげられる[2]．また，その包括的概念である純財政便益がBoadway and Hobsonによって提起され，より広範な分析が公平論の視点から可能となった[3]．しかしながら，Boadway and Hobsonの純財政便益を用いた議論の特徴は，一般補助金を単に公平性のみならず，資源配分の効率性の視点より論じたことにある．Boadway and Hobsonは，いわゆるFlattersモデルでの財政的外部性との関連で純財政便益の問題を捉え，一般補助金論を展開した画期的な業績といえる．本章では，堀場（2005a）でのFlattersモデルと関連付けながら，Boadway and Hobsonの純財政便益に関し概説するとともに，一般補助金の財政調整機能と資源配分の効率性の

---

1)　本章は堀場（2005b）を加筆修正したものである．
2)　Buchananの財政余剰の議論についてはBuchanan（1950, 1952）を参照せよ．
3)　純財政便益と一般補助金の議論はBoadway and Hobson（1993）を先駆的業績とし，日本の実証分析をも含めた研究としてBoadway, Hobson and Mochida（2000）および持田（2004）があげられる．また堀場（1999），第13章には簡潔な説明がなされている．純財政便益をも含めた一般補助金の概説についてはBoadway（1997）が参考となる．

関係について論じる[4]．また，従来の公平性と純財政便益の関係についても概説を与える．

2. 純財政便益の概念

純財政便益（NFB, net fiscal benefit）とは，政府による財政活動から受ける便益とそのための負担を一人当たりで計った差として定義され[5]，Buchananが提唱した財政余剰（fiscal residuum）の包括的概念と考えられる[6]．この定義によると，純財政便益は便益と負担の項目から構成され，ある地域の個人一人当たりの便益と負担をそれぞれ算出せねばならないが，便益は供給される財の，また負担は賦課される租税の性質に依存する．

便益についてみると，地方政府によって供給される財は純粋公共財，準公共財，準私的財（公的に供給される私的財）など幅広い範囲に及んでいると考えられ，住民が財政活動から受ける便益は純粋公共財から準私的財までを包含する次の一般式によって与えられる．すなわち，地域 i での地方政府による財の供給量 y_i^s，住民の消費量 y_i，地域住民数 N_i，また供給される財の性質を規定するパラメータ α によって，一人当たりの便益 y_i は，

$$y_i = \frac{y_i^s}{(N_i)^\alpha} \tag{1}$$

で表すことができる．ただし，$\alpha=0$ は純粋公共財，$\alpha=1$ は準私的財を表している．

また，純財政便益を構成する今1つの要素である負担が租税によって賄われると仮定すると，この住民一人が負担する税額は，その租税が居住地課税か源泉地課税，またその税目に大きく依存する．住民一人が負担する税額を

---

4) 堀場（1999），第13章においても，Boadway and Hobson の簡単な記述がなされているが，Flatters モデルとの関連性については必ずしも十分に検討が加えられていない．Flatters モデルに関しては，堀場（2005a）あるいはそこでの参考文献を参照せよ．
5) 純財政便益の概念および定義については，Boadway and Hobson (1993), p. 29 を参照せよ．
6) NFB を本章および堀場（1999）では「純財政便益」と訳出しているが，概念的な同一性を考えると，持田（2004）のごとく NFB に「財政余剰」の訳語を用いることも可能と思われる．本章では財政余剰が純財政便益の特殊なケースであり，後者は前者の包括的概念であることからあえて異なる訳語を当てている．

t_i とする. このとき, 地域 i の住民の純財政便益は,

$$NFB_i \equiv y_i - t_i = \frac{y_i^s}{(N_i)^\alpha} - t_i \tag{2}$$

と定義される.

3. 純財政便益と資源配分の効率性

一般補助金の問題は公平性の視点から分析をすることが多かったが, 近年, 資源配分の効率性の視点からこの問題を捉える試みがなされつつある. その1つが, 地方分権のもとで競争的地方政府の政策と住民の自発的な地域選択によって生ずる地域間資源配分の非効率の問題と, それを是正する手段としての一般補助金論である. 堀場 (2005a) で論じたごとく, 地方分権のもとでは, 競争的地方政府によって達成される資源配分は必ずしも効率性を充足しない. その場合, 効率性を達成する是正手段として一般補助金による財政調整が考えられた. しかしながら, 堀場 (2005a) での議論は公共財の種類および租税制度に関して, 暗黙のうちに純粋公共財と居住地課税を前提としていた. この住民の自発的な地域選択による競争均衡配分の効率性に関する問題について, すなわち準私的財, 源泉地課税などその他の場合をも含めて, 単純なモデルを用いて Boadway and Hobson などによって吟味がなされている. この点から, 本節では, 競争的地方政府の政策と資源配分の効率性について, また, 上で定義された純財政便益と資源の地域配分, 特に住民の地域間配分の効率性について Boadway and Hobson などの業績を踏まえながら分析を加える.

3.1 基本モデル[7]

ある国が2地域 (地域 A と地域 B) に分割され, その行政区域が固定され

---

7) Boadway and Hobson の純財政便益と効率性の議論は, 必ずしもその基礎としてのモデルが明らかではない. しかしながら, その結論から堀場 (2005a) での競争的地方政府と地域間資源配分の基本モデルおよび Flatters モデルを基礎としていることは明らかであろう. したがって, 本項では堀場 (2005a) との関連に注目しながら純財政便益と資源配分の効率性問題について考察した.

ている短期モデルを考える．国には中央政府が，それぞれの地域には地方政府が存在し，管轄行政区域の厚生に関心がある．すなわち，中央政府は国全体の，地方政府は管轄区域に居住する地域住民の厚生を最大化する慈悲深い政府が仮定される．また，住民はその行政区域の境界を越えて，費用なしに自由に移動することが可能であり，最終的に2地域に全員が居住を決定し，住民移動が生じない移動均衡（migrational equilibrium）に達する．

各地域では，1次同次生産関数 $f(N_i, L_i)$ にしたがって，その地域の住民が提供する住民一人当たり1単位の労働と与えられた土地によって，公共財としても私的財としても用いることができるニューメレール財が生産される．ただし，生産された財は必ずしも生産地で消費されるとは限らず，地域間を自由に流通し他の地域でも消費される．

住民は均質で，居住地域ごとに与えられる賃金と土地からの資産所得によって私的財消費と租税負担を賄う．地域ごとの賃金と資産所得は，利潤最大化を目的とする企業行動と住民の地域選択によって決定される住民の労働供給，土地の賦存量によって，それぞれ生産要素市場で決定される．

住民の厚生を表す包括所得（comprehensive income）I_i は，税引後の賃金所得と政府より与えられる公共財・サービス供給から得られる所得の合計で定義され，民間から得られる賃金所得 w_i と公共部門から得られる純財政便益 NFB_i の合計

$$I_i \equiv w_i + NFB_i \tag{3}$$

によって示すことができる．

Boadway and Hobson モデルでは，地域 i の住民の効用は包括所得によって表現され[8]，効用の最大化を目指す住民は包括所得の大きな地域を選択

---

[8] 堀場（2005a）では，地域 i に居住する住民の効用 u_i は，私的財消費量 x_i，公的に供給される財の消費量 y_i によって $u_i = u(x_i, y_i)$ と一般形で表されている．Boadway and Hobson (1993), p. 81 では，上記のごとく包括所得によって効用が示され，その大きさによって地域選択がなされる．ところで，$I_i = w_i + NFB_i$，また資産所得を Flatters モデルと同様に全額地方公共財の費用に充てられるとすると，$x_i = w_i - t_i = f_{N_i} - t_i$，$NFB_i = y_i - t_i$ であるから，包括所得を住民の効用としていることは効用関数を，

$$I_i = u_i = x_i + y_i \tag{4}$$

と仮定していることに等しい．無論，この効用関数の特定化によって，効用関数は強い意味の準凹関数の性質を有さないので，私的財，公共財などの需要量が端点解となるなどの状況が生まれる．しかしながら，Boadway and Hobson モデルの目的が，財政的外部性と住民の地域間

し，どの地域に住んでも得られる包括所得が等しくなったとき移動均衡に達する．すなわち，2地域の住民の包括所得をそれぞれ I_A, I_B とすると，住民の移動均衡条件式は，

$$I_A = I_B \tag{5}$$

で示される[9]．

慈悲深い地方政府は，その地域住民の効用を最大化するように，公共財供給水準と租税制度を決定する．すなわち，与えられた地域住民数，政府予算を制約として，住民の効用最大化を目指して地方公共財供給量と税率を決定する．

3.2 居住地課税と効率性

地方財政において居住地課税（residence based tax）とは，自地域に居住している個人・法人の所得に対して，その所得の源泉地にかかわらず，居住している地域の地方政府が課税するという原則である[10]．以降，単純化のために，Boadway and Hobson に沿って，居住地課税の人頭税を仮定して議論を進める．この居住地課税の人頭税は，居住地において住民が課税されることから地域選択に非中立的となる．

純粋公共財・居住地課税と効率性

地方政府が純粋公共財を供給し，その財源を居住地課税によって賄う場合について考察する．もし，地方政府の供給している財が非競合性を有する純粋公共財のときには，住民の地域流入によって公共財消費量で示される既存住民の便益は何ら影響を受けない．他方，負担については流入住民が負担する分，既存住民は軽課される．したがって，既存住民に対しての財政的外部性が発生し，非効率な資源配分が生じる[11]．

この流入する住民が既存住民に与える財政的外部性を，Boadway and

　　配分の問題の検討にあるのでその限りにおいて最も簡潔な効用関数を用いていると考えられる．
9)　Flatters モデルでは，移動均衡条件式 (5) は間接効用関数 $v(N_i, L_i) = v(N_j, L_j)$ によって示されている．
10)　居住地課税，源泉地課税の定義については，Boadway and Hobson (1993), p. 82, footnote 7, 持田 (2004), 注9などを参照せよ．

Hobson は限界的な住民一人が移動した前後の既存住民の純財政便益を用いてその程度を算定している．ただし，純粋公共財（$a=0$）の場合，供給量 y_i^s は消費量 y_i に一致している．すなわち，$y_i=y_i^s$，また NFB_i については $NFB_i=y_i-t_i=y_i^s-t_i$ が成立している．移動前の既存住民の純財政便益 $\widehat{NFB}_i$ は，純粋公共財供給量 $\widehat{y_i^s}$，移動前一人当たり租税額 $\widehat{t_i}$ を用いて純財政便益の定義から，

$$\widehat{NFB}_i = \widehat{y_i} - \widehat{t_i} = \widehat{y_i^s} - \widehat{y_i} \tag{11}$$

で表すことができる．また，移動後の純財政便益 NFB_i は，純粋公共財 y_i^s，租税負担 t_i とすると，

$$NFB_i = y_i - t_i = y_i^s - t_i \tag{12}$$

で与えられる．

---

11) Boadway and Hobson は，純財政便益を用いて Flatters モデルで吟味された財政的外部性について，検討を加えている．しかし，なぜ純財政便益を用いて外部性に関し議論が可能なのかについては明確な説明がなされていない．本章では，この点について改めて堀場（2005a）での数式モデルを用いて説明を試みる．
公共財供給量は住民の移動前後で均等であると仮定されているので，

$$\frac{\partial y_i^s}{\partial N_i} = \frac{\partial (N_i t_i)}{\partial N_i} = t_i + N_i \frac{\partial l_i}{\partial N_i} = 0$$

ゆえに，

$$\frac{\partial t_i}{\partial N_i} = -\frac{t_i}{N_i} \tag{6}$$

が得られる．また，$NFB_i=y_i-t_i$ において $y_i=y_i^s/N^a$ かつ（6）式を用いると，

$$\frac{\partial NFB_i}{\partial N_i} = \frac{\partial}{\partial N_i}\left(\frac{y_i^s}{N_i^a} - t_i\right) = -aN_i^{-a-1}y_i^s + \frac{t_i}{N_i} \tag{7}$$

したがって，

$$t_i = N_i \frac{\partial NFB_i}{\partial N_i} + aN_i^{-a}y_i^s \tag{8}$$

が導出される．
地域 i での財政的外部性 $EXTER_i$ は限界的に個人がある地域に流入したとき，地域 i で生ずる生産に対する純額での寄与および限界混雑費用 C_{N_i} の合計 $EXTER_i=f_{N_i}-x_i-C_{N_i}$ で示される．ところで，予算制約式から $f_{N_i}-x_i=w_i-x_i=t_i$ であるから，財政的外部性は（8）式より，

$$\begin{aligned}EXTER_i &= t_i - C_{N_i} \\ &= N_i \frac{\partial NFB_i}{\partial N_i} + aN_i^{-a}y_i^s - C_{N_i}\end{aligned} \tag{9}$$

ここで，$C=y_i^s=N_i^a y_i$，$C_{N_i}=aN_i^{a-1}y_i$ を（9）式に代入して整理すると，

$$EXTER_i = N_i \frac{\partial NFB_i}{\partial N_i} + a(1-N_i^{a-1})y_i \tag{10}$$

のように外部性が導出される．すなわち，財政的外部性と純財政便益の住民数に関する変化率との一般的な関係を示す式が導出された．Boadway and Hobson (1993), pp. 76-95 を参照せよ．

いま，公共財供給量が移動前後で変化しない $\widehat{y_i^s}=y_i^s$ を仮定すると，住民数は移動後 N_i，移動前 N_i-1 であるので，租税負担については，

$$(N_i-1)\widehat{t_i} = N_i t_i \tag{13}$$

の関係式が成り立つ．

したがって，既存居住者一人当たりの純財政便益の変化については，(11)，(12)，(13) 式より，

$$NFB_i - \widehat{NFB_i} = (y_i - t_i) - (\widehat{y_i} - \widehat{t_i}) \tag{14}$$
$$= \frac{t_i}{N_i - 1}$$

---

12) 純粋公共財・居住地課税の場合，財政的外部性がいかなる値をとるか吟味するために，$\alpha=0$ を (10) 式に代入すると，

$$NXTER_i = N_i \frac{\partial NFB_i}{\partial N_i} \tag{15}$$

が導出され，Boadway and Hobson モデルでの純財政便益での外部性 (14) 式に対応していることは明らかであろう．

人頭税によって純粋公共財の供給を賄う慈悲深い地方政府が，与えられた住民数 N_i と地域の資源制約のもとで，住民の効用最大化を目指して政策を決定するとき，地域 i における地方政府の問題は，

$$\max_{x_i, y_i} u(x_i, y_i)$$
$$s.t. \quad x_i = \frac{f(N_i, L_i) - y_i}{N_i} \quad i = A, B \tag{16}$$

で与えられる．

したがって，λ_i を未定乗数としてラグランジュ関数を，

$$\mathcal{L} = u(x_i, y_i) + \lambda_i \left[x_i - \frac{f(N_i, L_i) - y_i}{N_i} \right] \quad i = A, B \tag{17}$$

と定義し，1階の条件と制約式によって導出される主体均衡 x_i^*, y_i^* を効用関数に代入することで，間接効用関数 $v(N_i, L_i)$ が定義される．

したがって，住民が限界的に変化した場合，ある地域 i 全体の総効用 $N_i v_i (N_i, L_i)$ に与える効果は，$v_{N_i} = -(\lambda_i/N_i)t_i$ および $-\lambda_i = u_{x_i}$ から，

$$\frac{\partial N_i v(N_i, L_i)}{\partial N_i} = v(N_i, L_i) + N_i v_{N_i} \tag{18}$$
$$= v(N_i, L_i) + u_{x_i} t_i$$

で与えられる．右辺第1項 $v(N_i, L_i)$ は追加的新規住民自身の効用増加分を示している．第2項 $u_{x_i} t_i$ は，追加的新規住民が新たに租税負担することによって既存住民が受ける租税負担の軽減分を効用のタームで表したものに等しい．この第2項が，ちょうど吟味されている移動する住民が既存住民に与える財政を通じた外部性となっている．包括所得を間接効用関数としているここでの議論では，$v(N_i, L_i)$ は包括所得そのものを示している．また第2項は効用の単位で評価された外部性を表しているが，注8) より $u_{x_i}=1$ であるので効用タームの議論とニューメレールタームの議論での差異がないという特徴を有している．したがって，$N_i v_{N_i} = t_i$ が与えられる．

が導出される．したがって，純粋公共財・居住地課税の場合には，住民が限界的にある地域に流入すると，既存住民全員の純財政便益がちょうど流入住民が負担する租税分 t_i に等しい正の便益を及ぼすことが明らかとなった[12]．

以上の財政的外部性を考慮すると，住民の地域間配分に関する効率性のためには，限界的個人の移動によって生まれる社会全体の便益，すなわち移動する住民が獲得する包括所得 I_i と既存住民が得ることのできる財政的外部性 t_i の合計が2地域で等しくなることが必要である．この移動による地域の社会便益がすべての地域で等しいときに限って，社会的に最適な状態となる．なぜならば，地域の間で社会便益が異なるとき，例えば，ある地域が他の地域に比べて社会便益が大きいとき，便益が大きな地域へ住民が移動することによって社会全体での便益がより大きくなるからである．すなわち，移動する住民にとって，

$$I_A + t_A = I_B + t_B \tag{19}$$

が成立するときに社会全体での便益が最大となっている[13]．

純財政便益を用いて住民の地域間配分に関する効率性条件は (19) 式で与えられるが，移動均衡条件式 (5) より $t_A = t_B$ が効率性のために満たされねばならない．しかし，地方政府の政策変数 t_A, t_B に関して等しくなるとは限らない．すなわち，財政的外部性が等しくなり，住民の地域配分に関する効率性が達成するのは，地方政府が等しい課税を課した場合に限る．したがって，堀場 (2005a) で得られた結論と同様に，純財政便益を用いたここでの議論か

---

13) 社会厚生関数を

$$W = N_i v(N_i, L_i) + N_j v(N_j, L_j) \quad i, j = A, B, \ i \neq j \tag{20}$$

と定義すると，効率的な住民数 N_i は，

$$\max_{N_i, N_j} W$$
$$s.t. \quad N_i + N_j = \bar{N}$$

から導出される1階の条件より，

$$v(N_i, L_i) + N_i v_{N_i}(N_i, L_i) = v(N_j, L_j) + N_j v_{N_j}(N_j, L_j) \quad i, j = A, B, \ i \neq j \tag{21}$$

を満足せねばならない．(21) 式が (19) 式に対応していることは，間接効用関数が包括所得で与えられ，また注12) より $N_i v_{N_i} = t_i$ であるので明らかであろう．このとき，住民の自発的な行動より与えられる移動均衡条件 $v(N_i, L_i) = v(N_j, L_j)$ から，パレート効率条件は財政的外部性が地域間で等しい条件 $N_i v_{N_i}(N_i, L_i) = N_j v_{N_j}(N_j, L_j)$ に帰着する．また，(21) 式の財政的外部性がそれぞれ租税 $t_i \quad i, j = A, B, i \neq j$ と等しくなる．議論の詳細について興味ある読者は堀場 (2005a) を参照せよ．

らも，純粋公共財を供給する場合には，一般的に住民の資源間配分に関する効率性は達成されないことが結論として得られた．

以上のような財政的外部性が存在している場合には，自発的な住民移動による移動均衡は効率的な地域間配分とならない．したがって，外部性を是正し，効率的な地域間資源配分を達成するためには，中央政府による財政調整のために一般補助金制度が必要となる．居住地課税による純粋公共財供給の場合，各地域の平均税率 t_{AB} は，

$$t_{AB} = \frac{N_A t_A + N_B t_B}{N_A + N_B} \tag{22}$$

に等しくなるように，平均より高い人頭税の地域から低い地域への財政調整がなされねばならない．

準私的財・居住地課税と効率性

純粋公共財を居住地課税で賄う場合，財政の外部性が発生し，地方政府の政策と自発的な住民の地域選択によって必ずしも効率的な地域資源配分が達成されないことが結論として得られた．本項では，公的な私的財供給，すなわち準私的財供給が居住地課税である人頭税によって賄われる場合に，資源配分の効率性が達成されるか否かについて考察する．(1) 式 $\alpha=1$ で定義される準私的財では $y_i = \frac{y_i^s}{N_i}$ が成立しているので，純財政便益は (2) 式から，

$$NFB_i = y_i - t_i = \frac{y_i^s}{N_i} - t_i \tag{23}$$

で与えられる．ところで，政府予算制約式は $y_i^s = N_i t_i$ であるので，居住地課税にしたがった人頭税で賄われる準私的財の供給については，純粋公共財の供給の場合と異なって純財政便益は常にゼロとなる．

これは，供給される財が純粋公共財のとき既存住民が受ける便益に変化が生じなかったのに対し，準私的財のときには負担について生じる正の外部性

---

14) 準私的財・人頭税の財政的外部性に関して，準私的財の場合 $\alpha=1$ であるから，(10) 式は，

$$EXTER_i = N_i \frac{\partial NFB_i}{\partial N_i} \tag{24}$$

で与えられる．また，(7) 式および $y_i^s = N_i t_i$ から，

$$N_i \frac{\partial NFB_i}{\partial N_i} = 0 \tag{25}$$

したがって，準私的財の場合，財政的外部性は常にゼロである．

にちょうど等しい便益に負の外部性が生じる結果である．したがって，財政的外部性がつねに相殺されることによって効率的な資源配分が達成される[14]．

3.3 源泉地課税と効率性

前項では，地方政府が居住地課税するとき，住民の自発的な地域選択が地域間資源配分の効率性を達成するか否か検討を加えた．本項では，同様の分析を源泉地課税の場合について行う．源泉地課税（source based tax）とは，地方政府の行政区域で生じた所得については，それを受け取る個人・法人の居住地にかかわらず，その所得の発生した源泉地の地方政府が課税するとい

また，注12）と同様に，λ_i を未定乗数とすると，地方政府の最適問題から導出されるラグランジュ関数は，

$$\mathcal{L} = u(x_i, y_i) + \lambda_i [f(N_i, L_i) - N_i x_i - N_i y_i] \quad i = A, B \tag{26}$$

と表記できるので，包絡面定理によって，

$$v_{N_i} = \lambda_i [f_{N_i}(N_i, L_i) - x_i - y_i] \quad i = A, B \tag{27}$$

が導出される．ところで，個人の予算制約式は，

$$x_i = w_i - t_i = f_{N_i} - t_i \quad i = A, B \tag{28}$$

また，政府の予算制約式は，源泉地課税がないとすると，$y_i^s = N_i y_i = N_i t_i \quad i = A, B$ であるから，

$$y_i = t_i \quad i = A, B \tag{29}$$

で与えられる．したがって，(28)，(29) 式より，

$$f_{N_i} - x_i - y_i = 0 \quad i = A, B \tag{30}$$

したがって，v_{N_i} が導出される．

15) ここでは，土地資産所得に対しての源泉地課税を考察の対象としているが，Boadway and Hobson (1993) ではカナダの天然資源に対する源泉地課税を考察している．

公共財供給を源泉地課税 R のみで賄う場合に関し，堀場 (2005a) の議論を援用すると，費用 C は $C = y_i^s = N_i^a y_i$ また $y_i^s = R$ である．したがって，

$$C_{N_i} = \alpha N_i^{\alpha-1} y_i = \alpha N_i^{-1} R \tag{31}$$

また，$NFB_i = y_i - t_i = y_i$ であるから，

$$\frac{\partial NFB_i}{\partial N_i} = \frac{\partial}{\partial N_i}\left(\frac{y_i^s}{N_i^\alpha}\right)$$
$$= \frac{\partial}{\partial N_i}\left(\frac{R}{N_i^\alpha}\right)$$
$$= -\alpha N_i^{-\alpha-1} R \tag{32}$$

(31)，(32) 式より，

$$C_{N_i} = -\frac{\partial NFB_i}{\partial N_i} N_i^\alpha \tag{33}$$

したがって，源泉地課税を用いたときの財政的外部性は，一般型で，

$$EXTER_i = f_{N_i} - x_i - C_{N_i}$$
$$= -C_{N_i}$$
$$= \frac{\partial NFB_i}{\partial N_i} N_i^\alpha \tag{34}$$

のように導出される．

う原則である．本項の目的は，土地資産所得に対して，地方政府が源泉地課税するとき住民の地域間配分が効率性となるか否か分析することにある[15]．前節と同様に，地方政府の供給する財が純粋公共財と準私的財の場合に分けて考察する．

純粋公共財・源泉地課税と効率性

地方政府が純粋公共財を土地資産所得に対する源泉地課税のみで供給するとき，人頭税に関しては $t_i=0$ であるから，包括所得は $I_i=w_i+NFB_i$ かつ $NFB_i=y_i$ である．人頭税で賄われた純粋公共財が供給される場合，住民の地域間配分は財政的外部性のために非効率となるのは先述したが，居住地課税である人頭税がない $t_i=0$ 場合には財政的外部性は発生しない．したがって，純粋公共財・源泉地課税の組み合わせでは，住民の自発的な地域選択による住民の地域間配分は効率的である[16]．

準私的財・源泉地課税と効率性

地方政府が準私的財を源泉地課税で賄って供給する場合，ちょうど純粋公共財・居住地課税で発生した既存住民の負担に対する正の財政的外部性に類似した便益に対する負の外部性が既存住民に対して生ずる．すなわち，新たに流入した住民は，租税負担については源泉地課税によってなんら貢献をしないにもかかわらず，ちょうど流入住民が消費する分既存住民の公的供給されている準私的財の消費額を減少させる．

この流入する住民が既存住民に与える財政的外部性を純財政便益を用いて，純粋公共財・居住地課税の議論と同様に算定することが可能である．すなわち，純粋公共財供給量を $\widehat{y_i^s}$，資産所得の総額を R_i とすると，源泉地課税の場合，移動前の純財政便益 $\widehat{NFB_i}$ は，

$$\widehat{NFB_i} = \widehat{y_i} = \frac{\widehat{y_i^s}}{N_i-1} = \frac{R_i}{N_i-1} \tag{35}$$

---

16) 純粋公共財・源泉地課税の場合 $\alpha=0$．したがって，(32)，(34) 式から，$NXTER=0$ であることは自明である．すなわち，人頭税を用いず源泉地課税のみで財源を賄う場合には，資源の効率のための条件は常に両辺ゼロで成立する．

で表すことができる．また，移動後の既存住民の純財政便益 NFB_i は，純粋公共財供給量を y_i^s とすると，

$$NFB_i = y_i = \frac{y_i^s}{N_i} = \frac{R_i}{N_i} \tag{36}$$

いま，公共財供給量は土地資産所得総額に等しく，移動前後で公共財供給量が変化しない $\widehat{y_i^s} = y_i^s = R_i$ を仮定すると，住民数は移動後 N_i，移動前 N_i-1 であるので，既存居住者一人当たりの純財政便益の変化は，(35), (36) 式より，

$$NFB_i - \widehat{NFB_i} = \frac{R_i}{N_i} - \frac{R_i}{N_i-1} = -\frac{R_i}{N_i(N_i-1)} \tag{37}$$

と導出される．したがって，既存住民全体では R_i/N_i の減少となる．この減少については，流入する住民は地域選択に際して考慮しない，いわゆる財政的外部性を発生させる．

したがって，移動する住民にとって，この財政的外部性を含めた，

$$I_A - \frac{R_A}{N_A} = I_B - \frac{R_B}{N_B} \tag{38}$$

が満たされるときに限って，移動均衡配分は効率的となる．また，(38) 式は

---

17) 準私的財の場合には，(32) 式に $\alpha=1$ を代入すると，

$$\frac{\partial NFB_i}{\partial N_i} = -\alpha N_i^{-\alpha-1} R = -N_i^{-2} R \tag{39}$$

が導出される．無論，この式は (37) 式に対応している．また，(34) 式より準私的財では，

$$EXTER_i = -N_i^{-1} R \tag{40}$$

のように財政的外部性が求められる．したがって，効率性条件は，

$$\frac{R_i}{N_i} = \frac{R_j}{N_j} \quad i,j = A,B, i \neq j \tag{41}$$

で与えられる．

財政的外部性については，λ_i を未定乗数とすると，ラグランジュ関数は，

$$\mathcal{L} = u(x_i, y_i) + \lambda_i [f(N_i, L_i) - N_i x_i - N_i y_i] \quad i = A, B \tag{42}$$

と表記できるから，包絡面定理によって間接効用関数に関して，

$$v_{N_i} = \lambda_i [f_{N_i}(N_i, L_i) - x_i - y_i] \quad i = A, B \tag{43}$$

また，

$$\lambda_i = \frac{u_{x_i}}{N_i} \tag{44}$$

であるから，財政的外部性は，

$$N_i v_{N_i} = -\lambda_i \frac{R_i}{N_i} \tag{45}$$

で与えられる．したがって，外部性が等しいとき，すなわち $R_i/N_i = R_j/N_j \quad i,j = A,B, i \neq j$ のときに限って効率性が達成される．

各地域の賃金率が等しいときに限って効率性が達成されることを意味している[17]. したがって, 準私的財を源泉地課税で賄うときには, 地域間資源配分の効率性を満足するためには, 一般補助金による財政調整が必要となることは純粋公共財を人頭税で賄った場合と同じである.

以上の議論から, 純粋公共財を居住地課税で, また準私的財を源泉地課税で供給するとき, 自発的な地域選択による住民の地域間配分は, 財政的外部性によって効率性が満足されないことが明らかとなった. 結果として, これらの場合には一般補助金による財政調整が効率性を達成するために必要な政策手段として推奨される. 他方, 純粋公共財を源泉地課税で, また準私的財を居住地課税で供給するときには, 均衡配分は効率性を満足し, 一般補助金による財政調整制度は必要がないことが結論として得られた.

4. 純財政便益と公平性

前節では, 一般補助金を資源配分の効率性を達成する手段として捉えたが, 本節では, 純財政便益と公平性の問題を考察するとともに, 一般補助金を公平性, 特に水平的公平性との関連で吟味する. ここで, 「等しい人々を等しく扱う政策であるとき」あるいは「政策が実施される前に厚生水準の均等な住民が, 実施された後も均等な厚生水準であるとき」政策は水平的公平性(horizontal equity) を満たすと定義する. 特に, 地方財政では「どこの地域に住んでいても, 等しい人々が等しく扱われるとき水平的公平性が満たされている」という. したがって, 地方政府の政策が上の意味で水平的公平性を満たしているとき, それは取りも直さず地域間の政策の純財政便益がで均等であることを意味している[18].

---

[18] 水平的公平性の定義については, Boadway and Hobson (1993), p 88 を参照せよ. ただし, 厚生水準の基準として包括所得を考えると, 前節の議論から住民の地域選択によって均衡では住民の移動均衡条件式 $I_i = I_j$ が常に満たされる. すなわち, 住民移動が自由に可能な世界では, 純財政便益の格差は賃金率の変化によって包括所得が等しくなるように調整され, 常に上の定義による水平的公平が満足される. しかしながら, 本節の議論では暗黙のうちに住民移動がないことを前提としていると考えられる. この点については, Wildasin (1986), p. 146 を参照せよ.

4.1 純粋公共財と水平的公平性

本項では,純粋公共財を前提とするときの地方政府の政策と純財政便益で示される水平的公平性の関係について検討を加える.周知のごとく,租税制度には居住地課税と源泉地課税があるが,居住地課税である人頭税 t_i と源泉地課税税収 R_i によって,純粋公共財を供給した場合,政府の予算制約 $y_i^s = y_i = N_i t_i + R_i$ であるから,純財政便益は,

$$NFB_i = (N_i - 1)t_i + R_i \tag{46}$$

また,個人の包括所得 I_i は,

$$I_i = w_i + NFB_i = w_i + (N_i - 1)t_i + R_i \tag{47}$$

と表すことができる.したがって,人頭税のみで賄うときには $(N_i-1)t_i$ の部分が地域で等しい条件が,また源泉地課税のみで賄うときには総税収 R_i が等しい条件が必要である.

この条件は,明らかに効率性の条件と異なっている.すなわち,純粋公共財を人頭税で賄うときには,t_i が地域で等しいことが必要であった.もしこの条件が満たされたとしても,人口が地域で等しい条件が同時に満たされない限り,水平的公平性は達成されない.また,源泉地課税の場合には常に効率性は満足されていたが,水平的公平性のためにはその総税収の等しいことが必要となる[19].

4.2 準私的財と水平的公平性

供給される財が準私的財の場合について考察する.準私的財を居住地原則で賄うときには,純財政便益は常にゼロとなることについては先述した.したがって,準私的財・居住地課税の場合には水平的公平性は常に保たれる.また,準私的財・源泉地課税の場合には,ちょうど既存住民全体で R_i/N_i の財政的外部性が発生し,住民の地域間配分が効率的となるための条件は一人当たり資産所得,すなわち一人当たり源泉地課税税収 R_i/N_i が地域で均等となることであった.しかし,この一人当たり源泉地課税税収はちょうど政策

---

[19] 無論,人口規模と源泉地課税が互いに相殺して水平的公平性を満足するときもあるが一般的に成り立つ条件とはいえない.

実施後の純財政便益であるので，効率性の条件が満たされるときには水平的公平性も満たされている．すなわち，準私的財の場合には，効率性と水平的公平性のための条件は均等であることが明らかとなった．

5. 結びにかえて

　財政調整機能は財政力格差を是正する機能といわれている．本章では，財政力格差を Boadway and Hobson が提唱した純財政便益の差として定義し，この差によって非効率な地域間資源配分が生ずることを理論的に検証した．また，公平性についても財政力格差が問題となることを指摘した．その結果，地方交付税制度が担う財政調整機能については，理論的にもその役割について認められることが指摘できよう．

　しかし，財政力格差と効率性および公平性の関連性についてはより慎重な議論が必要であることも指摘できる．すなわち，供給されている財の性質や用いられている課税方式によって結論が異なることが結論として得られる．したがって地方交付税と資源配分の効率性および公平性の関連については，今後供給されいている財の性質および実施されいている課税方式に関する十分な実証研究が必要となろう．

　また，本章では Boadway and Hobson が提唱した純財政便益の議論が，従来から議論されてきた競争的地方政府と資源配分の問題に対応していることも論証した．Buchanan の財政余剰，Boadway and Hobson の純財政便益については，一般補助金の議論において重要な基本概念として扱われてきた．しかしながら，その議論といわゆる競争的地方政府と地域間資源配分の効率性に関する議論との関連性については十分な検討がなされてきたとは言い難い．本章では，簡単なモデルを用いて，これらの議論の関連性に関して論証を試みた．この点についても，今後理論的な観点からのより厳密な検討が必要があろう．

参考文献

Boadway R. W. and P. A. R. Hobson (1993), *Intergovernmental Fiscal Relations in Canada*, Canadian Tax Paper, No. 96, Canadian Tax Foundation, Toronto.

Boadway R. (1997), "The Economics of Equalization : An Overviw," in R. Boadway and P. A. R. Hobson, editors, *Equalizations : Its Contribution to Canada's Economic and Fiscal Progress*, John Deutsch Institute for the Study of Economic Polisy, Queen's University, Kingston, Canada.

Boadway R., P. Hobson and N. Mochida (2000), "Fiscal Equalization in Japan : Assessment and Recommendations," CIRJE Working Paper F-94, Faculty of Economics, University of Tokyo.

Buchanan J. M. (1950), "Federalism and Fiscal Equity," *American Economic Review*, Vol. 40, pp. 583-599.

Buchanan J. M. (1952), "Federal Grants and Resource Allocation," *Journal of Political Economy*, Vol. 60. pp. 208-217.

Wildasin D. E. (1986), *Urban Public Finance*, Harwood Academic Publishers, London.

堀場勇夫 (1999),『地方分権の経済分析』東洋経済新報社.

堀場勇夫 (2005a),「競争的地方政府と地域資源配分」青山学院大学経済学部 Working Paper Series, Vol. 2005-2.

堀場勇夫 (2005b),「一般補助金と純財政便益」青山学院大学経済学部 Working Paper Series, Vol. 2005-3.

持田信樹 (2004),『地方分権の財政学―原点からの再構築』東京大学出版会.

第Ⅱ部　裁量かルールか
　　　　──垂直的財政調整

5章　水平的財政平衡原則の二元的運用[1]：オーストラリア

花井清人

1. はじめに

　オーストラリアの政府間財政関係では，戦後一貫して，連邦政府は自らが財・サービスを供給する以上に財源を集める一方で，州・地方政府は自らの税収を上回る歳出活動を行うといった垂直的財政不均衡が存在してきた。こうした政府間財政関係での垂直的財政不均衡を是正し，州・地方政府の財政活動の財源を保障するために，連邦政府から州・地方政府に対して財政支援のための交付金が配分されてきた。オーストラリアでの財政支援のための交付金は，伝統的に水平的財政平衡原則 (horizontal fiscal equalisation principle) に基づいて州政府・地方政府それぞれの間で配分され，各団体間での財政力の均等化に貢献してきた。

　オーストラリアの財政調整制度での運営の特徴として以下の点を挙げることができる。第1に，連邦政府は，州政府と地方政府双方に対し直接交付金を提供するのではなく，連邦政府は州財政に対して交付金を配分する一方で，地方政府に対しては州政府を通じて交付金を配分するという二段構えの配分手法がとられている。第2に，州政府間の財政調整制度では，交付金配分計算のための基礎作業を行う機関として，連邦政府や州政府から独立した連邦交付金委員会が設けられている。同様に，地方政府間の財政調整制度の運営においても，州・地方政府とは独立した地方政府交付金委員会が設けられて

---

1) 本章の作成にあたり，連邦交付金委員会のマルコム・ニコラス氏，フェン・リントン氏，連邦大蔵省のニョン・トラン氏，運輸・地域サービス省のジェフ・ワット氏，ビクトリア州交付金委員会のコリン・モリソン氏，タスマニア州交付金委員会のジャーミィ・テルフォール氏には，インタビューに応じていただいたほか，データおよび資料提供などでもご協力いただいた。また，地方政府調査では，自治体国際化協会シドニー事務所（クレアー・シドニー）の兵谷芳康氏にお世話になった。厚く感謝申し上げたい。

いる．第3に，連邦交付金委員会による交付税配分に関する作業は，州政府への交付金配分額自体を算定するのではなく，各州政府への配分割合を示す一人当たり相対係数を求め，連邦政府に勧告することが中心となる．交付金の配分総額および原資のあり方については，連邦政府と州政府間での協議機関である首相会議（Premiers' conference）や閣僚評議会（Ministerial councils）などで検討される．

また，オーストラリアでは，1990年代を中心に，市場と政府の役割分担に関する経済改革が積極的に進められてきた．そこでは，政府による競争政策の推進や規制改革のみならず，公企業や一般政府双方での公共部門の見直しが図られた．こうした中で，財政の効率化を目指した歳出改革として歳出合理化や公会計の見直しなどが行われる一方で，税制面でも2000年から付加価値税としての財・サービス税（goods and services tax：以下GST）が導入されることになり，特にその財源は，州政府間での財政調整の原資として活用されることになった．オーストラリアでは，近年，様々なレポートを通じて，州政府間，地方政府間双方での財政調整制度の見直しの必要性が唱えられている．そこでは，州政府間の財政調整制度の課題としては，制度の簡素性や透明性の改善などが求められるだけでなく，制度が経済効率や経済成長に及ぼす影響への配慮の必要性なども指摘されている．また，地方政府間の財政調整制度の課題としては，これまで州政府の強いコントロール下におかれてきた地方政府の財政運営での機動力の改善や安定的な資金提供の必要性などを全国ベースで再検討すべき点などが挙げられている．

本章では，こうしたオーストラリアでの政府間財政関係における財政調整制度の役割およびその運営の仕組みを考察し，財政調整制度の見直しに関する近年の諸報告についても検討を加える．

2. オーストラリアの政府間財政関係

2.1 政府間財政関係の概観

オーストラリアの政府は，連邦政府，州および特別地域政府，地方政府の

三層の構成からなる[2]。各層の政府規模（一般政府）は，2002/03年度（歳入ベース）では，連邦政府が2,062億豪ドル，州政府が1,138億豪ドル，地方政府が192億豪ドルとなっており，連邦政府と州政府で全体のほぼ95％近くを占めている．

オーストラリアの政府間財政関係では，わが国と同様，政府間での歳出割合と税収割合との関係でシェアの逆転が見られ，それは垂直的財政不均衡と呼ばれている．すなわち，2002/03年度の政府の歳出割合（他の政府への移転を除いた行政コストについてみると）では，連邦政府35％，州政府54％，地方政府11％の比率と州政府が歳出活動の多くを担っているのに対し，税収割合では，連邦政府82％，州政府15％，地方政府3％の比率とその大部分が連邦政府に集中している[3]．さらに，州・地方政府の歳入総額に占める州税および地方税収入の割合は低く，州政府では32％，地方政府では37.5％にすぎず，州政府，地方政府ともに財源の多くを連邦政府からの支援に依存している．こうした垂直的財政不均衡を是正し，州・地方政府の財政運営を支える資金として，連邦政府から州・地方政府に対して提供される財政移転は重要な役割を果たしている．

図5-1は各層政府の政府間での財政移転の流れを示している．オーストラリアの政府間での財政移転は，連邦政府から州政府への交付金および補助金，連邦政府から地方政府への交付金および補助金，州政府から地方政府への補助金などからなる．図中の矢印は政府間移転の流れを示しており，白矢印は使途に制限の付かない一般目的補助金を，黒矢印は使途が制限される特定目的補助金を表している．

まず，連邦政府から州政府への財政移転としては，使途に条件の付かない

---

2) この他，政府間にまたがる機関として公立大学などが存在している．州および特別地域政府としては，現在，クイーンズランド州，ニュー・サウス・ウェールズ州，ビクトリア州，西オーストラリア州，南オーストラリア州，タスマニア州の6つの州政府と首都特別地域（ACT），北部準州の2つの特別地域が存在する．本章では，特別地域は州と同じカテゴリーの扱いとし，州政府に含めている．また，地方政府の数は，2003年現在で約720である（Department of Transport and Regional Services, 2005）．地方政府には，クイーンズランド州，西オーストラリア州，北部特別地域にある97の先住民コミュニティも含まれている．

3) Australian Bureau of Statistics (ABS), *Government Finance Statistics, 5512.0* を基に計算した．

第II部　裁量かルールか

```
【連邦政府予算】           【州政府予算】           【地方政府予算】
(2,062億豪ドル)          (1,138億豪ドル)          (192億豪ドル)
```

歳入構成		
	10億豪ドル	(%)
税収	194	(94.1)
使用料・手数料	3.8	(1.8)
公企業からの収入	4.0	(1.9)
利子収入	1.2	(0.6)
その他	2.9	(1.4)

GST歳入交付金
(305億豪ドル)

予算均衡支援金：BBA
(10億豪ドル)
競争政策交付金
(7億豪ドル)

歳入構成		
	10億豪ドル	(%)
税収	36.3	(31.9)
他の政府からの移転	52.8	(46.4)
使用料・手数料	10.5	(9.2)
公企業からの収入	3.3	(2.9)
利子収入	1.0	(0.9)
その他	9.8	(8.6)

歳入構成		
	10億豪ドル	(%)
税収	7.2	(37.5)
他の政府からの移転	2.2	(11.5)
使用料・手数料	6.1	(31.8)
公企業からの収入	0.04	(0.2)
利子収入	0.5	(2.6)
その他	3.2	(16.7)

州政府への('to')
特定目的補助金
(161億豪ドル)

州政府を通じる
('through')
特定目的補助金
(54億豪ドル)

州政府から地方政府
への財政支援交付金：
FAGs (15億豪ドル)
一般目的補助金
道路目的補助金

州政府から地方政府
への特定目的補助金
(8億豪ドル)

連邦政府から地方政府への
特定目的補助金
(3億豪ドル)

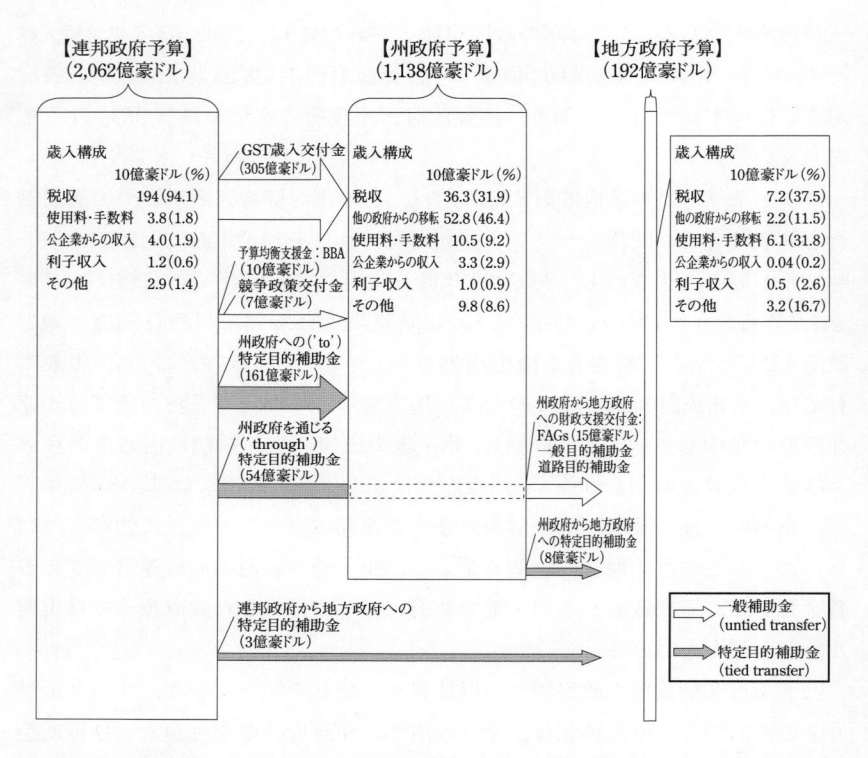

⇨ 一般補助金 (untied transfer)
⇨ 特定目的補助金 (tied transfer)

(出所)　ABS (2004), *Government Finance Statistics, 5512.0*, Commonowealth of Australia (2003), *Final Budget Outcome 2002-2003,* Department of Transport and Regional Services (2004), *Local Government National Report 2002-03* などを基に筆者作成.

図 5-1　オーストラリア政府間財政関係における資金の流れ (2002/03年度)

　一般目的補助金および使途が限定される特定目的補助金の両方が供給されている．一般目的補助金では，後で述べるように，州財政間での財政調整のための交付金としてのGSTを原資とするGST歳入交付金が金額的に一番大きく，2002/03年度では305億豪ドルとなっている．一般目的補助金には，この他，税制改革に伴う予算均衡支援金（BBA），1990年代半ばから積極的に導入されてきた全国レベルでの競争政策を推進するための競争政策交付金，首都特別地域への特別歳入支援（SRA）などがある．連邦政府から州政府に対しては，一般目的補助金のほか，特定目的補助金も配分される．特定目的

補助金は，州政府サービス供給のために直接提供されるもの（'to' 補助金）と，州政府を通じて地方政府やその他の機関に提供されるもの（'through' 補助金）の2つに分けられ，特に後者の 'through' 補助金は，州政府によって配分される地方政府間の財政調整のための交付金（財政支援交付金：FAGs）資金となっている[4]。州政府に直接提供される 'to' 補助金は，保健，道路，教育などの多岐のサービスを対象に配分される．この他，連邦政府から地方政府への財政移転としては，上で述べた連邦政府から地方政府への財政支援交付金のほかに，地方政府に直接提供される特定目的補助金が提供されている．

また，州政府から地方政府に対しては，上に述べた連邦政府から州政府に対して配分される 'through' 補助金を原資とする財政支援交付金以外にも，州政府から地方政府への特定目的補助金が供給されている．

2.2 財政調整制度の運営方法

オーストラリアの財政調整制度は，州政府間での財政調整制度と，州政府内の地方政府間での財政調整制度の2段階で運営されている．財政調整制度が連邦政府によって一元管理されていない理由として，地方政府が連邦憲法ではなく州法で規定されており，その監督権限がもっぱら州政府にあることなどが考えられる[5]．また，実際の財政調整制度の運営では，独立した機関である交付金委員会が一人当たり相対係数の算定などを通じて作業にあたる．交付金委員会には連邦レベルの連邦交付金委員会と州レベルの地方政府交付金委員会が存在し，前者が州政府間の財政調整を，後者が州政府内の地方政府間での財政調整を担当している[6]．

---

[4] 州政府を通じて提供される 'through' 補助金は，地方サービス以外に教育に対しても供給される．

[5] 各州政府がそれぞれ Local Government Act などを制定して地方政府の位置付けを規定している．

[6] 地方政府交付金委員会は州によっては州交付金委員会と呼ばれる場合もある（ビクトリア州およびタスマニア州）．首都特別地域については，特別地域政府が地方行政を兼務しているため，地方政府交付金委員会は存在しない．

表 5-1 オーストラリア財政調整制度の諸特徴

	GST 歳入交付金	財政支援交付金 (一般目的補助金)	財政支援交付金 (道路向け補助金)
財源の流れ	連邦政府から州政府への一般目的補助金	連邦政府から州政府への特定補助金 (州を経由 'through' するもの):州政府から地方政府へは一般目的補助金として提供される.	
交付金の原資	GST 歳入総額	前年度給付額に増加要因推計値を乗じたもの (一人当たり実質ベース)	
		州への給付額:一人当たりベース	州への給付額:一定額 (前例に基づくシェアベース)
財政調整の方法	水平的財政平衡原則	(1) 水平的財政平衡原則, (2) 政策中立性, (3) 最低補助額, (4) その他の補助支援への配慮, (5) 原住民およびトレス海峡島民への配慮	道路支出要因 (道路支出需要)
(水平的財政平衡原則の定義)	州政府が財源調達を行う上で, 同程度の努力を払い, 同程度の効率性をもって財政運営に従事するならば, 各団体は同じ水準のサービス供給能力を持つべきである.	州内の各地方政府が各団体の歳入を賄う財政力および歳出需要の違いに配慮した上で, 適度な財政努力を維持しつつ, 平均的な適用範囲, 水準およびサービスの質でサービスを提供するならば, 各団体は同じ水準のサービス供給能力を持つべきである.	
適用範囲	州政府の行政コスト報告 (operating statements) に直接関係する財政項目	(例) ビクトリア州では, 地方政府支出9項目 (VicRoads 計画およびいくつかの地方政府事業を除く経常支出) が対象	(例) ビクトリア州では, 全道路ネットワーク費用が対象
配分勧告	一人当たり相対係数	地方政府への財政支援金配分額	地方政府への補助金配分額
算定方法の見直し	ほぼ5年ごと (近年では 2004 年に行われた)	連邦交付金委員会による地方政府への財政支援法 (1995年法) の見直しを受けて, 大部分の州 (ニュー・サウス・ウェールズ州を除く) で算定方法の見直しが行われた	ビクトリア州, クイーンズランド州, タスマニア州では見直しが行われたが, 他の州ではまだ見直しが完了していない

(資料) Commonwealth Grants Commission (2004), Department of Transport and Regional Services (2004, 2005) などを基に筆者作成.

3. 州政府間での財政調整制度の機能と役割[7]

3.1 GST 歳入交付金配分のマネージメント

　オーストラリアの連邦政府から州政府への財政支援のための交付金を通じる財政調整制度は, 歴史的には1901年の連邦結成当初までさかのぼる[8]. ま

[7) 表5-1に州政府間の財政調整制度, 地方政府間の財政調整制度の諸特徴を示してある.
8) オーストラリアでの財政調整制度の歴史的考察については, Mathews and Jay (1972), 大浦 (1987), Kenwood (1995), Mathews and Grewal (1997) などを参照した.

ず，連邦結成にあたって設けられた「連邦政府固有の財源である関税・内国個別消費税収入の4分の3を州政府に配分する」という憲法第87条のブラッドン条項が交付金配分の根拠を提供することになる（Mathews and Jay, 1972, 大浦, 1987）。また，1942年に連邦政府による統一所得課税の実施に伴い，連邦政府から州政府に対して「租税還付交付金」が配分されることになる。その後，連邦政府による独占的所得課税は戦後も継続し，連邦政府から州政府へは一般目的補助金が州財政で不足する財源を埋め合わせることになる。連邦政府から州政府への一般目的補助金は，1959年に導入された歳入分与としての「財政支援交付金」のほか，1976年より導入された税収分与としての「租税分与交付金」や，1986年に再び歳入分与に戻された「財政支援交付金」など様々な変更が加えられてきた。近年では，2000年に実施された税制改革に伴い「GST歳入交付金」が新たに導入され，今日まで続いている。

現行の州政府間の財政調整制度では，交付金の原資として，2000/01年度から導入されることになったGSTの税収全額が割り当てられている。交付金の配分では，基本的にはそれまで提供されてきた財政支援交付金のフォーミュラがそのまま用いられ，水平的財政平衡原則が踏襲されている[9]。連邦交付金委員会は，水平的財政平衡原則を「州政府が財源調達を行う上で，同程度の努力を払い，同程度の効率性をもって財政運営に従事するならば，各団体は同じ水準のサービス供給能力を持つべきである」としてとらえ，この原則に基づき各州政府の財政力の標準化を図っている。

交付金配分の算出で重要な役割を持つのは，連邦交付金委員会が作業を担う一人当たり相対係数の算定である。一人当たり相対係数は，交付金総額配分に利用される人口補正係数と呼ぶことができる。すなわち各州政府の歳入および歳出の両面からとらえた一人当たり財政支援必要額が，全国平均（標準）と比べてどれだけ乖離することになるのかを示す，交付金で調整すべき財政力の相対比をあらわしている[10]。この一人当たり相対係数は，連邦交付

---

9) 実際には，GST歳入交付金とあわせて，財政調整の対象となる保健補助金も含めて一人当たり相対係数の算定が行われる。

10) 以下に述べるように，一人当たり相対係数の算定では，歳入歳出の両面で州政府の財政力が調整され，歳出面では各州政府の行政サービス供給コストの違いが，また，歳入面では各州政府の税収確保の潜在能力の違いなどが考慮されることになる。このほか，財政調整とオーバー

金委員会の算定後,連邦政府に勧告され,政治プロセスを通じて了承された後,実際の交付金の配分に利用されることになる.

ここでは,一人当たり相対係数を求める上での2つの主要項目,すなわち(1)全国平均を表す一人当たり標準財政支援額と,(2)水平的財政平衡原則を適用した各州政府の一人当たり財政支援要求額の算出方法を検討し,一人当たり相対係数の導出モデルを解説する.

まず,全国標準での財政支援要求総額 (G_s) は,予算制約(恒等式)から,
$$G_s = E_s + B_s - R_s - O_s$$
で示される.すなわち,連邦政府から州政府への支払総額 (G_s) は,州政府の総歳出 (E_s) と標準予算収支 (B_s) を合わせたものから,主に州税収入からなる州独自の財源 (R_s) と特定目的補助金総額のうち包括扱い (inclusion) として処理されるもの (O_s) を差し引いたものとして定義される.ここで,全国平均での一人当たり標準財政支援額は,連邦政府から州政府への支払総額 (G_s) を総人口 (P_s) で割ることによって求められる.

次に,水平的財政平衡原則を適用すべく,地域の財政力格差の是正を反映した各州政府の財政支援必要額 ($ATFAR_i$) は,以下のように求められる.まず,全国平均での一人当たり州政府の総歳出 (E_s/P_s),一人当たり標準予算収支 (B_s/P_s),一人当たり州独自の財源 (R_s/P_s) に,各州の歳出の特殊性を反映した障害要因 (γ_i) および各州の歳入の特殊性を反映した障害要因 (ρ_i) を考慮した人口調整値(州 i にとっての人口 P_i にそれぞれの障害要因をかけた値となる)をかけて特定目的補助金調整前の各州の財政支援必要額 ($TFAR_i$) が求められる.さらに各州に配分される標準特定目的補助金のうち,包括扱いとして処理されるもの (O_s) に各州の特殊性を考慮した障害要因 (ϕ_i) を反映させて求めた特定目的補助金見積り額 (O_i) を差し引いて,特定目的補助金調整後の各州の財政支援要求額 ($ATFAR_i$) が求められる.数式としては,

---

ラップする特定目的補助金などもフォーミュラに組み入れられることになる.

$$TFAR_i = P_i \frac{E_s}{P_s} \gamma_i + P_i \frac{B_s}{P_s} - P_i \frac{R_s}{P_s} \rho_i$$

$$ATFAR_i = TFAR_i - O_i$$
$$= TFAR_i - P_i \frac{O_s}{P_s} \phi_i$$

で示される.

一人当たり相対係数 (f_i) は,水平的財政平衡原則を適用した各州政府の一人当たり財政支援要求額 ($ATFAR_i/P_i$) を,同様の方法で求めた全国平均での一人当たり財政支援要求総額 (G_s/P_s) で割ることによって求められ,以下の式で示される.

$$f_i = \frac{ATFAR_i}{P_i} \bigg/ \frac{G_s}{P_s}$$

したがって,この係数が政治プロセスを通じて妥当であると受け入れられれば,交付金総額(財政調整対象となる保健補助金も含めて)に各州の一人当たり相対係数をかけて配分額が決まることになる.

3.2 水平的財政平衡化の効果

オーストラリアでの交付金の配分では,わが国での総務省のような予算執行省庁が直接作業にあたるのではなく,予算執行省庁から独立した交付金委員会が設けられ,交付金額算定のための基礎作業を担当する.まず,連邦政府から州政府に配分される GST 歳入交付金の配分に関しては,連邦交付金委員会がそうした作業にあたる[11].連邦交付金委員会は,1933年に設立され,それ以降継続して財政調整制度にかかわる補助金や交付金の配分計算に従事してきた.

次に,すでに述べたように連邦交付金委員会は,州政府に実際に配分される交付金額ではなく,交付金配分の基礎となる一人当たり相対係数を求め,連邦政府に対しては算定した係数のみを勧告する.連邦交付金委員会は,算定方法に関する見直しをほぼ5年ごとに行っており,これまで1988年,1993年,1999年のほか,近年では2004年に見直しを実施し,レビューレポートを

---

11) 連邦交付金委員会は,2005年時点で,非常勤の委員長(1人)と非常勤の委員3人のほか,40人のスタッフにより構成されている.

表 5-2 水平的財政平衡化の効果（2004/05 年度）

	GST税収および保健補助金をプールした金額を水平的平衡原則によって配分した場合	GST税収および保健補助金をプールした金額を完全均等化(一人当たり同額で)して配分した場合	(1)と(2)の差額	人口	一人当たりで見た再分配の度合い (3)/(4)
	(百万豪ドル) (1)	(百万豪ドル) (2)	(百万豪ドル) (3)	(百万人) (4)	(豪ドル) (5)
ニュー・サウス・ウェールズ州	12,183.2	14,032.4	−1,849.2	6.8	−272.9
ビクトリア州	8,972.2	10,359.8	−1,387.6	5.0	−277.3
クイーンズランド州	8,586.9	8,132.2	454.7	3.9	115.8
西オーストラリア州	4,262.9	4,133.2	129.8	2.0	65.0
南オーストラリア州	3,840.6	3,187.1	653.6	1.5	424.6
タスマニア州	1,568.6	1,005.1	563.5	0.5	1161.0
首都特別地域	759.6	672.1	87.5	0.3	269.7
北部特別地域	1,760.0	412.3	1,347.7	0.2	6768.7
全国	41,934.1	41,934.1	0.0	20.3	na

（資料） *Budget Paper No. 3 (Federal Financial Relations 2004-05)*, The Commonwealth of Australia, p. 11.
（筆者注） 人口等の数値が端数処理してあるため，(5)の数値は表内の数値による計算とは必ずしも一致しない．

提出してきた（次回の見直しは2010年を予定している）．また，実際の作業に必要なデータについては，毎年，最新5年分を更新した上で係数の算定を行っている．

各州政府へ配分される交付金額は，連邦交付金委員会が連邦政府に勧告する一人当たり相対係数に基づいて交付金原資を振り分けることによって求められる．交付金原資については，毎年，予算公表とあわせて連邦政府と州政府間で開催される，協議機関としての首相会議（2000年以降は閣僚評議会）によって決定されてきた．ただし，後で述べるように2000年の税制改革でGSTが導入されたことで，その税収金額が交付金原資に割り当てられることになったため，政府間での協議の争点は，交付金総額から各州への配分に直接影響を与える配分係数（一人当たり相対係数）のあり方へとシフトすることになった[12]．

---

12) 連邦政府と州政府間での政策などに関する案件などが生じた場合は，政府間評議会（COAG）で議論されることになる．

GST歳入交付金の配分により州財政間の財政調整はどの程度実現されるのか。予算書No.3 (2004/05), p.11を基に検討した（表5-2）。表5-2の(1)は，GST税収および保健補助金をプールした金額を水平的財政平衡原則によって各州へ配分した場合の州政府別の交付金受取額を示している。次に(2)は，GST税収および保健補助金をプールした金額を一人当たりで完全均等化した場合の州政府別の交付金受取額を示している。(3) は(1)と(2)の差額を求めている。(5) では(3)を人口の大きさ(4)で割ることにより，一人当たりでの再分配の効果を求めている。

表の(5)からわかるように，水平的財政平衡原則を適用すると，ニュー・サウス・ウェールズ州（NSW），ビクトリア州（VIC）の2つの州が完全均等化した場合に比べて一人当たりでの受け取り額が減少する。この理由として，同予算書では，ニュー・サウス・ウェールズ州では，土地税，財産移転にかかる印紙税，給与所得税などで増収があったこと，ビクトリア州では，政府サービスの供給費用が相対的に低コストに抑制したことなどから，両州政府が相対的に高い財政力を持つことになったことを挙げている。

3.3　2000年税制改革に伴う政府間財政関係の見直し

オーストラリアは，1990年代を通じて，市場と政府の役割分担に関する経済改革を積極的に進めてきた[13]。そこでは，政府による競争政策の推進や規制改革にとどまらず，公企業や一般政府双方において公共部門の効率的運営を目指した様々な制度改革が行われた。歳出改革としては，歳出合理化や公会計の見直しなどが行われる一方で，歳入面でも2000年から付加価値税としてのGSTが導入されることになり，税制の抜本的改革に着手することになる。2000年の税制改革は，財政調整制度のあり方にとってもその原資のあり方を大幅に見直すことになり，重要な影響を及ぼすことになる[14]。

2000年税制改革に伴い，政府間財政関係は以下のように見直された。まず，GSTは国税庁（Australian taxation office）が徴収するが，税を徴収する

---

13)　Painter (1998), Dollery and Marshall eds. (1997) などを参照。
14)　GSTの税率は10%であるが，食料品の一部などは非課税商品とされている。
　　税制改革に伴う政府間財政関係の見直しに関しては，1999年4月4日に開催された首相会議において，連邦政府と州地方政府間で「連邦―州財政関係改革に関する合意」が得られた。

上でかかる毎年の税務行政費は州政府が連邦政府に対して支払うことになる[15]．GST の導入と合わせて，連邦税で所得税の減税や卸売売上税が廃止されたほか，州税についても，宿泊税，金融機関への課税，証券への印紙税などが廃止もしくは見直しが行われた．

財政調整制度に関しては，それまで連邦政府から州政府に供給されてきた財政支援交付金や州政府へのフランチャイズ税譲与金は廃止されることとなり，代わって，GST 歳入交付金制度が導入されることとなる．特に，交付金の原資に関して，2000 年までの財政支援交付金では，毎年の連邦および州の予算状況を踏まえた上で首相会議によって政治的に連邦予算総額からの分与額を決めていたが，GST 歳入交付金では GST の税収全額が連邦政府から州政府に交付金原資に割り当てられることになった（原資総額のルール化）．また，州政府間での交付金の配分にあたっては水平的財政平衡原則が継続適用され，従来通り州政府間の財政調整が講じられることになる．さらに，GST 導入後の 2 年間の移行期間は，いずれの州政府も現在より財政状況を低下させることのないように財源補塡措置（最低保障額 Guaranteed Minimum Amount：GMA）がとられることとなった[16]．地方政府間の財政調整制度を支える連邦政府から州政府への特定目的補助金（州財政を経由して地方政府に支払われる分）は，継続が保障された．GST 導入後の財政調整制度の運営を審議検討する組織として連邦・州蔵相からなる閣僚評議会が設けられ，こうした政府間合意がきちんと実施されているかどうかを監督することになる．

3.4 財政調整制度再検討の動向

近年，ニュー・サウス・ウェールズ州，ビクトリア州，西オーストラリア州の 3 州は検討委員会を設け，オーストラリア国立大学のロスガーノ教授とコンサルタントのフィッツジェラルド氏を中心に政府間財政移転に関する包括的報告書を作成した[17]．報告書では，経済効率，公平性，簡素および透明性の観点から現行の財政調整制度および特定目的補助金の役割を検討し，制

---

15) 連邦財務省は，連邦は GST 徴収を代行しているにすぎず，GST は連邦税ではなく州税であるという立場をとっている．
16) 最低保障額を維持する予算均衡支援は，GST 税収が順調に伸びたため，2004/05 年度以降廃止されることになった．

度改革の必要性を唱えている．特に，今日のオーストラリアの政府間財政関係では，州財政運営を通じて効率的な公共サービスを提供するインセンティブ構造が制度に組み込まれておらず，経済成長や厚生上の改善にあたって経済効率の課題を抱えたままになっている．そうした理由としては，オーストラリアでは長年にわたって財政支援交付金が提供されてきたにもかかわらず，交付金に依存する州などで障害要因がなかなか改善されなかったことなどが挙げられている．また，水平的財政調整の概念があいまいであり，公平な分配の実現という点からも交付金の配分に問題があることも指摘されている．さらに，制度の複雑性や，政治的説明責任などもあいまいになっている点も課題として挙げられている．報告書では，こうした現行のオーストラリアの財政調整制度の課題を改善するために，これまでの水平的財政平衡原則に基づいた配分に変えて，各州が公共サービス諸経費を賄う上で最低限必要となる分の定額保障を行った後，人口をベースとした簡素な形での交付金の配分することを提案している．

しかし，財政調整制度の具体的見直しの方向性については，各州政府の間で必ずしも立場の一致が得られていない[18]．一人当たり交付金配分額が平均を下回るビクトリア州などは，財政調整を継続かつ広範囲で行うのではなく，セイフティーネットとしての制度の活用にとどめるべきと考える．また，ビクトリア州と同じく平均を下回るニュー・サウス・ウェールズ州は，財政調整の範囲を価値財的な性格を持つ歳出などに限定的とすべきという考えに立ち，歳入を考慮する場合も，現行の課税ベースに基づくのではなく，歳入確保力を包括的にとらえるべきであるとしている．このほか，西オーストラリア州などは，算定に州経済の発展や歳入努力をもっと織り込むべきというインセンティブを重視する立場を取っている．

連邦交付金委員会は，こうした財政調整制度の見直しに関するレポートや閣僚会議などでの各州の意見を受け，2004年度の相対係数に関するレビューレポートにおいて，州政府間財政調整制度が，①財政調整制度の目的に関して州間で解釈の違いがあること，②一人当たり相対係数が年度間で大きく変

---

17) The Review of Commonwealth-State Funding (2002).
18) Commonwealth Grants Commission (2004), pp. 81-82.

動すること,③相対係数の算定が複雑かつ透明性の確保の点で問題を抱えていること,④算定作業で用いるデータの利用のあり方などにおいて課題を抱えている点などを明らかにした[19].

また,連邦交付金委員会は,次回の制度見直しとなる 2010 年財政調整制度レビューに向けた検討項目を 2005 年 6 月に発表した[20]. そこでは,財政調整制度における水平的財政平衡原則については原則を維持した上で,制度の複雑性や透明性の改善,交付金算定で用いられるデータの適切性などが具体的に検討されることになった.

4. 州政府内での地方政府間の財政調整制度

オーストラリアでは,1974/75 年度以降,連邦政府による地方政府への財政支援交付金が提供されてきた[21]. 制度設立当初の 1974/75 年度と 1975/76 年度については,連邦交付金委員会が 1973 年財政支援交付金法に基づいて,直接各地方政府に交付金配分額の勧告を行った. それ以降は,各州に地方政府交付金委員会が設けられ,地方政府への財政支援交付金の算定および勧告を行ってきた. 地方政府への財政支援交付金制度は,その後,交付金改革(1976 年に始まる個人所得税の租税分与化,1986 年の財政支援交付金の設立,地方道路交付金の設立など)などと連動して見直しや改正が加えられた. こうした中で,1979/80 年度以降は,自治政府が承認された北部特別地域に対しても財政支援交付金が交付されることになる. 一方,首都特別地域に対しては地域に地方政府がないため,1988/89 年度以降特別地域が代行している地方関連行政に対して財政支援交付金が交付されている. また,地方道路交付金に関しては,以前は特定目的補助金として各地方政府に配分されていたが,

---

19) Commonwealth Grants Commission (2004) 第 7 章. しかし,こうした懸案事項の多くは委員会の業務委託条項の範囲を超えており,政府によるさらなる検討の必要性があるとしている.
20) Commonwealth Grants Commission (2005).
21) 財政支援交付金の歴史的変遷については,Commonwealth Grants Commission (2001b), および Department of Transport and Regional Services (2004, 2005) などを参考にしている.

1991-92年より財政支援交付金に加えられ使途が義務付けられていない交付金として扱われることになった．

4.1 財政支援交付金配分のマネージメント

地方政府への財政支援交付金は，まず連邦政府予算から州政府へ特定目的補助金（'through' 補助金）として配分される．その後，その財源を基に各州内の地方政府交付金委員会が，財政支援交付金の配分作業の計算，勧告を行う．その基本的メカニズムは以下のとおりである[22]．

まず，地方政府への財政支援交付金総額が，前年度ベースに人口変化と物価上昇を考慮して求められる．次に財政支援交付金総額を各州の人口規模で振り分けることで連邦政府から各州政府への配分額が求められる．各州の地方政府交付金委員会は，この交付金総額に財政調整を行う形で各地方政府に一般目的補助金と道路目的補助金の2種類の交付金を配分することになる．財政調整でカバーされる歳出は，州政府間で若干異なっているが，基本的には経常支出が対象となる（資本支出は対象としない：例外 VicRoads など）．

地方政府交付金委員会が一般目的補助金配分計算で考慮すべき全国ベースでの基本原則としては，以下の5つの原則が設けられている．第1に，地方政府への一般目的補助金は水平的財政平衡原則に基づいて配分されなければならない．この原則は，州政府もしくは特別地域内の地方政府が適正な努力を払うならば，各州政府もしくは特別地域内の地方政府の平均的水準を下回らない水準で財政運営を行うことが保障されることを意味する．第2に，政策中立性が挙げられる．この原則は，各地方政府の歳出必要額および財源調達キャパシティを見積る上で，地方政府の歳出もしくは財源調達努力が補助金の決定によって影響を受けるべきでないことを意味している．

第3に，交付金の配分にあたっては，最低補助額が設けられている．すなわち，個々の地方政府に配分される一般目的補助額には最低補助額が定められ，1995年地方政府財政支援法第9条で州政府もしくは特別地域とっての財政支援交付金プールの30%を一人当たりベースに直した金額を下回ること

---

22) 各州政府内での財政調整制度の詳細については，Department of Transport and Regional Services（2004, 2005）などを参照した．

のないこととしている．第4に，交付金以外の特定目的補助金などへの配慮として，交付金算定ベースとなる歳出ニーズに見合う地方政府への補助金については，包括アプローチに基づくべきとされる．第5に，先住民などへの配慮として，財政支援交付金は地方政府管轄内のアボリジニおよびトレス海峡島民らの特殊ニーズを反映する形で交付金を配分しなければならない．

水平的財政平衡原則を適用するための交付金配分方式は州政府間で違いが見られ，方式は大きく予算全体均等化モデルと直接評価モデルの2つに分けられる．予算全体均等化モデルでは，予算全体を概念化することで，地方政府にとっての不利な状況が評価される．直接評価モデルでは，歳出・歳入の個別領域について地方政府にとっての不利な状況が評価される．実際，ビクトリア州，クイーンズランド州，西オーストラリア州，タスマニア州および北部特別地域では予算全体均等化モデルが用いられているのに対して，ニュー・サウス・ウェールズ州，南オーストラリア州では直接評価モデルが用いられている[23]．

また，地方道路財源については，地方政府の道路資産を維持保全するため，道路歳出に関する相対的ニーズに基づいて配分されるべきとの原則が設けられている．道路ニーズを評価する上での対象項目としては，道路の長さ，道路利用などが含まれる．

地方道路財源を配分するフォーミュラは，一般目的補助金と同様，配分モデルが州によって異なる．ニュー・サウス・ウェールズ州，クイーンズランド州，南オーストラリア州，北部特別地域では人口，道路面積などの単純指標を用いて地方道路サービスに関するニーズが評価される．これに対し，ビクトリア州と西オーストラリア州では，地方政府内の道路ネットワーク維持費用（毎年）を測定：経常費用，再投資などを考慮した資産保全モデルが用いられている．資産保全モデルでは，このほか，道路（舗装してあるかどうかなど）状況に応じて生じるコスト，地域の気候状況，土地状況などが道路費用に及ぼす影響，交通量の違いなどが詳細に検討される．また，タスマニア州では，両者の混合モデルが採用されている．

---

23) 水道，下水道，バス事業などの分野で，州政府間で財政平衡化の適用範囲の違いが見られる．

連邦政府から地方政府間への財政支援交付金を通じる財政調整制度の運営にあたっては各州政府内に地方政府交付金委員会が設けられ，この委員会が交付金配分の算定作業および州政府への勧告業務を担うことになる．地方政府交付金委員会は，連邦交付金委員会と同様，独立した行政機関として位置付けられる[24]．地方政交付金委員会による配分案は，州政府の地方政府省（州によって名称が異なるが）大臣に勧告され，もしその案が州で採択された場合，連邦政府の地域および地方政府担当省大臣に伝達され，最終決定にいたる．

4.2 地方政府間の財政調整制度再検討の動向

地方政府間の財政調整制度の見直しに関して，連邦交付金委員会は，近年，1995年地方政府財政支援法の運営の実態と今後の改革のあり方について調査検討を行い，2001年6月に報告書を作成した[25]．以下では，この報告書に基づき，地方政府間の財政調整制度での残された課題について考える．

報告書では，まず，財政支援交付金制度の運営の実態に関して，現行制度は，全国ベースの基本原則に照らして，「(1) すべての地方政府に必要最低限の水準の支援金を供給している．(2) 地方政府が道路整備を行う上で必要な費用を賄う財源を提供している．(3) 支援交付金は，他の地方政府に比べて相対的に不利な状況におかれた団体に手厚く配分されている」といった点で評価しうるとしている．

しかし，報告書はその一方で，地方政府間での財政支援交付金制度のあり方に関して，以下のような問題点を指摘している．① 1995年地方政府財政支援法に規定されている水平的財政平衡原則は，通常連邦政府から州政府に配分される一般目的補助金（GST歳入交付金）配分に利用されている原則とは異なった意味で使われているため，「均等化原則に基づく相対的財政需要」などといった別表現に改めるべきである．②最低補助額に関する原則と水平的財政平衡原則の間での概念対立が生じている．③交付金以外の補助金によ

---

24) 連邦交付金委員会と地方政府交付金委員会との間では，情報の共有，連邦交付金委員会の手法の地方政府交付金委員会への説明，会議などを通じて多くの非公式の交流はあるが，公式のつながりはない．

25) Commonwealth Grants Commission (2001a, 2001b).

るサポート原則が地方政府交付金委員会によって一貫性ある形で解釈されていない．④効率性および有効性に関する原則，先住民およびトレス海峡島民への配慮に関する原則を掲げることは，使途を特定化しないという支援金の目的にそぐわない．⑤透明性と説明責任の改善が必要であり，地方政府交付金委員会は年次報告書や全国ベースでのレポートなどを作成し，今まで以上に情報公開に努めるべきである．⑥各州の地方政府交付金委員会間で，支援交付金配分額の算定で考慮される歳出および歳入の範囲，算定された歳出および歳入水準が及ぼす影響のとらえ方，算定方法などで食い違いが見られる．地方政府間の財政調整は，州政府間に比べて地方政府の状況が大きく異なるため，対応の違いはやむを得ないと考えられるが，相対的財政需要の見積り，交付金以外のサポート，先住民への配慮などに関しては，全国ベースで一貫性を持つ方式を採用すべきである．⑦道路関連項目に関しては，現行制度のように別枠の原則を設けることは妥当であるとしている．

こうした課題に答える財政支援交付金制度のあり方として，連邦交付金委員会の報告書は，財政支援交付金を (1) すべての地方政府が受け取る一人当たりベースでの配分額（一人当たりプール），(2) すべての地方政府が道路維持の費用を賄うために受け取る配分額（地方道路財源プール），(3) 相対的に不利な状況におかれた地方政府に追加的な配分を行い公平性の改善を実現するための配分額（相対的需要プール）の3つに分け，財政調整を講じる制度を提案している．また，改革を実施する上で移行措置への配慮が必要であることを加えている[26]．

また，報告書では，後で述べる下院による報告書と同様，現行の制度の下での地方政府の歳出とその財源調達のバランスが近年崩れてきており，州政府による地方政府への財政支援割合の低下や財源を伴わない責任付与などの負担の転嫁が生じていることを認めている[27]．実際，1974年に連邦政府による財政支援交付金が設立されて以来，あらゆる移転を含む地方政府の歳入は平均して毎年10.1%のペースで増加した．こうした中で，地方政府歳入における税および課徴金のシェアは，1997年では1974年とさほど変わっていな

---

26) Commonwealth Grants Commission (2001a), 第4章.
27) Commonwealth Grants Commission (2001a), pp. 51-54.

い．したがって，財政支援交付金の導入は，全国レベルでは地方政府の歳入努力にさほど影響を与えていないと考えられる．これに対して，地方政府への州政府による支援は実質額では増加したが，他の支援財源の伸び率に比べると低い水準にとどまっている．こうした結果，地方総歳入に占める州政府による支援のシェアは，1974年度には15％であったものが1997年度には7％へと大きく低下することになった．また，地方政府の歳出構造では，道路整備などの従来型財産ベース・サービスへの歳出の割合が低下する一方で，対人サービス支出が増加しており，こうした地方政府支出を賄う上で「費用負担の転嫁」が確認される．

こうした州政府による地方政府財政支援において「費用負担の転嫁」を分析した報告書としては，豪州連邦議会下院経済・財政・行政常任委員会が2003年10月に提出した，「レイトと税金—責任ある地方自治体のための公平な配分」と題するレポートが重要な役割を果たしている[28]．同レポートでは，今日の地方政府の役割と責任，およびその政府機能の拡大の現状について検討調査し，地方自治体への負担転嫁がインフラ整備の後退などという形で現れていることを明らかにした．レポートでは，政策提言として，こうした問題を解決する上で全国レベルでの地域協力が不可欠であるとし，地方政府を含むすべての層の政府代表を交えて政府間関係および政府ガバナンスのあり方を検討する会議の開催の必要性を唱えている[29]．

会議で検討すべき内容としては，以下の項目が挙げられている．①三層政府それぞれが最善の政策運営が行えるような連携のあり方，②地方政府によるサービスの提供およびそれに必要な財源調達の現状，③地方政府が独自歳入を確保する上での規制およびキャパシティのあり方，④すべての層の政府での負担転嫁をなくす方法，⑤特定目的補助金のあり方，⑥地方政府によるインフラ整備事業の状況に関する調査，⑦地方政府の事業チェックおよび構造改革のあり方などの項目の検討である．

---

28) House of Representatives Standing Committee on Economics, Finance and Public Administration (2003).
29) こうした提案の背景には，地方政府を積極的に政府間での協議に参加させることで，全国レベルで進められている競争政策の徹底や，国全体での財政運営の効率化を図ろうとする連邦政府の意向が反映されていると考えられる．

レポートではまず,「地方政府への負担転嫁」がどういう形で生じているのかについて, 全豪地方政府協会 (ALGA), 連邦政府運輸・地域サービス省 (DOTARS), クイーンズランド州地方政府交付金委員会, タスマニア州地方政府交付金委員会, 南オーストラリア州地方政府交付金委員会, ビクトリア州インフラ省などから寄せられた負担転嫁に関する意見などを紹介した上で, 負担転嫁は連邦政府によるものも多少あるが, もっぱら州政府と地方政府の関係で生じていると結論付けている[30]。

また, 負担転嫁が生じている分野としては, 地方政府が重要な役割を担う地域の治安サービス, 消防, 保健および福祉, 図書館サービス, 空港サービスの他, 地方道路を中心とするインフラ整備などを挙げている[31]。特に, レポートでは, 道路インフラ整備において全国ベースでのネットワークの構築が期待されているにもかかわらず, 近年, 財源不足を理由とするサービスの低下や州政府による事業運営での皺寄せが生じている点について詳細な分析を行っている[32]。負担転嫁の大きさに関しては, すでにビクトリア州やクイーンズランド州などで, 自治体協会を中心に負担額を具体的に計測する試みが行われており, ビクトリア州では, ケアサービス, 図書館, 妊婦および児童を対象とする福祉などの分野で毎年4,000万豪ドル, その他の特定プログラム分野でさらに2,000万豪ドルの負担転嫁が, クイーンズランド州では, 一般歳出で4,700万豪ドルの負担転嫁が生じているなどといった推計結果が得られている[33]。

レポートでは, 連邦・州・地方政府の各代表が参加する政府間協議会を通じて費用転嫁の問題の解明およびその解決に取り組むべきとしている。特に, 地方政府の財源確保での連邦政府によるケアとあわせて, 交付金配分での全

---

30) House of Representatives Standing Committee on Economics, Finance and Public Administration (2003), 第3章。プログラムが成立後, 州政府による恣意的な形で財政支援の減額や打ち切りが行われることなどが理由として挙げられる。

31) House of Representatives Standing Committee on Economics, Finance and Public Administration (2003), p. 30.

32) House of Representatives Standing Committee on Economics, Finance and Public Administration (2003), 第4章。

33) House of Representatives Standing Committee on Economics, Finance and Public Administration (2003), pp. 28-29. このほか, 全豪地方政府協会によると, 負担転嫁額は全国で年間5億から11億豪ドル近くまで達する可能性があるとの報告も寄せられている。

国ベースで一貫性のある形での制度の適用が必要であるとしている[33]．また，地方政府間の財政調整制度においても，連邦政府と州政府間の財政調整制度と同じく，地方政府交付金委員会の透明性と財政責任を高める形で改革が行われるべきとしている．

5. 結論およびわが国への示唆

　オーストラリアでは，戦後継続して連邦政府と州・地方政府間の財政関係において存在する財政不均衡を是正するため，財政支援のための交付金が提供されてきた．州・地方政府への交付金の配分を行う上では，連邦交付金委員会や地方政府交付金委員会を通じる算定作業や，交付金総額のあり方を決める首相会議や閣僚評議会などが重要な役割を果たしてきた．

　財政調整制度の改革としては，2000年に実施された税制改革に伴い，それまでの連邦政府から州政府に提供されてきた歳入分与としての財政支援交付金が，新たに導入されたGST税収総額を原資とするGST歳入交付金へと見直されることになった．

　GST歳入交付金の導入に伴い，首相会議などでの連邦政府と州政府の間での財政調整制度に関する議論は，これまでの交付金総額の確保から，経済成長との結びつきや地方政府のインセンティブに与える影響などの経済効果を踏まえた州政府間での交付金額の配分のあり方などへと変化しつつある．また，地方政府間の財政調整制度についても，近年，地方政府の機能拡充と結びつく形で，各層政府による地方政府への財源支援のあり方が問われている．

　オーストラリアでは，1990年代に入って経済改革を通じて，積極的に民間部門だけでなく公企業や一般政府活動の両面で公共部門の改革が進められてきた．そこでは，効率的な公共部門の実現を目指して，競争政策の徹底や公

---

33) このほか，レポートでは，財政支援交付金のあり方に関して，(1) 平衡原則では地方政府の財政需要を重視すべき，(2) 交付金は現行と同じく一般目的補助金とすべきであるが，原資についてはGSTのような伸長性のある財源に一本化すべき，(4) 交付金は連邦政府から地方政府に直接配分されるべき，(5) 先住民コミュニティへの配慮が必要，(6) 適切な免除措置の導入の必要性などが提案されている．

会計改革が行われるだけでなく,財政制度の見直しの必要性が盛んに主張されている.こうした中で,今まで以上に州政府および地方政府の財政責任を高める形で財政運営の効率化や透明性の確保を図り,そこでの機動力の充実を図る上で安定的な財源の模索が検討されている.同様な課題を抱える日本にとっても,オーストラリアでの財政調整制度の改革に関する議論は有益な示唆を提供すると考えられる.

参考文献

Australian Local Government Association (1989), *The Australian Local Government Handbook*, ICL Australia Pty Ltd.
Commonwealth Grants Commission (2001a), *Review of Operation of the Local Government (Financial Assistance) Act 1995*, June, Australian Government.
Commonwealth Grants Commission (2001b), *Working Papers for Review of Operation of the Local Government (Financial Assistance) Act 1995*, June, Australian Government.
Commonwealth Grants Commission (2004), *Report on State Revenue Sharing Relativities 2004 Review*, Australian Government.
Commonwealth Grants Commission (2005), Materiality and Reliability, *Commonwealth Grants Commission Issues Paper 2005/01*.
Commonwealth of Australia (2003), *Final Budget Outcome 2002-2003*, Australian Government.
Department of Transport and Regional Services (2004, 2005), *Local Government National Report, Report on the Operation of the Local Government (Financial Assistance) Act 1995*, Commonwealth of Australia.
Dollery B. and N. Marshall eds. (1997), *Australian Local Government : Reform and Renewal*, Macmillan Education Australia.
Kenwood, A. G. (1995), *Australian Economic Institutions Since Federation : An Introduction*, Melbourne : Oxford University Press.
House of Representatives Standing Committee on Economics, Finance and Public Administration (2003), *Rates and Taxes : A Fair Share for Responsible Local Government*, The Parliament of the Commonwealth of Australia.
Mathews, R. and B. Grewal (1997), *The Public Sector in Jeopardy*, Centre for Strategic Economic Studies, Victoria University.
Mathews, R. and W. R. C. Jay (1972), *Federal Finance : intergovernmental financial relations in Australia since federation*, Melbourne : Nelson.
Nicholas Malcolm (2003), "Financial Arrangements between the Australian Government and Australian States," *Regional and Federal Studies*, Vol. 13, No. 4, Winter 2003, pp. 153-182.

Painter, M. (1998), *Collaborative Federalism : Economic reform in Australia since 1990s*, Cambridge University Press.

Searle Bob (1988), "Commonwealth-State Financial Relations and the Goods and Services Tax," in Fletcher C. ed., *The Implications of a Goods and Services Tax (GST) for Northern Australia*, North Australia Research Unit, Research School of Pacific and Asian Studies, ANU : Canberra and Darwin.

The Review of Commonwealth-State Funding (2002), *Final Report : A review of the allocation of Commonwealth Grants to the States and Territories*, The Review of Commonwealth-State Funding : Melbourne.

大浦一郎 (1987), 『オーストラリア財政論』文眞堂.

6章　代表的課税システムによる平衡化：カナダ

持田信樹

1. はじめに

　財政調整制度は世界中に広く行きわたっている．ほぼすべての連邦制国家にはアメリカ合衆国という顕著な例外を別にすれば正式の財政調整制度が備わっている．また単一制国家においてもスカンディナビア諸国や日本そしてイギリスに見られるように洗練された財政調整制度がある．もっとも制度設計はその環境に応じて異なっている．多くの場合に財政需要を考慮した算定公式を通じて交付されるけれど，それはとくに地方団体の歳入調達力が制約されているとか国が全国均一の公共サービスの提供を地方に委任している場合にそうである．

　この点もっぱら歳入調達能力の平準化を図っているカナダの平衡交付金制度は他と比べてユニークな存在であるといってよい．それにもかかわらず財政需要型のアプローチがよってたつ原理と後述するカナダの代表的課税システムとは類似性が見られる．すなわち前者では，標準的なサービスを妥当なコストで提供するのに必要な額にもとづいて計算されるのであるが，カナダの代表的課税システムでも基本的な考えは同じである．

　財政調整制度とその正当化根拠については財政連邦主義の研究におけるおびただしい蓄積があり，少なくとも暗黙的なコンセンサスがある．財政調整理論の発端は1950年代のブキャナンの研究にさかのぼるが，発展したのは主にカナダにおいてであって，1964年のグラハム（John Graham）による研究が分水嶺となった[1]．そしてより詳細な理論的検討はボードウェイ（R. Boadway）等の諸研究およびカナダ経済協議会が1982年に発表した『カナ

---

[1]　2001年10月のモントリオールにおけるブキャナン（James Buchanan）の講演による．

表 6-1 連邦・州間の機能分担と税源配分

	連邦	州		連邦	州
個人間所得分配*	○		重 複 課 税		
全国的プログラム			個人所得税	○	○
防　　衛	○		法人所得税	○	○
外　　交	○		売　上　税	○	○
文　　化	○		賃　金　税	○	○
失業保険	○		州　　　税		
連 邦 公 債 費	○		天然資源		○
州・地方プログラム			賭　博　税		○
医　　療		○	財　産　税		○
教　　育		○	連　邦　税		
社会サービス		○	関　税	○	
職業訓練		○	非居住者税	○	
インフラ		○			
州 公 債 費		○			
連邦・州財政移転	○				

（資料） Booth and Hermanutz (1999), table 5; Department of Finance Canada (2005a), table 1.
＊ 年金，児童手当等．

ダ連邦の財政』において頂点に達したのである．ここで発展した原理原則は，カナダ憲法第36条における連邦政府の財政調整制度へのコミットメントと完全に一致しているといわれる．本章では以上のような問題意識からカナダの平衡交付金制度を概観して，それがいかなる課題に直面しているのかを考察する[2]．

2. 租税徴収協定と「支出権限」

2.1 課税ベースの重複

はじめに連邦と州の政府間関係の特質を概観しよう．第1に連邦と州の機能は憲法上では分離しており重複は少ない．表6-1に見られるように年金，失業救済，児童手当といった個人間の所得再分配を行う現金トランスファー

---

[2] 本章については国際コンファレンスの席上にてポウル・ホブスン（Paul Hobson）教授から貴重なコメントをいただいた．記して感謝したい．このテーマの邦語文献としては池上 (2003)，持田 (2004) がある．

は州・地方ではなく連邦政府の責任となっている．他方，医療・教育・福祉といった膨張する現物サービスの責任は州に留保されている．例えば1930年代の大恐慌期に失業救済事業を担当していたのは州政府であったが多くの州でデフォルトが発生した．これに対して連邦政府は事実上の救済措置をとった．この経験に鑑み，王立連邦・州間関係委員会は連邦政府が失業対策の責任をもつように勧告し，その内容にそって1957年に憲法が改正され，今日の役割分担が形成された．

　第2にカナダの州財政では，アメリカの州やスイスのカントンと並んで世界中で最も自主財源比率が高い．たしかに平衡交付金が財源に占める割合は貧困な小規模州では大きい．しかし全体としての州をみると補助金等の政府間移転財源が占める割合は相対的に低く，したがってまた垂直的財政不均衡の度合いが少ないという特質がみられる．この点，同じ連邦制国家であるオーストラリアとは対照的であるといえよう．

　この高い自主財源比率をもたらした理由は税源配分の特質に見出すことができる．州は憲法によって課税自主権を保持している．しかし実際には州の所得税は租税徴収協定（tax collection agreement）によって連邦所得税を課税ベースとし，かつ徴収も連邦政府が行っている．この協定にもとづいて連邦政府が法人所得税を徴収しているのは10州のうち7州であり，また個人所得税を徴収しているのは9州である．これに対して売上税の領域での協調は腰砕けの状態にある．1997年から3つの州が連邦付加価値税に従来の小売売上税を統合して，いわゆる協調売上税（Harmonized Sales Tax）を導入した．しかしケベック州だけは連邦付加価値税を徴収して連邦政府へ逆交付している．しかも残る6州のうち5州では従来の小売売上税と連邦付加価値税を別々に賦課していて統合されてはいない．

　このように連邦と州とが所得・消費に重複して課税しているのがカナダの特徴であるが，その双方において第2次世界大戦後，州のシェアは急速に上昇してきた．すなわち1955年から95年に間に税収の対GDP比は22％から36％へ増大したけれども，そのうち5分の4は州税の躍進に起因しており，かつそのうち3分の2は個人所得税の成長によるものである．もっとも州への税源移譲は一貫した理念・原則を適用して設計されたものではなく，

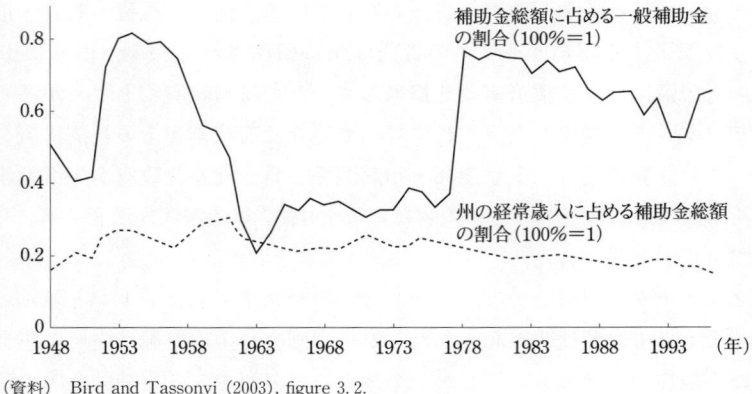

図6-1中のラベル:
- 補助金総額に占める一般補助金の割合(100%=1)
- 州の経常歳入に占める補助金総額の割合(100%=1)

(資料) Bird and Tassonyi (2003), figure 3.2.

図6-1 政府間財政移転の推移

むしろ連邦と州との長期にわたる政治的綱引きの積み重ねによって徐々に形成されたといわれている．

2.2 一般補助金の優位

第3に政府間の財政移転の特徴をみてみよう．連邦政府は州政府が専管的に権限を保持している医療・福祉・高等教育の分野において，国民を地域ベースで統合するため，「支出権限」を用いて広範な影響力を行使している．カナダの政府間関係の特徴は分権—分離型ではなく実質的には分権—融合型であるといえる．かかる「支出権限」を財政的に担保しているのが政府間の移転財源である．

図6-1によって移転財源の傾向をみると戦後50年間の前半期に大幅に膨張したのち安定的に推移し，1980年代以降は減少するといった軌跡を描いていることがわかる．これをいま少し具体的にみると，70年代初頭までは累進的所得税を通じて徴収された高度成長の果実は減税にではなく，州への補助金にもっぱら振り向けられたことがわかる．教育・医療・福祉といった分野で早急に福祉国家を建設せねばならず，そのためには使途を特定した補助金を交付し，居所の如何を問わず公共サービスの水準を一挙に平準化する必要があったからである．この特定補助金は「費用分担プログラム」と呼ばれる，

無制限のマッチング補助金である。ただし連邦政府に敵対的なケベック州だけは「費用分担プログラム」は州の専管事項への侵入であるとし，補助金を受領する代わりに租税ポイントの移譲を選択した。1966年以降にはカナダの政府間関係がいわゆる非対称的な財政連邦主義に変質したといわれるのはこのためである。

高度経済成長の終焉をきっかけに連邦政府はコスト節約の規律が働かない「費用分担プログラム」の戦略的削減に着手するようになる。その第1ステップとして連邦政府は1977年に最大の費用分担プログラム（医療・教育）を使途の指定がゆるやかであるが連邦が総額をコントロールできるブロック補助金（既定プログラム補助金，以下EPF）に組み替えた。このEPFの創設は州の専管事項への連邦の介入に反発していた各州からもおおむね好意的に受け入れられた。一般補助金が圧倒的な優位を示すカナダの補助金構造はこの時点で一挙に確立したといえる（図6-1参照）。

補助金を戦略的に削減するプロセスは1996年に最後の特定補助金であるカナダ扶助計画（Canada assistant plan，以下CAP）をEPFに統合し，その名称もカナダ医療社会移転（Canadian health social transfer，以下CHST）に一新することでほぼ完了した。要するにカナダでは1980年前後から約20年間，州財政の連邦補助金への依存度が一貫して低下傾向をたどった。その中で総額を連邦がコントロールでき，かつ使途については州の裁量権が保持されたブロック補助金のウェートが圧倒的な比重を占めるようになった。

3. 平衡交付金の算定と理念

カナダでは州政府の自己決定権限が自主財源の増大ならびに一般補助金化によって大幅に強化されてきた。けれども州の課税力を見ると石油収入で豊かなアルバータ州とプリンス・エドワード・アイランド州とでは概ね2.17倍近い格差がある。このような課税力の格差を放置するならば，ほぼ同様な水準の公共サービスをカナダの全ての州が供給することはできないことは明らかである。そうなれば地域間・言語間の対立がたえず連邦制維持の脅威となってきたカナダにおいては国民統合に重大な支障が生じるであろうことは

想像に難くない[3]。

　この国では第2次世界大戦中の極端な税収の中央集中化を是正する過程で，事実上の州間財政調整が開始されていた．そして1957年に，正式に平衡交付金が誕生した．平衡交付金がいわゆる代表的課税システム（Representative tax system, 以下RTS）を採り入れて，現行制度の原型が出来上がったのは1967年である．代表的課税システムはアメリカの政府間関係諮問委員会が研究を重ねた画期的な手法として知られるが，本国で実施されることなく，カナダにおいて定着したのである．

　財政調整制度がいかに重要であるかは，平衡交付金を通じた州政府の課税力の平準化が憲法によって連邦政府に義務づけられていることからもわかる．「議会および政府は，州政府が同様の公共サービスを同様な税負担で提供するのを保証するために，平衡交付金の交付原則にコミットする」（1982年，カナダ憲法第36条第2項）．興味深いのは富裕州がある程度，富を地域的に再分配する責任を認識しているという点である．カナダには富の共有の原則がある．実際に1980年代にはアルバータ州は連邦からの交付金の受領州であった．つまり平衡交付金制度は地域経済の変化に適応した仕組みであるといえる．この15年間にアルバータ州は石油収入によって豊かになり，拠出を減らしたいという意見をもっていても，その原則を認識しているのである．また交付金を受領していないアルバータ州もオンタリオ州も平衡交付金を規定している1982年憲法を批准している．

3.1　代表的課税システム

　表6-2を参考に，平衡交付金の算定方式をいま少し具体的に考察しよう．はじめに各州の一人当たり歳入調達能力を，33の税目毎に計算し，それを一人当たり財政能力と定義する．そのためにまず各税目単位で標準的な課税ベースを法律によって定める．それに全国平均税率を乗じて，得られる推定税

---

[3]　例えば政治学者のバンティングは平衡交付金が定着した背景として言語および民族の多様性に起因する地域ベースでの社会的統合の必要性を指摘している．また経済学者のクーシェンは平衡交付金が多様な民族と地域を「カナダ」という国家に統合する「接着剤（glue）」であったと評価する．財務省の実務家であった故クラークは平衡交付金はカナダをアメリカから区別する重要な政策手段であると指摘している．Boadway and Hobson (1997) を参照．

表 6-2 平衡交付金の算定

	(1)	(2)	(3)	(4)	(5)
	人口	RSTを適用して算定された州の推定歳入	標準額に対する不足額	州の平衡交付金受領額	交付後の一人当たり歳入額
州	千人	一人当たりカナダドル	一人当たりカナダドル	(3)×(1) 百万カナダドル	(2)+(3) カナダドル
N.L.	520	4,737	1,389	721	6,126
P.E.I.	138	4,359	1,767	245	6,126
N.S.	937	4,912	1,213	1,137	6,126
N.B.	751	4,598	1,528	1,148	6,126
MAN.	1,169	4,988	1,138	1,330	6,126
QUE.	7,526	5,635	490	3,691	6,126
SASK.	994	5,671	455	452	6,126
ONT.	12,174	6,632	—	—	6,632
B.C.	4,175	5,938	188	785	6,126
ALTA.	3,130	9,318	—	—	9,318
合計	27,527	6,126	587	9,510	

(資料) Department of Finance, Canada, Federal-Provincial Relations Division, *The Equalization Program*, 2004.

(注) 略字は以下の通り。N.L.；ニュー・ファンドランド・ラブラドール，P.E.I.；プリンス・エドワード・アイランド，N.S.；ノバスコシア，N.B.；ニューブランズウィック，MAN.；マニトバ，QUE.；ケベック，SASK.；サスカチュワン，ONT.；オンタリオ，B.C.；ブリティッシュ・コロンビア，ALTA.；アルバータ

収を計算し，それをさらに各州の人口で割って一人当たりの財政能力が計算される．この計算に用いる全国平均税率は全10州の総税収入を課税標準額の合計で除して求める．例えば2004-05年の場合，プリンス・エドワード・アイランド州の財政能力は全国平均の68％であるが，オンタリオ州は104％と平均以上であり，さらにアルバータ州は146％とじつに平均の1.5倍もの財政能力がある．

つぎに，各州の財政能力をベンチマークとなる「標準的」な財政能力と比較する．このベンチマークとなるのは，1982年以来，5つの中所得州の一人当たり財政能力の平均である．すなわち，ケベック，オンタリオ，マニトバ，サスカチュワン，そしてブリティッシュ・コロンビアの5州平均を標準的な財政能力と見做している．5州標準を採用しているので，財政能力の高いアルバータ州と相対的に低い大西洋沿岸諸州——ニュー・ファンドランド・ラブラドール，プリンス・エドワード・アイランド，ノバスコシア，ニューブ

ランズウィック——は除外されている.ちなみに2004年度の5州平均の財政能力は一人当たり 6,126 カナダドルである.

そして最後に,財政能力が標準的な財政能力に満たない州に対して,その差額を交付して平均水準にまで引き上げる.最大の受領州はケベックと大西洋諸州である.ただしその際に,財政能力が標準を上回る場合には,交付金を受領しないだけであって拠出の義務はない.オンタリオ,アルバータのいわゆる「持てる州」が今日では,受領していない.交付後の歳入額を見ると,不交付州を除く州でほぼ完全に平準化されており,憲法のいう州政府が同様の税負担で同様の公的サービスが提供できる状態が達成されている.このような交付金の計算方法は,税収入を平準化しているため「代表的課税システム」と呼ばれている.

3.2 グロス・システム

カナダの平衡交付金は垂直的財政調整の一種であって,連邦政府の一般歳入が原資となっている.これはカナダ国内で「グロス・システム」ともいわれている.平衡交付金の総額は従来,算定式にもとづき,いわば「下から」自動的に積み上げて計算されてきた.もっとも全く制限がなかったわけではなく,基準年からの GDP の累積成長率を交付金の成長率が上回る年には,両者が一致するまで全州の受領資格を均等に削減するというルールがあった.

ところで連邦政府は交付金の総額を抑制するために,2004年末,平衡交付金制度の予測可能性や安定性を高めるために従来の積み上げ方式にかわって交付金の総額をあらかじめ一定額に固定する方式に変更した.連邦財務省での筆者らのヒアリングによると2000-01年度の平衡交付金総額は109億カナダドルで,2005-06年度以降はこの額をベースにして年率 3.5% の割合で総額が増加することになっている.全ての州が新しい算定方法に賛成したが,その理由として,これまでの基準となる5州の財政力をベースにした算定方法では翌年度の交付金受領額を予測することが困難であることや,基準5州で一人当たり課税力が低下した場合に各州の交付金受領額に影響を及ぼすことが挙げられるという.このように連邦政府は基準5州の平均一人当たり課税力まで貧しい州のそれを引き上げるという方法を変更した.

しかし総額を固定する方式は後述する専門委員会の結論が出るまでの一時的なものであり、また、2005年度も総額固定制が機能しているが、5州基準の意味がなくなったわけではない。2004年度予算の予測額よりも交付額が下回らないという保証が活かされるためには、5州基準から交付額を計算する過程もなお必要とされるからである。またクウィーンズ大学のボードウェイ（Robin Boadway）教授は筆者のインタビューに答えて、総額固定制の採用は「州の租税構造にもとづいて交付金受領額を計算するという精神を否定するものであり、また連邦財政の都合によって交付金が恣意的に変更される危険性もある」と警告している。同教授によると交付金受領額が毎年大きく変動する難点は2004年度末に導入された「移動平均法」によって十分に取り除くことができるという。

3.3 最低保障と特例解決

平衡交付金の計算には、ここまで述べたような一般的方法に加えて、いくつかの特例措置がある。そのひとつは毎年の交付金額の変動をならすための措置である。交付金額は州の財政能力の向上や人口の減少、あるいは5州標準の下降によって突然、減少することがある。このため、ある一定の閾値を越えて交付金額が減少しないように、「最低保障措置」が採用されている。具体的には、前年度に比べて5州標準の1.6%以上交付金額が減少する州政府には、その差額に人口を乗じた金額が連邦政府から支払われる。1982年に導入されて以来、最低保障措置が発動されたのは14回であるが、最も多く適用されたのはサスカチュワン州である。加えて2004年度の定期更新を境に、「3年移動平均法」を用いて交付金額の変動がならされている。

いまひとつは特定の州の天然資源収入の取り扱いに関する措置である。平衡交付金の計算は州の政策から独立していなければならない。しかし例外がある。特定の州がある税目に占めるシェアが著しく高いと、その州は税率変更を通じて単独で全国平均税率に影響を与えることができる。その場合、受取資格はもともとマイナス（課税標準が全国平均よりも高いので）となっているので、当該州は全国平均税率を下げるインセンティブを持ってしまう。つまり交付金額を増やす目的で、各州は意図的に税率を引下げる可能性がある。

いわゆる「特例解決措置」とは，ある税目に占める州のシェアが70％以上を超える場合には，その課税ベースの30％が平準化の対象外になるよう，70％のみを交付金額の計算に算入するものである．「特例解決措置」が導入された当初はノバスコシア州の石綿とサスカチュワン州のカリウムとに適用されたが，現在でもひきつづいてニュー・ファンドランド・ラブラドールとノバスコシア両州の沖合収入に適用されている．

3.4 同様な租税調達力の確保

この国の財政調整制度は他の国には見られない珍しい特徴がある．すなわち憲法では州政府が同様の公共サービスを同様な税負担で提供するのを保証すると謳われているにもかかわらず，平衡交付金の算定において州の財政需要は考慮されていないのである．この謎は興味を惹くところである．連邦財務省でのヒアリングによれば理念と制度との間に乖離が生じるのは，ほぼ同様な租税調達力にアクセス可能なことを保障するだけであって，交付金は使途が定められておらず，サービス供給の質や水準は州が決定するからだという[4]．カナダでは州が自由に財政活動を行うことができるので連邦政府が決めた全国均一の公共サービスを財源保障するという方式になじまないのであろう．事実，憲法で規定されている「ほぼ同様な水準 (reasonably comparable level)」は柔軟な概念であり，その中味を具体的に列挙することはできないらしい．せいぜい言えることはすぐに医療サービスが必要な時にカナダのどこにいようと病院に行って同様な水準のサービスを受けられるという程度のものである．また公共サービスの供給費用の差は州の間でさほど大きくないという指摘もある．クウィーンズ大学でのヒアリングでは，サービス供給コストの80％は労働コストであり，どの州も都会と地方を抱えているため，各州のコストの高低はトレードオフになる可能性があるという指摘があった[5]．

さらに準州に交付される TFF (Territorial Formula Financing) においては

---

4) 連邦財務省のグラコフスキィ（Alexandre Gracovetsky）氏のご教示による．ヒアリングは2005年3月15日に実施．
5) ボードウェイ教授のご教示による．ヒアリングは2005年3月18日に実施．

需要面が考慮されているので，割高な費用は補償されているとの説明もしばしば受けた．これは人口が少なく課税標準が制限されているという特殊な事情がある．ところで10州のうち，どの州が需要を考慮することに反対しているかは定かではないが，ノバスコシア州，サスカチュワン州では，需要面を考慮した算定方式がどの程度複雑なるのかについて議論が行われているようである[6]．またノバスコシアでは州と市の間で需要面を考慮した財政移転が行われており，州政府が市の標準的な財政力と標準的な歳出水準を算定し，それをもとに財政移転を行うが，原資が州政府の事情により左右されていると聞いた．いずれにせよ歳入面中心に財政調整を行うというカナダ方式は日本の地方交付税を念頭に置くと理解しづらいものであり，今後なお一層の検討が必要であろう．

4. 改革をめぐる論争

平衡交付金の改革をめぐる論争はアカデミズムの内部ではげしく議論されることはあっても[7]，連邦と州の協議のテーブルにのることはこれまで稀であった．しかしここ数年，平衡交付金を改革しようとする動きが強まっている．2005年4月に連邦政府のイニシアティブで「専門委員会」が設置された．この会議は州の代表2名，連邦の代表4名より構成されているが，いずれも専門知識のある委員である．同委員会は平衡交付金制度の根本的な問題を議論して2006年春までに連邦政府に勧告を行うことを任務としている．本節では平衡交付金の改革をめぐる主要な論点を検討する．

4.1 代表的課税システムの正統性

代表的課税システムでは個々の租税について全カナダを通じて「代表的」といえる課税標準が存在していることを前提に交付金の受領資格が計算される．たしかに州政府の基幹税が日本やドイツのように税率決定権の形骸化し

---

6) アケーディア大学のホブスン教授のご教示による．ヒアリングは2005年3月16日に実施．
7) 平衡交付金をめぐる論争については以下の文献が参考になる．Boadway and Hobson (1997), Lazar (2000). 最新の議論としてはBoadway (2004) が優れている．

た税収分割のようなものであれば話は簡単であろう．しかし高度に分権的で州政府の課税権が保持されているカナダの場合，むずかしい問題があることは容易に想像できる．もっともこの国には租税徴収協定があるので，個人所得税や法人税といった基幹税の分野では連邦税に州税が付加される形をとっている．したがって各州の課税ベースは協調が保たれていて，スイスやアメリカのような多様性は見られない．それにもかかわらず州の課税権が充実するにつれて代表的課税システムはあいまいで紛らわしいものになりつつある．これは交付金制度の正統性を根本から覆しかねない問題だといえる．

個人所得税についてはもともとあった課税ベースの協調が分権化のトレンドの中で溶解しつつある．表6-3に見られるように同税が税収に占める割合は26％で最大である．これまでは租税徴収協定があるので不参加のケベック州以外は 'Tax on Tax'，つまり連邦所得税に州税を比例税率で付加する方式がとられてきた．この方式の長所は税務行政コストが抑えられ，州の税率決定権が保持されることであった．しかし課税ベースの決定権を州が持たず，連邦の税制改正の影響があからさま州に及んでしまうという短所があった．これに対してオンタリオ州を中心に課税ベースの自己決定権を拡充する動きが1970年代から続いていた．例えば高額所得層を狙った付加税を独自にかけるとか，財産税の税額控除をはじめとする様々な税額控除が広がっていた．もともとカナダは州税を所得再分配の手段として使う国柄であり，高齢者とか子供がいる家庭は多種多様な税額控除を通じて還付されている．こうした現実を追認して，連邦政府は1998年に 'Tax on Tax' に代えて 'Tax on Income' の採用を各州に認めるに至る．トロント大学のリチャード・バード（Richard Bird）教授へのヒアリングによれば[8]，石油資源に恵まれているアルバータ州は政治的に保守的でありフラット・タックスを導入したがっていたが，1998年の改正でようやくそれが可能になったという．

つぎに天然資源に関しては，1982年憲法ではその第92条Aで州の所有権とそれに対する課税権を認める一方，連邦政府には財源の完全な財政調整を同じく第36条で義務付けており，その解釈をめぐって長い間論争がある．

---

8) トロント大学バード教授へのインタビューによる．2005年9月14日実施．

表6-3 代表的課税システムの税収内訳（2004-05年度）

税目	州税収(百万カナダドル)	割合(%)	税目	州税収(百万カナダドル)	割合(%)
1. 個人所得税	53,128	26.4	18. 第3層石油収入	52	0.0
2. 事業所得税	14,084	7.0	19. 第3層重油収入	45	0.0
3. 資本課税	4,122	2.0	20. 天然ガス収入	4,092	2.0
4. 売上税	33,532	16.6	21. 国有地売却	1,065	0.5
5. たばこ税	4,478	2.2	22. その他石油ガス収入	168	0.1
6. ガソリン税	5,625	2.8	23. 鉱山収入	363	0.2
7. ディーゼル燃料税	1,946	1.0	24. 水力発電レンタル	877	0.4
8. 非商業自動車許可料	1,786	0.9	25. 保険料収入	1,636	0.8
9. 商業用自動車許可料	960	0.5	26. 賃金税	7,536	3.7
10. アルコール飲料収入	4,357	2.2	27. 固定資産税	38,373	19.0
11. 病院・医療保険料	2,340	1.2	28. 富籤収入	1,959	1.0
12. 競馬場税	9	0.0	29. その他娯楽遊興収入	4,227	2.1
13. 森林収入	1,284	0.6	30. その他収入	12,235	6.1
14. 新石油収入	455	0.2	31. 分与税：沖合/N.L.	210	0.1
15. 旧石油収入	113	0.1	32. 分与税：沖合/N.S.	23	0.0
16. 重油収入	103	0.1	33. 分与税：株式配当	295	0.1
17. 採鉱油収入	117	0.1	合計	201,595	100.0

（資料） Department of Finance Canada (2004), The Equalization Program, appendix A.

カナダの法律では個人所有の土地であっても表面から上下60インチの個人の所有権が認められるが，それよりも深い部分にある天然資源に対しては州のロイヤルティが課せられるという．それに加えてロイヤルティ収入が増大すると平衡交付金が減少する．これらの理由にもとづいて天然資源を平衡交付金の対象から除外すべきであるとの要望がとくに天然資源に恵まれた諸州から強く出されている．

例えばノバスコシア州やニュー・ファンドランド・ラブラドール州の沖合の天然資源の所有権をめぐっては1980年代に裁判があり最高裁判所は所有権を連邦に認めた．しかし連邦はこの2州と1984年および1985年に沖合資源協定を結び，州にロイヤルティを課す権限を認めた．協定ではそのロイヤルティによる平衡交付金の減少部分を補填することも決められた．2004年夏にこの協定が再交渉されて，今後約16年間はひきつづいて平衡交付金の減少を連邦政府が補填することが決定された．しかも他の州もノバスコシア州やニュー・ファンドランド・ラブラドール州のような特別の協定を結ぶことを望んでいるようである．このような特別の協定が増加すれば平衡交付金

の算定式を無意味なものにする恐れがあり、制度が急激に変わる可能性がある[9]。

　天然資源とならんでやっかいなのは財産税の取り扱いである。というのはカナダではもともとこの税目については課税ベースの「協調」自体が存在していなかったからである。しかも表6-3からわかるように19％と個人所得税についで大きい比重を占めている。市町村ごとに土地の評価方法が違うため実際の税収にもとづいて州レベルでの課税力を集計することは技術的に困難であった。つまり固定資産税は代表的課税システムが適用されない唯一の、そして大きな例外だった。もっとも評価方法の統一が全く進まなかったわけではない。例えば、2004年度の平衡交付金改定に際してはほぼ全ての州で市場価格方式が採用された。しかし急激な交付金受領額の変化を緩和するために、市場価格方式の普及には不徹底な面が残されている[10]。

　したがって代表的課税システムそのものを廃止して、平衡交付金を一人当たり個人所得や州総生産高といった州民の負担能力を反映する簡素な指標にもとづいて配分すべし、というマクロ・アプローチが注目を浴びるのも不自然ではない。この点、地方交付税の算定を人口と面積だけで行うべしという主張に合い通じるものがある。事実、連邦政府が2005年に発足させた「専門委員会」でもこの方法の是非が検討課題のひとつになっている。この方法の提唱するBooth and Hermanutz (1999)によれば、その長所は州民の負担能力をより正確に反映でき、簡素で透明性が高いことである。例えば、アルバータ州の課税力はずば抜けて高いがこれは石油収入のためであって、むしろ州民の個人所得は低いという。また一人当たり個人所得をベースに配分しても代表的課税システムで計算された結果と配分額に大きな差が生じないという。

　しかしマクロ・アプローチに対して意見は分かれており、専門委員会の結論がどのようなものになるかが注目される。連邦財務省で行ったヒアリング

---

9) ホブソン教授のご教示による。ヒアリングは2005年3月16日に実施。
10) 第1に市場価格が採用されるのは居住用財産の50％相当だけであり、商業用財産には適用されていない。第2に単なる需給関係によって決まる価格差を差し引くために、時価の70％を「市場価格」に見做している。第3にブリティッシュ・コロンビア州に対しては、時価の50％を「市場価格」と看做す軽減措置がとられた。ボードウェイ教授のご教示による。

では,「代表的課税システムでは1人当たり財源の必要度が比較できるが,マクロ算定方式は正確ではない」と批判的な見解を聞いた.財政調整論の第一人者であるボードウェイ教授も,「マクロ・アプローチを主張する人々は平衡交付金制度を個人間の所得再分配の手段であると見做すが,それは制度の趣旨に対する誤解である」とインタビューに答えている.代表的課税システムのマクロ・アプローチに対する優位性は下院財政委員会報告(Standing Senate Committee on National Finance, 2002)においても再確認されている.

4.2 憲法第36条と調整水準の過少

表6-2でみたように平衡交付金によって不交付州をのぞく7州の間での財政力はほぼ平準化されている.カナダ憲法第36条第2項に書き込まれた要求水準はおおむね達成されているようである.しかし厳密にいうと問題がないわけではない.

ひとつの論点は,現行の中所得5州標準方式で決定される交付金総額と本来あるべき全州標準方式で算定した総額との関係である.1957年に発足した当時は,平衡交付金は,個人・法人所得税および相続税からの一人当たり税収を最も財政能力の高い2州の水準に達するまで交付された.さらに1967年には10州標準つまり,全国平均に達するまで交付金が交付される仕組みとなった.ところが1970-80年代に石油価格が急騰したため,連邦政府は交付総額を抑制するために1982年に現行の5州標準に一方的に変更したのだった.現行では貧困な4州と最も財政的に豊かなアルバータ州という両極が5州標準方式の基準には反映していない.もっとも全州標準方式による総額と現行制度による総額との大小関係は一義的にはわからない.この問題は実証的な研究にその答えを求めるしかない.ひとつの回答は,連邦上院に設置された国家財政常設委員会の2002年度報告書[11]にある.表6-4によると1994-95年から2001-02年の間に全州標準方式が採用されていたと想定して計算した平衡交付金総額は,現行方式による総額を20%以上も上回って

---

11) 上院国家財政常設委員会のレポートのオリジナルはStanding Senate Committee on National Finance (2002)を参照した.

表 6-4 平衡交付金と平準化基準（1994-5 年から 2001-02 年の累積効果） （百万カナダドル）

州	5 州標準にもとづく総交付金額	10 州標準にもとづく総交付金額	差額
N.L.	8,439	9,065	626
P.E.I.	1,824	1,980	156
N.S.	9,844	10,914	1,070
N.B.	8,691	9,553	862
QUE.	37,621	46,003	8,382
ONT.	0	0	0
MAN.	9,053	10,355	1,302
SASK.	1,949	3,063	1,114
ALTA.	0	0	0
B.C.	0	928	928
合計	77,421	91,861	14,440

（資料） Standing Senate Committee on National Finance (2002), Table 3.
州の記号は表 6-2 と同じ．

いるという．この事実は 5 州標準の約 1.5 倍というとびぬけた財政能力をもつアルバータ州が基準から除外されていることの問題を浮き彫りにする．

たしかに 10 州標準は連邦政府には追加的な費用負担をもたらすし[12]，アルバータ州を含めた 10 州標準は変動しやすくなるので州の受取額が安定しないというという難点がある．しかし上院委員会は「5 州標準は平衡交付金プログラムの趣旨，すなわち州が住民に同様な公共サービスを提供できるように十分な財源を保障することを満たさない」と述べて，10 州標準への復帰を政府に勧告している．平衡交付金の安定性は大切であるが，しかしそのために交付金額の十分性を犠牲にしてはならないというのである．

いまひとつの論点は州間における平衡交付金の配分が公平かどうかという問題である．まず先に述べた沖合資源協定はノバスコシア州とニュー・ファンドランド・ラブラドール州をあきらかに優遇している．また課税ベースの 30％ を平準化の対象外とする「特例解決措置」もサスカチュワン州とケベック州を優遇している．このように天然資源へのロイヤルティについての様々

---

12) 10 州標準を 1982-83 年から続けたと想定すると，310 億カナダドルの追加的な負担を連邦政府は強いられる．

な特例措置は特定の州へ差別的な優遇を与えるものになっており公平性に反している。それだけでない。前年度比で1.6%以上交付金額が減少した場合に、不足額を連邦政府が補塡するという「最低保証措置」もまた平衡交付金の州間での配分を歪める作用をもっている。われわれが入手した政府資料によると1992年以来、この措置が実際に発動された回数は14回に及ぶが[13]、保証総額のうち約50%はサスカチュワン州へ、そして約21%はニュー・ファンドランド・ラブラドール州へ交付されている。

要するに憲法第36条第2項の精神とそれを具現している全州標準方式からみて財政調整の水準は本来あるべきものに比較して不十分である。また様々な特例措置は特定の州を優遇しており州間の公平性を歪めているのである。

4.3 誇張された効率性の問題

3.1項で述べた平衡交付金の算定公式を数式で表現するとつぎの通りになる。

$$TR_{ij} = P_i(B_{sj}/P_s - B_{ij}/P_i)t_j$$

ここで TR_{ij} は i 地域の課税ベース j についての交付金受領額、P_i は i 地域の人口、B_{ij} は i 地域の州税 j の課税標準、P_s は代表5州の人口、B_{sj} は代表5州の州税 j の課税標準合計額、t_j は州税 j の全国平均税率($t_j = \sum_i T / \sum_i B_{ij}$)をあらわす。

この式からわかるように平衡交付金の受領額は実際の州の税率選択と独立して決定される仕組みになっている。例えばある州で売上税の税率が0%であっても10%であっても平衡交付金の受領額は変わらない。いいかえると平衡交付金は課税努力を行った地方団体が交付金の減額というペナルティーを受けるとか、あるいは反対に努力をしない地方団体には交付金の増額というプレゼントが贈られないように制度設計がなされている。

しかしながら州政府が平衡交付金の受領額を意図的に操作する余地が全くないかといえばそうではない。算定公式にふくまれるつぎの三要素を裁量的

---

[13] 「最低保証措置」の運用については Department of Finance Canada (2004) を参照した。

に変更すればできないことではない．その三要素とは，①全国平均税率（t_i），②全国平均の一人当たり課税ベース（B_{sj}/P_s），③当該州の課税ベース（B_{ij}/P_i）である．

このうち最初のふたつの要素を動かして受領資格を操作するインセンティブが働くのは，例えばサスカチュワン州のカリウムや重油のように，特定の州に課税ベースが集中している場合である．この場合にはある州の税率が全国平均税率を事実上設定することになるので[14]，その州の税率が平衡交付金の計算に影響を与えることができる．いいかえると平衡交付金の計算は州が選択した税率からは独立でなくなる．このような状況は州の税率決定を歪めるし，平衡交付金制度への信頼を損ねるものである．例えば表6-3の第三層重油収入は全てサスカチュワン州で採取されるので，州政府は全国平均税率を実質的に決定できる．もっとも同州が石油生産にかける税率をゼロに設定すれば，この課税ベースの財政能力はゼロなので平衡交付金の受領額は変化しない．しかしゼロ以上の税率であれば徴収された税額に等しい分，財政能力[15]が増大するので平衡交付金はそれと同額減少する．こうなれば平衡交付金の受領額を意図的に増やす目的で，州が税率を低く設定しようとするインセンティブが不可避的に発生せざるを得ない．

かかる理由で，ある税目についてカナダ全体の課税標準に占める割合が70％を超える州は平均税率を変えてしまう影響力があると見做され，その30％を平準化の対象外とする「特例解決措置」がとられている．それはこの逆インセンティブ問題を抑制するためである．

しかしこれはきわめて例外的な州のみに発生する問題であるにすぎない．より一般的な問題は州政府が課税ベース（B_{ij}/P_i）に事実上の裁量権をもつ場合に発生するといってよい．これが妥当するのは，州政府が課税ベースを直接的にコントロールできる天然資源へのロイヤルティに限定される．天然資源開発のスピードを州政府は基本的に決定できる立場にあるからだ．ロイヤルティ収入の増大が平衡交付金の減少に直結する現行の仕組みだと，州政府

---

14) 全国平均税率は全10州の総税収入を課税標準額の合計で除して求める．したがって課税ベースの占有率の高い州が低い税率を選択すれば，全国平均税率を下げることが可能になる．

15) 当該州の財政能力は $B_{ij}/P_i \times t_j$ で計算されるので，課税ベースが集中している場合には，州の税率選択と独立ではない．

は開発のペースを遅くするように誘導されてしまう．当該州の税率が平均税率と同じ場合には資源開発に伴う収入の増加分は100％，平衡交付金の減少によって連邦政府へ還元されてしまう．このように「貧困の罠」の問題は，結局，天然資源のロイヤルティに対するマイナスのインセンティブに対象が限定されてくるのである．クウィーンズ大学でのヒアリングでボードウェイ教授は，「州の開発政策により課税標準が拡大すれば平衡交付金が減少するのは確かだが，実際には州は課税標準にどこまで影響を与えられるかを考えると，効率性の問題に関する議論は誇張されているといえる．天然資源税に限っては州が影響を与えることも可能かもしれないが，その他の税目では難しいだろう」と回答している．われわれも同教授の見解に賛成である[16]．

5. むすびにかえて

　連邦レベルで州の利害を代表する正式の機構がないという点でカナダは連邦制国家の中で特異な存在である．たしかにカナダの上院は任命制の地域代表から構成されているが，ドイツの連邦参議院などと異なって立法権限はないに等しい．また政治制度として議院内閣制を採用しているが，選挙制度は小選挙区制なので下院において政府提出法案に対する有力な反対はない．また政党規律・党議拘束がかなり強いため地域利害にかかわる問題は幹部会議で秘密裏に議論されることはあっても表沙汰にはならないという．しかも州レベルの政党と連邦レベルの政党は統合されていないので有権者が別の政党を支持する「ねじれ現象」が生じることがある．これらの点に加えてカナダでは州の数が少なく，実質的にはオンタリオ，ケベック，アルバータ，ブリティッシュ・コロンビアの4州が重要なプレイヤーであることも連邦・州間の力関係を後者に有利にしている．こうしたユニークな政治的文脈のゆえに地域に影響をあたえる政策は遅かれ早かれ連邦政府と州政府との交渉の対象

[16) 近年，カナダ国内では平衡交付金のもつ保険機能に注目があつまっている．実証研究によれば平衡交付金の本来的機能である地域間再分配とリスク・シェアリング機能とは両立しがたい関係にある．この問題を解決するために課税調達力を単年度で測定するのではなく移動平均値によるトレンドで測定することが Boadway and Hayashi (2004) によって提案された．この提案を受けて，カナダ政府は2004年末に「3カ年移動平均法」を導入した．

となる[17]．いいかえると政府間関係は連邦・州との間の「外交」の場であり，「非公式の協議による和解」というルールが定着している．平衡交付金の制度設計プロセスもその例外ではない．連邦財務省でのヒアリングによれば，2004年改正の前は1999年に行われた．2004年の見直しのために，1999年の見直しの直後から連邦・州間の会議が開始された．事務レベルの会議は5年間に40回開催され，その他に財務大臣の会議もあるという．もっとも連邦・州間の会議は様々なレベルで行われているが，それらは公式の交渉ではなく，協議にとどまっている．平衡交付金もCHSTも究極的には連邦政府の権限であり，新しい財政支出のための立法権は連邦にあるからだと財務省は説明している．

しかし2005-06年度は平衡交付金の歴史の中で記念碑的な年度として記憶されるようになるかもしれない．というのも2005年4月に連邦政府のイニシアティブで「専門委員会」が設置されたからである．この会議は州の代表2名，連邦の代表4名より構成されているが，いずれも専門知識のある委員である．同委員会は平衡交付金制度の構造的問題を議論して2006年春までに連邦政府に勧告を行うことを任務としている．その任務の中身を連邦財務省のホーム・ページから引用すると以下の通りである．i) 現行の代表的課税システムの再検討に加え，マクロ・アプローチの是非や財政需要の測定方法を検討し，その結果を勧告すること，ii) 州の予算編成に役立ち，かつ平衡交付金の安定性や予測可能性を高めるメカニズムの検討と具体的な方策を勧告すること，iii) 平衡交付金の総額の決定方法を再検討するため，州間の財政力格差を測定する新しい手法を検討し，これを勧告すること，iv) 配分方法や州間格差・コストの定期的検討を行うための恒常的な独立機関を設置することの是非を検討すること．このように「専門委員会」は平衡交付金の構造的な問題についてカナダ政府としての公式の見解と勧告を提示する歴史的責務を負っている．勧告書の分析は公表をまって他日を期したい．

---

17) ユニークな政治的文脈についてはBird and Tassonyi (2003) が優れた説明を行っている．

付記:本稿執筆後,「専門委員会」の勧告がつぎのように公表されたので,参照されたい. Expert Panel on Equalization and Territorial Formula Financing (2006), *Achieving a National Purpose : Putting Equalization Back on Track*, http://www.eqtff-pfft.ca.

参考文献

Bird, Richard M. and Almos Tassonyi (2003), "Constraining Subnational Fiscal Behavior in Canada : Different Approaches, Similar Result?," in Rodden Jonathan A., Gunnar S. Eskeland and Jennie Litvack eds., *Fiscal Decentralization and the Challenge of Hard Budget Constraints*, The MIT press, Cambridge.

Boadway, Robin (2004), "How well is the Equalization system reducing fiscal disparities?," paper prepared for the Government of Prince Edward Island.

Boadway Robin and Masayoshi Hayashi (2004), "An Evaluation of the Stabilization Properties of Equalization in Canada," *Canadian Public Policy*, Vol. 30, No. 1.

Boadway, Robin and Paul A. R. Hobson eds. (1997), *Equalization : Its Contribution to Canada's Economic and Fiscal Progress*, John Deutsch Institute.

Booth, Paul and Derek Hermanutz (1999), "Simply Sharing : An Interprovincial Equalization Scheme for Canada," C. D. Howe Institute, *Commentary*, No. 128.

Department of Finance Canada (2004), *The Equalization Program*. Federal-provincial relations division, department of finance Canada.

Department of Finance Canada (2005a), "The Fiscal Balance in Canada : the facts," http://www.fin.gc.ca/facts/fbcfacts9e.html

Department of Finance Canada (2005b), "Expert Panel on Equalization and Territorial Formula Financing : Terms of Reference," http://www.fin.gc.ca/FEDPROV/etffpanele.html

Lazar, Harvey ed. (2000), *Toward a New Mission Statement for Canadian Fiscal Federalism, Canada : The state of federation 1999/2000*, Institute of Intergovernmental relations, Queen's University.

Standing Senate Committee on National Finance (2002), *The Effectiveness of and Possible Improvements to The Present Equalization Policy*.

池上岳彦 (2003),「カナダの財政調整制度」立教大学経済学研究会『立教経済学研究』56巻3号.

持田信樹 (2004),「蘇る再分配国家」林健久・加藤榮一・金澤史男・持田信樹編『グローバル化と福祉国家財政の再編』東京大学出版会.

7章　強制されたアカウンタビリティ：イギリス

北村　亘

1. はじめに

　イギリスの地方税財政制度や地方自治をめぐる行政制度は，何度も大きな変化を経験してきている．日本の地方交付税制度が1954年に創設され，地方自治所管省庁である自治省が1960年に設置されて以降，40年近く基本的な制度が変わらずに至ったことを比較すれば，1979年のマーガレット・サッチャー保守党内閣成立以後だけを取り上げてもイギリスでの制度変化はめまぐるしい．特に財政調整制度は，1960年代以降，レイト補塡交付金制度，包括交付金制度，そして歳入補塡交付金制度と大きく制度変化してきた．地方自治所管省庁も，1970年に地方自治から公共事業までを所管する巨大省庁として環境省（Department of the Environment）が設置されて以降，様々な所管と離合集散を繰り返す．1997年には環境運輸地域省（Department of the Environment, Transport and Regions）としてさらに巨大な省庁になり，その後，運輸地方自治省（Department of Transport and Local Government）を経て，2002年に副首相府（Office of the Deputy Prime Minister）となっている[1]．

　地方税財政を取り巻く行政制度が激しく変動する中で，イギリスの地方税財政はどのように変動しているだろうか．結論を予め記しておくと，行政制度は政治的な理由で頻繁に変化し不安定であったが，実際の地方自治体の歳入はかなりの程度の安定性を示している．つまり，国内の猛反発を押し切って1990年に実施されたコミュニティー・チャージ（Community Charge）によって，それまでのレイト時代の安定性を一時的に壊したが，その後のカウ

---

[1] さらに，2005年5月には，ジョン・プレスコット副首相の業務を助けるために正式の閣内大臣としてコミュニティー及び地方自治大臣（Minister of Communities and Local Government）が新設され，デイヴィッド・ミリバンド（David Miliband）が任命されて，地方自治に関する企画立案に関与している．

ンシル税の導入以降，歳入内訳も徐々にではあるが再びレイト時代と同様の帰結に収束していく．また，地方歳入総額を見ると，様々な地方税財政制度の改革にもかかわらず，その影響は極めて限定的なものである．そして，制度の頻繁な変化と財政的パフォーマンスの安定性との間にギャップが発生する原因は，もはや変動の余地も認めないほど中央政府によって厳しく統制された地方自治の活動量と活動範囲にあると考えられる．

　本章では，第1に，地方税財政制度を取り巻く政治行政的なコンテクストについて概観し，中央政府による地方自治体の統制を容認する政治的土壌について言及していく．第2に，財政調整制度の改革史を振り返り，わずかな期間に頻繁に改革が行われたことで，いかに制度的に不安定であったのかということを明らかにするとともに，地方自治体内部の予算編成過程にも触れておく．第3に，地方税財政に関するデータからイギリスの地方自治の特徴を析出していく．最後に，本章の要約と示唆について述べておく．

　分析に入る前に「地域（regions）」単位の公共支出に関しての注意を記しておく．スコットランドとウェールズでは，行政需要とは切り離して人口バランスにのみ配慮して公共支出の割合を定めたバーネット算定式（Barnett Formula）によって過剰な財政支出が行われている（図7-1参照）．バーネット算定式は，「スコットランド，ウェールズ，イングランドの公共支出を10対5対85の割合で増減させて配分し，1976年のグレート・ブリテンの人口比に沿ったものとするための算定式」と定義され，ジェームズ・キャラハン労働党内閣のジョエル・バーネット大蔵主計大臣が1978年に導入し，サッチャー保守党内閣の下で施行されて現在に至っている．人口比と乖離した公共支出配分は非イングランド地域での手厚い公共サーヴィスに結びついている．それゆえに，非イングランド地域をめぐる税財政の議論は，本章で焦点を当てる地方自治体に関する税財政の議論とは分けて考えなければならない．

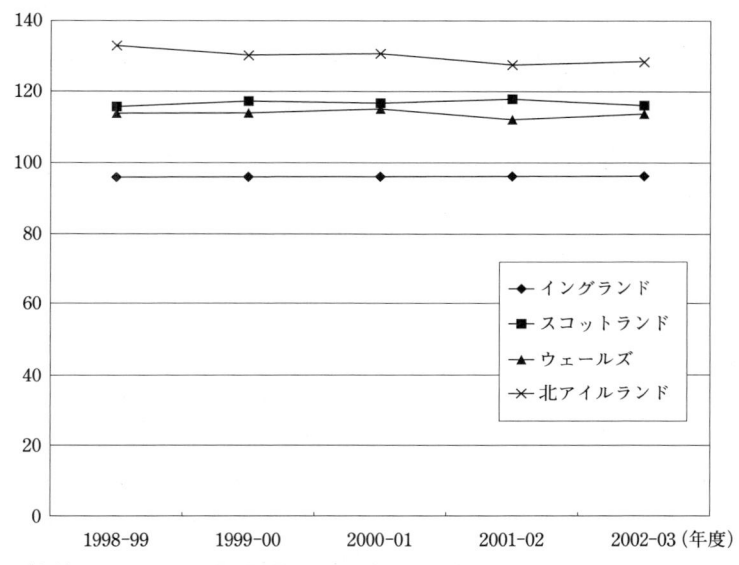

指標(連合王国全体での一人当たりの支出=100)

(出典) HM Treasury, *Public Expenditure Statistical Analyses*, each year.

図 7-1 イギリス一人当たりの公共支出の地域別比較

2. 地方財政の制度的コンテクスト

2.1 制度的な発展経路

　日本国憲法第8章で地方自治が制度的に保障されている日本とは異なり，イギリスではそもそも地方自治が常に保障されるのかどうかという点で議論がある．イギリス政治には今も「ウェストミンスター議会の至高性 (A Sovereign Westminster Parliament)」を強調するダイシー的伝統が息づいている (Dicey, 10th edn, 1960)[2]．ダイシー的伝統は，民意が反映されている議会で制定された法律を地方レヴェルで修正することにも否定的である．ヨーロッパ統合であろうが，非イングランド地域への権限移譲改革であろうが，議会の

---

[2] アルバート・ダイシー (Albert Venn Dicey) は，19世紀後半のオクスフォード大学の憲法学教授であり，政治家としてもアイルランド自治法案の採決でも影響を与えた．

権能を制限するものにはすべて消極的であり,地方自治に対しても例外ではない.

ダイシー的伝統が憲法的慣習として反映したイギリスの政治体制の下では,通常,地方自治体は,議会制定法が与えた権限しか行使できない.議会は地方自治体の改廃存置を決定できるために,地方自治体の憲法的立場は「不安定(precarious)」と結論づけられている(Oliver, 2003, pp. 295-314).1985年,実際にサッチャー内閣は大ロンドン都議会や大都市圏自治体を廃止している.財政的に見ても地方自主財源が25%に達することは稀であり,英国の地方自治体は少なくとも「ヨーロッパ自治憲章(European Charter on Local Government)」の水準を満たしているとはいえない.

一般的に,全国的な政治制度の整備と地方政治制度の整備のどちらが先行しているかということが一国の統治構造を大きく規定する(Linz and Stepan, 1996 ; Montero, 2001).英国では,議会への高い信頼感と反比例して,地方政府や地方自治に対する不信感は根強く,「ヴィクトリアン・ドグマ(Victorian Dogma)」と呼ばれる地方自治体への蔑視が広範に浸透していくことになる(Ashford, 1982).議会の選挙制度の度重なる改正や庶民院の優越のための慣習が積み重ねられていく結果,ウェストミンスターでの全国政治が格段に民主化され信頼感を高めていった.他方,地方行政組織は機能別に乱立して非効率であったことや治安判事を中心とした不公平な行政も見られたことから有権者は地方自治体への不信感を強めていった[3].19世紀以来,公衆衛生や道路整備など機能別に様々な地方行政組織が設置されていった結果,行政サーヴィスの供給体制は全体として非効率で複雑なものになっていき,地方自治には当初から幻滅感が漂っていたとさえいえるのである.

2.2 強制されたアカウンタビリティ

イギリスにおける地方自治体への軽視は,地方税財政システム全体にも制度的に反映されており,中央政府の観点からいかに効率的に行政サーヴィス

---

[3] 日本の地方制度創設過程では,憲法制定後に開設される議会で地方制度を最初に議論させようとする伊藤博文と地方制度を先行させて整備しようとする山縣有朋が対立するが,開会直後の帝国議会にいきなり地方制度の審議は過重負担となるのではないかというアルベルト・モッセの提言が追い風となり,山縣案が採用された(亀掛川, 1962).

を地方自治体に提供させるのかという点に比重が置かれた制度の設計が行われていく．地方自治体に財源を移転している中央政府は，所管の他の行政機関への移管や民営化などのムチを駆使して地方自治体のパフォーマンスをモニタリングすることに積極的である[4]．中央政府が地方自治体をスコア化して評価するために2000年度に導入された「ベスト・ヴァリュー（Best Value）」や2002年度から実施されている「包括的業績評価（Comprehensive Performance Assessment）」，中央政府が毎年設定するテーマについて最も業績を上げた地方自治体を認証するという「ビーコン・カウンシル（Beacon Council）」認証制度などはその好例である．中央政府の評価を満たした地方自治体には，資本会計における起債の容認や個別補助金の使途の緩和などのアメもわずかながら用意されている．

地方税財政制度においても，単一税制によって地方自治体が自由に行動できないメカニズムが制度的に埋め込まれてしまっている．単一税制の下での税収は社会経済変動に対して脆弱である．ある税目の税収が減少したときに，他の税目による税収で減収分を埋め合わせることはできない．加えて，イギリスのカウンシル税は「ギアリング効果（Gearing Effect）」で悪名高い．ギアリング効果とは，大きな歯車に相当する自治体の歳出が少しでも増加すると，小さな歯車に相当する地方税の上昇率が大幅に増幅されてしまう現象をさす[5]．この結果，地方自治体は支出増加をためらい，実際に課税自主権（正確には税率変更権）が与えられていたとしても行使しにくいのである[6]．

こうして，地方自治体の評価制度や地方税制の脆弱性をもとにして，中央政府は地方自治体の行動を統制し，中央政府に対して忠誠競争をさせるよう

---

[4] なお，スコットランドは別の法体系なのでイングランドと同列には論じられない．

[5] 稲沢克弘の説明に基づいて具体的に紹介すると，現在の歳出予算額を100億円，その財源のうち地方税を16億円とした場合，歳出を1億円増やそうとすると，国からの交付金は増えないから，増分1億円は地方税の増加で賄わなければならない．この1億円について歳出面と税収面のそれぞれに対する増加割合を計算してみると，歳出の増加率が1％に対して，地方税は，「17÷16＝1.06」となって6％の増加率となる．つまり，歳出増加1％に対して増税6％というギアリング効果が働くというのである（稲沢，2002，pp. 196-197）．逆に，歳出削減をした場合，地方税の減税効果は大きくなる．

[6] ただ，実際には地方自治体は，住民需要に対応するためにインフレーション率を大幅に超えるカウンシル税の税率引き上げを行っている．それに対して，中央政府はインフォーマルに各自治体に引き下げを求める圧力を強めているという．

な制度を配置している．この点で，イギリスの地方自治体は，まさしく中央政府からの「強制されたアカウンタビリティ」を全うしようとする．地方自治体のアカウンタビリティは，最終的には納税者である市民に対してであるといえるだろうが，直接的には中央政府に対して負うことになる．

3. 財政調整制度と地方での予算編成

3.1 戦後イギリスにおける財政調整制度をめぐる理念的対立と改革

(a) レイト補塡交付金 (Rate Support Grant, 1966-80)

1966年，ハロルド・ウィルソン率いる労働党内閣は，新たにレイト補塡交付金 (Rate Support Grant) 制度を創設した．レイト補塡交付金制度は，標準歳出総額 (Total Standard Spending) と呼ばれる行政需要を算出した後，そこから様々な個別補助金 (specific and special grants) と地方税収入を差し引いた額を政府として負担するという制度である．日本の基準財政需要額の算出の仕方と基本的な考え方は同じであるといえよう．第1次世界大戦以降の不況に対応して1929年に一般国庫交付金制度 (General Exchequer Contribution) が導入されて以来，イギリスの財政調整制度は何度も大胆な改革を経験してきたが，1966年の制度改革は，特定補助金の一般補助金化という意味でも，財源保障機能と財源調整機能のいずれも制度理念として明確に含むという意味でも抜本的な改革であった．

レイト補塡交付金は，需要要素 (Needs element)，財源要素 (Resources element)，一般世帯向けレイト軽減要素 (Domestic element) の3要素から交付額が算定されるが，需要要素と財源要素のどちらを重視するかということで制度は大きくその特徴を変えることになる[7]．需要要素は，人口や人口密度，児童数，幼児人口，老齢人口，失業率，昼間人口などの指標から算定さ

---

7) 一般世帯向けレイト軽減要素は，一律に一般世帯の住居資産にかかる税負担を軽減するための政府補助であり，需要要素と財源要素が1980年の包括交付金制度に統合されたのに対して，一般世帯向けレイト軽減要素は一般世帯向けレイト軽減交付金 (Domestic Rate Relief Grant) という別の制度になっていく．その後，1990年の歳入補塡交付金制度に統合された．

れる額であり，これを重視すればロンドンや大都市圏に有利に働くことになる．他方，財源要素は，全国平均以下の課税能力しか有しない地方自治体に対して全国平均まで歳入を保障するために交付される額であり，これを重視すれば農村部に有利に働くことになる．

地方公共サーヴィスの安定的な供給を左右する財政調整制度は，当然のように，政権交代の中で政治的な争点として取り上げられていく[8]．レイト補塡交付金も例外ではなく，農村部に政治的基盤を置く保守党と大都市圏に政治的基盤を置く労働党の政権交代に翻弄されることになった．1974年にエドワード・ヒース率いる保守党内閣が需要要素の比率を8割から6割に抑制し，大都市圏を不利にした．それに対して，1974年に返り咲いたウィルソン労働党内閣は，1976年，即座にロンドンの行政需要に対応するために，需要要素の比率をわずかでも回復させようとした．ただ，厳しい財政事情の中で，労働党内閣も大胆な大都市圏優遇策を打ち出すこともできず，需要要素は6割台で推移し，大都市圏がレイトを大幅に引き上げていくことを黙認せざるをえなかった[9]．

(b) 包括交付金（Block Grant, 1980-90）

1979年に成立したサッチャー保守党内閣は，1980年に，これまでのレイト補塡交付金の需要要素と財源要素を統合した包括交付金（Block Grant）制度を導入する[10]．その背景には，公共支出全体を削減するという財政的な意図だけでなく，労働党の基盤であるロンドンや大都市圏に打撃を与えるという党派的な意図もあった[11]．つまり，需要要素の比重を一層抑制することを目的として改革が行われた[12]．

---

8) 中央政府による地方財政統制の試みという観点から財政調整制度の変遷を，Young and Rao (1997) は簡潔にまとめている．政治学的な分析については，Stoker (1991) が詳しい．
9) 1975年からのレイト補塡交付金の総額は，中央の財政事情の悪化により労働党内閣の下で削減されていった．この点については，北村 (2000-2002) を参照のこと．
10) スコットランドでは導入されていない（Rhodes, 1992, p. 276）．
11) ただ，需要要素と財源要素の統合は，すでに1976年の労働党内閣の下でのレイフィールド委員会の答申の中にも見られる政策提言である．
12) サッチャー改革については多くのすぐれた研究がある．たとえば，宇都宮編 (1990)，君村・北村編 (1993)，高寄 (1995)，竹下他 (2002)．

包括交付金制度の重要な特徴は，政府の算定式に基づくサーヴィスごとの金額を総計した「交付対象支出額（Grant-Related Expenditure）」よりも高い支出見込額となった地方自治体は交付金削減という制裁が加えられることである[13]。ロンドンの特別区や大都市圏の支出超過自治体は，制裁措置を盛り込んだ新しい財政調整制度に反発して，レイトの税率引き上げでサッチャー内閣に対抗していくが，1985年にはサッチャー内閣は地方課税権の制限措置（rate-capping）を打ち出し，強圧的に地方における財政支出を抑制していった[14]。

しかし，サッチャー内閣が地方税財政に与えた影響を評価することは難しい。地方課税権制限措置にもかかわらず，包括交付金が減額された分を地方税の税率引き上げで密かにカヴァーすることも珍しくなかった。また，地方自治体は，人件費や修繕費を標準支出評価額の算定の対象外である資本会計に移し変えて見た目だけ経常支出を抑制する「創造的会計操作（Creative Accounting）」によって中央に対抗していった。中央の都合だけによる頻繁な制度改革は，中央地方関係を悪化させ，地方の現場に混乱をもたらしただけであった（Stoker, 1991 ; Marsh and Rhodes eds., 1992）。

(c) 歳入補填交付金（Revenue Support Grant, 1990-）

1988年に成立した地方財政法（Local Government Finance Act 1988）によって地方税財政制度は大きく変容する。新しい地方財政法の下で，不動産課税であったレイトは廃止され，人頭税（Poll Tax）と呼ばれる「コミュニティー・チャージ」が導入された。コミュニティー・チャージ導入とあわせて財政調整制度でも2つの大きな改革が行われた。第1の改革は，非世帯向けレイト（Non-Domestic Rates, 企業など課税対象）の第二交付金化である（以下，"National Non-Domestic Rates" という）。中央政府が設定した全国一定税率で徴税された税収を成人人口比で地方自治体に配分するというものになった。

---

13) Young and Rao (1997), pp. 248-255.
14) サッチャー内閣に最も激しく抵抗した大ロンドン都庁（Greater London Council）は廃止の憂き目にあい，ケン・リヴィングストン都議会議長や労働党左派の議員たちは一斉に失職した。のち，リヴィングストンは下院議員に当選し，2000年の大ロンドン市創設に伴う直接公選市長選挙で労働党，保守党の候補を抑えて初代市長の栄冠を勝ち得た。

この結果，地方自主財源が地方歳入全体に占める割合は急落した．第2の改革は，歳入援助交付金（Revenue Support Grant）制度の導入である．標準支出評価額（Standard Spending Assessment）から，地方税収（コミュニティー・チャージおよび後のカウンシル税）と非世帯向けレイトの交付額の合計額を除した額を中央から予算措置することになったのである．

　コミュニティー・チャージは，1989年のスコットランドでの先行実施ならびに1990年に全国実施以降，英国各地での都市暴動を引き起こし，サッチャー首相退任の引き金のひとつとなっていくが，非世帯向けレイトの第二交付金化と，包括交付金に代わる財政調整制度である歳入補塡交付金制度は，1992年の地方財政法（LGF Act 1992）の下でも存続し，現在に至っている．後継のジョン・メージャー首相は，来るべき総選挙に備えてコミュニティー・チャージの廃止を就任早々に打ち出す一方で，自らサッチャー内閣の大蔵主計大臣としてコミットした非世帯向けレイトの第二交付金化と歳入補塡交付金制度には手をつけなかった．1993年，コミュニティー・チャージは廃止され，カウンシル税（Council Tax）が導入された[15]．

3.2　中央政府内部での地方予算編成過程

　1997年にトニー・ブレア労働党内閣が発足した後，現在の地方税財政制度は基本的に保守党内閣の路線を継承しており，地方自治体の予算が膨張しないように予算策定の様々な段階で中央政府が干渉している．

　地方に関する予算の策定は中央政府主導で行われている．ブレア内閣の下では，3年度にまたがる一種の複数年度予算案である「包括的支出精査（Comprehensive Spending Review）」が作成され，各年度の予算案もほぼ自動的に決まってしまう．地方自治体への中央政府の予算措置も当然に包括的支出精査に盛り込まれており，地方自治体への政府の予算措置の大枠が決定されている[16]．毎年11月下旬から12月上旬にかけて，地方自治を所管する閣

---

15)　カウンシル税は，不動産をAからHまでの8つのバンド（不動産評価帯）に位置づけ，それぞれに応じて不動産所有者が定められた税額を支払うという地方税である．
16)　中央政府による地方自治体への財政的関与は，第1に，公営住宅（地方自治体の所管）に関する経常支出への補助，第2に，道路敷設や学校建設などの資本形成に関する資本支出への補助，第3に，一般的な地方公共サーヴィス供給における地方予算（Revenue Expenditure）へ

内大臣（ジョン・プレスコット副首相）によって暫定的な地方財政協議書（Local Government Finance Settlement）が議会と地方自治体に公表され，翌年の1月下旬から2月上旬に成立する次年度予算を受けて，地方財政協議書も確定する。

なお，イギリスの事例を見ている限りにおいて，毎年の地方予算について中央政府と地方自治体の代表が直接協議するという制度は，それだけで地方自治体に有利に作用するとはいえない。イギリスには，1975年以来，中央政府と地方政府が「地方財政協議会（Consultative Council on Local Government Finance）」で地方予算について協議をしてきたが，中央政府は中央政府の財政赤字解消のためにレイト補塡交付金を一方的に削減している（北村，2000-2002）。地方財政協議会は，1997年の労働党内閣発足以降，「中央地方パートナーシップ（Central/Local Partnership）」と名称変更するが，構成メンバーが①地方自治に関係する中央省庁の閣内大臣及び閣外大臣と②全国地方自治協会（Local Government Association）の代表という点では変更はなく，事務方によるサポート体制としては，交付金制度検討作業部会（Review of Revenue Grant Distribution Group），大ロンドン市関係作業部会（Greater London Authority Group），標準支出評価額作業準備部会（Standard Spending Assessment Sub-Group）が整備されている。しかし，実際にはそもそも中央と地方の協議自体が休眠状態で開催されていない（筆者インタヴュー，2004年2月16日，於副首相府（ODPM））。

3.3　地方自治体の予算編成

以上の手続き的な流れからも明らかであるが，イギリスの特徴は，地方に関する予算が完全に中央のイニシアティヴで決定されるということである。地方自治体の予算編成は，以下のとおりになる。第1に，政府は，どのぐらいの予算を地方自治体が支出すべきであるのかを決定し，それを数値化して「標準支出額総計（Total Standard Spending）」を設定する。第2に，各中央省庁が支出する様々な政策領域での個別交付金や特別交付金の額を総計して，

の補助である。最後に挙げた地方予算の支出に関する中央政府の予算措置が「地方財政協議書（Local Government Finance Settlement）」に反映される。

それを標準支出額総計から差し引いて「標準支出評価額（SSA）」を導出する。第3に、第二交付金化されて事業者税（Business Rates）とも呼ばれる「非世帯向けレイト（NNDR）」の税収額の見積もりが会計年度始めに明らかにされ、配分額が決定される。各地方自治体（ディストリクト・レヴェル）で徴税された非世帯向けレイトは、一度「交付金特別会計（Distributable Account）」に繰り込まれ、人口比で按分して地方自治体に配分されている。第4に、地方自治体が、ほぼ上記の政府内部の作業と同時並行的に次年度予算を作成していく。つまり、地方自治体は、政府の決めた様々な指標を参照して、次年度にどの程度の支出が予想されるのか、カウンシル税の税収はどのぐらいと見込めるのか、基金を用いてどの程度カウンシル税の税率引き下げが可能か、など具体的に立案していく。第5に、歳入補填交付金の交付額が決定される。「標準支出評価額」から、人口当たりに配分される非世帯向けレイトの額（Distributable Account per head）と人口数をかけた「譲与税額」と、標準支出に対するカウンシル税の税額（Council Tax for Standard Spending）と課税客体件数（Council Tax Base）をかけて予想される「税収額」を、それぞれ引いた額が、地方自治体が交付を受ける歳入補填交付金の額となる（表7-1参照）。

4. 地方税財政制度のパフォーマンス

4.1 公共セクター内部の空間的分割

さて、イギリスでの地方税財政制度の不安定さが実際の地方財政に対してどのようなインパクトを与えたのかということを地方財政に関するデータを参照しながら検討していく。

そもそも、イギリスの公共セクターに占める地方自治体の立場は極めて脆弱である。このことは、地方自治体による支出が公共支出全体に占める割合は小さいことからも確認できる（図7-2参照）。イギリスの中央地方関係は、中央政府が自らの出先機関を地方に設置して、そこを通じて公共サーヴィスの供給を行っている典型的な分離型である。

140　第Ⅱ部　裁量かルールか

表 7-1　歳入補塡交付金の計算方法（地方自治体 X の例）

人　口	540,000	(POP)
標準支出評価額（SSA）	310 million	(Y)
課税客体（バンド D 相当の不動産数）	190,000	(BASE)
標準支出に対するカウンシル税の税額	635	(CTSS)
人口配分される非世帯向けレイト額	250	(DAph)
（非世帯向けレイト総額を国民数で割った数）		
自治体 X に配分される非世帯向けレイト額	(POP)×(DAph)	
	540000×250	
	135 million	(X1)
自治体 X のカウンシル税収	(Base)×(CTSS)	
（標準税率の場合）	190000×635	
	120.65 million (X2)	(X2)
自治体 X が受け取る歳入補塡交付金	Y−(X1+X2)	
	54.35 million	

（出典）　Office of the Deputy Prime Minister (2000), *A Plain English Guide to the Local Government Finance Settlement* (*3rd edition*), p.5 より筆者作成．
（注）　人口は人数，金額はすべて英ポンド，課税客体は件数である．

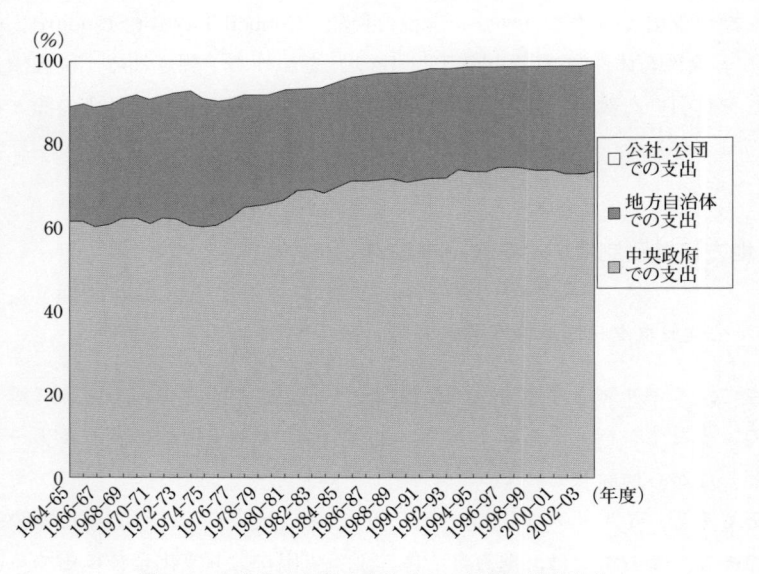

図 7-2　中央政府と地方自治体との予算の比率変化

4.2　地方歳入

　また，地方歳入全体に占める地方税収の比率の高さを地方の財政的自律性のメルクマールのひとつとするならば，イギリスの地方自治体の財政的自律性は低いといえる．地方自治体全体での歳入の内訳を見てみると，歳入補填交付金制度およびカウンシル税制度が導入されてから現在まで大きな変化はなく，歳入補填交付金や種々の個別交付金・特例交付金などの「外部依存収入（Aggregate External Finance）」が8割近く占めている（図7-3参照）．

　さらに，非世帯向けレイトを独立させて地方税（一般世帯向けレイト，コミュニティー・チャージ，カウンシル税）と政府からの移転支出の比率を見ると，1988年地方財政法の施行による影響が地方歳入全体の比率を大きく変化させている．コミュニティー・チャージ導入によって地方税収の占める割合は大きく減少するが，その後，カウンシル税の導入によって徐々に比率が高まっていき，現在では，レイトの時代とほぼ同じ割合を示している（図7-4参照）．

　以上のことから，イギリスの地方税財政制度はいくつかの大きな制度的改

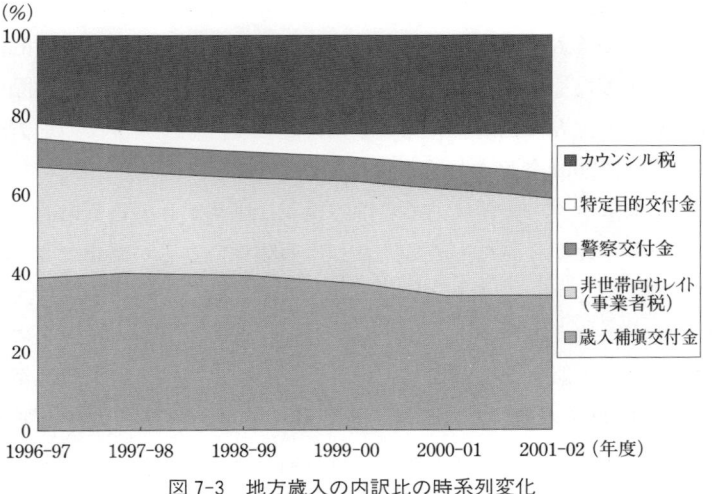

図7-3　地方歳入の内訳比の時系列変化

142 第II部 裁量かルールか

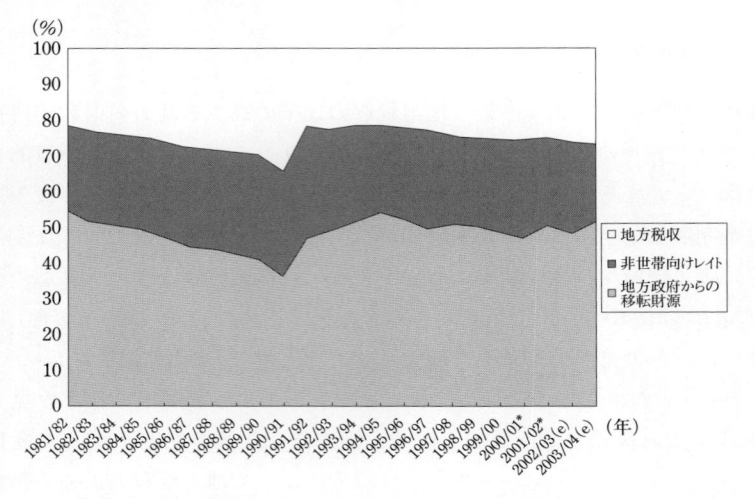

(注)「政府からの交付金（Government Grants）」には，一般交付金（包括交付金や，のちの歳入補填交付金）だけでなく政府からの種々の個別交付金や特例交付金を含んでいる．また，地方税（Local Tax）は，レイト（-1989），コミュニティー・チャージ（1990-92），カウンシル税（1993-）をそれぞれ表している．

図7-4 地方税収と中央からの移転財源との比率

革があったけれども，コミュニティー・チャージ導入に伴う混乱を除くと，その前後では財政的には比較的安定しているといえる．つまり，コミュニティー・チャージ導入によって，地方税財政のパフォーマンスは一時的に攪乱されるが，まもなく安定して導入以前の状態に落ち着いている．実際に，地方税収と移転財源との比率のデータを見たときに，1981年度での地方歳入の内訳の比率は，2002年度の比率とほぼ同じである．

また，公共セクター全体に占める地方税収，中央からの移転財源，そして地方歳入全体の比率を見たときに，さらに興味深いことが確認できる（図7-5参照）．第1に，コミュニティー・チャージ導入時点で地方税収は大きく落ち込んだあと，コミュニティー・チャージ廃止とカウンシル税導入によって地方税収の比率が緩やかに回復している．いくつかの地方税財政改革の中で，1988年地方財政法の施行だけが地方税財政の制度的帰結に大きな変化を引き起こしている．しかし，地方税収の落ち込みも一時的なことであり，施行前後ともに安定性を示している．第2に，他方で，地方税収の比率の変化に

7章　強制されたアカウンタビリティ：イギリス　143

凡例：
- 中央政府からの移転財源
- 非世帯向けレイト
- 地方税収
- 地方歳入

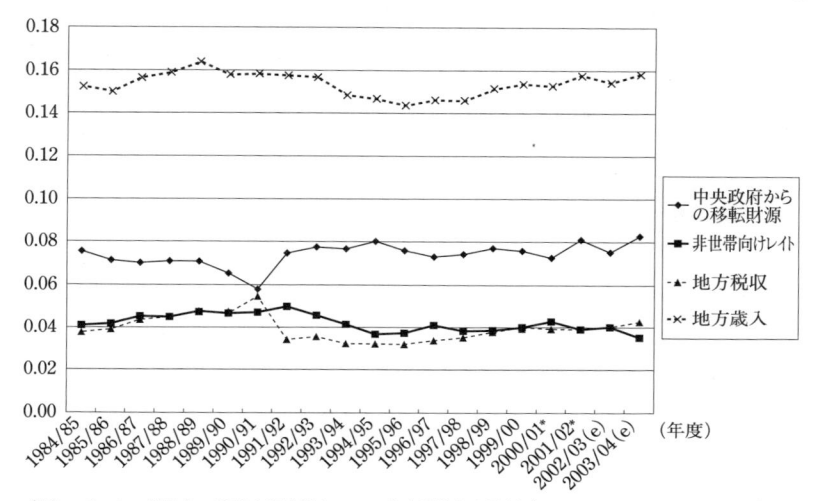

(注)　データの制約上，政府支出総額としては政府運営支出総額（Total Managed Expenditure）を用いた．

図7-5　政府歳出総額に占める地方税収，移転財源の比率度

もかかわらず，地方歳入総額としては実は大きく変化していない．地方税収での減少分を移転財源の増額分で補って，全体としてはほぼ一定に保たれているのである[17]．第3に，イギリス政治行政研究の文脈でいえば，中央政府と地方自治体が先鋭的な対立を繰り返したサッチャー時代には地方歳入はわずかながらも増加することがあったということである．むしろ，サッチャー内閣退陣から5年近くも政権を担いながら「地味な男（Mr Grey）」と揶揄されることが多いメージャー首相の下で地方歳入全体として減少している．つまり，「他の選択肢はない（There Is No Alternative〈TINA〉）」と強気な姿勢で地方自治体に対峙したサッチャー首相ではなく，地方議員経験をもつ温厚なメージャー首相の下で大胆な地方財政のコントロールが行われたことを意味している．メージャー内閣の下で「市民憲章（Citizen's Charter）」に見られるような行政改革の結果，以前よりも効率的な行政サーヴィスの供給体制が実現して，以前より少ないリソースで以前と同じ質・量のサーヴィスを提供

---

17)　なお，1984年度から2003年度までの地方税収と中央からの移転財源との相関を見た場合，1％水準で有意の強い負の相関（−0.880）となっている．

表 7-2　各省庁の地方自治体への財源移転

(単位:百万ポンド)

年	1998-99	1999-00	2000-01	2001-02	2002-03
教育技術省	2,286	1,546	2,549	3,435	5,561
保健省	1,047	929	913	1,133	1,879
運輸省	271	260	517	492	638
副首相府	32,466	33,822	35,205	36,891	37,496
内務省	4,112	4,119	4,326	4,123	4,155
法務庁	312	242	284	318	275
貿易産業省	15	10	15	97	66
環境・食糧・地域問題省	−227	−226	−226	−225	−240
労働年金省	366	323	301	334	365
文化・メディア・スポーツ省	6	6	7	8	17
内閣府	14	14	13	19	19
スコットランド省	4,015	4,191	4,274	4,653	5,275
ウェールズ省	2,494	2,627	2,790	3,002	3,199
北アイルランド省	64	80	86	66	56

(出典)　Public Expenditure Statistical Analyses (PESA) (2004), Published on 19th April 2004.
(注)　副首相府（ODPM）の移転財源には歳入補塡交付金（RSG）が含まれている.

できるようになったというわけではなく，1992年地方財政法の施行によって地方自治体のパフォーマンスは落ちている（Young, 1994, pp. 94-96）．この傾向は，1997年のブレア労働党内閣の発足によっても変わっていない（Travers, 2001, pp. 117-138, 特に p. 135）．

4.3　中央省庁による地方自治体への移転支出

イギリスの地方自治において移転財源の重要性が明らかになったが，ここでは省庁別ではどのような差異があるのか確認しておくことにする（表7-2参照）．地方自治や地方財政だけに特化した副首相府（ODPM）が歳入補塡交付金などの地方への移転財源で他の省庁より圧倒していることは当然である．イギリスの中央地方関係は，中央官庁は自らの地方出先機関を用いて政策を直接に実施する分離型であるが，副首相以外の他の官庁の移転財源を見たときに，教育や保健，治安関係のように地方自治と接触頻度の高い官庁とそうでない官庁との間ではそれなりの差が見られる．

(年度)

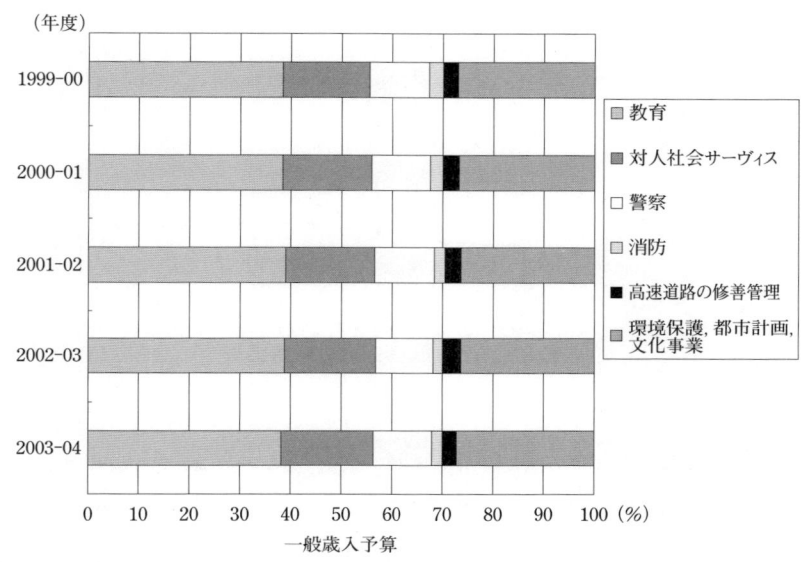

凡例:
- 教育
- 対人社会サーヴィス
- 警察
- 消防
- 高速道路の修善管理
- 環境保護, 都市計画, 文化事業

一般歳入予算

(出典) ODPM (2003).
図7-6 地方自治体による公共サーヴィスの供給(イングランド)

4.4 地方歳出

　イングランドの地方自治体の政策経費別の予算データからイギリスの地方自治の特徴を見てみると，中央政府と地方自治体との役割分担が明確なだけでなく，地方自治体の活動範囲は極めて限定されていることがわかる（図7-6参照）．しかも，比率の変化もない．中央省庁が定めた基準に従って教育や警察などの裁量の余地の少ない事務を粛々と執行していく地方政府像が浮かび上がってくる．

　さらに，連合王国全体の使途別予算分類のデータで見てみると，イギリスの地方自治体では人件費が占める比率が圧倒的に大きい（図7-7参照）．日本がおよそ27％前後であるのに対して，英国はほぼ50％台である．つまり，小さな地方財政の大半が人件費に消えていることがわかる．

　以上のデータから，イギリスの地方自治体は，制限列挙方式の権限配分であるために活動範囲に制約があり，しかも，人件費が支出の大半ということ

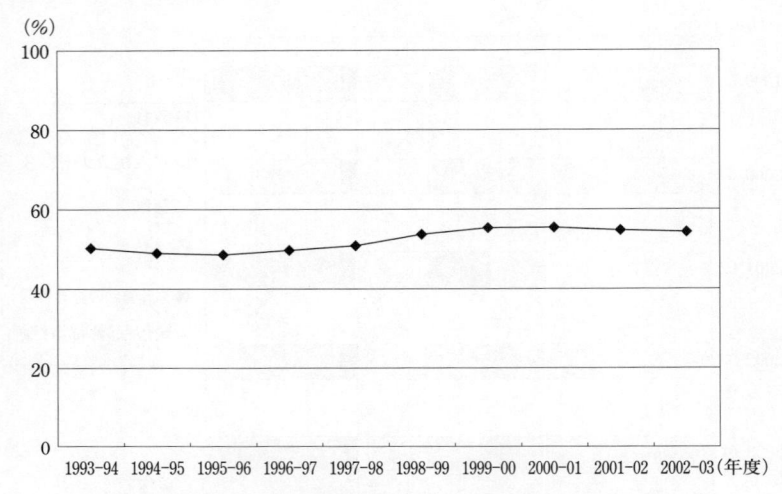

図 7-7　連合王国の地方歳出全体に占める人件費（給与費）の比率

からしても実際に活動量も大きくないと結論づけることができる．英国の地方自治体が独自の施策を打ち出そうにも，法的制約のみならず財政的制約も受けてしまうが，同時に中央政府が財政調整制度を改革しても大きな変動を地方で引き起こすことができないほどスラックがないのである．

5. 結　語

　イギリスの地方税財政制度をみたときに，行政制度は頻繁に変わっても，地方財政は大きく変わらなかった．本章は以下の3点に要約できる．

　第1に，イギリスの地方税財政制度において中央政府が圧倒的な役割を占めているということがいえよう．そもそも公共サーヴィスの供給において，イギリスの中央政府は，自ら直接供給し，地方自治体には教育，社会福祉，道路管理，防災，環境保護，警察などの限定的な役割しか付与しておらず，地方自治が公共セクターに占める割合は小さい．地方政府は，財政的にも中央の定める税目だけで中央の設定した標準支出に従って税率を決定し，中央からの移転財源に大きく依存している．また，地方歳入に占める地方税収の割合の極端な低さと地方単一税制ゆえに，「ギアリング効果」が作用して地方

政府は支出削減に向かい，支出を伴う新規施策を打ち出すインセンティヴは小さい．日本のように活動量が大きく活動範囲が幅広い地方自治とはまさに対極にある．

第 2 に，中央からの移転財源への依存度が極めて高いイギリスにおいて最も重要な行政制度のひとつである財政調整制度は頻繁に改革され，かなり不安定であったということである．政権交代に伴う党派的な利益追求が活発化したために財政調整制度が政治的影響の下に置かれ，地方レヴェルでの行政サーヴィスの安定的な供給に支障が出てしまった．結局のところ，地方自治体による安定的な行政サーヴィスの供給に二大政党ともに無関心であったということに尽きるだろう．

第 3 に，サッチャー時代からメージャー時代，そして現在のブレア時代に至るまで，公共セクターにおける地方歳入の総額は，実は大きな変化はなかったということである．1990 年にイングランドでも施行されたコミュニティー・チャージの影響は，公共セクター全体で見たときの地方税収の比率低下を一時的に引き起こしただけといえよう．1993 年のカウンシル税の実施から 1997 年のブレア内閣の発足まで，地方歳入の比率は安定的である．しかし，その減少分は，中央政府からの移転財源が補っていたのである．このことは，中央政府の占める役割に比べるとわずかだとはいえ，地方自治体の占める役割は幾多の政治的な変動の中にあっても変わらないということを意味している．

地方税財政制度の不安定性と財政的帰結の相対的安定性とのコントラストについて少し踏み込んで考察すると，イギリスの地方政府の役割が必要最小限なものにとどめられていることと関係している．基本的にイギリスの地方自治体の役割は，教育や対人社会保障，警察，消防，高速道路管理，環境及び文化活動に限られている．つまり，党派的な対立や政権交代で行政制度が頻繁に改革されたとしても，市民生活にとっては重要だが公共セクター全体の比率から見ればマージナルな地方行政サーヴィスの供給のための予算額はもともと動かしようのないほど最小限度の額でしかなかったのである．

本章の知見は，アカウンタビリティの議論にも一定の含意をもっている．イギリスの地方自治の活動範囲は中央政府によって非常に限定的にしか認め

られていないため,地方自治体の行政活動は住民にとってモニタリングしやすくなっている.それゆえに,地方自治体もアカウンタビリティを政策実施の当初の段階で意識しなければならない.さらに,イギリスの地方自治体は,移転財源に大きく依存していることから中央政府の意向を重視せざるをえない.イギリスでは,大蔵省が圧倒的なイニシアティヴをもってトップダウンに予算を決定する.そのため,地方自治体は中央政府に対しても常にアカウンタビリティを意識しなければならない.「強制されたアカウンタビリティ」の下での地方自治は,透明性が高く応答性も高いかもしれないが,活動範囲は狭く,活動量も限定的である.

イギリスの地方自治は,ウェストミンスター議会の至高性を強調するダイシー的な政治的伝統あるいはヴィクトリアン・ドグマに大きく規定されて,制度創設の段階から不幸であった.制度的不安定性と財政的安定性とのギャップを大きな特徴としている財政調整制度は,イギリスの地方自治のあり方を表現している.イギリスの財政調整制度は,中央政府の政治的思惑によって翻弄されてきたが,中央政府が容易にモニタリングできるように地方自治体の権限を強く制約してきた結果,地方税財政に変化の余地すら与えていないのである.

参考文献

稲沢克弘 (2002),「地方財政の仕組みとその改革」竹下譲他『イギリスの政治行政システム—サッチャー,メージャー,ブレア政権の行財政改革』ぎょうせい.
宇都宮深志編 (1990),『サッチャー改革の理念と実践』三嶺書房.
亀掛川浩 (1962),『地方制度小史』勁草書房.
君村昌・北村裕明(編) (1993),『現代イギリス地方自治の展開—サッチャリズムと地方自治の変容』法律文化社.
北村亘 (2000-2002),「地方税財政システムの日英比較分析 (1) (2) (3)」『自治研究』第76巻第7号,第77巻第3号,第78巻第3号.
北村亘 (2001),「スコットランド地域財政をめぐる政治過程」『甲南法学』第41巻第3・4号.
北村亘 (2004),「英国における財政調整制度」『甲南法学』第44巻第3・4号.
高寄昇三 (1995),『現代イギリスの地方財政』勁草書房.
Ashford, Douglas E. (1982), *British Dogmatism and French Pragmatism: Central-Local Policy-Making in the Welfare State*, London: George Allen &

Unwn.
Dicey, Albert Venn (with introduction by Emlyn C. S. Wade) (1960), *Introduction to the study of the law of the constitution* (*10th edn.*), London : Macmillan.
Flinders, Matthew (2001), *The Politics of Accountability in the Modern State*, Aldershot : Ashgate.
HM Treasury (2002), *Public Expenditure Statistical Analyses 2002-03* (May 2002, Cm5401), London : Stationary Office.
Linz, Juan J. and Alfred Stepan (1996), *Problems of Democratic Transition and Consolidation : Southern Europe, Southern America, and Post-Communist Europe*, Baltimore : The Johns Hopkins University Press.
Marsh, David and R. A. W. Rhodes eds. (1992), *Implementing Thatcherite Policies : Audit of an Era*, Buckingham : Open University Press.
Marsh, David, David Richard and Martin J. Smith (2001), *Changing Patterns of Governance in the United Kingdom : Reinventing Whitehall ?*, Basingstoke : Palgrave.
Montero, Alfred P. (2001), "Decentralizing Democracy : Spain and Brazil in Comparative Perspective," *Comparative Politics*, vol. 33., no. 2 (January 2001).
Office of the Deputy Prime Minister (2000), *A Plain English Guide to the Local Government Finance Settlement (3rd edition)*, London : Office of the Deputy Prime Minister.
Office of the Deputy Prime Minister (2003), *Local Government Finance Key Facts : England*, London : Office for National Statistics.
Office of the Deputy Prime Minister (2005), *Local Government Finance Key Facts : England*, London : National Statistics.
Oliver, Dawn (2003), *Constitutional Reform in the UK*, Oxford : Oxford University Press.
Pollitt, Christopher, and Colin Talbot eds. (2004), *Unbundled Government : A Critical Analysis of the Global Trend to Agencies, Quangos, and Contractualisation*, London : Routledge.
Rhodes, R. A. W. (1992), *Beyond Westminster and Whitehall : The Sub-central Governments of Britain*, London : Routledge.
Rhodes, R. A. W., Paul Carmichael, Janice McMillan and Andrew Massey (2003), *Decentralizing the Civil Service : From unitary state to differentiated polity in the United Kingdom*, Buckingham : Open University Press.
Stoker, Gerry (1991), *The politics of local government (2nd edn)*, Basingstoke : Macmillan.
Travers, Tony (2001), "Local Government," in Anthony Seldon ed., *The Blair Effect : The Blair Government 1997-2001*, London : Little, Brown and Company.
Young, Ken (1994), "Local Government," in Dennis Kavanagh and Anthony Seldon eds., *The Major Effect*, London : Macmillan.

Young, Ken and Nimala Rao (1997), *Local Government since 1945*, Oxford: Blackwell.

8章　財政調整制度の長き不在：アメリカ

古川俊一

1. はじめに

　ニクソン政権期の1972年，一般歳入分与という名の財政調整制度がアメリカの歴史上はじめて導入された．しかし歳入分与は1985年統合予算調整法（the Consolidated Omnibus Budget Reconciliation Act of 1985）のTitle XIVにより正式に廃止された．14年間の短い命であったが，この間，約830億ドルの資金を州および地方政府に条件のつかない形で供与した．一体，なぜこの制度がアメリカで導入されたのか，そして短期間に終止符を打ったのはなぜなのだろうか．本章はアメリカの一般歳入分与の生成と廃止を考察する．筆者は1995年在外研究中，一般歳入分与（1972-1986年）が廃止されて以来，連邦レベルの財政調整がない理由を米国の研究者に問うた．しかし米国流の連邦制度のもとでは存在しないのが当然で，研究対象としても関心がないという回答ばかりであった[1]．

　ひるがえって考えるに歳入分与が廃止された要因として従来4つの候補が挙げられてきた．すなわち連邦財政の窮迫，州・地方財政の相対的な改善，イデオロギー的反対および制度的制約である．前二者は財政事情であり，後二者は制度的原因であるといってよい．一般に制度が創設され，あるいは改正，廃止されるのは社会経済的要因によると考えるのが社会科学の伝統であった．しかし1980年代以来，社会学，経済学，政治学などで新制度学派が誕生し，利益的な動機だけで人間行動や社会の動きを説明できず，制度は従属変数というよりは独立変数の意味をもつことが注目されるようになった．ここでいう制度は，憲法，手続き，政府組織，官僚制，慣習などの構造要因を

---

1) Wallin (1998) はその後出た唯一の研究であるが，特定地域における制度廃止の影響について扱った事例研究の色彩が強い．

広く含む．本章では歳入分与の廃止には単なる財政事情というような社会経済的要因だけでなくこの広義の制度が関わっていると仮定して考察するものである[2]．

2. 協調的連邦主義と歳入分与

アメリカの政府間関係を類型化したものとしては，1789年連邦憲法における連邦と州・地方が明確に分かれた二元的 (dual)，連邦に州も地方も組み込まれる包含 (inclusive)，権限が重複する相互依存 (overlapping) の各モデルがある[3]．むろんほかにも連邦主義の形容詞はたくさんあり，協調的 (cooperative)，強制的 (coercive)，自活的 (fend-yourself)，規制的 (regulatory) などがある．歴史的には二元的モデルから，包含，相互依存へ，あるいは二元的連邦主義から協調的連邦主義，さらに強制的連邦主義へと変容していったというのが標準的な理解である[4]．本節では歳入分与がいかなる政府間関係のもとで成立したのかを考察しよう．

2.1 二元的連邦主義から協調的連邦主義へ

伝統的な二元的連邦主義の時代とはニューディールの始まる前の1930年ごろまでを指す．連邦政府と州政府の間で所得課税や物品税において，また州政府と地方政府の間で財産税について税源の重複は若干あったものの，大まかな構図としては，政府の段階ごとに歳入は分離していた．補助金も増加したが，大きな比重を占めるには至らなかった．例えば，この時代の初期すなわち1836年から1837年にかけて連邦政府の歳入剰余を州へ交付したことがある[5]．これには1835年までに連邦債務はすべて償還されるという，世界にもまれな状況が出現したことが背景になっていた．1836年の連邦政府の

---

[2] 古川 (2000) はこのような問題意識で書かれた．方法論も含め，本章に関わる詳細な文献は同書を参照されたい．
[3] Wright (1988) による．
[4] Kincaid (1990)．より詳細な連邦主義の変化は，古川 (2000) 第2章および小滝 (2004) 参照．
[5] 本項は古川 (2000) 第3章による．

歳入は約5,080万ドル，歳出は約3,090万ドル，したがって交付額の約2,800万ドルという額は連邦政府の歳出規模に匹敵するものであった．財源は関税および国有地の売却益であったがそれでも余剰が生じつつあった．このような状況の下では連邦の余剰を解消し，社会資本の投資に多大の支出を行っていた州の財政負担を軽減できる方策としての歳入余剰の分配は魅力的なものであった．ただし憲法上の議論を避けるため，連邦政府は州に無利子の資金を預けることとし，返還されるべきものとみなされた．だが後年の事実が示したように「寄託」は実際には交付であった．各州への配分は人口一人当たりではなく議会の代表の度合いによることにした．結局，連邦財政の悪化で1838年まで寄託は延期された．約束の履行を求めた州は1883年に提訴したが翌年連邦最高裁で敗訴した．

このエピソードが示すように，憲法上の二元的連邦制秩序においては，政府間の財源移転は必然ではない．それぞれの政府が財政主権を行使し，独立して財源を調達することが当然の前提なのである．政府間財政移転は憲法上，連邦政府本来の権限でも義務でもなく，むしろ国家的な公共目的を達成するための必要悪と理解することも可能である．国からの地方への権限移譲にあたって，所要資金は中央政府の責任で確保することが法制上定まっている日本のような単一国家の体制では想像しがたい論理といえよう．

これに対して協調的連邦主義の概念自体は1940年代から50年代に出てきたもので，ニューディールによってもたらされた状況を表現している．この間連邦政府と州・地方政府との公共経済に占める割合は全く逆転した．ニューディールの時代に連邦政府の優位が確立し，戦後，特に民主党政権の時代に推し進められた「偉大な社会 (Great Society)」により，財源面でも政策内容面でも連邦政府の主導権が際立つことになった．連邦政府はそれまでの補助金中心の政策手段に加えて規制や年金など再分配機能を担うようになり，連邦の内政関係支出が劇的に増加した．公共支出のうち連邦内政関係支出の割合は1929年から1939年には17％から47％に，1959年には48％になる．これに対し州は比較的安定して23-24％であるが，地方政府は60％から28％までに減っている．連邦政府が増えた分だけ地方政府が減った勘定になったのである[6]．この間，協調的連邦主義の中心である補助金は連邦政府，

州政府共に伸びている．1960年から1980年までの20年間は協調的連邦主義の教義がある意味では最終的に完成された時期であり，それを象徴するのがニクソンの新連邦主義（New Federalism）の下で歳入分与が創設されたことである．

2.2 歳入分与の創設

よく知られているように1972年創設の歳入分与の前史として1950年代から60年代になされた諸提案がある．しかし，新たな幕が開いたのは1968年の大統領選挙の結果共和党ニクソン政権が登場したことがきっかけであった．1971年当初のニクソン提案は，1）一般歳入分与は連邦個人所得税から初年度（72会計年度）50億ドルを原資として使途に制限を設けず交付，2）特別歳入分与は初年度110億ドルを6つの分野に対する一般財源として交付しようというものであった．その財源のうち10億ドルは連邦個人所得税から，残り100億ドルは現行の特定補助金支出をもって充てることとされた．6つの分野とは，都市開発，農村開発，教育，職業訓練，司法，運輸の各部門であった．

実は，歳入分与の背景にある戦略は連邦行政の改革というもう1つの大きな目標との関連があった．すなわち包括的な計画の立案が可能となり，連邦議会と大統領の指導力が発揮できるよう，巨大省構想を打ち上げた連邦政府の大幅な改革が企図されていた．すなわち内政関係の農務，内務，商務，運輸，労働，保健・教育・福祉，住宅・都市開発の7省および関係組織を4省に統合し，地方機関に大幅な権限委譲を行い，地方における総合調整機能を高めようとするのがそれであった．歳入分与に基づき，本来，州政府や地方政府に属すべき機能を委譲して，その機能を効果的に遂行できるよう資金と支出の自由を与える．同時に連邦の機能を統合して効率化するというものであった．この2つの計画が連邦議会にとって危険なものに映ったのは当然のことである．結局，この壮大な構想のうち実現したのは一般歳入分与のみであった．ただし特別歳入分与のうち，職業訓練と都市開発については，それ

---

6) ACIR（1979）を参照．

ぞれ総合雇用・職業訓練包括補助金及びコミュニティ開発包括補助金として1973年および74年にそれぞれ成立した．

1971年2月の特別教書に含まれた一般歳入分与法案の特徴は，次の2つに要約できる．第1に，原資は連邦個人所得税の1.3％に相当する額（初年度約50億ドルに相当）で州と一般目的の地方政府に交付され，使途制限はなかった．第2に総額の90％を基礎交付金，10％を奨励交付金とし，各州政府に州政府分と州内地方政府分の合算額を交付する．地方はうち50％を得る．各州は法定分配公式による算定額を下回らない限り地方政府への交付額の算定に別の公式を用いてもよい．

しかし当初この原案を議会は必ずしも支持しなかった．使途制限のない資金の交付によって連邦議会は監査権限と財政支出の優先順位づけの決定権を放棄することになること，歳入分与は問題志向的でなく国家の緊急課題に対する解決能力に欠けること，交付される資金が給与や不要不急の施設建設に浪費されること，などが反対理由であった．しかし知事や市長の連邦議会議員へのロビー活動が強化され，特別歳入分与（初年度110億ドル）に比べて資金量も少なく（年間53億ドル），かつ5年間の時限立法で州に3分の1，地方政府に3分の2を交付する法案が提出されるに至った．

一方，下院は1972年州・地方政府財政援助法（the State and Local Fiscal Assistance Act of 1972）という法案を作成した．この下院案が上記の政府案と異なる主要なポイントは次の6点に要約できる．1) 総額は連邦所得税の一定割合ではなく定額で初年度53億ドルであること，2) 総額の2分の1ではなく3分の1が州へ交付されること，3) 5年間の時限立法であること，4) 州政府が所得税制を活用することを促す規定を追加したこと，5) 他の連邦補助金の裏財源への充当を禁止したこと，6) 地方政府にのみ適用される優先支出項目の規定の追加したことである．この下院案では後述するように個人所得税税収比率を用いた結果，工業化，都市化の進んだ地域が有利になった．

これに対して上院では下院案を修正した法案を作成した．その主要な修正点は第1に配分方式であって，人口，全般的徴税努力率，個人所得水準の3要素からなる方式を定めた．これは後述するようにどちらかというと農村部が有利になる方式である．州の所得税の要素は削除された．第2に優先支出

条項を削除し,その代わりに財務省に使用計画と実績報告を行うことが明記された.第3は特別会計の設置である.財務長官を支出権限者とするもので歳入委員会案が本会議で認められれば財務長官は特別会計からその権限法に基づき支出ができることになる.

このように上下両院の法案が異なったので,両院協議会が開かれ妥協の産物として,配分方式は両院案を併記し,各州政府は有利な方式によって交付を受けることとなった.ただしその結果総額を上回ることとなった場合は,全体に調整率が適用されることになった.また地方政府の優先支出条項は拡張して復活した.特別会計方式については下院が賛成した.この法案の成立を振り返ると公共部門政治 (public sector politics) の所産ということがいえる[7].2つの勢力,すなわち専門家官僚制複合体と知事,市長など地方政府の公職にあるものからなる政府間ロビーの行為との相互作用が公共政策の形成に大きな影響を与えたのである.

3. 歳入分与の算定

3.1 創設当初の算定方法

歳入分与の財源は1972年1月1日から1976年12月31日迄の5年間に総額302億ドルであった.それを州政府に3分の1,地方政府に3分の2を配分した.配分の対象となる団体は州政府(ワシントンD.C.を含む)および一般目的地方政府 (general-purpose local government) 並びにインディアン部族およびアラスカ先住民村落であり,学校区その他特定行政目的の行政区は,交付対象とならない.なお日本の地方交付税制度のような不交付団体はなかった.この総額を配分する方式には上院方式と下院方式があった.各州への配分は通常上院方式によるが,下院方式による計算が大であれば後者による.各州の合計額が各交付時期の歳入分与を超えた場合は調整率がかけられる.

まず上院方式は人口,一般課税努力(州税・地方税歳入と州民の個人所得と

---

7) Beer (1973), pp. 56-80 を参照.

の比）および相対的所得（国民一人当たり所得と州民の一人当たり所得との比）の3つの要素からなる．また下院方式はつぎの5つの要素からなる（カッコ内のそのウェイト）．人口（22），都市人口（5万人以上の都市地域の人口，22），相対所得（22），所得税収入（17），一般課税努力（17）．上院方式がどちらかといえば地方（農村）に有利であったのに対して下院方式は都市部に有利な配分方式であった．

三要素方式による算定式を式で表すと，

$$配分総額 \times \frac{人口 \times 一般租税収入係数 \times 相対所得係数}{分子の全州計}$$

となり，人口は大まかな財政需要を，一般租税収入係数は徴税努力を，相対所得係数は富裕度を示すものとなる．したがって人口が大きければ大きいほど，徴税努力が大きければ大きいほど，また当該州・地方が貧しければ貧しいほど，交付金が大きくなる．

なお州内での配分は，通例3要素（人口，一人当たり所得，課税努力）によった．地方政府への配分には，2つの上限と1つの下限がある．いかなる地方政府も一人当たり金額でみて，配分される州民一人当たり金額の145％以上又は20％以下を受け取ることはなく，また，租税（学校に係るものを除く）と政府間歳入との合計の50％以上の歳入分与を受け取ることができない．また，交付最低額は200ドルであり，算定の結果200ドル未満の場合はそれに属するカウンティ政府の取分が増加する．また公共の安全，環境の保全，公共交通，衛生，レクリエーション，図書館，貧困者・老人に係る社会福祉および財務行政に要する経常支出並びに法により認められた資本支出には優先して支出される．

3.2 配分手続き

1972年法による配分手続きには4つの段階があった．第1は50州およびワシントンD.C.に配分される合計額の決定である．上院方式と下院方式のいずれかの方式により算定された額のうち有利な方をとる．上院方式により実質的に得をした州は，ほとんど一人当たり所得や都市化の程度において低位にあった．これに対し，下院方式が有効に働いた州ではこの2つの指標は

比較的高位にあった．これは農村部の方が上院議員（各州2人）の相対的選出数が多いからである．

　第2の段階は，州域配分額を州政府と地方政府とに分けることである．州域配分額のうち3分の1は州政府に，残り3分の2は地方政府に分割される．ただしカウンティの受領額が50％制限（学校に係る租税以外の税と政府間歳入との合計額の50％を超えてはならない）に該当すれば，超過分は州政府に戻ることとなるので州によっては3分の1よりも多く受け取るものも出てくる．なおカウンティ以外の地方政府がこの50％制限に該当する場合にはそれの属するカウンティ政府の取り分に加えられる．そして第3に各カウンティ地域のシェアを決め，最後に各地方政府が属しているカウンティの中での取り分を算出することになっていた．これら州内分配については州独自の方式を選択しうるが，上限や下限の制限を除去できないことから州の裁量の余地は少なかった．

4. 歳入分与の効果

　一般歳入分与は3回（1976年，1980年，1983年）の法改正および1986年の廃止をめぐる連邦議会内外の議論においてその効果が議論となり，政策評価の格好の材料となった．本節では評価の基準としての再分配効果，財政的効果，政治的効果に焦点をあてて歳入分与を考察する[8]．

4.1 再分配効果

　歳入分与は財政力の平準化を第一義的な目的としていた．したがって再分配効果に最も関心が集まったことはいうまでもない．しかし諸研究によると算定公式に含まれた要素がお互いに相殺して明快な再分配がなされないということがわかった．これは基本的に上下両院の方式の併用による政治的妥協によるところが大きい．そもそも州・地方政府の財政力，権限，事務配分は余りにも多様であった．地方政府には州政府から設立認可を受けた自治体

---

8) Nathan et al. (1975, 1977). 詳細は古川 (2000), 第4章.

(municipalities) の他, カウンティやタウンないしタウンシップがあり, 複雑である[9]. 配分公式それ自体をめぐる論点としては財政力の測定, 相対的財政努力, 2対1配分比率, 法定の上限と下限, および都市財政と歳入分与の5点がある. これらの点についてやや詳しく見ると, 以下の通りである.

歳入分与は財政力が低ければ低いほど多く交付されたが, 州・地方政府の財政力は1972年法では住民の所得で把握された. しかし州の一般歳入のうち個人所得税は5分の1程度, 地方にあっては20分の1以下にすぎなかった. 理想的な代替案は推定財政力であったが, 実際には採用されなかった. 推定財政力とはある特定の地域において各税目その他の歳入項目について標準的な課税ベースを定義し, それに全国平均の税率を乗じて得られる額の合計額である. また地方政府の場合に所得統計は通常10年毎にしか得られないが, 財産税の資産評価は数年毎になされるのが通例であり, 財政力の指標としてより適当であった. 事実, 多くの州では公立学校補助金の交付基準として財産税の評価割合を使っていた. 州が公認した資産評価指標を地方政府の財政力指標として使うことになればより正確になったといえる.

次に歳入分与では相対的財政努力が大きければ大きいほど交付金が大きくなるが, 1972年法では財政努力の指標を租税歳入だけに限り, 州内配分のためにはさらに公立学校に係る支出を除外していた. 教育に係る費用が地方政府間における分配では考慮されない理由は, 州により教育財政制度が異なることだが一般目的政府が学校の行財政も補助している場合, 他の部門との区分けは困難であった.

また歳入分与では地方と州の配分比率は2対1であった. 地方政府へ手厚い配分比率は窮乏化する都市財政への配慮からであった. しかし地方と州との間の財源配分, 行政機能の分担が州によって大きく異なる結果, 歳入分与のインパクトも当然ながら州によって違っていた. 例えばハワイ州の地方政府では, 歳入分与は全歳出の8.5%にもあたるのに対し, 州政府では全歳出の1.1%にすぎなかった. この2対1の一律の比率が少なからず格差を助長している面があることは否定できなかった.

---

9) これは地方自治制度が州法により各州で規定されていることにもよる. 詳しくは, 小滝 (2004) を参照.

歳入分与の法定の上限には145%, 50%があり, 下限には20%, 200ドルがあった. このうち交付最低額200ドルの下限に該当したものは38,000以上の一般目的政府のうち561団体にすぎず, 人口も2,500人以上のものはわずか10であったから影響は少なかった. これに対し, 他の制限はより重要な意味をもった. 145%制限の最大の問題は小規模な地方政府を有利に扱う傾向をもち, 財政困窮度の高い地域の団体へ廻る財源が減ることであった. また20%制限により, 地方政府は州平均の歳入分与交付額の20%以上を保証されており, 1972年では, 全体で9,000弱の団体がこの恩恵に浴した. 一般的には人口の少ない団体がこの対象となった. 他方, 何らの限定もしていない政府間歳入を50%制限の基準の中に含ませているので, 各州で行われている教育関係補助金も含まれてしまう. その結果, 教育行政も行っている地方政府に不当に有利になりうる問題を起こした.

地域間の格差是正を強化するために, 20%, 145%制限を廃止し, 実態のない政府を交付対象から除外する提案, また, より財源の必要な地域に必ずしも配分されていない原因が配分公式中の税の要素によるものであることから, 税の変数を除外するとともに社会的財政需要を反映する変数の導入が必要と主張するものがあった. 課税能力に関する指標が適切でないという批判はかねてよりあり, 実際の税収入の代わりに諸税の平均的な税制を想定し, 税収可能額を見込むという案も政府間関係諮問委員会 (ACIR) から出されていた. 日本ではほぼ単一の地方税制度が現実に行われているので, 地方交付税の配分にあたって基準財政収入額という概念がたやすく導入できたが, 多様な地方税制が存在するアメリカならではの悩みであった. しかし公式の変更は利害関係が錯綜し意見の一致をみることがむずかしかった. 結局諸改正を通じて大きな変更はなく, ただ1983年改正で州域内の地方政府へ適用される独自の分配公式を開発する権限を州政府に対して一定の条件の下に与えることが認められた程度であった.

4.2 財政的効果と政治的効果

一般補助金の場合, 地方団体の行動への影響は所得効果 (財源が豊かになることで補助対象外のサービスも増える効果) だけである. したがって地方団体

は公共支出の増加,減税,借入れの減,その他何らかの組み合わせを選択することになる.いいかえると価格効果(補助対象事業が他と比べて割安になるので支出が増える効果)が生じないため,補助対象事業に関する影響は特定補助金よりも少ない.事実,1972年法には優先支出のカテゴリーが明定されてはいたものの,その範囲はあまりに幅広かったため,代替可能性により財源の使途にはほとんど影響をもたなかったといわれている.

例えば大都市では資本支出に充当しなかったのに対し,比較的小規模の団体では相当部分を資本支出に振り向けたという対照的な結果が認められた.また大規模団体では歳入安定化,とりわけ一般財源の安定化と借入れの回避に歳入分与を使った[10].歳入分与が資産税の増加を抑制したという分析もある[11].財政が逼迫した地方団体では歳入分与は他の一般経常財源と合体して既存の事業水準を維持するために充当され,そうでない場合には歳入財源の振替え,剰余金の積み増し,基礎的なサービスの拡充,あるいは投資支出など非経常的支出へ使用された.また財政均衡を図るため税率の変更を行うことができる場合は,圧倒的に歳入財源の振替に使われたと推定されている.財務省歳入分与課への報告によると,特に公共の安全の項目で過剰に,一般管理経費への充当では過小になっていた.優先支出条項により経費の充当が当該優先支出項目にかたよった傾向はいなめなかった[12].

次に,政治的効果を見てみると州・地方政府におけるジェネラリスト(一般管理者)の役割が,専門職(スペシャリスト)の役割より相対的に増加するという分権化仮説が注目された.予算の意思決定権限についてのブルッキングスの調査によれば[13],52の事例のうち執行部優位型は32の地方政府に認められた.また小規模の行政体や特定目的の地方政府も対象とすることによって存続するインセンティブを与えることは実際にはなかった.要するに州の補助金を代替した面はあったものの,歳入分与は州・地方政府の構造に実質的なインパクトを与える程の効果を持ちえなかったのである.

---

10) Nathan et al. (1977), p. 33 による.
11) その全体については,National Science Foundation (1975).
12) Larkey (1976) による.
13) Nathan et al. (1975) を参照.

5. 歳入分与の廃止

協調的連邦主義が徹底的に実現されるにつれて、連邦の財政的負荷が大きくなっていった。遂に1970年代に至って機能不全を起こし始め、次のレーガン時代の改革が必然となった。レーガン大統領の狙いは連邦政府の機能自体の縮小であり、一般歳入分与にはもともと反対であった。当初は政治的理由から容認したが一旦政治的に実現可能とみるや1986年に廃止に踏み切った。1986年はレーガンが「連邦制の腐食」と認識する連邦政府と地方政府との財政関係に「痛撃」を与えた象徴的な年であった。この歳入分与の廃止は二元的連邦主義の原理に忠実な結果でもあった。このため1970年代には包括補助金と合わせて一般財源補助金が全体の約4分の1を占めていたのに対し80年代には激減していった。特に一般歳入分与が、州について停止された1981年度（96億ドルから68億ドルへ）、全面廃止された1987年度（68億ドルから21億ドルへ）の数字は衝撃的ですらある。本節では廃止に至る経緯を検討しよう。

5.1 州の除外と政府間組織の縮小

まず1980年改正により、州への交付は歳入分与相当額を特定補助金において返還または返上することを条件とすることになった。歳入分与からの州の除外である。これにはいくつかの背景があった。1つは政治的なもので、州が連邦の予算均衡を求めていたことに対する反発であった。しかしより根本的な理由は州の税制改革の進展であった。1970年代、州は所得税、売上税の導入に相次いで踏み切り、1979年の時点では所得税は9州、売上税は5州を除いてすべて制度化されていた。歳入分与創設の理由の1つは、その原資である連邦所得税の方が州税や地方税よりも安定的で公平であるというものであった。この根拠が薄弱になってきたのである。さらにこの税制改革とエネルギー関連税収の増加により南部のサンベルト地帯や資源の豊富な州は財政剰余を生み出し、約半数の州は減税さえ行っていた。1978年の減税額は約24億ドルで、歳入分与の州の受け取り額約23億ドルに近い数字であったのである。これに対して歳入分与の支持者は次のように反論した。1) 連邦政

府が戦後34年間に14回も減税を行っているのに比べて州の減税は今回が戦後初めてであること，2) 減税は北東部の州が南部，西部への対抗上行っている，地域間競争の側面があること，3) 州への歳入分与交付額の40%は地方政府への補助金の財源となっており，州の除外は結局地方へ打撃を与えるというものであった．だが連邦財政赤字の前には，これらの反論は十分な対抗力とはなりえなかった．州の除外の結果，単に歳入が減るので歳出を削減すれば足りるとホワイトハウスでは考えていた．実際，1979年の州の剰余は75億ドルに上り，1980年の歳入分与交付見込み額22億6,010万ドルをはるかに上回っていた．

これに追い討ちをかけたのが原資の縮小である．創設過程では連邦所得税の一定割合を充てる案もあったが，議会の裁量権を拘束するという理由で，時限的にそのつど総額を裁量的に決定することになった．1976年改正では年間68億5,000万ドル，1980年改正では45億6,670万ドル，1983年改正でもほぼ同額が措置された．このような時限性と裁量性に制度の不安定さが露呈していた．それだけではない．歳入分与の所管省は財務省であったが，同省はプログラムの存続発展に必ずしも重大な利害関心をもっていたわけではない．実際，1986年までに歳入分与および政府間関係を支える組織は縮減されていった．1985年，連邦議会はACIR予算を4年間に52%削減するものとした．会計検査院（GAO）は政府間関係組織を格下げしたうえ一般政府課から人的資源課へ移し，さらに財務省も州・地方財政課を廃止した．これは1983年に行政管理予算局で政府間関係課を廃止したのに続くものであった．1986年には28年存続した上院政府間関係小委員会は，政府能率・連邦主義およびコロンビア特別区小委員会に吸収された．下院の小委員会も人的資源および政府間関係小委員会と名称変更された[14]．政府間関係を州，地方の側から推進していく力がそぎ落とされていく中で，ついに歳入分与は1986年度に期限切れを迎えることとなった．最終的には1985年統合予算調整法 (the Consolidated Omnibus Budget Reconciliation Act of 1985) の Title XIV により歳入分与は正式に廃止された．14年間の短い命であったが，約830億

---

14) Kincaid (1990), pp. 175-176 による．

ドルの資金を州および地方政府に事実上条件のつかない形で供与した．

5.2 廃止の影響と代替案

歳入分与の廃止は州・地方財政にいかなるインパクトを与えたのであろうか．政府間関係諮問委員会（Advisory Commission of Intergovernmental Relations, ACIR）のジョン・シャノンによれば，約20％の豊かな地方政府は事実上ほとんど影響を受けず，約60％は歳入の増加で調整でき，残りの20％の貧しい政府は増税や予算の削減に追い込まれた．シャノンは，アパラチア，南部，南西部，および中西部にこのような政府は多く，州の肩代りが今後数年の間にさらに増える見込みがあること，州としても地方政府の独自の財源調達に関する権限を与える必要が出てくること，歳入分与の廃止は地方政府の自律性と自発性を促進するプラスの面と，財政格差を拡大するというマイナスの面とがあると強調した[15]．

こうした状況を受けて代替案の提案が全くなかったわけではない．会計検査院長のチャールズ・A・バウシャー氏は，対象を限定した財政援助制度を考慮すべきことを主張した．州平均所得125％以下の地方政府に対象をしぼれば46億ドルで30％の格差是正が可能であること，さらに平均所得以下に限れば25％の格差是正の所要財源は10億ドルにすぎないとバウシャーは指摘した[16]．しかし連邦の悪化した財政事情ではこうした新たな提案を真剣に検討する取り組みすら進まない状況であった．

一方，行政管理予算局は1985年度の時点で歳入分与が予算に占める割合が極端に少ないので（ネブラスカ州の地方政府歳出全体で0.8％，テキサス州で1.0％，両州の地方税の3.0％程度），歳入分与の廃止によって地方の抱える財政問題がより深刻になったという批判は必ずしも当たらないこと，実際には財政格差の是正の機能はほとんど果たされず，かえって富裕な地域の方により多くの交付がなされていたと明言した．また同局は連邦政府の財政および補助金の伸び率の低下で歳入分与の比重は少なくなるとともに地方政府では財政の黒字基調が1970年代後半以降続いていることから，政府としては歳入

---

15) United States Senate, Committee of Governmental Affairs (1987), July 22.
16) United States Senate, Committee of Governmental Affairs (1987), June 24.

分与に替わるプログラムの計画はないことも明言した[17]．たしかに小規模の自治体の中には，歳入分与の廃止を深刻に受け止めたものがあったことは事実であった．しかし全国タウン協議会では歳入分与への依存は限定的でありなんとか耐えられるものと見ていた．地方政府の中でもっとも影響を受けたとみられるタウンがこの程度であったから，財政力の乏しい団体に狙いをしぼった財政援助の法案が可決成立することなく終わったのも当然であった．

5.3 州による地方政府への一般補助金

　歳入分与の廃止に伴う代替財源については2つの戦略があった．第1は増税であった．連邦や州の補助金にも頼れない状況下で増税が政治的に可能であればその途を州政府は選択した．例えば小規模の政府を抱えるニューイングランドの各州についての調査では，廃止によって支障があると答えたのは43.3%と半数以下だった．さらにサービス水準を削減しなければならなかったとする回答は21.2%にすぎず，57.1%は削減する必要はなかったとした．増税との関係では歳入分与の廃止で増税せざるをえないとしたものは66.5%に上った．「住民は増税に慣れており，サービス水準を落とすよりは増税をする方が住民の賛成がえられる」という回答が代表例である．第2は使用料，手数料を値上げして，その財源を使用するとともに州の補助金にも依存する戦略であった．廃止の影響への対応では財産税の増税，使用料・手数料の値上げ，支出の削減が主な戦略であった．経常支出，特に給与費に充当していたような地方政府では深刻な問題を引き起こしたのは事実であった[18]．しかしこの程度であれば歳入分与復活のための連合を政治的に組織していくことはむずかしかったと推測できる．壊滅的な影響はおしなべてみれば小規模な地方政府を中心とする一部に限られたといってよい．フロリダ，ミシガン，ワシントンの3州の326市についての調査では，影響が軽微またはほとんどなかったと答えた団体の割合がフロリダでは65%以上であったのに対し，ミシガン，ワシントンではそれぞれ37.3%，33.3%にとどまった．ある程度

---

17) United States Senate, Committee of Governmental Affairs (1987), June 24.
18) Thai and Sullivan (1989) を参照．

地域の置かれた経済的環境による違いが出ているといえよう．また経常経費に充当していた政府では資本支出に充てていたところよりも苦境に陥り，逆に，安定的な予算編成を行っていた政府は耐えることができたという構図が明らかであった[19]．

しかし何といっても注目される変化は，州からの歳入分与が連邦からの一般補助金にとって替わったことであろう．1986年時点で州から地方政府への補助金は約1,300億ドルであり，このうち州の歳入分与に相当する一般助成金は133億ドルに達していた[20]．連邦歳入分与の廃止に対応して，いくつかの州では地方政府の救済に乗り出した．コネティカット州では新規に財産税救済基金を創設し，人口，個人所得，資産評価に基づき地方政府へ補助を行った．デラウェア州では単年度で800万ドルの歳入分与制度を設けた．マサチューセッツ州では1980年以来州税の増加分の40％を地方への援助に充てていたが，1987年これを拡充した．ニュージャージー州では財政的困窮度の高い都市への援助を税率，資産評価水準，福祉需要の要素で分配していたが1987年にこれを増額した．ロードアイランド州では補助事業を統合し，連邦歳入分与と同様な公式で配分するとともに予算額を50％増額した．この他にもカリフォルニア州では裁判所の機能を州が引きとり，年間5億ドルの援助を行う勘定になった．フロリダ州とアイダホ州では州売上税の増加に応じて地方への助成を増やす措置をとった．オハイオ州では1989年から地方への助成を増やすべく基金を設けた．ニューヨーク州では1985年から州の歳入分与に需要要素を加えた分配を行った[21]．この州から地方政府への政府間移転は1992年度で2,013億ドルに上る．同年度の連邦政府から州・地方政府への補助金が1,781億ドルであることを考えると，巨大な額であることは確かである．州のこの支出が連邦の補助金を上回ったのは1982年からである[22]．州の復権はこの数字にも端的にあらわれているというべきであり1980年代半ばの時点で「連邦政府はもはや分与すべき歳入はない」という主

---

19) Steel et al. (1989) による．
20) ただし，財産税の特別措置（控除など）による減収補填分が統計上含まれるので，完全に対応しているわけではない．
21) Gold and Erickson (1989) を参照．
22) ACIR (1994), pp. 30-35.

張に抗するのはむずかしかった．

6. 教訓と示唆

かくして1986年の歳入分与廃止以降，現在に至るまで連邦政府レベルでの財政調整制度は存在せず，アメリカはいわば「財政調整制度なき国家」[23]となった．その5つの特徴ないし帰結を小泉（2004）は，①公共サービスの地域間格差と公平性の喪失，②州の課税権の保障，③課税統制なき国家，④マクロ財政調整なき国家，そして⑤財源保障なき権限移譲であると指摘している．ここから得られる教訓と日本への示唆は何であろうか．

6.1 憲法的連邦主義の優位

歴史的経緯を振り返っていえることは，何よりもアメリカにおける二元的連邦主義を原理とする憲法的連邦主義（constitutional federalism）の優位と協調的連邦主義の限界といってもよい．たしかに歳入分与は協調的連邦主義の派生物として財政的な要因，大統領の政策，党派的な思惑などと政府間ロビーをはじめとする政治勢力の力とが共鳴，共振して誕生した．しかしアメリカ連邦制の基底にある二元的連邦主義の理念はしたたかに生き続けており，財政的政治的条件が変われば財政的連邦主義は早晩解体せざるをえなかったのである．また牧歌的な連邦政府の財政援助は容易に転換して規制的連邦主義へと向かわざるをえなくなった．

いまひとつ注目すべき点は歳入分与が連邦税とはリンクしておらず，いわば州・地方の固有財源とみなされるべき租税分与の色彩に乏しく，時限付の交付金の性格が強かったことである．財政調整機能や財源保障機能が著しく弱かった歳入分与はイデオロギーとしても分裂し，有効な政治的支持を結集できなかった．連邦議会自体は協調的連邦主義をサポートする「制度」たりえなかった[24]．

では将来，アメリカにおいて歳入分与あるいは類似の制度は再生されるだ

---

23) 小泉（2004）を参照．
24) 古川（2000），p.260による．

ろうか．議論は若干あるが多くは消極的に解釈している．「分権革命(Devolution Revolution)」にあっても必ずしも一般財源は伴っていない[25]．むろん州間の財政格差が権限移譲に対応できないおそれがあることから，連邦税の一部を州に移譲する主張もあるが[26]，必ずしも有力な主張となっているわけではない．ブッシュ共和党政権にあっても権限を明確に分離して，結果的に州・地方政府の財政にコスト・シフティングをしており，一般歳入分与の再生の可能性は低い[27]．かつてのように連邦財政の余剰と州・地方政府財政の困窮という事態の見込みも乏しい．これに加えて1994年11月の中間選挙以来，全体として保守派の優位が続いている．政治は全体として中産階級の保守化傾向を反映した政策に移行しつつあるのである．この含意を政府間関係におきかえてみれば，今後とも歳入分与の哲学が伝統的な保守派の論理から直接強力に推進される見込みはない．

むしろ，一般歳入分与類似の補助金はむしろ州内において機能しているといってよい．1970年代以降教育サービスの格差が憲法により違憲とされたこともあり，教育上の財政調整は活発に行われている[28]．米国の建国の理念である，各地域の自主独立の志向と共存する範囲でしか連邦からの一般財源の供与は存在しえない制度とみるべきであろう．かえって州単位の歳入分与制度が拡大強化されていることからみれば，州の復権あるいは州単位での内政問題への対応という傾向がますます強まっていると結論づけられる．連邦制と財政調整はかならずしも両立し得ないものではないが[29]，相互依存モデルが支配的となっている米国における州の役割の拡大傾向は否定できない[30]．二元的連邦主義を原理とする憲法的連邦主義の制約はなお生きているのである．

---

25) Nathan (1996) による．
26) Tannenwald (1998) による．
27) Nathan (2003) による．
28) 小泉 (2004), pp. 21-47 を参照．
29) Ahmad (1997).
30) Donahue (1997).

6.2 日本への示唆

　地方交付税制度の改革を模索している日本に対して歳入分与の成立と廃止はいかなる示唆を与えるのだろうか．まず単一制と連邦制という立憲的政治体制の違いに留意すべきである．単一制国家では，中央政府の役割からいっても財源保障の機能をもった財政調整制度の必然性は高いが，二元的連邦主義のような枠組みでは財政調整は必要悪と認識される傾向にあることに留意しなければならない．また財政調整制度の運営には原資の安定性が必須であることがわかる．当初連邦個人所得税の一定割合としていた政府案が裁量的に決定されるものへ変更を余儀なくされたことは二重に制度の不安定性を増し，租税分与ではなく歳入の単なる分与ということになってしまった．さらに権限配分との関連性のない，純粋の一般補助金はそれを政治的にサポートする制度を欠き不安定であることも重要な点であろう．歳入分与は優先支出が定められていてもその規制はゆるやかであり，政治的にも支持が得られにくい制度であった．また配分公式は行政技術的に処理したほうが安定性は高いということも教訓として挙げられるのではないだろうか．政治的な妥協で決まった歳入分与の配分公式がつねに政治的論争に巻き込まれることはあまり望ましいことではない．最後に地方の独自課税権の問題がある．二元的連邦主義では州の独立的な課税自主権は憲法上当然に認められており，その点が租税分与としての財政調整の根拠を弱くした一因ともいえる．地方の課税自主権が日本でも大幅に認められれば，地方交付税の大幅縮小は可能である．しかし単一制国家がそれを許容するかどうかは租税制度全体を通ずる制度設計の根幹に関わる問題であるといわねばらない．

参考文献

- Advisory Commission on Intergovernmental Relations (1979), *Significant Features of Fiscal Federalism, 1978-1979*, May, M-175.
- Advisory Commission on Intergovernmental Relations (1984), *Regulatory Federalism : Policy, Process, Impact and Reform*, February, A-95.
- Advisory Commission on Intergovernmental Relations (1994), *Significant Features of Fiscal Federalism*, Vol. 2, December, M-190-II.

Advisory Commission on Intergovernmental Relations (1995), *Characteristics of Federal Grants-in-Aid Programs to State and Local Governments : Grants Funded FY 1995*, June, M-195.

Ahmad, Ehtisham ed. (1997), *Financing Decentralized Expenditures : An International Comparison of Grants*, Chaltenham, UK : Edward Elger.

Beer, Samuel H. (1973), "The Modernization of American Federalism," in *Toward '76-The Federal Polity*, special isuue of Publius 3, Fall, pp. 56-80.

Donahue, John D. (1997), *Disunited States*. New York : Basic Books.

Gold, Steven D. and Brenda M. Erickson (1989), "State Aid to Local Government in the 1980s," *State and Local Government Review*, Winter, pp. 11-20.

Kincaid, John (1990), "From Cooperative to Coercive Federalism," in *Annals of The American Academy of Political and Social Sciences*, Vol. 509, pp. 139-152.

Larkey, Patrick D. (1976), *Evaluating Public Programs : The Impact of General Revenue Sharing on Municipal Government*, Princeton, NJ : Princeton University Press.

Nathan, Richard P. (1996), "Devolution Revolution," *Rockfeller Institute Bulletin*, The Public Policy Institute of the State University of New York, pp. 5-13.

Nathan, Richard P. (2003), "Bush Federalism : Is there One, What is it, and How does it Differ ?," *Annual Research Conference, Association for Public Policy Analysis and Management*, November 7, Washington, DC.

Nathan, Richard P., Allen D. Manvell and Susannah E. Calkins (1975), *Monitoring Revenue Sharing*, Washington, DC : Brookings Institution.

Nathan, Richard P., Charles F. Adams Jr. and Associates (1977), *Revenue Sharing : The Second Round*, Washington, DC : Brookings Institution.

National Science Foundation, Research Applied to National Needs (1975), *General Revenue Sharing, Research Utilization Project*, 5 vols., Washington, DC : Government Printing Office.

Steel, Brent S., Nicholas P. Lovrich and Dennis L. Soden (1989), "A Comparison of Municipal Response to the Elimination of Federal General Revenue Sharing in Florida, Michigan, and Washington," *State and Local Government Review*, Fall, pp. 106-115.

Tannenwald, Robert (1998), "Come the Devolution, Will States Be Able to Respond ?" *New England Economic Review*, May/June pp. 53-73.

Thai, Khi V. and David Sullivan (1989), "Impact of Termination of General Revenue Sharing on New England Local Government Finance," *Public Administration Review*, Vol. 49, No. 1, pp. 61-67.

United States Senate, Committee of Governmental Affairs (1987), *Local Fiscal Impact of the Loss of General Revenue Sharing*, Hearings before the Subcommittee of Government Efficiency, Federalism, and the District of Columbia, 100th Cong., 1st Sess.

Wallin, Bruce A. (1998), *From Revenue Sharing to Deficit Sharing*, Washington,

DC : Georgetown University Press.
Wright, Deil D. (1988), *Understanding Intergovernmental Relations*, 3rd. ed. Belmont, CA : Wadsworth.
小泉和重（2004），『アメリカ連邦財政システム』ミネルヴァ書房．
小滝敏之（2004），『アメリカの地方自治』第一法規．
古川俊一（2000），『政府間財政関係の政治分析』第一法規．

9章 「分税制」改革後の地域格差と財政調整：中国

町田俊彦

1. はじめに

　中国は1978年以降，経済体制改革により社会主義計画経済から市場経済へ移行し，高成長をとげつつある．経済体制改革では国有企業改革が中心になったが，財政レベルでは1994年の「分税制」改革により税制と政府間財政関係が大幅に変革された．

　本章は，1994年に実施された分税制改革以降の時期の中国における地域格差の動向と地方政府間の財政力格差を是正する財政調整の機能を考察対象とする．中央政府による一般財源の移転を通じて地方政府間の財政力格差を是正する「地方財政調整制度」は，1995年に「過渡期移転交付」として導入されたが，きわめて小規模なものにとどまっている．そこで本章では，対象を「地方財政調整制度」に限定せずに，政府間財政関係の中で財政調整機能がどのように果たされているかを検討する[1]．

---

1) 　本章で対象とする政府間財政関係は，中央政府と省級政府（特別行政区を除く）の間の財政関係である．中国の地方行政組織は1級（省，直轄市など），2級（地級市，直轄市の市轄区など），3級（県，県級市，市轄区），4級（郷鎮）という4段階のレベルの政府（一部は上級政府の出先機関）から構成されている．1級地方政府は33の省級政府で，22の省，直轄4市（北京・天津・上海・重慶），5つの民族自治区（内蒙古・新疆ウィグル・広西チワン族・寧夏回族・西蔵），2つの特別行政区（香港・マカオ）から成る．
　中国の財政制度では，①予算内収入・予算内支出，②予算外収入・予算外支出，③制度外収入・制度外支出という区分がある．①の予算内収入・予算内支出（中央分・地方分）が国家予算に計上される財政収入・財政支出である．②と③は国家予算に計上されない資金とその支出であるが，うち②の予算外資金は国家が規定する範囲内で徴収するものであり，③の制度外資金は国家が規定する範囲外で徴収するものである．本章では，①の予算内収入・予算内支出を分析対象とする．
　地方予算は省レベルから郷鎮レベルまで4段階の予算があるが，上位レベルの政府の予算はそのレベルの本級予算に下位レベルの政府の予算が統合されている．各省の予算は4段階の地方政府予算の純計であり，その全国計が地方政府総予算となる．したがって本章の対象とする中央政府と省級政府の財政関係では，中央政府と4級の地方政府総体の関係が分析されること

中国における「分税制」改革後の政府間財政関係に関する主な先行研究では，税源配分における中央政府のシェアが上昇したにもかかわらず，中央政府から地方政府への財政移転の大部分が富裕地域への配分が中心となる「税収返還」から構成されているために，財政調整機能が著しく脆弱であるという分析結果で共通している[2]．

先行研究で不十分な点は，第1に特定補助金の地域配分と財政調整機能についての分析，第2に脆弱な財政調整機能が地方財政支出のどの分野で顕著な地域格差をもたらしているかについての分析である．また政府間財政関係と財政調整機能は2000年代に入ってかなり変容をとげているが，その特徴が明らかにされていない．本章では，以上のような先行研究の不十分な分析を補正することも狙いとしている．

2. 経済力格差と地方税収格差の拡大

2.1 経済力の地域格差の拡大

省別人口一人当たりGDPの変動係数により経済力の地域格差の長期的推移をみると，大躍進のショックを除けば，計画経済の初期には変動係数は0.6-0.8で比較的低レベルで推移したのに対し，文化大革命の初期には急激に，その後は緩やかに拡大し，経済体制改革の直前には変動係数は1.0近くまで上昇している[3]．1978年の経済体制改革以降，格差は明らかに縮小傾向を示し，1980年代末には変動係数は0.6まで低下した．しかし1990年代に入ると格差は拡大に転じている．

三地域別の人口一人当たりGDPの推移を示した表9-1によると，1990年以降，東部（沿岸部）と中部・西部（内陸部）の格差は拡大している．

1990年代における経済力の地域格差拡大の主な要因としては，次の二点があげられる．

　　に留意しなければならない．中国の財政制度の概要については，町田(2006) pp. 57-77 を参照のこと．
2) 張 (2001), pp. 178-197, 内藤 (2004), pp. 140-152.
3) 牧野 (2001), p. 38.

表9-1 人口一人当たりGDP

年	人口一人当たりGDP（元）			東部に対する格差（％）		
	東部	中部	西部	東部	中部	西部
1978	466	312	257	100.0	67.0	55.2
1985	1,022	707	573	100.0	69.2	56.1
1990	1,992	1,279	1,090	100.0	64.2	54.7
1992	2,819	1,602	1,336	100.0	56.8	49.2
1994	5,689	2,885	2,482	100.0	50.7	43.6
1999	10,693	5,409	4,283	100.0	50.6	40.1
2001	12,811	6,395	5,007	100.0	49.9	39.1
1978-2001	27.5	20.5	19.5			

（出所）李（2003），p.278.
（注）1：地域区分は下記の通りである．
　　　　東部地域…北京，天津，河北，遼寧，上海，江蘇，山東，浙江，福建，海南，広東の11省・直轄市
　　　　中部地域…黒龍江，山西，吉林，安徽，江西，河南，湖北，湖南の8省
　　　　中部地域…内蒙古，重慶，四川，貴州，雲南，西蔵，広西，陝西，甘粛，青海，寧夏，新疆の12省・直轄市・自治区
　　　2：東部に対する格差は東部地域を100％とした比率．
　　　3：1978-2001の欄は伸び率（倍）．

① 1980年代半ばまでは，人民公社解体と生産請負制という重要な制度改革と農業生産にインセンティブを与える価格改革が行われた．農業部門の顕著な生産性上昇と価格の急上昇がともに出現し，地域格差の縮小に寄与したが，この効果が1980年代半ば頃には失われた．

② 国有企業改革の停滞，多くの国有企業の不振により，国有セクターのウエイトが高い中部・西部と東部との第2次産業と第3次産業の生産性上昇の格差が拡大した．

2.2 地方税収格差の拡大

省別人口一人当たり財政収入・財政支出（予算内収入・予算内支出）の変動係数の推移を示すと図9-1の通りである．地方政府は地方債の発行を認められていない．中央政府が国債を発行，転貸を行うが，この分は地方財政の収入に計上されない．したがって財政収入の大半は租税である．1990年代に入ると，経済力の地域格差が拡大しているにもかかわらず，1993年までは人口一人当たり税収格差が縮小している点が注目される．その主な理由として

(出所) 中国社会科学院財政・貿易研究所 (2004), p.171.
図9-1 人口一人当たり財政収入・財政支出の省間格差(変動係数)

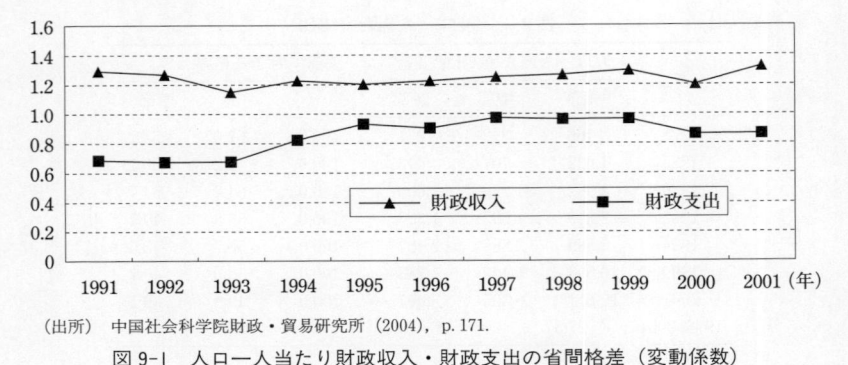

は，次の二点があげられる．

① 地方の税収構成において，地域間の税収格差が比較的小さい間接消費税のウエイトがきわめて大きかった．1993年の地方の税収構成をみると，付加価値税 25.4%, 営業税(サービス消費税) 19.3%, 個別消費税 19.3%, 関税 6.0% となっており，間接消費税が4分の3を占めていた．

② 地方政府が徴収する租税に関して税率決定権は中央政府に帰属していたが，地方政府が税率引き上げや減免という形で課税自主権を行使する余地があった．酒・たばこに対する個別消費税の税率引き上げは，経済力が低い地域で多用された．また企業所得税の減免は経済力が高い地域で多用された．そこで地方の課税自主権は税収格差を縮小する作用を果たした．

1994年以降には税収格差は拡大傾向を示しており，「分税制」改革を契機として，経済力の地域格差と地方税収格差の相関度が強まったことが示されている．1999年の地方税の構成をみると，間接消費税は 54.4% になっている．後述する「分税制」改革による中央・地方間の税収配分のルール化により，地方税では所得課税のウエイトが4分の1に高まり，経済力格差が地方税収格差に反映しやすくなった．

主な税目について人口一人当たり税収の省間格差(1998年)を変動係数でみると，外国企業等所得税が 2.52 で最も大きく，個人所得税が 1.69 で第2位，営業税が 1.45 で第3位，企業所得税が 1.34 で第4位となっている[4]．

「企業課税」としての扱いを受けている付加価値税の格差はドイツ（人口を基準として州間で配分）や日本（消費額を基準として都道府県間に配分）と比較すると大きいが，変動係数は1.11で所得課税と比較すると小幅である．関税消費税の比率低下，所得課税の比率上昇という地方税体系の変化は明らかに省間の地方税収格差を拡大した．また「分税制」改革により，地方の課税自主権が著しく制限されたことも，同じ作用を果たした．

3. 分税制改革後の租税体系と中央・地方間税収配分

3.1 租税負担率の上昇と直接税の比率上昇

国・地方の財政収入は，1984年の第1次税制改革までは主に租税と国有企業の上納利潤から成り，それ以降は主に租税負担から成る[5]．財政収入の対GDP比は1978年の31.2％から1985年22.4％，1990年15.8％，1993年12.6％と「分税制」改革前に急落した．その主な要因は国有企業の不振である．1978年には国有企業の上納利潤は予算内収入の50.5％を占め，45.8％を占めた租税収入と匹敵する規模であった．しかし国有企業の不振により，上納利潤は1978-1984年に51.6％縮小し，その対GDP比は15.8％から3.9％に急落している．1984年の税制改革で上納利潤に替わるものとして導入された国有企業所得税の対GDP比も1985年の7.8％から1993年の2.0％へ低下した．

国有企業の不振により，国・地方の租税体系は間接税に傾斜した．1985-1993年に流通税のウエイトが56.8％から73.4％に上昇した反面，企業所得

---

4) 黄・迪他（2003），pp. 117-118.
5) 1984年の第1次税制改革は，「政企分離」（政府と企業の分離）と呼ばれる国有企業の自主権拡大の一環として行われたものである．その第2段階（1984-1993年）では「利改税」（利潤上納制から納税制への転換）と呼ばれる改革が「税利併存」（利潤上納と納税の併存）を経て，1984年10月の完全な納税制への移行として行われた．大中型企業に一律に55％という国有企業所得税と企業別に異なる税率の調節税が課されることになった．
　次いで1988年には，国有企業所得税の重要な減収要因となっていた「税前還貸」（償還を税引前利潤から行う）を「税後還貸」（税引後利潤から償還を行わせる）に切り替えるとともに，国有企業所得税の税率が35％への引き下げと調節税の廃止が実施された．以上は，許（1999），pp. 6-8, 曾（2004），pp.37-50による．

税のウエイトは34.2%から15.9%へ急落した．間接税のウエイトは上昇したものの，間接税制整備が不十分であったことから，間接税の対GDP比も低下したことが注目される（1985年12.9%，1993年9.0%）．1984年改革で付加価値税（増値税）が導入されたが課税品目が限定されており，既存の課税品目が多い産品税（個別消費税）と併存していた．カラーテレビのような耐久消費財の普及のような消費構造の変化に間接税制が対応できず，税収弾性値が低下した．

第2次税制改革としての1994年の「分税制」改革の主な内容は次の通りである[6]．

① 間接税体系を整備した．付加価値税が間接税の中核に位置づけられるとともに，課税対象を限定された財貨に個別消費税（産品税と外資系企業に対する工商統一税は廃止），サービスに対する営業税が補完税となった．1993年までの付加価値税は税率がバラバラであったが，基本税率は17%に統一され，軽減税率13%に設定された．

② 企業課税では，国内企業（国有企業，集団企業，私営企業）に対する所得税を基本税率33%の「企業所得税」に統一するとともに，付加税的なエネルギー交通重点建設基金，予算調節基金を廃止した．外商投資企業（合弁企業等）および外国企業には，引き続き基本税率33%の「外商投資企業・外国企業所得税」を課す．

③ 月額800元を超える賃金および給与に対する個人所得税（4-45%の超過累進税率）を導入した．

「分税制」改革は政府間財政関係の改革を別としても，中国の税制を企業所得税と付加価値税を中心とする租税体系を確立した点で画期的な改革といえる．税収入調達力の強化という面からみると，「分税制」改革直後は対GDP比の租税負担率は1994年11.0%，1995-1996年10%強と低迷したが，1997年以降上昇に転じ，2000年14.1%，2003年17.1%と着実に高まっている．

投資膨張が続いている中国においては，資本財について控除を行わないタイプの中国型付加価値税は税収弾性値を高めたにもかかわらず，その税収総

---

6) 「分税制」改革における税制改革の内容については主に曾（2004），pp.66-73による．

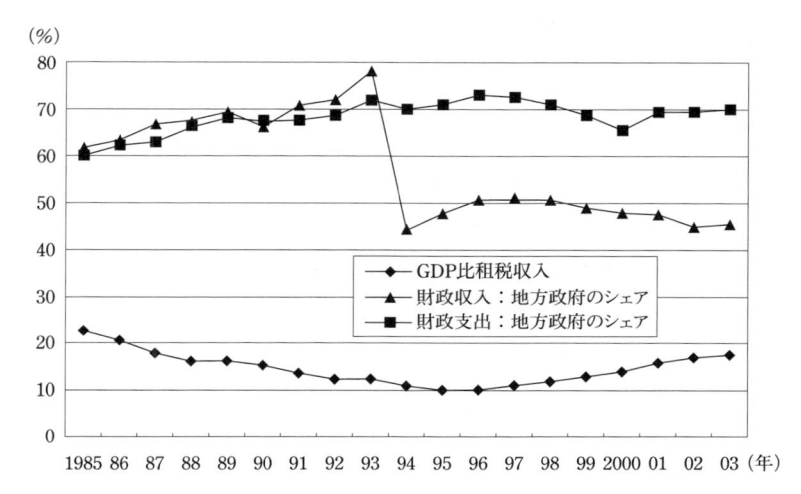

(出所) 『中国統計年鑑』各年版より算出.
(注) 財政支出は政府間財政移転を除く最終支出.

図9-2 財政収入と財政支出に占める地方政府のシェア

額に占める構成比は2000年63.8%, 2003年60.9%と急落している. 直接税のうち企業所得税の対GDP比は1999年の1.0%を底に2002年の2.9%まで回復し, 税収総額に占める比率はこの間7.6%から17.5%に高まっている. 外商投資企業・外国企業所得税の対GDP比および構成比の上昇は企業所得税を上回ると考えられる.

「分税制」改革は持続的な高度成長と結びついて, 租税負担率の回復と間接税に著しく傾斜した租税体系の修正という点で効果を発揮したといえる.

3.2 税収配分における中央政府のシェアの上昇

「分税制」改革前の中央・地方間の税収配分では地方政府のシェアが6-8割に達しており, 「地方分散型」税収配分が特徴であった. 第1次抜本的税制改革の直後の1985年に財政収入に占める地方政府のシェアは61.6%に低下したが, その後1990年66.2%, 1993年には78.0%と上昇し, 「分税制」改革直前には1980年の比率を回復していた(図9-2参照).

税収配分における「分散型」という特徴を規定していたのは, 国有企業へ

の管理権限と財政収入の帰属とのリンクである.「分税制」改革以前には中央政府は税務行政機関をもたず,地方政府(主に市)が徴収事務を担当していた国有企業収入と地方政府が徴収した租税(国有企業所得税,産品税,付加価値税など)は,納入した国有企業の管理権限をもつレベルの財政収入とされた.地方政府に帰属する国有企業からの財政収入は,省—地区級単位—県級単位への帰属に応じて収入が配分された.国有企業改革の第1段階(1979-1983年)に,国有企業の管理権限が大幅に中央政府から地方政府へ委譲されたから,税収配分において地方政府のシェアは顕著に高まったのである.

留意すべきことは地方政府の租税収入はそのまま財政支出に充当できるわけではなく,後述するように一定部分を中央政府に上納することが義務づけられていたことである.「上納」は,中央政府が個々の地方政府との交渉で確定する,地域ごとに不統一なシステムであった.地方政府は中央政府から財政支出を請け負うとともに,財政収入のうちの中央政府への「上納」を請け負う.財政収入のうちの「上納」した残りの額は地方政府が自由に使える財源であるが,請け負った財政支出を下回る省に対しては,一般補助金(「体制補助」)が交付された.1980年以降も,「上納」システムは何度も改正され,省によって異なる方式が適用されてきた.

「分税制」改革は税収の中央・地方間配分を大幅に変更した.政府間,交渉で財源の中央・地方間配分が決定するシステムから全ての財政収入を中央政府固定税,地方政府固定税,中央・地方政府共有税の3つに明確に区分するシステムへ移行した.

「分税制」改革による中央・地方間の税収配分は表9-2の通りである.中央政府には固定税として個別消費税と中央企業所得税が,地方政府には地方企業所得税,個人所得税,営業税(一部を除く)が帰属する.付加価値税は中央・地方共有税とされ,配分比率は中央75%,地方25%となった.企業所得税の配分は国有企業の所属によるが,外国企業・合弁企業についても,許可権限等の帰属により所属が決められ,それに応じて所得税が配分されている.

特徴的なことは財政収入の配分は改革後の1995年と2000年には中央5割強,地方5割弱で,中央政府のシェアが大幅に上昇し,「均分型」に転換した

9章 「分税制」改革後の地域格差と財政調整:中国　181

表9-2 分税制改革後の租税収入の中央・地方間配分

	中央・地方計 億元(%)	中央政府 億元(%)	地方政府 億元(%)	配分基準 1994年改革	配分基準 2002年改革
合計	10,315 (100.0)	5,788 (56.1)	4,527 (43.9)		
付加価値税等	5,032 (100.0)	4,032 (80.1)	1,000 (19.9)		
国内分	4,001 (100.0)	3,001 (75.0)	1,000 (25.0)	共有税 中央75%, 地方25%	
税関徴収分	1,031 (100.0)	1,031 (100.0)		中央税(中央100%)	
消費税	855 (100.0)	855 (100.0)		中央税(中央100%)	
営業税	1,697 (100.0)	236 (13.9)	1,461 (86.1)	鉄道,銀行本店等を除き地方税	
企業所得税	1,009 (100.0)	403 (39.9)	606 (60.1)	営業許可権の帰属に応じて配分　共有税	2002年中央50%,地方50% 2003年中央60%,地方40%
外国企業等所得税	218 (100.0)	43 (19.7)	175 (80.3)	営業許可権の帰属に応じて配分　共有税	2002年中央50%,地方50% 2003年中央60%,地方40%
個人所得税	414 (100.0)	1 (0.0)	413 (100.0)	地方税(地方100%)　共有税	2002年中央50%,地方50% 2003年中央60%,地方40%
その他	1,090 (100.0)	222 (20.4)	868 (79.6)		

(出所) 木村 (2004), p.63より算出.
(注) 1:租税収入は1999年実績. ( ) 内は租税収入の中央・地方間配分.
　　 2:外国企業等所得税は,外商投資・外国企業所得税.
　　　　企業所得税は,それを除く国有企業・集団企業・私営企業所得税.

ことである.「分税制」改革の狙いは,租税収入において中央政府の配分比率を高め,その財政の健全化とマクロコントロール機能を回復する点にもあったのである.「分税制」改革により租税収入の配分で中央政府の比率が上昇した主な理由としては,第1に付加価値税で中央政府への配分比率が75%と高いことがあげられる.「分税制」改革前には付加価値税とその前身である産品税の配分は納付する国有企業の帰属によっており,中央政府への配分比率は2分の1に満たなかった.第2に「分税制」改革前には地方税であった酒,たばこを中心とする個別消費税が中央政府固定税となったことがあげ

られる.

なお2002年改革により,企業所得税と個人所得税も共有税となった.この2つの税の配分は,2002年には中央50％,地方50％,2003年以降は中央60％,地方40％となった[7].企業所得税の配分が所属関係から切り離されて,しかも中央政府に有利な比率で配分されることになった点が注目される.2003年には財政収入における中央政府のシェアが54.6％に高まっており,2002年改革の影響が現れている.「分税制」改革以降,富裕地域の地方政府の抵抗を受けつつも,中央集中型税収配分をへ転換しようとする動きが強まっている.

4. 特定補助金を主軸とする財政調整

4.1 1990年代後半における財政調整機能の低下

「分税制」改革前には,地方政府の中央政府への「納付」と中央政府の地方政府への「体制補助」が,地方政府間の財政調整の役割を果たしていた.富裕な省においても特定補助金の交付を受けるが,納付額が補助額を上回り,ネットでみて「納付団体」となる.その他の省では補助額が納付額を上回り,ネットでみて「受取団体」となる.「分税制」改革前の省間格差をみると,人口一人当たり財政支出の変動係数は財政収入の変動係数を大幅に下回っており,「納付」・「補助」システムが財政調整機能を果たしていた(前掲図9-1参照)[8].

「分税制」改革後は,最終支出の配分で70％前後を占める地方政府のシェアが税収配分では50％前後に低下したから,地方財政は中央政府からの財政移転に大幅に依存することになった.これは中央政府が地方政府に対する財政移転を通じて財政調整機能を発揮する潜在的能力を確保したことを意味する.しかし1990年代後半に,人口一人当たり地方財政収入の変動係数は小幅な上昇を示したのに対して,地方財政支出の変動係数は大幅に上昇して

---

7) 張 (2005), p. 23.
8) 町田 (1992), pp. 52-53.

表 9-3 分税制改革以降の中央政府から地方政府への財政移転の内訳

	合計 億元(%)	税収返還 億元(%)	専用項目補助 億元(%)	過渡期移転交付 億元(%)	体制補助 億元(%)	決算補助 億元(%)	その他 億元(%)
1996	271.6 (100.0)	194.9 (71.8)	48.8 (18.0)	3.5 (1.3)	11.4 (4.1)	9.0 (3.3)	4.4 (1.6)
1997	285.4 (100.0)	201.2 (70.5)	51.6 (18.1)	5.0 (1.8)	11.2 (3.9)	11.1 (3.9)	5.4 (1.9)
1998	332.3 (100.0)	208.3 (62.7)	87.8 (26.4)	6.1 (1.8)	11.3 (3.4)	15.1 (4.5)	3.8 (1.1)
2001	517.6 (100.0)	201.2 (45.1)	256.0 (49.5)	16.1 (3.1)	12.0 (2.3)		

(出所) 黄・迪他 (2003), p.44.
(注) 1：( ) 内は構成比.
2：2001年度は予算額.

おり，財政調整機能は「分税制」改革前よりも低下したことが特徴的である[9]．

「分税制」改革後の中央政府から地方政府への財政移転の内訳を示した表9-3によると，「税収返還」のウエイトが1997年までは70％以上，1998年は約3分の2と最大であった．人口一人当たりでみると「税収返還」はGDPが高い省に多額が配分されており，財政調整機能を果たしていない．税収返還のウエイトが著しく高かったのは，「分税制」改革により税収配分における中央政府のシェアの引き上げに強く反対した北京市，上海市，広東省などを納得させるために，「税収返還」交付後の中央政府と地方政府の財源配分が分税制改革前とあまり変わらない方式を導入せざるをえなかったことによる[10]．

1995年に導入された「過渡期移転交付」は，基準財政支出額と基準財政収

---

9) Bohnet (2003) によると，省間格差 (1997年) をジニ係数で算出すると，政府間財政移転前財政収入では0.3548，政府間財政移転後財政収入（財政支出とほぼ等しい）では0.3545でほとんど差がなく，「分税制」改革後に財政調整機能が発揮されていないとしている (S.292)．Hauff (2000) では，人口一人当たり財政支出について最上位の上海市の最下位の省に対する倍率は1993年の7.8倍から1994年には9.2倍に高まっており，「分税制」改革前と比較して，財政調整機能は低下したとしている (S.165)．
10) Bird and Chen (1998) では，「分税制」改革後，一般補助金の配分を通じた地方財政調整制度は確立しないという見通しを立てていた．その理由としては，中国では急速な経済発展の下で政治的安定を維持することが必要であり，そのために豊かな地域の支持をとりつける方向で中央政府から財政移転を行うことがあげられている (p.175)．

入額の差額を交付基準として配分される一般補助金である．基準財政支出額は，人件費，公用経費，衛生事業費費，社会保障支出，都市維持建設費，農業生産援助支出などに区分して基準額が算出される．基準財政収入額には，地方税収，「税収返還」，専用項目補助（特定補助金）・定額補助金等の基準額が算入される．基準額は中央政府が調整財源の規模を考慮して裁量的に決定しており，ルール化されているわけではない．先進地域には交付されず，内陸部や少数民族地域に重点的に配分されている．「過渡期移転交付」制度は中国における地方財政調整制度といえるが，中央政府から地方政府に対する財政移転に占めるそのシェアは 1-2% と著しく低位であった．

4.2 2000年代初頭における財政調整機能の強化

「分税制」改革後，人口一人当たり地方税収の省間格差が拡大する中で財政調整機能が弱体化したために，人口一人当たり地方財政支出の地域格差は拡大した．経済力の地域格差，特に西部地域（内陸部）の立ち後れは放置できないものとなり，2000年代に入ると地域格差の是正が重要な政策課題となった．中国政府は 2000年1月，世紀をまたぐ超長期の「西部大開発戦略」に着手した[11]．5-10年の開発戦略では，鉄道，高速道路，空港などのインフラ整備と生活環境保護に重点を置き，西部開発のための良好な環境をつくり出すことが掲げられている．西部地域開発の政策手段としては，財政面では財政移転支出の西部地域への傾斜的配分と企業への優遇税制（企業所得税の 33%から 15% への引き下げなど）が採られる．中央政府の財政移転を通じる財政調整機能の発揮が重要な役割を果たすことになる．

事実，2000年代に入ると，不十分ではあれ以下の点で，財政調整機能を強化する条件が整備されてきた点が注目される．

① 2002年改革により，税収配分における中央政府のシェアが上昇した．
② 中央政府の財政移転に占める「税収返還」のウエイトが低下した．
　2002年には「税収返還のウエイトは 35.6% まで低下している（中国社会科学院財政・貿易経済研究所（2004），p.170）．

---

11)「西部大開発戦略」については加藤（2003），p.148-169 による．

表 9-4 中央政府から地方政府に対する専用項目補助の内訳

(十億元／％)

	合計	資本建設	政策補塡	社会保障補塡	教育，衛生，福祉	貧困地区補助	その他
1993	35.5	2.5	21.3	0.0	3.5	1.7	6.5
	(100.0)	(7.0)	(60.0)	(0.0)	(9.9)	(4.8)	(18.3)
1997	51.7	4.7	22.2	0.0	7.3	6.2	11.3
	(100.0)	(9.1)	(42.9)	(0.0)	(14.1)	(12.0)	(21.9)
1999	146.9	47.0	25.0	23.5	11.8	8.8	30.8
	(100.0)	(32.0)	(17.0)	(16.0)	(8.0)	(6.0)	(21.0)

(出所) 黄・迪他 (2003), p.47.
(注) (　) 内は構成比.

　「税収返還」の増加率は付加価値税と個別消費税の伸び率にリンクしている．急速な経済成長の過程で，弾力性が高い企業所得税と個人所得税のウエイトが上昇し，付加価値税と個別消費税のウエイトが低下したために，「税収返還」のウエイトが低下したのである．

　中央政府の財政移転を通じる財政調整機能の強化において，地方財政調整制度としての「過渡期移転交付」の拡大は副次的な役割しか果たしていない．2002年に「過渡期移転交付」(同年から「一般的財政移転支払」に改称) のシェアは4.1％に上昇したにすぎない．中心的な役割を果たしたのは「専用項目補助 (特定補助金)」であり，シェアは35.5％と「税収返還」と同じ比率にまで高まっている．

　「専用項目補助」の内訳をみると，1997年には42.9％と首座を占めていた政策補塡 (家計への価格補助金向けの補助金) のシェアが17.0％へ急落し，資本建設のシェアが32.0％に急上昇して首座を占めている (表9-4参照)．また老齢年金 (地方政府ごとに実施されていて保険料格差が大きい) 向けの補助金を中心とする社会保障補塡のシェアが16.0％まで高まっている．

　中央政府から地方政府に対する財政移転の省間配分をみると，「税収返還」と比較して，「専用項目補助」を中心とする「その他の補助」は人口一人当たりで経済力が低い地域に多く配分されており，財政調整機能を果たしていることがわかる (図9-3参照)．

　2000年代に入ると，地方税収格差の拡大傾向が続いているにもかかわらず，人口一人当たり地方財政支出の省間格差は縮小しており，財政調整機能

186 第II部 裁量かルールか

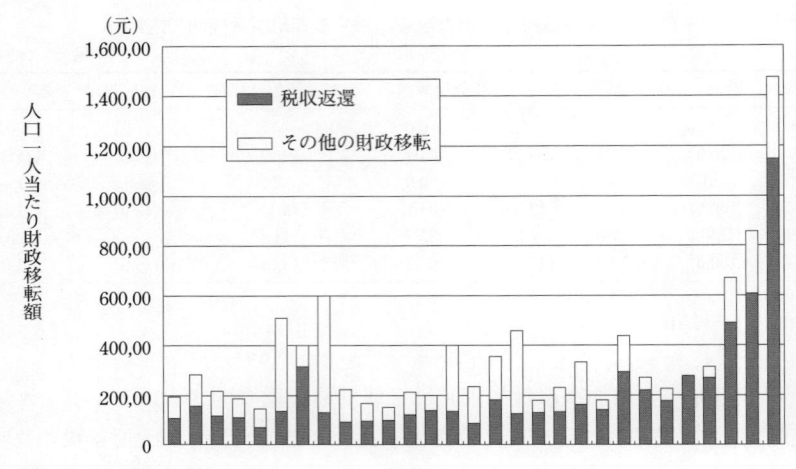

(出所) 黄・迪他 (2003), p. 46.
(注) 省は人口一人当たり GDP が高くなる順に左から右に配列．

図 9-3 中央政府から地方政府への財政移転の省別配分 (1998 年)

が強化されつつあることが示されている（前掲図 9-2 参照）．財政調整機能の回復に寄与しているのは主に 1990 年代末以降のインフラ整備向け補助金の急増であり，「西部大開発」政策の下で内陸地域への傾斜的配分が進められているとみられる（図 9-3 参照）．副次的には老齢年金向けの補助金の急増であり，国有企業のウエイトが高い地域（現役労働者に対する退職者の比率が高く，年金保険料が高い）に傾斜的に配分されている．

5. むすびにかえて

中国における地域格差の中心は，人口の約 7 割を占める農民と約 3 割を占める都市住民の間の大幅な生活水準の格差である．中国の特殊な条件として，農村戸籍の者が都市戸籍に移ることを実質的に禁止していることがあげられる．農民が雇用機会の大きい沿岸部の都市で働く場合，農村戸籍を残したまま，一般的には農村の役所の許可を得た上で働きに出る．都市の義務教育，住宅等の生活保障は定住人口を対象としており，流動人口は対象外である．都市は戸籍移動を伴う人口流入については，参入障壁（様々な経済的負担を課

す）を設定することにより，雇用機会，生活インフラ等からみた許容限度内で受け入れる．

10億人以上の巨大な人口，沿岸都市の受け入れ能力，戸籍管理が政府と共産党による厳格な住民管理の手段となっていることを考慮すると，沿岸部への自由な人口移動を通じる地域格差の縮小というメカニズムは相当長期間作用しないと考えられる．そこで地域格差縮小の主な手段は，内陸部のような後進地域の都市の人口受け入れ能力を高めることを狙いとするインフラ整備と外資企業誘致・国有企業改革に置かれる．

以上のような条件の下では，財政調整において地方財政調整制度としての一般補助金のウエイトは低く，相当長期間，国の直接投資（直轄事業）や地方政府に対するインフラ整備向け補助金の傾斜的配分や後進地域に限定した税の減免措置が中心的な役割を果たしていくと考えられる．

人口一人当たりGDPの上位5省・直轄市を富裕地域，下位5省・自治区を貧困地域として，人口一人当たりの地方財政収入・支出の地域格差を貧困地域に対する富裕地域の倍率としてみる[12]．1997年には財政収入で4.45倍，財政支出で2.88倍であったが，基本建設支出では6.12倍に達していた．脆弱な地方財政調整機能の下で，貧困地域では低い財政収入水準→低い財政支出水準→低いインフラ投資水準→経済力と税収調達力の低下という悪循環が，富裕地域低下では逆の良循環が現れ，地域格差が拡大したのである．

2003年には財政収入では5.67倍と格差拡大がみられるが，財政支出では2.88倍と横ばいであり，地方財政調整機能の強化が示されている．注目されるのは基本建設支出において4.00倍へ低下し，顕著な支出格差の縮小がみられることである．地方政府に対するインフラ整備向け補助金を主軸とするという1990年代末以降の中国型地方財政調整の効果がうかがわれる．

中国において一般補助金の配分による地方財政調整制度が主軸に据えられない主な理由としては，先述した富裕地域の財政移転を求める強い要求の他に，中央・地方を通じて経済成長促進が最優先課題となっている中で，地方

---

[12] 『中国統計年鑑』1998年版，2004年版より算出．富裕5地域は北京，天津，上海，浙江，広東の5省・直轄市である．貧困地域は1997年には貴州，甘粛，西蔵，陝西，広西の5省・自治区であるが，2003年には西蔵と陝西に替わって雲南と安徽が入っている．

政府がルール化された補助金配分よりも，自らの地域への特定補助金，特にインフラ整備向けの特定補助金の優先的配分を選好していることがあげられる[13]。

参考文献

Bird, R. M. and D. Chen (1998), "International Fiscal Relations in China," in *Taxation in Modern China*, edited by d J. S, Brean, D. J. S., Routledge.
Bohnet, A. u. a. (2003), *Theoretische Grundlagen und praktische Gestaltungsmöglichkeiten eines Finanzausgleichssystems für die VR China*, Peter Lang.
Hauff, D. (2000), *Finanzausgleichspolitics in der Volksrepublik China*, Peter Lang.
加藤弘之 (2003),『地域の発展』名古屋大学出版会.
木村武司(研究代表者)(2004),『中国労働市場の変貌とソーシャル・セイフティネットの形成』(2001〜2003年度科学研究費・研究成果報告書).
許海珠 (1999),『中国国有企業改革の戦略的転換』晃洋書房.
黄佩貨・迪帕克他 (2003),『中国：国家発展与地方財政』中信出版社.
曾瑞林 (2004),『現代中国税制の研究』お茶の水書房.
中国社会科学院財政・貿易経済研究所 (2004),『中国財政政策報告 2004／2005』中国財政経済出版社.
張忠任 (2001),『現代中国における政府間財政関係』お茶の水書房.
張忠任 (2005),「中国WTO加盟後の財政制度改革に関する分析―政府間財政関係における再集権化傾向を中心に」(島根県立大学総合政策学会『総合政策論叢』第9号).
内藤二郎 (2004),『中国政府間財政関係の実態と対応―1980〜90年代の総括』日本図書センター.
牧野松代 (2001),『開発途上国 中国の地域開発』大学教育出版.
町田俊彦 (1992),「日本と中国における地方政府の経済的機能と地方財政」『福島大学地域研究』第7巻第1号. 中国語訳, 葛意生 (1992),「地方政府的経済職能与地方財政」(夏興国・藤村俊郎編『中日両国地区経済発展構造的比較分析』武漢出版社, 所収).
町田俊彦 (2006),「中国における中央・地方の財政関係」(専修大学社会科学研究所編『中国社会の現状』専修大学出版局, 所収).
李斎云 (2003),『分級財政体制研究』経済科学出版社.

---

[13] Bird and Chen (1998) では,「分税制」改革後, 一般補助金の配分を通じた地方財政調整制度は確立しない理由の1つして, 同程度に貧しい地域が平等に取り扱われるべきであると政治レベルでは考えられていないことをあげている (p. 175).

第Ⅲ部　動揺を通じた安定化
——水平的財政調整

10章 州間の水平的調整における根本問題：ドイツ

ヴォルフガング・レンチュ（伊東弘文訳）[1]

1. 連邦国家における財政基本規範の役割

　連邦国家の財政基本規範は経済的な観点からすれば、主として、3つの任務に役立っている。すなわち、稀少資源の配分、その再分配並びに経済安定の3つである[2]。これらの任務に続いて、財政基本規範を支える政治的な形成の責務が定式化される。そのとき若干基本規範は拡大される。すなわち、第1に肝要な点は、所与の基本規範の枠組みのなかで、（有権者である）市民が正統なものとして受け入れている秩序を発展させることである。第2は、そのような秩序においては、公的資源は可能な限り経済効率的に投入されることである。第3は、以上と同時に、地域団体が基本規範に基づく任務を遂行するべく十分な行財政能力を備えていることである[3]。

　基本法の現行の財政基本規範（基本法第104a条以下）は、統一ドイツ及び拡大EUの条件の下で、すでに古くさくなっているかもしれない。しかしながら分けても次の事情、つまり連邦法に根拠を持つ経費負担は地域間で不均等

---

1) 本章はMagdeburg大学政治学教授のWolfgang Renzschが執筆したDer deutsche Finanzausgleich-Grundprobleme des horizontale Laenderfinanzausgleichを訳出したものである。本章は昨年11月12、13日に東京で開催された財政調整に関する国際シンポジウムにおける教授の報告のベースとなった。しかし、本書に収録するに当たって、教授の提出論文の全訳を載せることはできなかった。理由は2つある。第1は、教授の論文が長大に過ぎ、編集者があらかじめ示した執筆予定枚数を相当に超えるものとなっているからである。第2は、教授は来日の機会に総務省で講演され、そのために講演草稿を用意された。この講演草稿は全文訳出され、『地方財政』（財）地方財務協会、2005年12月号に掲載された。論文及び講演草稿には重複が部分的にあり、重複はそれぞれの論文ないし講演草稿の論旨を十全に示すためには必要であったが、一方の講演草稿が全文訳出された後では、あえて他方も全文訳出することが適当とは思われないからである。重複・削除の中心をなす「人口統計のケース」に関心を持たれる読者は、上記の『地方財政』を併読されたい。
2) Musgrave et al. (1992), p.1による。
3) Renzsch (2000) による。

であること，特別の国家全体に係る任務を個々の州が連邦法に基づき執行するところから経費負担は州の間で不均等となること，さらには人口的な変化が不均等に作用することといった諸事情がある．これらの理由のゆえに，先に挙げた3つの任務のうち第3の任務（経済の安定）についてみて現行の規定が適切であるか否かは，疑問である．若干の州（及び連邦政府）の財政危機及び連邦憲法裁判所がほとんど絶えることなく連邦・州間財政調整の問題に関わりあっていること，これらは現行の法令と方式が当該の財政調整問題を十分に解決していないという推定を裏書きする．

　財政基本規範及び財政調整の形成に当たって中心的な問題は，諸々の形成の基準が上に述べた3つの任務に向かって必ずしもぴたりと一致しているかどうかという点にあるのではない．そうではなくて，政治的現実において目標間の葛藤の刻印を負っている点にある．効率の観点の下で，ある州に義務を課し，これに連動する経費負担を負わせ，それが任務と呼応しあう解決となるというやり方が推挙されるようなことがあれば，それは偶然である．税源や税収の配分と再分配の間，つまり稀少な財政資源の効率的な投入と税収を政治的に決められた需要に配当することとの間での緊張関係は，財政調整のシステムにおいては，もしシステムが「適当な」（基本法第107条第2項）ものとして認められているとしても，争いなしには解決されない．この緊張関係のために，再三再四新たな調整が必要となる．それゆえ「最終的な」解決は期待され難い．むしろわれわれが受け入れねばならないのは以下のこと，つまりさまざまな時点でさまざまな挑戦に応じて，上に述べた観点をさまざまに重点付けしていくこと，である．

　財政基本規範をめぐる学問的な，あるいは政治的な討論は最近では，制度的なあるいはその他の要求が影を潜めた．代わって，討論はとりわけ経済効率の観点の下でなされている．そこで問題となっているのは，いわゆる「改革の停滞」である．つまりドイツ連邦共和国における（あまりに）緩慢な政治的意思の決定過程である．この意思決定過程はとりわけ連邦共和国の形の秩序と，なかでも連邦制の財政秩序と関連付けられた[4]．ここで参照されるべ

---

4) 例えば Sachverständigenrat (2003), Rd. —Nr. 510ff.

きであるのは，OECD 経済報告「ドイツ 1997-1998」であろう[5]．この報告は，「効率的な国家への途上では」連邦制の財政関係を改革することが最重要の課題であることを表明している．しかし同時にドイツ大蔵省学術顧問団も参照されるべきで，同顧問団はドイツ連邦共和国が分権的な構成をとる理由として「何よりも」資源配分に根拠があるという見解なのである[6]．さらに経済全体報告専門家（5賢人）委員会を参照すると，同委員会は経済効率を単なる観点からシステムの尺度に高めている[7]．現行のドイツの状態に対する批判と批判家の目録は無数に近く，ほとんど好むだけ延長される[8]．

　OECD，ドイツ大蔵省学術顧問団，経済全体報告専門家委員会及び多数の財政学者によって提示されている批判に共通しているのは，批判の中心に規範的な基準として，もっぱら経済的に定義される国家活動の効率並びにそこから決まってくる最適国家構成に向かっての課題が存在しているということである[9]．この観点から，上記の批判家たちは国庫の均衡，自主税源，連邦と州の課税立法権，税収配分における反赤字を指標化した誘因の導入，州間競争の拡大，補助金等の混合財源調達の縮減，州間財政調整の縮減，連邦関与の縮小を主張している．これらの抽象的な，モデル理論に基礎を置いた規範的な経済効率基準（尺度）は具体的に歴史的な，かつ基本規範における所与から離されて，国家の構成と任務の国家による執行に関して中心的な，すべての他の局面を決定する尺度とされている．したがって，連邦主義の経済理論の観点からは，理想状態として，「制度的一致」[10]が，すなわち，ある公共任務に関してその提案，執行，財源調達の三者が1つの手の中で一致していることが推挙される．

　しかしこのようなモデルは，ドイツ連邦共和国の国家活動の現実においては，実行されず，現存の財政調整の問題を解決することはない．というのは，

---

5) OECD (1998) を参照．
6) Wissenschaftlicher Beirat (1992), p. 41 による．
7) Sachverständigenrat (1997), Rd. —Nr. 339ff.
8) 批判的な著作はほとんど枚挙しがたい．完全ではないが，Peffekoven (1993), p. 11, (1994), p. 281 ; Homburg (1994), p. 312 ; Littmann (1991), p. 31 (1993); p. 53, Henke (1993); p. 10 ; Huber und Lichtblau, (1998), p. 142 及びその他の論文を見よ．
9) Korioth (1997), pp. 198, 206 も参照．
10) Blankart (1998), p. 533 による．

上記の「制度的一致」のモデルをもってしては，傾向的に，いくつかの局面はフェードアウトするであろう．フェードアウトする局面とは効率モデルの尺度に従わない局面であり，社会的結合とか一定の制度とかから来る要請である．フェードアウトする具体例をここで挙げると，例えば法（連邦法）の前の平等のような基本法の要請（基本法第3条第2項），あるいは「均一な生活関係を作り出すこと」（基本法第72条第2項）の要請がいっそう重要性を帯びて考えられよう．それらはたとえ基本法第83条に従って，執行は州に委ねている事務であるとしても．連邦国家の財政秩序が良好に機能するということは，このような秩序があってすべての州が基本法に基づくと同時に，全国家的に重要である諸要請を，（過大な）公的債務を負うことなく，実現することができるか否かが判定されねばならない．さらにまた，以上の一部をなすものとして，公共治安，教育・保健の分野や他の分野において比較可能な（最小の）基準を置くことが挙げられる．基準を設定することは州政府の権限に属する．民主的にして社会的な連邦国家（ドイツ）（基本法第20条第1項）において財政基本規範が真実に機能しているか，財政調整もしかりであるかは，経済モデルにおいて想定されている以上にさまざまな次元での判定を必要としている．そのような次元の判定においては，州の支出は単に変数をなすに過ぎず，かかる変数は，法的な限界を顧慮せず，経済的，社会的，政治的に帰結してくる関係州への作用に注目しなくて済むのならば，好きなだけ上下に変動させることができる．純粋に経済モデルの立場に立つ人々の間では，ある政策が政治的に受け入れ可能か，あるいは例えば連邦国家を政策の線に沿って根っこから作り変えることの費用や帰結はどうなるかというが如き問いの設定はなされてこなかった．

　以下の政治学的な考察はしたがって，経済効率の問題のみならず，連邦・州間財政調整の機能状況の問題を考察の前面に立てる．基本規範がどう定めているか，また史的にどう変遷したかといった基本に基づきつつ，財政調整システムはその機能状況が調査されるべきである．財政調整のモデルはいまもなお適切に「機能」しているのか？　基本法に規定され，基本法から導出されている州の任務は，著しく変化した枠組み条件の下で，また新たな挑戦の下で，効果的に，かつ（過大な）債務を負うことなしに，遂行されているの

だろうか？　このような問いに対しては，経済効率は重要でないことはない，いやそれどころか重要な尺度のひとつである．というのは，浪費は効率基準と衝突するのみではなく，機能性の基準とも衝突する．しかし肝心な点は「もっとも安上がりの」財政調整（経済的連邦主義モデル—訳者）ということにあるのではなく，任務の観点から見て機能する財政調整（機能的連邦主義モデル—訳者）ということにある．この2つの連邦主義のモデル以外にその他の諸点で肝心なものはあるとしても，基本法の意味における「適当に」には当たらないであろう．

2. 機能的連邦主義のモデルにおける財政基本規範の役割

　ドイツの連邦主義は，例えば北米の連邦主義（カナダ，アメリカ合衆国）と異なり，EUの連邦制の制度と相似しているが，しかしそこにはドイツの独自性がある．その独自性とは，国家の構成が第1次的には機能に従って分けられ，第2次的にのみ政治領域に従って分けられているに過ぎない．機関の一致，つまりある任務に関して1つの機関において政策指示，その執行，所要財源の調達が一致していること，これは少なくともドイツの内政においては例外である．そうではなくて，ドイツでは機能的な任務配分が支配的である．機能的な任務配分に従うと，連邦には立法（基本法第70条以下）機能が，州には連邦法の執行（基本法第83条以下）機能がそれぞれ担わせられた．さらに，州は執行と同時に財源調達（基本法第104a条第1項）にも責めを負うこととなった．類型的に言えば，機能的あるいは協調的連邦主義が独自の類型として，二元的あるいは競争的類型（アメリカやカナダがそうである）と区別して概念化されねばならないのである．

　以上に述べてきたドイツの発展の経路[11]は，1871年の帝国憲法の中に最初の痕跡をとどめている．帝国憲法はライヒ（帝国）に一定の立法権限を与えた（1871年帝国憲法第4条）．しかし，わずかな例外を別として，ライヒ法の執行を州に任せたのである．このような国の構造決定における根本は，ワ

11）　Lehmbruch（2002）による．

イマール共和国によっても現在の基本法の父母たちによっても問題とはされなかった．すでに1949年の基本法の条文は，長い一連の連邦権限のカタログを含んでいる．すなわち，連邦専属事務（外交，防衛，国籍等の11のさまざまな権限，1949年の条文における基本法第73条，現行は12)，連邦と州の競合事務（23の権限，1949年の条文における基本法第74条，現行は29の権限及び第74a条）並びに連邦の枠組法の立法事務（5の題材，1949年の条文における基本法第75条，現行は7の題材）である．1949年の財政基本規範（1949年の条文における基本法第105条以下）で公準とされたのは，立法，法の執行，収入を一致させるということではなかった。そうではなく，立法権，収入権，及び執行権を分けることであった．立法は広範囲にわたって一部は専属，他の一部は競合の形で連邦の権限に帰し，これとは関係なく個々の税目の収入権は連邦あるいは州に分けられた．1949年の条文における第106条第3項により連邦は「所得税・法人税の一部を要求する」権限を与えられた．1952年度以後，連邦はこの権限を行使した．その後これは1955年には基本法の中に条文化され，いわゆる連邦・州間の「小」税源結合[12]と呼ばれた[13]．

　基本法における財政基本規範はしたがって，規範的に，抽象的な効率基準を前面に押し出しているわけではない．国家の任務を配分する上での「論理上の優先」に基づいているのであり，任務配分に続けて公共収入を配分しているのである．基本法の第10章に至って，つまり立法，連邦法の執行及び司法に関する諸章の後にようやく財政が現われるのは偶然というわけではない．それゆえ，財政基本規範は「従たる」基本規範，あるいは「帰結の基本規範」と考えられねばならず，そう考えることが首尾一貫しているというものである[14]．具体的には以下のようになる．つまり収入の配分は，国家の任務を割り当てること，これと結びついて経費を負担せしめることに応じているのである．

---

12) Renzsch (1991), p. 101 を参照せよ．
13) 注目に値するのは，経済学の文献では，しばしば互いに逆の主張がなされることである．Sachverständigenrat (2003). Rd. —Nr. 513 は，連邦・州間の税源配分で分離システムが「1949年の基本法で選択された」と述べているが，これは誤っている．経済学関係の文献ではいろいろな個所でこのような記述が見られるが，正確な主張とは言えない．
14) Korioth (1997), pp. 32, 87 を参照．

したがって，財政基本規範は「事実上の単一制国家化」[15]のプロセスと矛盾しない．「事実上の単一制国家化」のプロセスとは，1871年のライヒの創設以来ではないにしても，1949年の連邦共和国の創設以来ドイツにおいて連邦国家状況がどのように発展しているかを特徴付けている．論理の関連は逆であって，財政基本規範は事態の発展を補完するように作用しているのである．このような事態の発展の原因となっているのは，第1に，新たな任務（航空，核エネルギー，環境保護等）が例外なく，少なくとも関連法制の整備については，連邦に委ねられたこと[16]，第2に，単一制国家化は機能的な任務配分の帰結でもあること，の2点である．基本法は傾向的に，生活関係の統一を志向している．というのは，連邦法の形で整備された国家任務は，その任務が市民の国家に対する要求を作り出すならばとくに，州が広い範囲で州境を超えて執行を統一化することを求めるからである．それは，基本法第3条第1項にある平等原則から生じる．それが妥当する範囲は広く，教育や治安のような州の立法の中心分野にも有効である．教育や治安においては本質的な相違が連邦忠誠の原則とも一致しないであろう．ここで基本法の概念の核心である「均一な生活関係を作り出す」こと（基本法第72条第2項）ないし「生活関係の統一」（基本法第106条第3項2号）がところを得なければならないであろう．以上に加えて，ドイツで支配的な公平の観念が押し寄せて，きわめて広く統一化された事務の執行へと突き動かす．ドイツは地理的に見れば相対的に小さく，しかし人口密度は高く（北米と比較して），同時に言語的にも文化的にも宗教的にも細分化されているわけでもなく，（スイスやカナダと比較して）むしろ同質的であるような国家である．そういった国家において公共任務を執行するとき州間，地域間で大きな差異があることは市民の眼から見て政治的に到底受け入れられるものではない．別の表現で定式化しておこう．すなわち，人口密度が高く，しかし名指しするに足る「国内分裂」を持たない国家であるドイツ，とはいえ地域間で高い社会的，経済的な錯綜があり，また明白な単一制で特徴付けられる政治的文化をもつ国家（ドイツ）には，機能的あるいは協調的連邦主義のモデルがまったく適切なのである．

---

15) Hesse (1962) を参照．
16) Renzsch (1999)．

「事実上の単一制国家化」の帰結として，水平的財政調整の程度は絶えず高まった。水平的財政調整の最初の何年かは州の財政力の最低保障制度はなかったし，予算年度毎に法的措置がとられた。1955年以後，財政調整法（FAG）の定めに従って88.5％という最低保障制度が導入された。1960年代に相次いで最低財政力の引き上げが行われ，90％を超えるに至った。1970年以後は，最低財政力の水準は95％に達している。さらに，1968年以後は連邦補充交付金（BEZ）が導入された。この交付金はそれが始まった頃には，定額かつ一目で見渡せる程度の金額であった。1974年以後はこの交付金は定額の枠が外され，売上税の1.5％という定率に改められた。後年には，定率は2％に引き上げられた。交付は売上税に対する連邦参与額の中から行われる。1995年以後，この交付金から連邦補充交付金の欠損額補塡分が生れた。これによって，全ドイツ平均を基準に取ったとき，欠損額の90％を補塡する。この結果，最低財政力保障は財政調整法の定めに従うと99.5％に達する。経費負担の状況を加味した連邦補充交付金を算定するものではもはやなくなったのである。2005年に施行された連邦・州間財政調整改定法により，総合結果における調整程度を引き下げたが，引下げ幅は大幅ではなかった。弱体州に対する財政調整の程度が次第に引き上がることは事実上の単一制国家化の後に続いたのであり，前者が後者の原因となったのではなかった[17]。

このような発展の経路をたどって，その帰結は以下となった。すなわち，今日，連邦立法者が州の任務と支出をきわめて広い範囲で決定し，収入もほとんど，決めるということである。独自に州が決定する余地はきわめて小さくなったのである。

連邦立法者（連邦議会及び連邦参議院）がきわめて広範囲に州の任務を決めるのみならず，州の収入も決めるという状況は必然的にその帰結として，連邦立法者は州に対して，州がその任務を執行するに必要な財源を確保する責任をも負うということになっていった。それゆえ，財政調整が必要とされる。その財政調整は結果においてまず何よりも，地域的な租税収入，したがって地域的な経済力を大部分，地域とは無関係な財源配分とするように取り計ら

---

17) Renzsch (2000).

うことである．このような財源配分は個々の地域団体の任務がどうなっているかに注目する．

　連邦・州関係では，つまり垂直的な税源配分においては，基本法は連邦と州のそれぞれ不可欠の支出が等しい割合で租税によってカバーされていることを求めている（基本法第106条第3項）．「等しい割合で」というのはしかし，個々の州を念頭に置いたものではなく，州の総体，つまり州平均を念頭に置いたものである．基本法が機能主義的な論理をとっていることにより，連邦と州の間で税源総体をこのような形で配分することは首尾一貫し，かつ跡付けも可能なものであった．しかしこれを実行してみると，問題を極度に多く含むことが分かった．最重要な基準——不可欠の支出を等しい割合でカバーすること——は戦略次第で変化することが判明した．それまでどの経費が不可欠であり，どの経費がそうでないかを定義することに成功してなかったので，連邦と州の支出の実額が基準として取られた．連邦と州の間の税源配分はそれゆえ，現実の負担配分が鏡に映った像というよりも，これら2つの国家次元（連邦と州）の間での力関係の表現となる[18]．

　水平的財政調整は原則として州による等しい負担——住民一人当たりでみる抽象的需要——に基づいている．地域によってさまざまである経費負担は，例外的にのみ算入される．すなわち，都市州及び2005年以後，とくに人口過疎の州の市町村税については住民数補正を行う．さらに，連邦補充交付金の金額の範囲で小規模州に特有の経費負担，東西ドイツに分断されていたことに起因する特別負担，平均を上回る過度の経費負担（2004年まで），ブレーメン都市州及びザールラント州の財政再建負担（同じく2004年まで）を算定する．総体としての西ドイツの州にとっては，連邦補充交付金は第二義的な重要性しかもたないが，東ドイツの州にとってはきわめて重要である[19]．

　税源と税収を連邦及び州に配分するのは，2つの目的を追っている．すなわち，第1に地域団体（州，市町村）がすべて，中央にある国家（連邦）が決める任務を十全に執行することができること，第2に地域団体の固有権限で

　18）　以下の文献を参照．BMF (1995); Häde (1996), p.195; Korioth (1997), p.478; Hidien (1998).
　19）　以下を参照．1993年6月23日の連邦・州間財政調整法第11条，BGBl. 1S. 944, 977, 2001年12月20日の法律による改定が最新である．BGBl. 1S. 3955.

決めた任務を執行する形で国家たる性格を展開する可能性を地域団体に与えること，の2つである．連邦内の地域団体の財政力を均等化するときに欠かすことのできない尺度となるのは，州の義務的事務の広がり及びそれらの任務を執行するときの，基本法及びその他で定められた基準値の高さである[20]．したがって，水平的調整の目標，言い換えれば「州間の異なる財政力が適当に調整される」（基本法第107条第2項）ことは，重要であるが，重要であるのはもっぱら既存の任務に相応する財源配分（充分に高い行政水準の執行を可能とする財源配分……訳者）であることを意味しているからである．

基本法第107条第2項の指示，つまり州間の財政力を「適当に」調整することは，この目標に役立っている．すなわち，州一般あるいはいくつかの州に対して自主的な税収がいかほどであるかとは別に，少なくとも州の責務とされ，全国的に，ある基準で執行が予定されていたり，その他であったりする義務的事務（例えば義務教育，治安）を，過大な債務を負うことなく，効果的に執行することを可能としない財源配分は，基本法の意味で「適当」と呼ぶことはほとんどできないのである．そのような税源配分は，基本法によって予定されている機能的な要請に応えるものではない．

こうしてみると，基本法における財政基本規範は，（過大な）債務を負うことなく，州を効果的に以下を可能とする状況におく任務をもっているのである．

- 州の任務が連邦法の形で規定されている限りで，法の前の平等原則に対応して，州に責務を負わせている任務を執行すること．
- 州に対して憲法秩序により割り当てられている上記の種類以外の任務を連邦忠誠の義務の枠の中で，おそらくは執行の程度はさまざまであるとしても，しかし必要にして十分に執行すること．
- 州固有の政策の分野で自主的に行動できること．

以上のうち第2，第3の分野，言い換えれば規律する権限が州の下にある分野に注目すると，見過ごせないのは，例えば州文部大臣会議や全国統一的な警察法により，この分野は「第3の次元」[21]へと，非常に広い規模で，統一

---

20) Häde (1996), p. 234.
21) Scharpf (1994), p. 59.

化が進んでいるという事実である．こういう分野では，たとえ自由意志によるものではあっても，州は（財政に作用が及ぶ）政策形成の権限を放棄したのである．

ドイツ連邦共和国の憲法秩序における「機能的な」任務の配分が何に帰結するかという状況を描いてきた．このような帰結の後に続くのは，州の財政力を調整する程度は必然的に高くなるということである．なぜなら，住所地とは無関係に，同一のやり方で，法の前の平等原則に基づいて，連邦法の形で規律された給付に対する住民の要求が存在するからである．このような次第で，州は大部分，同一の給付を行うことができなければならない．しばしば議論される基本法の文言，すなわち「均一な生活関係の作り出すこと」（基本法第72条第2項）ないし「生活関係の統一」（基本法第106条第3項2号）は決して公準あるいは国家目標であるのみではない．そうではなくて，機能による任務配分の論理的な帰結なのである[22]．

ドイツの連邦主義モデルの機能的な任務配分という論理の背景の前では，人はその上に築かれている基本法の財政基本規範及び連邦・州間財政調整に対して，原則的には，著しい程度の機能論理を否認することはできないであろう．連邦立法者の義務となっているのは，できる限り，地域団体の財政的な行動能力を確保するための規範の設定と責任である．税収を一方では地域的収入に従って，他方では住民及び規格化された需要基準，つまり住民に基づく二次的な配分に従って，税収を公共団体に帰属させること，これと並んで，租税における税源分離方式と税源結合方式を結びつけることは，連邦法によるとともに州自身によっても設定されている任務の混合を，原則としては，顧慮している．それはまた，公共サービスの給付における公平の観点も機能の公平の観点も，両方を考慮に入れることを可能にしている．このシステムが長期間にわたって確認される高度の安定を示したことから明らかになるのは，このシステムが広い範囲で機能に対して公平であり，ドイツ連邦共和国の政治的，社会的統合に著しく貢献したということである．しばしば苦情を寄せられる改革抵抗はこういうように光を当てると，構造的に——細部

---

22) Korioth (1997). p. 183.

ではなく——政治が機能不全であることの帰結ということはできない．それよりもむしろ，連邦・州間の任務と財源の配分における高度の一致の結果であるように思われる．別の表現で定式化しよう．すなわち，細部の改善は別として，これまで，説得的で，機能を支える力を持った代替案は示されていない．実際，競争的に仕上げられた税源配分モデルの提案が数多くあるが，それらの提案は協調的であるように構造化された任務配分とほとんど結び付けられていない．つまり，連邦立法者が極度に広く連邦を構成する州の任務を定めているとしよう，しかしこれと併せて，州は租税競争の条件下でそれらの任務に要する財源を確保しなければならないとする．このような連邦制のシステムをとっても，その連邦制システムはほとんど機能できないであろう．

　高度に発展した機能の論理及びドイツ統一にあたって示された連邦・州間財政調整システムの注目に値する適合能力にもかかわらず，確かに言えることはこのシステムが修正を要する機能的な欠陥を示しているという事実である．つまり，それらの欠陥が歪んだ状況を引き起こしているからである．見逃すことができないのは，機能の弱点が事実上の単一制国家化の進展という帰結，なかでも社会国家の精緻化という帰結をもたらしているということである．州が公共サービスの給付を提供することを支持するありとあらゆる法的もしくは政治的公準が作られる．これに合わせて，州間の不均衡が新たに生まれた．また，調整に関わる財政資金の流れを集中化する圧力が増加したのであった．混合的資金調達をも含む財政調整が，社会国家の精緻化と単一制国家化の後に続いたのである．もっと正確に言えば，財政調整は不安定化し，下り坂を下ったのである．

　以上のような状況において問題である点は，基本法における任務と財源の現行の配分は連邦に，その政治目標，とくに社会政策目標を，広い範囲で州を犠牲にして，追い求めることを許しているということである．州に生じてくる財政負担と，また，加えるにこれがさまざまなやり方をとること，このふたつの点と並んで，見過ごしてならない第3の点がある．それは，州の支出の決定の形式が民主義理論の角度から見て，きわめて問題をはらむという点である．つまり，手続きがきわめて不透明であり，州議会は無力化されて

いて，特に予算審議権において制限されており，政治責任は覆い隠されている．

3. 不均衡とその原因

　財政調整が受け入れられ得る限界にまで来ているのみならず，実質的にも憲法論的にも限界（過剰な平準化）に達してもいるということの原因は，事実上の単一制国家化，とりわけ社会国家の発展という傾向の中に見出される．最近50年間の社会国家の精緻化は，第1に，社会給付諸法が増加する形で進められた．そういった諸法が租税によってあるいは租税を財源とする補助金によって調達されている限りでは，連邦か州か，州の一部としての市町村かが財政負担を負う．州間で明らかになるのは，州の負担または州内市町村の負担（例えば社会扶助費）は，州の経済状況の如何に従って著しく上下するということである．一般化するならば，確認できる点は，経済力の強い州（バーデン・ヴュルテンベルク，バイエルン，ヘッセン）は，経済力の弱い州（ニーダーザクセン，ザールラント，シュレスヴィッヒ・ホルシュタインといった東ドイツの州）と比べて，明確に小さな負担で済ませることができているということである．負担が大きいのはまた，近代化のプロセスで工業化が早い時期に進んだ人口集積地域（都市化された州であるノルトライン・ヴェストファーレン）である．これらの地域で特にそうであるのは，沿革的な理由から産業的な広い基礎に欠けている場合（ブレーメン），あるいは単一産業に構造化されている場合（ザールラント）である．上記の州は，「不生産的な」社会給付によって高負担となっている．結果として生じることは，こういった州には財政力の強い州と比べて，将来投資のための財源がほとんど残らないという事実である．つまり，州間のはさみ状の格差はいっそう広がるのである．問題が鋭さを帯びるのは，移住の動向によってである．これが該当するのは，大きな構造転換，高い失業率を抱えた州である．しかし都市州とて，特別のやり方で，かかる傾向が該当する．言い換えれば，社会給付の受給者はとどまる．潜在的な納税者は去る．収入は低下する．費用はほとんど停滞する．一人当たり債務残高は住民を失うことそれだけをとっても，相対的に高まる．今日，こ

の悪循環から逃れさる出口は見出されていない．論理的に組み立てられ，長期間，成果をあげてきた財政調整システムは過大な負担を背負い込むことによって限界に来て，さらにはダウンしそうな形勢にある．財政の窮状はこのような成り行きの1つの兆候なのである．

財政基本規範において「アキレウスのかかと」となっているのは財政負担の配分であることが以上により，明らかとなった．具体的に言おう．問題はある国家次元（すなわち連邦）が財政負担を決定して，その結果もうひとつの国家次元（州，市町村）の負担となるようなことが許されるか否か，という点である．つまり，公的任務の執行の費用が立法次元に背負わせてしかるべきか，あるいは執行次元に背負わせてしかるべきか，2つのうち1つを選択することである．したがって，因果関係の立法主因をとるか，執行主因をとるかなのである．基本法は——機能的な任務配分の論理を首尾一貫させて——因果関係の執行主因をとっている．基本法第104a条第1項に明記されている「連邦と州との経費負担」原則によれば，連邦と州がその任務を執行するところから生じる支出を，通常は，それぞれ負う．州の任務のなかには，自己の事務としての連邦法の執行が含まれている（基本法第83条）．「（料理等を）注文した者が支払う」のではなくて，逆なのである．つまり「（料理等を）飲食した者が支払う」のである．

執行主因の原則は，1867及び71年のライヒ憲法における権限配分にまで遡る．当時のライヒ憲法によれば，ライヒ法の執行はライヒを構成する州の行政に任されたのである．この原則は，ドイツ史の全崩壊をくぐって生き延びた．第2次大戦後の議会評議会は上記の原則を自明と心得ていたので，それは基本法のなかに言及されなかった．言及しない状態は1950年代に変質した．1955年の財政改革の前哨戦において財政負担の分割原則に問題があることはなるほど気付かれてはいた．しかし執行主因説は固持されたのみならず，基本法第105条第4項1号（1955年12月23日の条文による）に明記されるに至った．1969年の財政改革は1955年の条文をほとんど無修正のまま継承し，基本法第104a条第1項としたのであった．

これと関連する州の苦情，つまり連邦は立法に当たって州の財政事情をほとんど考慮に入れていないという苦情は別段新しいというものではない．し

かし，正しい主張である[23]．連邦は，連邦がその財政的な帰結を負うということになれば，その立法権限を行使することに控えめとなるであろうということは，少なくとも，ありそうである．しかし中央で規範を設定し，分権的に執行すること，併せて国家と行政の毎日の活動におけるほとんどの分野で執行がもたらす財政負担を執行の側で引き受けること，以上はまったく正しいことが分かった．以上の原則は分権的な行政任務を効率的に執行する刺激を与え，執行の領域で州の責任を強化した．この原則を放棄することは，おそらくは，益よりも害が勝っていたと思われる．というのは，規律の権限と執行の権限をあわせて行使するといった原則の選択肢は説得的ではない．それは例えば，刑法あるいは道路交通法を事例に取ると分かる．連邦法（これが行政事務を規律している）を執行する費用は，世帯の身分に関する法律あるいは司法制度を例にとると，連邦に，指示を与える立法者として負担を課すが，それはほとんど説得的でない．例えば，委託事務（基本法第85条）の形式で連邦が財源を与えることは州をして，連邦の単なる執行機関に貶めることになろう．ドイツの連邦主義を全体としてみれば，これにより，連邦主義は強化されるのではなく，弱体化するであろう．

　1990年代末に行われた原則論争[24]とさまざまな代替提案に鑑みると，この個所でいっそう立ち入って論じられるものであるようにはみえない．重要なのは多様な考察の仕方である．具体的には，執行主因であることが確かである分野を，執行主因が確かとは確認されていない分野から分けてみることである．

　執行主因であることが確かであるのは，大体のところ州人口一人当たりでみて均等な費用が生じている分野である．州はこの費用を州間財政調整後の使途自由な税収に基づく収入をもってカバーする．州は原則として，州の任務を効率的で安価に施行することに利害関係を持っている．なぜなら，ここで節減された財源は，潜在的に他の自らが立案した任務に用立てることができるからである．妨げになるのは連邦法に基づく公準である．

---

23) Kesper (1998), p. 209 による．なお1950年代の議論の状況については Renzsch (1991) を参照せよ．
24) この論争については以下を参照．Geske (1998), Grote (1996), Kirchhof (1996), Selmer (1996), Huber und Lichtblau (1999).

問題が執行の費用という点でこれが州によって不均等である場合，執行主因の評価は異なってくる．これがとりわけ顕著に妥当するのは，住民の国家に対する給付の請求を作り出す法律においてである．すでにこれまでに述べたところであるが，数多くの給付法，とりわけ貨幣給付法（基本法第104a条第1項），社会扶助[25]及び社会国家の観点で理由付けられた他の支出がある．これらは州並びに市町村によって負担され，財政調整に対してマイナス効果を及ぼすのである．

財政負担の分割原則から結果する水平的で，マイナスの財政調整効果を解消するためには，以下の3つの方策が必要かつ重要であると思われる．

1. 州を連邦法のみならず，欧州共同体法がもたらす財政負担からも守るべきであり，その方策が明白に改善されねばならない．基本法第84条第2項の現行の条文は，連邦法が一般的な行政規則を含むときには，そのような連邦法は州の同意を得る義務を課している．しかし財政負担が対象であるときには，そうではない．さらに，基本法第104a条第3項の連邦貨幣給付法は，支出に占める州の負担が4分の1を下回る場合には，州の同意を必要としないとされている．

2. 社会国家の観点から企画され，連邦法によって具体的に規律された支出は，国家全体の観点による財源保障の責任下におかれるべきである．実際には，このような要求は多様なやり方で解決される．沿革的な例を挙げれば，州が執行している任務を「利害による割合」方式で連邦が財源の一部を負担することが考えられる．この方式をとれば，州が節減的な予算執行を行うことに対する連邦の利害は強められることになる．上記の方式に代わる代替案は，財政負担を合計し，「特別」財政需要として州間財政需要に算入することであろう．そうすれば，州間の不均衡は水平的な負担調整によって軽減されるであろう．これに必要なことは，このような方策を（再度）可能とする基本法の新たな条文を入れることである．

3. 個別の州で他の州にはみられない経費負担に関して，基本法第106条

---

25) これに関しては以下を参照．Korioth (1993).

第8項に基づいて，財政的に解決を図ることが可能である．現行法によれば，連邦は「特別の施設」(これが直接的にある州の経費増の原因となる)に起因する経費負担のみを補償し，特定州の高負担を調整することができる．しかし行政上の措置はそうではない．州を今日よりもよりよく保護するためには，行政負担のみならずさらに財政負担が州に生じるとき，負担をもたらす行政措置に対して州が拒否権を行使する可能性の導入が検討されよう．

　連邦法により企画され，州間で異なる財政負担をもたらす事態を調整することが必要である．このことに成功するならば，連邦法で定められたり，その他の形をとったりする義務的事務を遂行するために，州はすべての州地域的に，したがってまったく同一というわけではない任務に適切な財源をもつことになるであろう．そうすることによって，州間の機会の均等が改善され，また財源配分をめぐる長い争いも連邦と州の間でも，州相互間でも，解決の緒につくであろう．これによって，州間の競争をもっと拡大するためのドアも開かれる．

4. 連邦法による州・市町村の財政負担

　連邦法の形で企画されたことによる州（及び州内市町村）の財政負担を経験的に観察してみると，全般的に，住民一人当たり均等な負担という見解は正しくないことが分かる．逆である．特に経済的に弱体な州は――後で示すように――顕著に高い負担を負わねばならなかった．基本的に問題であるのは，社会政策上の措置である．これは連邦が企画し，州（及び州内市町村）によって全額（社会扶助）負担される，あるいは部分的（貨幣給付の諸法）に負担されるかのいずれかである．さらにここで，公債利子の支払い，退職年金負担，住民動態の効果がある役割を演じる．例示として社会扶助（経常生計費扶助，HLU）における種々の差異をもつ負担，及び「最も高くつく」連邦・州の共同の貨幣給付，すなわち住宅扶助が説明される．本節で用いられる数値は，連邦統計局か，あるいは州蔵相会議中央資料センター（ZDL）かのいずれかによっている．

表 10-1 社会扶助と家賃補助に伴う州及び市町村の費用負担
(2003年)
(単位：一人当たりユーロ)

	社会扶助	家賃補助	計
バーデン・ヴュルテンブルク	75.75	19.05	94.80
バイエルン	65.42	17.04	82.46
ベルリン	296.05	65.64	361.69
ブランデンブルク	81.92	34.45	116.37
ブレーメン	334.98	75.47	410.45
ハンブルク	240.79	64.97	305.76
ヘッセン	146.82	33.69	180.51
メクレンブルク・フォアポンメルン	110.46	46.08	156.54
ニーダーザクセン	129.18	38.07	167.25
ノルトライン・ヴェストファーレン	139.04	39.19	178.23
ラインラント・プファルツ	80.61	24.15	104.76
ザールラント	145.85	34.53	180.38
ザクセン	82.60	40.47	123.07
ザクセン・アンハルト	110.78	38.51	149.29
シュレスヴィッヒ・ホルシュタイン	159.36	44.48	203.84
チューリンゲン	66.30	30.22	96.52
ドイツ連邦平均	118.97	33.82	152.79

社会費の支出は，公共財政を殺してしまいかねない．この支出は公共財政支出合計の42％（1970年）からほとんど57％（2033年）に上昇する．社会扶助費の支出はその範囲と動態だけが問題であるだけではない．個別の州及びある集団をなす州はこの連邦法により企画され，社会政策的に動機付けられた支出によって過大に負担を負う状況になっている．

4.1 社会扶助

社会扶助はドイツの社会国家にとって「爆弾」にまで発展した．平均を上回る受給者をかかえる州及び市町村は負担に苦しみ，他の（義務的）事務を放棄しなければならないほどになっている．1993年のある論文は以下のように描写している．すなわち，「過大に上昇し，地域間で著しく負担の程度が異なる社会扶助の財源調達は，それでなくとも財源に苦しんでいる州と市町村の公共財政を1980年代の当初以後，ますます苦境に追いやっている」[26]．このような分析は20世紀の1980年代に妥当するのみではない．逆である．上

述の分析が言うように一般及び特殊には地域間で異なっている不均衡が顕著に先鋭化している。社会扶助の対象となった人口比は2002年末までにドイツ連邦共和国の全人口の3.3％にまで高まった。支出総額は2002年に247億ユーロ（連邦統計局），p.5）に上った。とりわけ大都市並びに旧産業の衰微により特定地域振興に取り組むことで産業の構造転換を図っている地域において，社会扶助費の財政負担が大きくなっている。

社会扶助は元来は特別の窮状下で，個別的（一時的）な扶助と観念されていた。しかし社会扶助——具体的には経常生計費に対する扶助なのだが——は今日では事実上，この扶助に依存している住民の生活基礎に転化している。そして上記のように扶助に依存する住民の割合は傾向的に増えている。いわばこれに並行して，以下の発展が生じた。すなわち，社会扶助は大都市の周辺部に所在する個々の町で決められ，これらの町村に身の丈の合った扶助であった。このような状況から変化して，今日では事実上ほとんど完全に連邦法で規律された公共給付に発展した。したがって，社会扶助の給付を受けることは例外ケースから何倍も，通常事務となった。このような構造的な転換にもかかわらず，事務の担い手は財源調達も含めて，市町村のままであった。ということは，市町村に責任を有する州の負担するところでもあった。

表10-1によると，連邦平均で2003年には生計費扶助として，住民一人当たり約119ユーロが支出された。その分布を見るとしかし，広域州の間でチューリンゲン州の約66ユーロからシュレスヴィッヒ・ホルシュタイン州の約159ユーロまで変化している。もっと悪いのは都市州の状況である。都市州の格差は，ハンブルクの約241ユーロからブレーメンの約335ユーロに広がる。

4.2 貨幣給付法における家賃補助

第2の例として家賃補助を検討しよう。家賃補助は，基本法第104a条第3項に基づく。家賃補助において問題であるのは，低所得家族の家賃に補助する点である。この補助は1965年以後与えられている[27]。憲法論的に肝心

---

26) Korioth (1993), pp. 356-364.

であるのは,混合資金調達である.混合資金調達は,1969年の財政基本規範の改革で第104a条第3項が導入され,合法となった[28].

家賃補助のごとく連邦と州が混合して財源の資金を調達するやり方は財政調整効果においては効果を減殺する.この点は,学問や政治の議論においてはほとんど省みられていない.行政の専門用語では,基本法第104a条第3項に基づく法律に関わる同級政府間の資金の流れは「連邦から州への支払い」というように項目が立てられている.この点で幻想が作られる.つまり,ここで肝心な点は州事務である.連邦はその事務を州が執行するとき州を財源面で支えるというわけである.しかし,事態の本質から言って,ここで決定的な点は所得再分配事務が問題となっているということである.つまり,住民がどこに住んでいるかにかかわりなく,社会的均等を連邦国家を通じて創造するのである.体系から見て,また機能主義的な論理(社会的均等)からいって,住宅補助は財政学の観点から,中央国家(連邦政府)の任務にふさわしい[29].連邦を構成する州に全面的にかあるいは部分的にか,再分配の任務によって経費負担させることでは,連邦国家を構成する区域団体(州)間の格差は相互間で縮小しない.逆に,その格差は強まる.全体として基本法第104a条第3項の現行の構造は財政調整の効果が減殺されるので,すなわち財政力の弱い団体が強い団体よりもいっそう財政負担を負わされるので,少なくとも部分的に,その目的を達成しそこなっている.

基本法第104a条第3項に基づく多くの補助金法において連邦が占める割合は,2003年では,39億7,910万ユーロ(ZDLによる)あるいは8,253万2,000人の人口を数えるドイツにおいて,住民一人当たり48.21ユーロに上る.これに要する連邦の財政支出額はバイエルン州では28.15ユーロで,最も低い.西ドイツの広域州では,シュレスヴィッヒ・ホルシュタイン州では56.97ユーロで,最も高い.さらに高いのは東ドイツ広域州に対するものであって,メクレンブルク・フォアポンメルン州では70.59ユーロになっている.都市州はいっそう多くを連邦から得ている.最大はブレーメンで,103.48

---

27) 1965年4月1日の家賃補助法,BGBl. 1S. 177.
28) Renzsch (1991), p. 209.
29) Musgrave (1959), p. 179.

ユーロである．

　この数値が示しているのは，連邦の給付金額が経済問題をかかえている地域で高く，繁栄地域で比較的低いという点である．それは，財政力の弱体州に連邦が特別に給付しているという印象を呼び起こす．しかし事実は，これらの州が高い財政負担を負っているということも反映しているのである．というのは，連邦の支出額が示すのはこれを補完する金額を州が負担しているということにほかならない．

　住宅補助は連邦と州がそれぞれ2分の1を負担する．すなわち，ある州での連邦の給付額はまったく同じ金額の州の給付額と見合っている．したがって，住宅補助の連邦・州を合計した費用総額は56億ユーロである．前掲した表10-1が示しているように，最大の負担を負っているのは都市州で，住民一人当たり州負担額は最も高い75.47ユーロ（ブレーメン）と最も低い64.97ユーロ（ハンブルク）の間に分布している．一方，広域州で最も負担額の高いのは，メクレンブルク・フォアポンメルン州で46.08ユーロである．これに対して，バイエルン州は17.04ユーロで，最も低い．最大と最小の差は4.4倍である．ブレーメンとバイエルンとでは，住民一人当たりおよそ58ユーロの格差がある．

4.3 小 括

　連邦法によって引き起こされた州の負担の収支尻を上記の分野でまとめるならば，以下の状況が得られる．すなわち，負担格差は一人当たりでバイエルン州の約82ユーロからブレーメン州の約410ユーロである．また，広域州間では最大のシュレスヴィッヒ・ホルシュタイン州とバイエルン州の格差は約120ユーロである．言い換えれば，シュレスヴィッヒ・ホルシュタイン州はバイエルン州の2倍以上を，ブレーメン州はおよそ5倍の負担を負っているのである．

5. 結 語

　狭義の社会扶助，家賃補助，年金費及び利払い費を一人当たりで各州（市

表 10-2 社会扶助，家賃補助，利払い費，官吏年金負担に伴う州及び市町村の費用負担
(2003年)
(単位：一人当たりユーロ)

	社会扶助	家賃補助	利払い費	官吏年金	計	負担
バーデン・ヴュルテンブルク	76	19	206	285	586	81.6
バイエルン	65	17	150	295	527	73.4
ベルリン	296	66	660	325	1,347	187.6
ブランデンブルク	82	34	339	23	478	66.6
ブレーメン	335	75	748	518	1,676	233.4
ハンブルク	241	65	580	490	1,376	191.6
ヘッセン	147	34	294	321	796	110.9
メクレンブルク・フォアポンメルン	110	46	337	26	519	72.3
ニーダーザクセン	129	38	349	283	799	111.3
ノルトライン・ヴェストファーレン	139	39	336	293	807	112.4
ラインラント・プファルツ	81	24	337	279	721	100.4
ザールラント	146	35	426	377	984	137.0
ザクセン	83	40	198	30	351	48.9
ザクセン・アンハルト	111	39	414	48	612	85.2
シュレスヴィッヒ・ホルスタイン	159	44	358	296	857	119.4
チューリンゲン	66	30	342	27	465	64.8
ドイツ連邦平均	119	33	308	258	718	100.0

町村を含む）別に総合するならば，次の表 10-2 が得られる．

州間の相違は著しい．負担がトップのブレーメンはドイツ平均の約233％に達している．上で扱ってきた経費負担が広域州で最も高いザールラントは，ドイツ平均の約137％を負担している．上の2つの州が極端な財政困難にあえいでいるのは，ドイツ平均を著しく上回る負担をしていることの帰結である．他方で，バイエルン州はわずかにドイツ平均の約73％を負担しているに過ぎない．東ドイツの州はまだ特別の事情にある．この原因としては，まだ年金費がきわめて低いこと，同じく社会扶助も平均以下であることが挙げられる．しかし，東の州のザクセン・アンハルト州もメクレンブルク・フォアポンメルン州もすでに西ドイツの「優等生」の広域州の水準に達したり，超えたりしている．とくに上記の2州において見通せるのは，将来，州の負担となるであろう経費支出のさまざまな義務があるので，そのため両州の財政は破綻するであろう，ということである．

州のさまざまな経費負担を州間財政調整に関連付けると，財政上の行動余

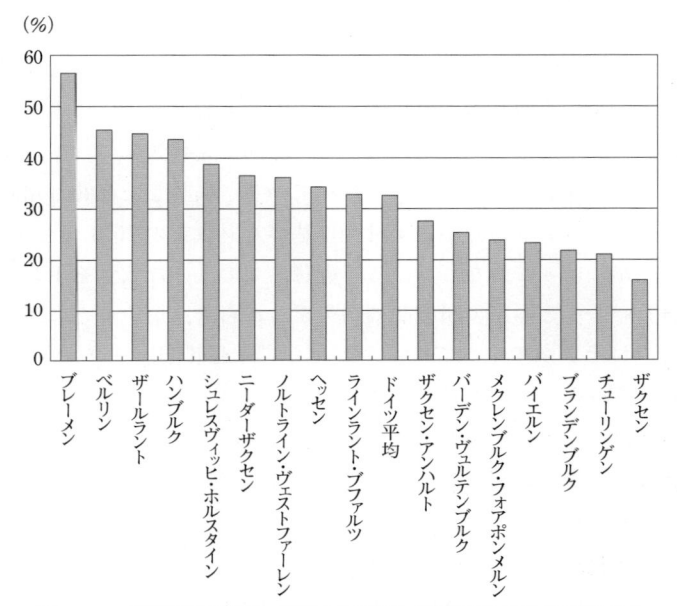

図 10-1 州間財政調整及び財政力関連の連邦補充交付金に基づく
財政力に占める州別経費負担

地はさまざまであることが明確となる（図10-1を参照）。州間財政調整の2003年決算の速報値によれば，現行の財政調整法の規定における調整測定値は，一人当たり2,216ユーロ（平均を100％とする）である。個々の州について州間財政調整及び欠損額関連邦給交付金に基づく財政力が算定のベースとされた（平均の99.5-105.3）。特別連邦補充交付金は算入されていない。都市州については，一人当たり負担は住民数補正（135％）だけ，数値を修正した。

結果を見ると，これまで検討した経費負担は平均して前出の2,216ユーロのほぼ32％である。また，同上の経費負担はほとんど16％のザクセン州から56％のブレーメン都市州の間に分布している。したがって，負担は3.5倍の違いがある。特別の事情があるというわけで，東ドイツの州と都市州を括弧にいれるならば，もっとも不都合な状況におかれた広域州のザールラントは，バイエルン州がたかだか23％という状況であるのに対して，そのほとん

ど倍の45％を負担せしめられている．

これまでの検討から，以下の諸点については，重大な疑問はあり得ない．すなわち，ドイツの連邦国家の秩序においては，州の収入はほとんどすべて連邦法によって，州の支出はきわめて広い範囲で連邦法によって，つまり収入，支出ともに連邦法によって決定されている．検討した経費は州間財政調整及び財政力に係わる連邦補充交付金に基づく財政力の16％から56％の間に分布し，州によって異なっている．経費がこのような状況を示していることは，著しい歪みと本来の州機能の喪失をもたらす．驚くことに，また解明を要する点はそれらのすべてにもかかわらず，連邦国家システムが，（かなり）機能しているという状況である．

以上の分析から直接に導かれる変革の処方箋は，以下であろう．

- 冒頭で，社会扶助費が1970年以後，全予算の40％をわずかに超えるところからほとんど60％に近いところまでに上昇した点が指摘された．ここに連邦国家の過大な公的負担という中心論点があるようにみえる．それゆえ，このような発展は逆転されねばならない．

- ここで連邦と州の経費負担原則に関する論争を再び取り上げることはしないが，しかし，以下の2つを区別しておくことは重要である．1つは執行因果関係であり，この因果関係では国土のどの地域でも均等に課された負担比率の下にある．もう1つは企画誘導因果関係である．ここでは，例えば州によって執行される給付法がこの因果関係を具体的に示す．後者の因果関係の場合，連邦が企画した社会給付の完全な財源保障を行うことを内容としている．連邦が「ハルツIV法」の枠組みで第II種失業扶助を引き受けたことは，ここでの議論において，正しい方向への一歩である[30]．社会扶助による特に高い負担を負う州は，上記の措置により，おそらく他州に比べて相当程度負担を減じられるであろう．

- 代替案としては，州が貨幣給付法の場合は少なくとも給付金額を州自身で決めることができないかという選択肢が熟慮されてよい．このよう

---

30) Peter Hartzはフォルクスワーゲン社取締役．「ハルツIV法」の内容は以下を参照．武田公子「ハルツIV法によるドイツ社会扶助改革と政府間財政関係の進展」金沢大学経済学部論集，第26巻，第2号，2006年3月．――訳者注．

な場合においては，ある州のその時々の状況及び財政状態が給付金額に影響するであろう．重要なのはまた，州に対して（限定された）課税権を与えることであろう．そうなれば，税額の高さと公的な給付水準が明瞭となろう．さらに州に対して，以下の可能性，つまりより正しく言って投票者の選好が切り開かれることになろう．具体的には，高い課税と豊富な公的給付を取るか，低い課税と少ない給付を取るか，このどちらかの選択ができるようにするのである．少ない租税と大きな公的給付を約束したり，要望することは今日よりも困難になろう．

参考文献

Blankart, C. B. (1998), *Öffentliche Finanzen in der Demokratie*, 3. Aufl., München.
BMF (1995), Einnahmenverteilung zwischen Bund und Ländern. Probleme und Lösungsmöglichkeiten. Gutachten erstattet vom Wissenschaftlichen Beirat beim Bundesministerium der Finanzen, Schriftenreihe des Bundesministeriums der Finanzen, Heft 56, Stollfuß Verlag, Bonn.
BVerfGE : *Bundesverfassungsgericht Entscheidungen*, verschiedene Jahrgänge.
Geske, O.-E. (1998), Eine neue Finanzverfassung zur Wiederherstellung eines strikten Konnexitatsprinzips?, *Wirtschaftsdienst*, 78, S. 556-564.
Grote, R. (1996), Empfehlen sich Maßnahmen, um in der Finanzverfassung Aufgaben- und Ausgabenverantwortung von Bund, Ländern und Gemeinden stärker zusammenzuführen?, *Juristenzeitung*, 17, S. 832-842.
Häde, U. (1996), *Finanzausgleich*, Tübingen.
Henke, K.-D. (1993), Maßnahmen zur Stärkung der Eigenstaatlichkeit der Länder und die Finanzierung der deutschen Einheit, *Staatswissenschaften und Staatspraxis*, 4, S. 10-25.
Hesse, K. (1962), *Der unitarische Bundesstaat*, Karlsruhe.
Hidien, J. W. (1998), Die Verteilung der Umsatzsteuer zwischen Bund und Ländern, Nomos, Baden-Baden.
Homburg, St. (1994), Anreizwirkungen des deutschen Finanzausgleichs, *Finanzarchiv*, NF, 51, 312-330.
Huber, B. und K. Lichtblau (1998), Konfiskatorischer Finanzausgleich verlangt eine Reform, *Wirtschaftsdienst*, 78. Jg., S. 142-147.
Huber, B., und K. Lichtblau (1999), Reform der deutschen Finanzverfassung-die Rolle des Konnexitätsprinzips, *Hamburger Jahrbuch für Wirtschafts-und Gesellschaftspolitik*, Bd. 44, S. 69ff.
Kesper, I. (1998), *Bundesstaatliche Finanzordnung*. Grundlagen, Bestand, Reform, Baden-Baden.

Kirchhof, F. (1996), Empfehlen sich Maßnahmen, um in der Finanzverfassung Aufgaben-und Ausgabenverantwortung von Bund, Ländern und Gemeinden stärker zusammenzuführen?, *NJW* (23, Beilage), S. 21*-24*.

Korioth, St. (1993), Beteiligung des Bundes an den Sozialhilfekosten?, *DVBl.*, S. 356-364.

Korioth, St. (1997), *Der Finanzausgleich zwischen Bund und Ländern*, Tübingen.

Lehmbruch, G. (2002), Der unitarische Bundesstaat in Deutschland : Pfadabhängigkeit und Wandel, in : A. Benz/G. (Hrsg.), *Föderalismus. Analysen in entwicklungsgeschichtlicher und vergleichender Perspektive*, PVS-Sonderheft 32/ 2001, Wiesbaden, S. 53-110.

Littmann, K. (1991), Über einige Untiefen der Finanzverfassung, *Staatswissenschaften und Staatspraxis*, 2, S. 31-45.

Littmann, K. (1993), Probleme der Finanzverfassung im vereinten Deutschland, *Probleme des Finanzausgleichs in nationaler und internationaler Sicht*, Berlin, S. 53-62.

Loeffelholz, H.-D. v. und Rappen, H. (2004), Bevölkerungsentwicklung und kommunale Finanzkrise : Ver-oder Entschärfung durch Schrumpfung und Alterung der Bevölkerung in Deutschland?, in : M. Junkernheinrich und H. Zierold (Hrsg.), *Bevölkerung, Finanzkrise und Gemeindefinanzreform*, Berlin.

Musgrave, R. A. (1959), *The Theory of Public Finance. A Study in Public Economy*, McGraw-Hill Book Company, New York, Toronto, London.

Musgrave, R. A., P. B. Musgrave, und L. Kullmer (1992), *Dieöffentliche Finanzen in Theorie und Praxis*, 3. Bd., 4. Auflage, Tübingen.

OECD (1998), *Wirtschaftsberichte 1997-1998* : Deutschland, Paris.

Peffekoven, R. (1993), Finanzausgleich im Spannungsfeld zwischen allokativen und distributiven Zielsetzungen, *Probleme des Finanzausgleichs in nationaler und internationaler Sicht*, Berlin, S. 11-27.

Peffekoven, R. (1994), Reform des Finanzausgleichs-eine vertane Chance, *Finanzarchiv*, NF, 51, S. 281-311.

Renzsch, W. (1991), *Finanzverfassung und Finanzausgleich. Die Auseinandersetzungen um ihre politische Gestaltung in der Bundesrepublik Deutschland zwischen Währungsreform und deutscher Vereinigung (1948 bis 1990)*, Bonn.

Renzsch, W. (1999), Aufgabenschwerpunkte und-verschiebungen im Bund, in : T. Ellwein und E. Holtmann (Hrsg.), *50 Jahre Bundesrepublik Deutschland. Rahmenbedingungen-Entwicklungen-Perspektiven*, PVS-Sonderheft 30, Wiesbaden.

Renzsch, W. (2000), Reform der Finanzverfassung zwischen ökonomischer Effizienz, bundesstaatlicher Funktionalität und politischer Legitimität, in : T. Büttner (Hrsg.), *Finanzverfassung und Föderalismus in Deutschland und Europa*, Baden-Baden, S. 39-60.

Sachverständigenrat (1997), zur Begutachtung der gesamtwirtschaftlichen

Entwicklung, Wachstum, Beschäftigung, Währungsunion-Orientierungen für die Zukunft, Jahresgutachten 1997/98, Stuttgart.

Sachverständigenrat (2003), zur Begutachtung der gesamtwirtschaftlichen Entwicklung, Jahresgutachten 2003/2004 : Staatsfinanzen konsolidieren-Steuersystem reformieren, http://www.sachverstaendigenrat-wirtschaft.de/.

Scharpf, F. W. (1994), Der Bundesrat und die Kooperation auf der „dritten Ebene," in : ders., *Optionen des Föderalismus in Deutschland und Europa*, Frankfurt/M, S. 59-91.

Seitz, H. (2004), Implikationen der demographischen Veränderungen für die öffentlichen Haushalte und Verwaltungen, *Dresden Discussion Paper in Economics* no. 08/04 (http://rcswww.urz.tu-dresden.de/wpeconomics/index.htm).

Selmer, P. (1996), Empfehlen sich Maßnahmen, um in der Finanzverfassung Aufgaben- und Ausgabenverantwortung von Bund, Ländern und Gemeinden stärker zusammenzuführen?, *NJW* (32), S. 2062-2068.

Statistisches Bundesamt (2003), Sozialhilfe in Deutschland. Entwicklung, Umfang, Strukturen, Wiesbaden 2003.

Wissenschaftlicher Beirat beim Bundesministerium der Finanzen (1992), *Gutachten zum Länderfinanzausgleich in der Bundesrepublik Deutschland*, Bonn.

11章 水平的財政調整の動揺：スウェーデン

　　　　　　　　　　　　　　　　　　　　　　　　　　　林　　健久

1. はじめに

　スウェーデンは福祉国家のトップランナーとして，社会保障・社会福祉の面で世界に多大な教訓・示唆を与え続けているのは周知の通りである．その示唆の1つに財政調整制度があげられる．福祉国家にとってこの制度は不可欠の要素だと筆者には思われるが，この面でもスウェーデンは，実務的に貴重な先例を提供しているのみならず，社会科学の研究対象としても魅力あふれる素材を提供しているといってよい．もっとも，筆者はスウェーデンについては言葉を解さず，これまで専門的に研究したわけでもないので，このテーマを担当する資格に欠けることは十分自覚しているが，現代福祉国家財政の究明を志すもののひとりとして無視しがたいこのテーマに，素人としてチャレンジしたのが本章である．それゆえ，全体が未熟・不完全であるうえに，誤解・誤読はもとより単純な誤りさえ少なくないであろうが，読者の叱正をえて先へ進むための捨て石の1つとして，ここに提出する次第である．

2. 国情と財政の概観

2.1　国情の概観

　筆者と同様，スウェーデンないしその財政について必ずしも精通していない読者も少なくないと想像されるので，はじめにごく簡単に国情を概観しておきたい．日本の1.2倍の国土に14分の1の900万人弱の人口をもつ．この人口は，日本でいえば大阪府に相当する規模である．財政調整制度を含めて，この国では短期間の間にしばしば大掛かりな制度変更が試みられて，「実

験国家」などとも呼ばれているが，その要因の1つとして，人口規模が小さく小回りがきくという条件をあげてもいいかもしれない．市町村数は，かつては多くのヨーロッパ諸国同様，数千にのぼっていたが，現在は290と少数になった．強力な合併政策の結果であり，このレベルの財政調整が効率よく実施できる条件があるとみなしうるであろう．福祉国家の地方財政の重心となる高齢化率は日本と同程度であり，日本同様，過疎地に高齢化率の高いところが多く，財政調整の重要なファクターをなしている．政治的には，1930年代初頭から21世紀にかけて，ほとんど社会民主労働党が政権を握り続けている代表的な社会民主主義国家であり，2度の大戦には中立を保った．

2.2 財政の概観

　財政調整が財政全体の中でどの程度の位置にあるかを概観しておこう（2000年度決算）．中央歳出（7,096億クローナ〈以下クローナをSEKと表記する〉，移転，利払い，貸し付け等を除くと1,449億SEKで，中央地方合計の事業支出の23.7%）を目的別にみれば，経済的保障を中心とした社会保障関係経費が多いのは当然として，自治体への一般補助金も，単一費目としては経済的保障に並ぶ最大費目の地位にあって，975億SEK，13.7%を占めている．これが，ほぼ財政調整分に当たる．さらにこの歳出を使途別でみると，特定補助金を含めた地方団体への移転支出が18.7%と，家計への移転31.8%に次ぐ費目となっている．

　地方の歳出をみると，ランスティング（団体数20，以下便宜上「県」と記す場合もある）とコミューン（以下便宜上「市町村」または「市」と記す場合もある）とは対照的な姿をみせる．県では事業支出1,563億SEK（中央地方合計の25.5%）の90%近くが保健医療ないしその関連の教育であって，残りのわずかな部分は広域交通に充てられている．したがって県はほとんど保健医療単一業務の団体といって差し支えないほどである．一方，市町村は，保健医療以外の福祉をはじめ，教育・インフラ整備・余暇文化など，内政のほとんどすべての分野を担当している（3,111億SEK，同50.8%）．こうして，県と市とは国全体の事業支出の8割近くを担っているのであるが，業務を分担しているのであって，上下関係はまったくなく，その意味ではこの国の地方団体は

2層制ではなく，広狭の違いはあれ1層制だといったほうがいいかもしれない．

　歳入面で，本章の課題に照らして最大の問題は，県と市の歳入の60〜70%が租税であり，日本とは著しく様相が異なる点であろう．さらにその租税が単一の所得税からなっているのもこの国の著しい特色をなしている．この2つの条件はこの国の財政調整のあり方に影響をおよぼすが，とりわけ租税の地位の高さは，それだけをとれば，中央政府からの補助金や交付金への依存の低さを示唆するであろう．はたしてそれはどうなっているか，それこそは本章の主題をなす．一方，中央政府については，この国総体の税収の主柱をなす所得税の大部分を県・市に譲っている関係で，付加価値税等の財・サービス課税を主とし，所得課税を従とする税制となっている．この国は二元的所得税をもって知られているが，地方は勤労所得税の比例税の部分のみを，中央は資本所得税および累進課税の部分を収納している．他の国では地方の収入となるのが普通の固定資産課税が中央のものとなっているのも，この国の特徴である．

　地方税制はこのようにユニークな形をとっているが，それは憲法その他でそのように制約しているわけではない．憲法上は，地方自治がこの国の民主主義の根本であり（統治法典第1章第1条・同章第7条第1項），「自治体はその任務を遂行するために税を賦課することができる」（同章第7条第2項）と一般的で広範な権限が地方自治体に与えられており，事実，かつては複数の租税が存在していた．現在でも所得税率は地方が個別に自主的に決定している．ただし，この憲法上の規定があまりに一般的で，その外に規定がないので[1]，その解釈，とくに税率決定権を廻って問題が生じており，間接的にそれが財政調整に影響しているのではないかと筆者は推測しているが，その点後述する．

---

1)　ただし，付加価値税法で地方の課税を禁じているなど，個別法で課税を禁止することはできる．

222　第 III 部　動揺を通じた安定化

表 11-1　財政調整制度改革の概要

実施年	改革内容
1966 年	すべての地方政府部門に対する税平衡交付金制度の導入． 課税力不足に対する交付金，高税率コミューンに対する交付金，特別税平衡交付金の 3 要素． 3 つに区分された課税力それぞれに対して最低保障レベルを設定．
1974 年	高税率コミューンに対する税平衡交付金の廃止． 課税力区分が 6 区分（コミューン），5 区分（ランスティング）に増加．
1980 年	課税力区分が 12 区分に増加し，103〜136％ までの基礎保障の割り当て． 年齢構造にもとづく基礎保障の修正． 人口減少に対する追加措置．
1986 年	税平衡負担金制度（一般税平衡負担金，特別税平衡負担金）の導入． 特別税平衡負担金は課税力の高いコミューンが累進的に負担（「ロビンフッド税」の誕生）．
1989 年	課税力区分が 25 区分に増加し，100〜157％ までの基礎保障の割り当て．
1993 年	コミューンにおける税平衡交付金制度の廃止および国庫平衡交付金制度の導入． 新制度は，収入の平準化，構造的差異の平準化，人口減少に対する追加措置の 3 要素． 特定補助金の大幅な一般財源化．
1996 年	平衡交付金制度における水平的財政調整の導入． 住民一人当たり定額の包括交付金の導入．

（資料）　伊集守直「スウェーデンにおける政府間財政関係」, p. 13（日本財政学会第 62 回大会報告資料, 2005 年）．

3. 財政調整発展小史：1966 年から 2004 年まで

　スウェーデンで財政調整制度がはじめて導入されたのは 1966 年であり，その後は表 11-1 が示す経過をたどり，最後に本章がとりあげる 2005 年の改正にいたっている．もっとも，これまでの日本の先行研究のほとんどは 1980 年代以降についての叙述に限られていて，それ以前について言及しているのは管見の限りでは伊集氏のみなので，同氏作成の表 11-1 がおそらくもっとも包括的な「小史」だということになるのであろう[2]．

---

[2]　ただし，『スウェーデンの地方自治』（穴見明訳，早稲田大学出版部，2000 年）の著者アグネ・グスタフソンも「平等要求に対しては地方税平衡制度という枠組みで対応がなされた．新たな税平衡制度は 1980 年に導入された」(p. 106) と，1960 年代にも論及している文脈の中で記しているので，この点はなお考究を要するかもしれない．

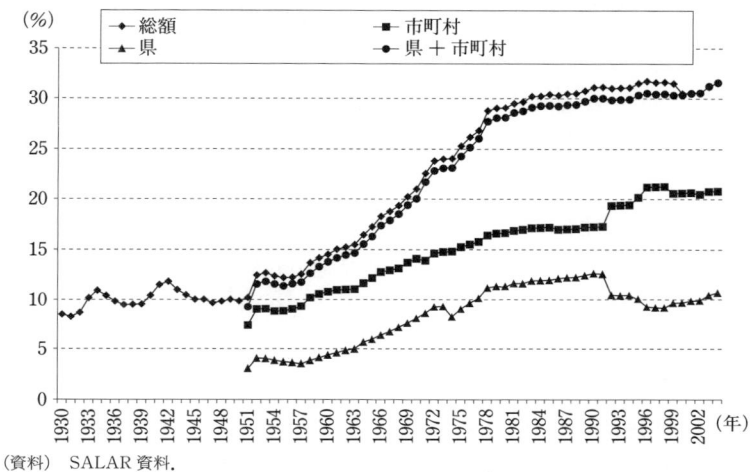

(資料) SALAR 資料.
(注) SALAR (Swedish Association of Local Authorities and Regions：スウェーデン地方団体連合.スウェーデン自治体連合,スウェーデン自治体協議会などとも訳されている) は全地方団体加入の統一組織.

図11-1　地方政府の収入における所得税が占める割合の推移

3.1　1966～1985年：財政調整の発足と拡充

内容

1966年に税平衡交付金制度という形で,はじめて財政調整制度が導入された.その規模はまだ小さかったようであるが,この制度は表の中に示されているように,おそらくコミューンとランスティングとにつき,「3つに区分された課税力それぞれに対して最低保障レベル」を保障すべく,国庫支出が行われたのであろう.ごくシンプルな,税のみの平衡操作をする構造だったようである.同表によれば,出発点のこの制度は,その後74,80年の改正で次第にきめ細かなものに整備されたうえ,部分的に費用の平衡化も組み入れられていったことがわかる.ただ筆者はこれ以上内容について立ち入る準備を欠いているので,それは同表の示す限りにとどめ,この時点で何故こうした制度が導入されたのかについて考えたい.ただし,現在のところそれを詳らかにする資料を得ていないので,差し当たり状況証拠によって,事情を推測することとする.

背景

　事情を推測させる状況の第1は，図11-1が示す租税負担の急増である．地方の唯一の税たる所得税の税率（県・市合計）は，60年の14%から80年には2倍以上の30%へと上昇している．この20年は，スウェーデンが急激に福祉国家としての実体を形成していった時期であり，その実体を支えた土台は地方政府のこの税なのであった．一方，福祉国家形成期によくみられる現象であるが，制度を新設してもその実施は地方政府の責任とされてその負担を地方が負い，中央政府は全くないしほとんど負担しないということが起こる．とすれば，地方は唯一の税の増収をもってそれに当たらざるをえないであろう．しかし，弱小団体にあっては，税率引き上げの天井が低く，それに堪ええない状況が容易に出現するであろう．支出の中で義務的経費の割合が大きければ困難の度合いは大きくなる筈で，福祉充実とともにその割合は高まり続けたに違いない．ちなみに，筆者の聞き取り調査（2005年）では，全国で突出した富裕団体であるストックホルム市でさえ，その義務的経費割合は70%以上とのことであった[3]．弱小団体へのてこ入れの必要性が高まっていたのである．

　第2の状況は，第1の状況を受けて生じた税率制限問題の登場である．税率の急速な上昇に遭遇して納税者の強い反発が生じ，中央政府による地方増税抑制論議が喧しくなった．しかし憲法上の課税自主権の根幹に触れるおそれがあるとあって，結局立法は断念され，地方団体との協議に基づいた自主的増税停止勧告という形に収まり，1973, 76, 79年に勧告が出された．しかし，増税せねば福祉を中心とした義務的経費を賄いきれない地方をどうするかという問題がそれで解決できるわけではなく，事実，図11-1が示すようにその間も税率は上昇し続けた．とすれば何らかの対策が模索されざるをえず，これを契機に財政調整が課題であることが自覚されたに違いない．第3の状況は，市町村数の減少である．小規模で2,500あった団体が，50年代から70年代にかけての強制を伴う2次にわたる合併政策で，290にまで減少したのである．福祉国家の足腰となる地方の財政的力能を強化し，すべての地方団

---

[3] ただし，この数値を正確に示すデータは，全国についてもストックホルムについても存在しないのではないかとのことであった．

体が等しく国民に福祉サービスを提供できるようにするというのがその目的であり,財政調整の目指すところと共通の対応策であった.第4に,2度のオイルショックに引き続く不況で税収が停滞し,地方を含む一般政府収支は赤字を続けていた.それが回復するのは82年であって,70年代末から80年代にかけて,弱小な地方への何らかのてこ入れが試みられるのは自然であろう.なお,この不況に対応するかのように,1932年以来44年間続いた社民党政権が,76〜82年には保守中道政権に替わっている.これがこの政策にどのような影響を与えているのかについて,目下確たる資料をえていない.

なお,スウェーデンでの財政調整の登場の時期について,違った角度からこうした見方ができるかもしれない.第1次大戦後の混乱期にこの種の制度を採用したイギリス・ドイツや,第2次大戦期に採用した日本に比べて,1960年代というのは,福祉先進国としてはいかにも遅い感がある.それは,第1,2次大戦いずれにも参戦せずに中立を保ち,日・英・独のように戦時体制や戦後混乱といった――福祉国家成立直前の――喫緊の条件に追い詰められて採用したのではなく,もっぱら福祉国家体制の展開の中で緩やかに生じてきた必要に応ずればよかったという違いに由来する……と.

3.2 1986年:水平的財政調整システムの登場

1986年は,スウェーデンにとってはもちろん,大げさにいえば世界の財政調整の歴史にとって,画期的な年であった.単一制国家としておそらく初めて市町村レベルを含んだ水平的財政調整制度が,スウェーデンで導入されたのである.もっともこれについても,新規導入の場合と同様,あまり立ち入った議論はできない.一般的な状況としては,上記の導入に関わって述べたことがほとんどそのまま当てはまると考えておく.

改正のポイント

改正の主なポイントは2つある.第1は何といっても水平的財政調整制度の導入そのものである.強い担税力に恵まれた地域から負担金を徴収して貧しい地域へ配分するのである.当初の制度は不明であるが,89年改正では「一般税平衡交付金,特別税平衡交付金,一般税平衡負担金,特別税平衡負担

金の4要素から構成」[4]され,「一般税平衡交付金は,25の課税力区分に対して平均課税力の100%から157%までの基礎保障が収入の平準化と費用の平準化として割り当てられた」[5].

第2は税率抑制に関わる補助金導入である.当時のコミューンの全国平均の税率は17%であったが,依然として年々上昇傾向は止まらなかった.その対策として中央政府は,税率を18%までに抑えた団体には,それによって生ずる税収不足分を埋め合わせる補助金を支給するという提案を行い,該当する団体はすべてこの提案を受け入れたという.

改正の背景

こうした政策が試みられた背景として,こう考えられるのではなかろうか.1970年代から続いている中央政府の財政赤字はこの時なお継続していて,その削減はもちろん,対外債務の削減も時の課題であり,勢い中央財政は緊縮方向で運営せざるをえなかった.一方,次々と拡大強化される各種福祉政策の実質上の担い手である地方では,それに対応すべく依然として税率引き上げが止まず,その抑制策を講ずる必要があった.だがその影響を強く受ける貧窮団体からは,国家的な税率抑制政策の影響が,地方団体間で異ならないようにすべきだという要求が事態の切迫とともに強まった.こうして,豊かな地方団体の財源を動員することによってこの2つの要求を満たそうというアイディアが登場することとなる.だが当然予想されるように,初めてのこの水平的財政調整については,負担を求められる地方団体から抵抗があり,この負担金に「ロビンフッド税」なるニックネームが捧げられた.そのうえ,地方に拠出を義務付ける制度が憲法違反ではないかという主張に基づいて裁判が提起された.だが「ストックホルム高等行政裁判所は,この賦課金に対して1986年に申し立てられた抗告を棄却し,統治裁判所は審査許可を与えなかった」という[6].棄却や不許可の理由は定かでないが,既述のとおり,憲法の条文があまりに簡潔すぎるところからくる解釈の相違に起因することは

---

4) 伊集 (2005), p. 5.
5) 伊集 (2005), p. 5.
6) グスタフソン (2000), p. 107.

実情

 この初めての水平的財政調整の具体的な実情について，アグネ・グスタフソンは以下のデータを示しているという[7]。県・市町村合わせて3,270億SEKの歳入のうち，国からの補助金は23％の770億SEKであるが，その8割にあたる610億SEKは特定補助金であって，平衡操作に使われるものではない。補助金のうち2割，地方歳入全体の中では5％にあたる160億SEKの一般補助金が財政調整財源で，その大半が税平衡交付金だったという。「ロビンフッド税」は，負担団体から中央に納付されてこの税平衡交付金の財源の一部をなしており，1991年の場合，市町村分の45.2％，県分の38.7％が富裕団体による負担金によって賄われていた[8]。平衡機能がどの程度だったかは定かでないが，その規模から考えて，効果は限られたものだったであろう。ただ，税平衡交付金を受け取った団体は，2県を除く全県と237市町村であって，ごく富裕な地域を除いたほとんどすべての団体に広く薄く配分されたようである。

3.3 1993年：水平的財政調整制度の廃止

 表11-1にもあるように，1989年に小規模な改正がなされたのちの93年改正は，86年に劣らず衝撃的なものであった。コミューンの水平的財政調整制度が，登場後わずか8年で姿を消したのである。登場も世界初であったが，消滅も世界初であった。それが，負担団体からする憲法違反の主張をはじめとする批判に耐えなかったからそうなったのか，その他どのような事情によっているのか，筆者は十分把握していないが，ここでも状況証拠を幾つか取り出してみよう。

背景

 全体を支配する状況は，バブル崩壊とそれに続く1930年代の大恐慌以来

---

7) 藤井（2003, III），pp. 120-121.
8) 伊集（2005），p. 5.

という深刻な不況である．成長率はマイナスを記録し，中央地方とも税収は落ち込み，財政収支の赤字が急増する．だが地方には，高齢化の進展による支出の増加に加えて，中央財政引き締めの煽りを受けてその尻拭いの支出増加さえ忍ばねばならない事情があり，税率引き上げによる増収を図るほかなかった．一方，貿易依存度が高いスウェーデンの経済構造からして，国際競争力を削ぐおそれのあるこの時点での税率引き上げは，景気回復を目指す経済政策目的からすれば容認し難いものであった．事実，91年から93年までは，違憲論議を含みながらも，法律によって地方所得税率引き上げを凍結するという強行手段がとられたほどである．加えて，緊縮を目指す中央政府は地方への補助金の削減を企図していた．

こうした状況の中で，税制や補助金制度の大改革が行われ，財政調整制度の改革もその一環をなしているのである．ここでは税制には立ち入らないが，1991年にいわゆる二元的所得税が採用され，国税の減税が行われた．上記の地方課税制限措置は，その減税の効果を打ち消さないためであった．税制以上に補助金の改革は大規模であった．それまで補助金の90%近くを占めていた特定補助金の大部分を一般補助金に組み替えたのである．これは，一般補助金化によって，中央地方を通じた補助金財政の効率化を図り，財政全体の緊縮を達成しようというのである．もっともこれはかねてから地方が要求していたものであって，長い地方自治強化動向の一環であり，必ずしもこの時だけの短期的な財政施策ではない．しかし，長年の地方の要求を，補助金削減というこの時点での経済政策・財政政策の一翼を担わせながら実現したものであったとはいえよう．不況に対応するように91年に社民党が政権を失い，厳しい緊縮を求めていた穏健党が政権についていたことも，こうした推測を補強するであろう．

新しい一般補助金の内容

上記の補助金改革が財政調整制度改正と連動している．というのは，これまで財政調整を担当していたのは，水平調整システムを内包した税平衡交付金であったが，これがコミューンについてはいったん廃止され，旧特定補助金の大部分を吸収した新しい一般補助金が，全額国庫負担の資金をもって垂

直的財政調整を担うこととなったのである．ランスティングについては，税平衡交付金は存続したが地方の負担金は廃止された．その新しい一般補助金は以下の3要素からなっている．(a)歳入平衡化，(b)構造的コスト平衡化，(c)人口減少地域加算．

(a) 歳入平衡化は，全国を通じて一定の保障レベルまで地方団体の収入を保障する目的で交付される．1993年の場合，ある団体の保障水準は，人口一人当たり全国平均の課税ベースの125％に，仮定税率（毎年中央予算で決定される）を乗じた額に，当該団体の人口を乗じた額である．したがって，一人当たり課税ベースが全国平均の125％を下回る団体には，一律に125％に対応する収入を保障するのである．これは新しい一般補助金の基礎額をなし，下記の構造的コスト平衡化分はこれに追加または控除される．

(b) 構造的コスト平衡化は，気候，人口密度，社会構造（児童数，年金受給者など）などの裁量不可能な構造的コストの差を調整する．これまでの調整が実質的にはほとんど税収の平衡化だけであったと思われるのに比べて，費用面を体系的に取り出し，財源保障的色彩を盛り込んだ点にこの制度の新しさがあるといえよう．以後現在までの制度は，すべてこの構造的コストの格差の調整という機能を引き継いで体現している．

(c) 人口減少地域加算分は，5年間2％以上の人口減少地域への手当てである．

帰結

水平的調整を廃棄し，構造的コストの平衡化を体系の中に取り込んだ1993年改正の帰結は，あっけないものであった．わずか3年後の96年に，再び水平的調整を含んだ制度が採用されたのである．制度自体の問題点として，歳入平衡化のための補助金の金額を決める保障水準と仮定税率が毎年の中央政府予算で決定されることからくる地方予算の不安定性，低税率の団体でも一定程度の歳入平衡補助金が得られるため徴税努力が妨げられるモラルハザードの惹起，構造的コストの算出基準の複雑・不透明などが指摘され，弱小コミューンからは大都市に有利な算定方式だとの批判が出ていたようである．だが最大の問題は，この改革で補助金収入の大半を失った都市部富裕団体の

不満であった。たしかにこの改革では、彼ら自身がかねて批判してきた「不当なロビンフッド税」は、彼らの意向にしたがって廃止された。だが、替わり財源が上記のように従来の特定補助金を廃止して捻出したものだったわけだから、実はそれまで特定補助金の大きな分け前にあずかってきたこれらの団体はその多くを削減され、差し引きマイナスが大きかったのである。残った特定補助金についても、政府の補助金総額抑制の方針にしたがって削減されているので、圧縮圧力は二重である。それだけではない。93年改革では、中央政府が地方に資金手当てのない事業の実施を求めてはならないといういわゆる財政原則が、中央・地方合意のうえで導入されていたのに、この補助金総額削減と新しい一般補助金制度の運用の結果、富裕都市部についてはその原則が守られず、なんら手当てがなされないケースが出現したのである。補助金総額を削減して中央財政を再建し、地方財政の効率化・スリム化を図りつつ、しかも、それまでの制度に対する富裕都市部の不満を和らげて財政調整の円滑化を実現しようとした試みは、失敗したのであった。

3.4　1996年：水平的財政調整制度の甦生

　当初からあった1993年システムへの批判に加えて、地方の財政収支が一段と悪化し、しかもその原因が、地方が主として担わなければならない社会福祉関連の負担の継続的な増加だったことから、制度の改革と中央の責任による財源措置を求める声が高まった。こうして、大都市からも弱小団体からも不評だった93年システムは、わずか3年後の96年に改正された。ここでは水平的調整が甦るとともに、中央からすべての地方団体に財源を供給するというシステムが新たに導入された。これを導いた理念は、これまでもそうであったが、「すべての県と市がそれぞれの住民に『同一価格で同一基準』のサービスを提供できるようにする」[9]というものであった。新制度は、歳入平衡化、構造的コスト平衡化、一般国庫補助金、激変緩和措置の4要素からなっている。

---

9)　Swedish Institute, "Facts Sheets on Sweden", Sep. 2001.

1996年システムの内容

(a) 歳入平衡化　基本的な仕組みは変わらないが，何よりも変わったのは，財源が国庫負担から富裕団体の拠出する負担金となったことである．水平的調整の再生である．具体的には，全国平均以上の課税ベースをもつ団体は，平均を超える部分に全国平均税率を乗じた額に対応する税収相当額の95％（残り5％は留保財源率）を拠出し，それを平均以下の団体に交付して不足額の95％までを保障し，全体をほぼ平均の水準になるように平衡化するものである．原則として国庫負担はなく，負担金額イコール交付金額である．

(b) 構造的コスト平衡化　これも歳入平衡化同様，基本的な仕組みは変わらないが，当初から批判のあったコスト算定方法をかなり精緻化したほか，歳入平衡化の場合同様，財源が国庫負担から富裕団体の拠出する負担金へと変わった．裁量不能な構造的コストが全国平均以下ですむ条件有利団体から，平均と平均以下との差額の拠出を求めてそれを財源とし，コストが平均以上の条件不利団体に交付する．これも原則として国庫負担はなく，負担金額イコール交付金額である．

(c) 一般国庫補助金　全額国庫負担の一般補助金で，すべての団体に原則として住民一人当たり定額を交付し，部分的に年齢構成を考慮する．その金額は毎年の中央での予算によって決定される．

(d) 激変緩和措置　改正に伴う激変緩和のため，8年間にわたって移行措置をとる．

意義と帰結

1993年システムがわずか3年の寿命だったのに対して，1996年改正で成立した制度は2005年改正まで10年間存続した．1966年に初めてこの種の制度が導入されて以来の長期安定（？）システムということになる．そうなった最大の要因として，経済が1993年を底として急激に回復し，税収が中央・地方とも増加したことに加えて，厳しい財政緊縮政策が採用され，両々あいまって財政再建が達成されたという条件が指摘される．その背景のもとで，調整制度自体に即していえば，すべての地方団体に人口割りで配分される全額国庫負担の一般国庫補助金の導入が，もっとも重要な要因だったので

はなかろうか．という意味はこうである．たしかにこの制度は上記のとおり4つの要素からなっているが，量的には，96年の場合，一般国庫補助金が交付金全体780億SEKの73.1％に当たる570億SEKを占め，制度全体をこれが支えている．一方，歳入平衡化分は110億SEK（14.1％），構造的コスト分は100億SEK（12.8％）であった．人口割りで配分する資金が大部分を占めるということは，金額の多くが大都市部に配分されることを意味する．これは，93年の広範な財政改革の精神的中核として，中央が地方に財源なしで業務を割り当ててはならないとする財政原則を掲げたのに，その93年改革の一環をなす調整制度が，前述のとおりその原則をみたさないで都市部から不満が出ていたのに対する一応の回答であったとみなしうる．人口割りというラフな基準による垂直的財政調整によって，財源保障的機能，財政原則実現が図られたといっていいであろう．これに対して，水平的調整部分は小規模ながら税収面，費用面での財源調整を達成していたということになろう．

とはいえ，この制度についても，ロビンフッド税の復活であるわけだから，都市部とくに実質上唯一の負担団体であるストックホルム市などからの批判は収まらなかったようであり，2005年にはさらに中央負担に傾斜した制度に改正されることとなる．

4. 垂直的調整の支配的地位の確立：2005年改正

4.1 背　景

スウェーデン財務省での聞き取りでは，財務省ないし中央政府は，1996年の財政調整制度は憲法違反ではないとの立場であるが，依然としてその種の批判が続けられており，そうでなくとも，負担金の拠出ばかりがクローズ・アップされて批判されている現状を変えようと考えてきたという．また，地方団体連合での聞き取りでは，自治体全体としては政党の如何を問わず，水平的調整を含む財政調整制度を支持しているとはいえ，中央政府のより多くの負担を希望してきたとのことであった．地方団体連合としては，ストックホルム県・市のような拠出側と，大部分の受け取り側県・市のどちらにも偏

らないように行動しているとのことであり，どちら側にも反対のない，そうした希望を中央に提出するということになったのであろう．

　負担金の大部分を拠出させられているストックホルム県・市の水平調整への反対はかなり強く，聞き取りによれば，議会では与野党を問わず基本的に反対しているとのことであった．反対の最大のポイントは「現行制度が大都市特有の費用に十分注意を払っていない．そして統計的な見地から選ばれた変数では十分説明しきれない生活保護等の項目……大都市に関係する人件費や地価といった要素を導入する」[10]ことが必要だということであり，この点は聞き取りでも強調されていた．さらにUSK文書はいう．「平衡化制度は地域の成長という観点からも国の成長という観点からも問題が多い．ストックホルム地域は資源を奪い去られ，その結果コミューンもランスティングも税を引き上げざるをえなくなっている．このような税の引き上げは住民の購買力を奪い社会経済を収縮させる」「他の地域がストックホルムの役割を肩代わりしてくれない限り平衡化制度による分配は小さくなる」と．スウェーデン経済全体の牽引車，「スウェーデンのモーター」であるストックホルムの役割の重要性に鑑みて，制度に疑問を呈しているのである．

4.2　新制度の内容

　2004年までの制度と2005年の新制度とを対比したのが図11-2, 11-3である．最大の相違は，歳入平衡化のシステムが変わったことであり，それと関連して旧制度の一般国庫補助金が廃止されていることである．以下簡単に新旧を対比して示そう．

　(a)　歳入平衡化　　旧制度では全国平均（100）を基準に，住民一人当たり課税所得が平均以上の団体は，超過分に対応する税収の95%を拠出，以下の団体は不足分に対応する税収の95%を受給し．負担金額イコール交付金額であった．

　新制度では，全国平均の100ではなく115以上のコミューン（ランスティングの場合は110以上）が，超過分に対応する税収の85%（県も同じ．旧制度では

---

[10]　USK（ストックホルム調査委員会）「ストックホルムにとっての平衡化の問題点」『USKアクチュアル』，2003年4月，所収．

234　第III部　動揺を通じた安定化

歳入平衡化制度

課税所得／住民一人

中央政府 ←―負担金―
交付金
100
負担金＝交付金
No 1-290

一般補助金（クローナ／住民一人）
―住民数に関連
―年令構成に関連

構造的コスト平衡化制度
―基本歳出評価

条件不利団体への交付金

＋ ← 中央政府 → ＋　負担金＝交付金
―

条件有利団体への負担金

過渡的措置（導入補助金）

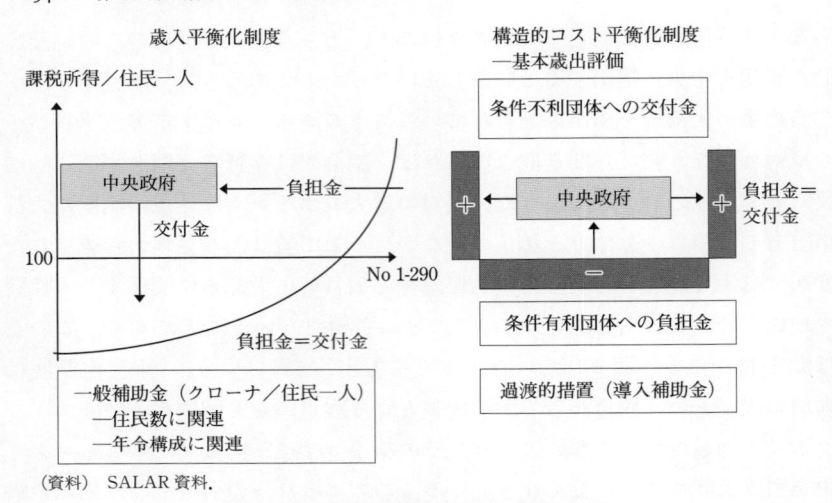

（資料）　SALAR 資料.

図 II-2　財政平衡化制度（2000-2004 年）

歳入平衡化制度

課税所得／住民一人

115％超団体への負担金

115
100
No 1-290

中央政府
調整（クローナ／住民一人）

構造的コスト平衡化制度
―基本歳出評価

条件不利団体への交付金

＋ ← 中央政府 → ＋　負担金＝交付金
―

条件有利団体への負担金

過渡的措置（導入補助金）

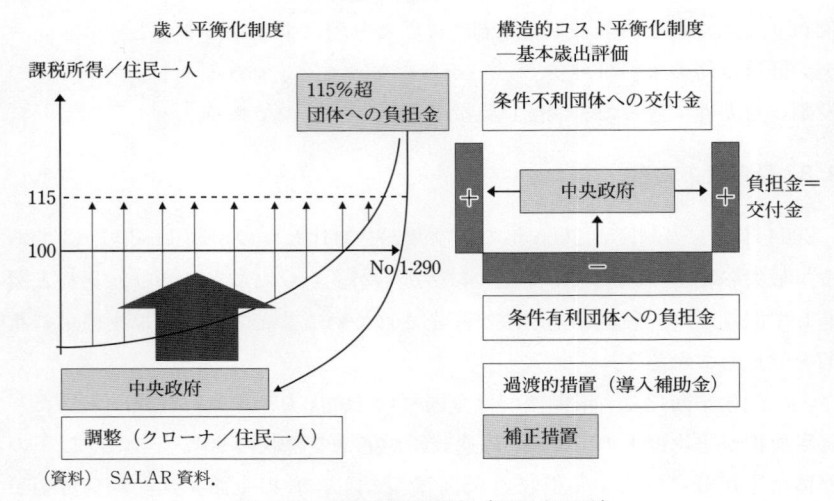

補正措置

（資料）　SALAR 資料.

図 II-3　財政平衡化制度（2005 年以後）

95％）を拠出，115（県は 110）以下の団体は，115（同 110）を下回る額に対応する税収の 95％（旧制度と同じ）を受給する．保障水準が 100 から 115 ないし 110 に上がったため，拠出団体数および拠出額は減少し[11]，受給団体数および受給額は増加する．加えて拠出が旧制度の 95％ から 85％ へ下がり，受

給は95％に据え置くのだから，全体として水平的調整は著しくその力能を低下させ，当然，負担金額＜交付金額となる．そのギャップを埋めるために，旧制度の一般国庫補助金を廃止してそれに充当するのである．新制度では，もともと大きいとはいえなかった水平調整がますます縮小され，大きかった旧一般国庫補助金から変身した圧倒的な垂直的調整とごく少額の水平的調整が混合した制度に変わった．

　(b)　構造的コスト平衡化　　新旧制度で基本的な仕組みには変化はない．ただこれまで16費目について平衡操作がされていたのを9費目に簡略化した．費用が全国平均を下回る条件有利団体が負担金を拠出し，上回る条件不利団体が受給する．負担金額イコール交付金額である．

　(c)　構造補助金　　旧制度で費用平衡化の中に含まれていた寒冷，過疎，産業構造改善などを含む「地域政策的な性格をもつ活動や費用のいくつか」[12]の要素を取り出して別に制度化した．

　(d)　導入補助金　　新制度への移行に伴う激変緩和のための時限措置．

　(e)　調整補助金・負担金　　中央政府からの平衡操作の支出は，これまでもそうであったが，毎年の予算でその総額が決定される．その予算額と，上記(a)〜(d)の所用額との差額を調整するための措置．

4.3　実態

新制度は2005年1月1日から実施されたので，まだその実態を示すデータに乏しい．ここでは，実施を前提として中央統計局や財務省で用意された県・市町村ごとの詳細な資料のうち，ごく簡単な総括の数値を掲げておく（表11-2）．総額552億SEKで，これは2004年の426億SEKより126億SEK増加している．コミューン分426億SEK，ランスティング分126億SEKとなっている．最大の項目はもちろん歳入平衡化交付金で600億SEKにのぼり，総額を上回ってさえいる．そうなるのは地方からの負担金を含ん

---

11)　コミューンは54団体から13団体へ，ランスティングは2団体から1団体（ストックホルム）へと減少した（スウェーデン内閣官房『平衡化制度』2005年6月16日，1/2ページ，http://www.regeringen.se/sb/d/3082）．

12)　スウェーデン内閣官房，同書，1/2ページ．

表 11-2 自治体経済の平衡化（2005年度）

	コミューン	県	合計
歳入平衡化交付金	45.0	14.9	59.9
歳入平衡税	−3.4	−2.2	−5.6
費用平衡化交付金	4.6	1.2	5.8
費用平衡税	−4.6	−1.2	−5.9
構造補助金	1.5	0.7	2.2
導入補助金	1.5	0.6	2.2
合計	44.6	14.1	58.7
調整税	−2.0	−1.5	−3.5
総合計	42.6	12.6	55.2

（資料）スウェーデン内閣官房前掲資料, 1/3ページ.
（注）単位：10億SEK. 中央統計局統計（SCB, 2004年12月）に基づいて出した2005年度の予測.「費用」は本文中の「構造的コスト」のこと.同様に「税」は「負担金」のこと.

でいるからで，負担金の56億SEKを差し引けば543億SEKで総額の98.2％となる．地方負担金は2004年には191億SEKにのぼっていたのであり，この負担金の激減はこの新制度の核心をなす．その裏側が，2004年に441億SEK[13]にのぼっていた一般国庫補助金の廃止とその新歳入平衡化交付金への組み替えであった．構造的コスト平衡化分は，負担金イコール交付金で58億SEKであり，2004年より10億SEK程減少している．この減少分の多くは新設の構造補助金22億SEKに振り替わっている．

中央予算計上額と地方積み上げの所用額との差を調整するために新設された調整措置の第1年目は，35億SEKのマイナス（調整負担金．ただし表中では「調整税」と表記されている）が計上されている．すべての住民に一人当たり均等に割り当てるので，筆者が聞き取りしたストックホルム，ウプサラ，ティエルプ3市とも当然同額で，一人当たり223SEKのマイナスとなっていた．

配分を地域的にみると「新補助金受け取りの上位8コミューンは大都市ないし中都市」で，大・中都市の受け取る補助金は「総額150億Krで……国

---

13) スウェーデン内閣官房，同書，2/3ページ．

の平衡化補助金への歳出額の約3分の1に達している」[14]．

5. むすびにかえて

　第2次大戦後のスウェーデンの福祉国家建設は，地方財政の急激な拡大に支えられて可能になったのであったが，その地方財政は，時を追って拡充された財政調整システムの土台のうえに構築されたのであった．とはいえ，そのシステムは決して単線的に拡大してきたわけではない．大部分の時期を支配してきた社民党は，概ね拡充の方向をとってはいたものの，財界を背後に控えた穏健党などの保守政党はしばしばそれに抵抗したし，そうでなくても，世界的な景気後退期や不況期には，社民党といえどもこのシステムの緊縮を図らねばならぬ立場に追い込まれた．また，このシステムのほぼ恒常的な負担者の地位におかれているストックホルム地域は，この制度とくに水平的調整に強い反対の意志を示し続けてきた．こうした複雑な力学のもとで描かれたこのシステムの軌跡が，世界的にユニークな，コミューン・レベルまで含む水平的調整の登場，廃止，再生そして縮小というドラマであった．それは量的には調整制度の中で決して大きかったとはいえない．とはいえ，それは，絶えず動揺しながら，動揺することによって安定点を見出していく福祉国家とその財政のあり様を，財政調整という舞台で典型的に示した興味あふれる事例だといってよいであろう．大きな垂直的調整と小さな水平的調整の組み合わせが，試行錯誤の末，辿り着いたスウェーデン福祉国家における調整制度の安定点なのであろうか．この経験は，ひとりスウェーデンにとどまらず，調整制度一般の進化の経路を考究するうえで，貴重な示唆を与え続けるに違いない．

---

14)　Statistics Sweden, *Economic equalisation for local governments 2005*.

参考文献

Gustafsson, Agne (1996), *Kommunal självstyrelse*, Stockholm, 邦訳, 穴見明 (2000), 『スウェーデンの地方自治』早稲田大学出版部.
Ministry of Finance (2004), *The Swedish Local Government Act*.
do (2005), *Local Government in Sweden-organization, activities and finance*.
OECD *Economic Survey : Sweden 2004*.
Regeringskansliet (2005), *Utjämningssystemet* (仮訳 スウェーデン内閣官房『平衡化制度』).
Statistiska centralbyran (2005), *Offentlig economi*, Januari.
Sveriges Officiella Statistik (2005), *Economic equalisation for local government*.
Swedish Institute (2001), *Facts Sheets on Sweden*.
USK (2003), *Utjämningen problematisk för Stockholm* (仮訳 ストックホルム調査委員会「ストックホルムにとっての平衡化の問題点」), *USK-aktuellt*, 2003. 4.
阿部照哉・畑博行編 (2005), 『世界の憲法集 (第3版)』有信堂.
伊集守直 (2005), 「スウェーデンにおける政府間財政関係―地方分権と財政調整制度」日本財政学会第62回大会報告レジュメ.
井手英策・高端正幸 (2005), 「スウェーデンにみる財政危機下の財政調整制度改革と民主主義」『地方財政』2005. 11.
井上誠一 (2003), 『高福祉・高負担国家 スウェーデンの分析 21世紀型社会保障のヒント』中央法規.
自治体国際化協会 (今井裕子・柴田さおり執筆) (2004), 『スウェーデンの地方自治』.
林健久・宮地俊明 (2005), 「スウェーデンにおける政府間財政関係及び地方税財政制度について」自治総合センター『地方分権時代にふさわしい地方税制のあり方に関する調査研究報告書―諸外国の地方税制との比較を中心に』.
藤井威 (2002-2003), 『スウェーデン・スペシャル I・II・III』新評論.
室田哲男 (2003), 「スウェーデンの財政調整制度」神野直彦他編『地方交付税何が問題か』東洋経済新報社.
山内健生 (1998), 「スウェーデンにおける地方財政制度の改革について」『地方財政』1998・4.

12章　再分配的福祉機能と連帯財政調整：北欧諸国

ユルゲン・ロッツ（橋都由加子訳）[1]

1. 北欧諸国における分権化と統制の問題

　北欧諸国と日本はともに，OECD加盟国の中でも最も分権化の度合いが高い（表12-1）．この背景のもとで，両者の経験を比較することは興味深いと思われる．

　日本の地方政府の財政規模はGDPの13%であり，OECD平均よりも約50%大きいが，北欧諸国（19%）と比較すると小さい．北欧諸国の財政規模の大きさは，主に地方所得税からの収入が多いことによるものである．支出側に関しては，北欧諸国は高水準の福祉サービスの供給がすべて分権化されており，日本の図式を見ると公共事業が優勢であるが，福祉サービスも，全く同様とまではいかないが多くが分権化されているように見える．

　北欧諸国の公共部門の分権化は3つの要因によって進められてきた．最も

表12-1　分権化の指標，北欧諸国とその他のOECD加盟国との比較

	北欧諸国以外のOECD平均	日本	北欧諸国平均*
地方政府支出の対GDP比（%）	9.2	13.4	19.1
地方福祉支出の対GDP比**（%）	4.2	6.9	12.3
地方経常収入（地方税，料金，補助金）の対GDP比（%）	9.0	13.1	19.7
（一般政府収入に占める割合（%））	(26.2)	(41.0)	(42.3)
地方所得税収入の対GDP比（%）	1.3	1.6	10.6

（出典）　OECD (2001), IMF (2002). 日本：持田信樹．
（注）　*　デンマーク，フィンランド，アイスランド，ノルウェー，スウェーデン．
　　　**　教育，保健医療，高齢者福祉，その他の社会サービス．

---

[1]　本章の内容はすべて著者の個人的見解であり，デンマーク財務省の見解を示すものではない．

重要なものは100年前に個人所得税が導入された際の決定である。そのときにすべての北欧諸国で地方所得付加税の導入が決定された。それ以降，所得税率は北欧諸国の地方財政における最も重要なパラメーターとなっている。次に，地方自治体が中央政府の代理人の役割を果たすように，福祉サービスの供給を移譲することで，行政上の効率性が改善すると信じられてきた。最後に，初期の時代には，民主主義を強化して政治力をより広範囲に広めようとする準備も重要な役割を果たした。これらの要因が合わさって，公共部門がOECD諸国の中でも最も分権化する結果となったのである。

しかし，これは議会の反応を招くことにもなった。議会は現在，基礎的自治体が議会から移譲されたサービスの供給について，より効率的な方法で行い，地方間の過剰な格差が生じないように改善するべきであるとますます強く主張している。

ティブー，マスグレイブ，オーツによるクラブ理論流の，財政連邦主義の伝統的な理論は，このような状況には特に関係がない。北欧の専門家は，財政連邦主義に関する国際的な文献は北欧の現実を説明するのには役立っていないと感じている（Lotz, 1998）。地方財政の研究において北欧の第一人者であるRattsø（1998）は，北欧の地方政府は経済理論で表現されているものとは非常に異なって見えると結論づけている。すなわち地方政府は中央政府の代理人として，1）全国的な選好にかなう地方サービスをより強く求める住民に対して，2）公平性が政治的に強調されるという圧力のもとで，3）再分配的なサービスを供給している。

結局のところ，地方政府はますます再分配的なサービスを供給する代理人の役割を果たしている。私たちは，地方政府が福祉サービスの供給を行うのは，経済的な配分理論の原則にもとづいているというよりも，行政上の便宜であることに気づき始めている[2]。「財政連邦主義」の理論に対して，Rattsøはこの新しい見方に「行政的連邦主義」という名前を付けた。

行政的連邦主義のもとでは，分権化の長所を損なわずに全国的な需要が満たされることを確保するためだけではなく，マクロ経済上の目的と同時にミ

---

2) Rattsø（2002）を参照されたい。彼はこの判断を，北欧にとどまらずヨーロッパの見方にも広げている。

表12-2 議会が地方政府に対してより強力な統制を求めるいくつかの理由

- すでに導入された改革によって規制の改善は非常に成功しており，地方サービスの供給における効率性を阻害するような深刻な規制が今や存在しない．
- 今まで各国の議会が行っていた活動の多くをEUが引き受けたため，議会は分権化した福祉サービスに注目を向けるようになってきた[1]．
- 国際的な租税競争の増加によって，高税率を課すことがよりリスクを伴うようになっている．(Groes and Pedersen (2001) は，グローバル化が進展するにつれて，地方税率と地方の選好の分散は小さくなると論じた．)
- 財政赤字に関するEUのルールは，議会が地方政府部門の財政に対する関心を持つ原因となってきただろう．
- 輸送（通勤）と通信の発展によって選好が変化し，地方間の格差は小さく，全国的に共有される選好は大きくなってきただろう．

(注) 1) この論法は，グローバル化によって基礎的自治体レベルに重要な役割が残されて，中央政府の重要性は低下するとするTanzi (1998) の議論とは反対であり，北欧の文脈においてはより現実的である．

クロ効率性を確保するためにも，統制が非常に重要な問題となってくる．

必ずしもすべての国が同じときに同じ問題を抱えているわけではないが，これらの問題にはいくつかの種類が存在する．1つの問題は，地方自治体がグローバル化の世界の中で持続可能でない程度にまで税率を押し上げることを阻止する方法についてである（デンマーク）．他の問題は，異時点間のバランスを維持し，マクロ経済の過熱を加速している地方財政赤字の拡大を避ける方法についてである（スウェーデン，フィンランド）．そして，すべての住民が低いコストで高水準のサービスにアクセスできるように，地方自治体による供給をどのように確保するかという，どの国も共有している問題がある．

20年前の北欧諸国の政府が抱える問題を表現すれば，どのようにして規制の枠組みを改善し，地方政府に課されている過剰に官僚的な制約を解くかという，今日の日本での議論とよく似たものであっただろう (Joumard and Yokoyama, 2005)．当時は，効率性と規制の改善による救済がキーワードであった．しかし時代は変化した．今日の北欧諸国の政治家が直面する難しい挑戦とは，分権化による便益を維持しつつ地方自治体を統制して，最善の実行可能な妥協を行う方法を探すことである（表12-2）．この変化によって，いくつかのより哲学的な問題が生じている．なぜ，流行は短期間のうちに変わったのだろうか？

Tanzi (1999) は，このイデオロギーの揺れを振り子の揺れにたとえてい

る．彼は，1980年代と1990年代初頭に最も盛んに，「それまでの考え方に対する正面からの攻撃によって」いかにして「多くの人々が政府の役割の拡大を警戒し，より懐疑的に考えるようになり，市場により依存する準備を整えるようになった」かを述べている．Tanziは次のことを恐れている．「国家に多くの問題の解決を委ねる視点から，国家が問題であると特定する視点へと，振り子はあまりにも遠くに振れるかもしれない」．北欧諸国の近年の経験を見ると，日本の経験とは対照的に，振り子はすでに反対側に，国家を好意的に見るように振れ始めているかもしれない．

2. 北欧の交渉システム

　北欧諸国の中央と地方レベルの政府間関係は，その他の国と比べて，基本的に対話と交渉の関係である．統制の手段は，しばしば地方政府協議会と中央政府との交渉の後に準備される．デンマークでは，25年間毎年の交渉の終わりに公式の協定が結ばれており，これがデンマークの統制における主要な手段，マクロ経済的な統制の中の第1のものとなってきた．

　基本的な協定の内容は，何年もの間，中央政府は合意された補助金額が議会で承認されるよう働きかけ，一方で，地方政府協議会はメンバーに対して税率の引き上げを行わず翌年の活動を一定水準に抑えるよう勧告する，というものである．しかし，年がたつにつれてその他の議題も重要となってきている．1つは，地方の効率性の改善であり，もう1つは地方の優先順位に影響を与えることである．

　強力な地方政府協議会の存在は全国的な利益をもたらすと広く信じられている．北欧諸国の地方政府協議会は政党色を持たない．指導者体制は4年ごとの地方選挙の結果で変わり，政府に対してメンバーの利益を守るために選出される．地方政府協議会は競合する協議会に分割されていないため，強い影響力を持っている．デンマークの協議会は，長い間，すべての基礎的自治体から組織されるものと，すべてのカウンティから組織されるものの2つが存在してきた．スウェーデンはさらに進んでおり，カウンティと基礎的自治体の協議会が統合されて，現在では1つの協議会のみが存在している．その

他の北欧諸国の協議会も，おそらくスウェーデンやデンマークほどではないが，強く影響力を持っている．

中央政府側からの代表のモデルは，時間とともに変化している．多くの場合，内務省が地方政府の組織と構造に関連する立法に責任を持っているが，典型的には財務省が，地方政策が中央の優先順位とマクロ経済上の目的に従うように統制する責任を担っている．ノルウェーでは，補助金に関する責任は内務省にあり，一方でマクロ経済統制は内務省と財務省が共同で担当している．

デンマークとスウェーデンでは，かつては統制が内務省の責任であったが，デンマークにおいてはそれが財務省に移譲されて，一方で法律問題，地方の借入に対する規制，補助金の配分は内務省の責任の範囲にとどまっている．スウェーデンでは1996年に内務省が廃止されて，法律関係の責任はまず法務省に移譲されたが，2003年には財務省に移譲された．

このような交渉が統制の手段として成功するのは，地方自治体が地方政府協議会の勧告に従った場合に限られる．ある研究では，デンマークの経験を観察するとこれが十分に当てはまらないことが明らかにされた．研究によれば，地方自治体は協議会の結んだ合意に従ってこなかった（OECD, 2003a）．一方で，合意された内容に正確に沿った結果にはなっておらず，増税の程度は合意されたものよりも概して少し大きいものの，交渉が効果的な手段であった証拠が存在するとの議論もなされている．Lotz (1991) は，1980年代のノルウェー，イギリス，スウェーデン，オランダ，デンマークについて政策目的と実際の地方政府の行動とを比較した結果，デンマークの交渉制度が最善の結果をもたらしたことを明らかにした．Blom-Hansen (1997) はこの期間を1997年までに延ばして，スウェーデン，ノルウェー，デンマークについて同じ結果を得ている．

しかし，これは中央政府が満足してきたということを意味していない．1990年代半ば以降デンマークでは，その他の国と同様に，地方政府のパフォーマンスに関して中央の不満が高まっているからである．

表 12-3 地方政府に対する補助金（1999 年）

	補助金 対 GDP 比（％）	地方経常収入合計 対 GDP 比（％）
北欧諸国以外の OECD 加盟国平均	4.1	9.0
北欧諸国平均	5.7	19.7
日本	6.5	13.1

（資料） OECD (2001). 日本：持田信樹.

3. 一般補助金，特定補助金，裁量的補助金の役割

補助金は地方政府を統制する上で中心的な役割を果たしている．表 12-3 は，北欧諸国と日本の補助金を GDP に対する割合で測った規模が，その他の OECD 加盟国とほぼ同じであることを示している．

OECD は地方政府に対する補助金の機能を 3 つ挙げている．1) 地方政府支出の財源保障を行うこと，2) 全国的な優先順位が地方の優先順位によって動かされないよう，地方政府内の配分を統制する手段，3) 財政調整．ただし，北欧諸国やその他の補助金と財政調整とが分離している国には当てはまらない[3]．

3.1 財源保障，マクロ経済的統制

世界の中で地方自治体に対して補助金を交付しない国はほとんどない．なぜ政府は，地方自治体に十分な課税力を認めて，割り当てられた歳出を完全にまかなわせることをしないように見えるのだろうか？ その答えはおそらく，補助金を失うと中央政府は統制の重要な手段を失うからであろう．

デンマークの経験は，補助金がどのように用いられうるかを説明している[4]．中央の議会を通過した新しい規制や立法によって地方政府が負うことになるいかなるコストについても，中央政府が地方政府に対して補償するこ

---

[3] これは，財政調整と補助金政策がすべての点において明確に区別されていることを意味しているのではない．特定補助金の利用や，地方の財政需要の測定に用いる指標の選択は，財政調整と統制の両者の目的を果たす．

[4] 1990 年代初頭に，デンマークのカウンティは補助金の廃止を求めた．中央政府は補助金の廃止で節約される財源を用いて，中央の税率を引き下げて，その分カウンティの税率を引き上げる余地を作ることが可能であった．しかし政府は中央統制の手段としての補助金を失うことを恐れたため，その申し出を断固として拒否した．

とが法律によって義務づけられている．この補償は一般補助金を用いて行われる．それに加えて，一般補助金は財政需要と税収予測の乖離を埋めるように毎年調整される．これは事実上，景気循環の中で予測される財政状況を安定化し，地方自治体が地方税の増税を行うことなしに必要なサービスを常に供給することができるようにする，反景気循環的要素として役立っている．

結論として，この一般補助金のモデルの利点とは，地方経済が受けるショックを防止して，地方政府の財政面での安定化をはかり，教育，保健医療，社会サービスなどの地方サービスを自動安定化装置の影響から守る点にある．

3.2 定率補助金，ミクロ経済的統制

補助金制度の別の利用目的は，地方の優先順位に影響を与えて，全国的な優先順位により合致させることである（北欧諸国では日本の状況とは異なり，特定補助金の多くが経常支出目的であり投資目的のものは非常に少ないことをはじめに注意する必要がある）．1980年代と1990年代のOECD諸国では，特定補助金を一般補助金化する改革の波があった．この政策はヨーロッパ地方自治憲章の中でも勧告されていた．当時，この政策変更にはいくつかの理由があった．1) 定率補助金の補助率が高いことが地方の責任の後退につながり，支出を押し上げ，中央政府財政の流出のもととなった．2) 特定補助金は統制，監査，多くの官僚制度を必要とする．3) 特定補助金は非効率な配分を招く可能性がある．

しかし近年，多くの国で特定補助金の利用に関する問題が再び浮上してきている．地方の優先順位に影響を与え，地方のサービス供給の効率性を改善するために，特に雇用関係の補助金がますます用いられるようになってきた．以前の定率補助金は，地方に義務づけられた移転支出などの（すなわち，早期退職，社会的現金給付など），地方の裁量が低いと思われる分野で用いられていた．そのような支出は義務づけられているものであり，地方団体の統制の範囲外にあると信じられていた．しかし，このことは今日のデンマークでは考え直されており，地方自治体が失業者に恒常的な移転を交付するのではなく，彼らを就労させるよう経済的なインセンティブを与えるために，補助率が引き下げられている．

3.3 裁量的補助金の利用に伴うリスク

地方の状況は通常の状況と異なることが非常に多いので,裁量的補助金の利用は避けられない.しかし,裁量は常に政治的な乱用とゆがみの問題を引き起こす.いずれにせよ,デンマークでは裁量的補助金の利用は増加しており,フィンランドとノルウェーでも議論がなされている.

これはモラルハザードの問題を引き起こす.OECD (2003b) は近年,次のように主張している.「基礎的自治体による予算の不正利用について,潜在的に主な原因となっているのは,財政上の困難にある基礎的自治体に対して中央政府が行う裁量的な支援によって作られるモラルハザードである」.ノルウェーも1つの適例である.ノルウェーの裁量的補助金は小さく,1970年代には実際に公債費の高い基礎的自治体に有利に作用していたため,これが地方の借入に対する監視を強化することにつながった (Rattsø, 2003).現在ノルウェーのすべての地方政府は,定められた上限ちょうどに税率を設定しているが,これは日本と同様に,税率を上限よりも引き下げた場合に,裁量的補助金の配分を通じて中央政府から制裁を受けることを恐れているからである.

4. 水平的不均衡と財政調整

4.1 地方政府に対する財政調整の議論

北欧諸国は2つの理由で強い財政調整制度を必要としている.1つは,地方自治体間の財政需要(コスト)の格差である.議会は,この格差がサービスの質の格差に過大に反映することを許容しようとはしていない.もう1つの理由は,課税標準(すなわち,北欧諸国では課税所得)の大きな格差である.議会はこれらの格差が税率の格差に反映することは認めない.

何がコストの格差の原因だろうか? 社会的支援の財政需要は,都市部で最も高い.教育と保育の財源は,若い家族やその子供が住む自治体で最も多く必要となる.高齢者福祉と高齢者のための施設は,多くの若い家族が離れ

てしまった自治体で最も費用がかかる．このような格差は中央が供給を行った場合にも生じるが，北欧諸国でそうであるように，福祉機能が分権化されたときに明らかに見えるようになる．サービス水準の統一性を確保するためには，このような地方自治体間の需要（コスト）の格差を平準化する必要がある．

全体を見ると，デンマークで一人当たり財政需要が最も高いものは全国平均の14％以上であり，最も低いものは14％以下である．地方の住民一人当たり課税標準はさらに格差が大きく，利益の大きい雇用を創出しているかどうかという状況の違いを反映している．デンマークでは，最も貧しい基礎的自治体の課税標準は全国平均の20％以下であり，最も豊かなものは平均の100％以上である．これらの格差はその他の国と比較すると小さいかもしれないが，同様の格差のパターンはその他の北欧諸国でも確認できる．

結論として，豊かな人々が低い税率で高水準のサービスを享受する租税回避地を避けるためと，低所得の自治体の税率が高くなりすぎることを避けるために，議会はある程度の財政調整を必要とする．

4.2　2つのモデル：連帯または補助金型の財政調整

北欧諸国では，財政調整に特別な手法が用いられている．中央の補助金を財政調整目的に用いるのではなく，このモデルはいわゆる連帯（水平的）モデル（ドイツの州間やスイスのカントン間のような，その他の国の財政調整によっても知られている）にもとづいている．貧しい自治体を補助するのに必要な財源は豊かな自治体から取り上げられる（Mochida and Lotz（1999）を参照）．

連帯モデルは，補助金にもとづく垂直的財政調整よりも潜在的により完全な平準化を行うという利点を持っている．補助金モデルですべての地方自治体をカバーしようとすれば，最も貧しい自治体を最も豊かな水準にまで引き上げなければならないから，非常に大規模な財政調整補助金が必要となる．これが，多くの国の補助金モデルに最も豊かな自治体が含まれないことの1つの理由である．連帯モデルでは，貧しい自治体への支払いは豊かな自治体から引き出されるため，この問題は生じない．

モデルの選択は基本的には政治的に行われる．連帯モデルは補助金モデル

よりも，豊かな自治体から貧しい自治体への拠出をより透明性のあるものにする．これはデンマークでとられたこの点の政策変更によって示されている．1988年，自由党・保守党連立政権は，従来の連帯制度を補助金による財政調整にもとづく制度に変更した．新しい財政調整制度は，個々の基礎的自治体に与える経済的効果を変えないように設計されたが，高所得の都市部の（社会民主党の）基礎的自治体が（自由党・保守党の）貧しい地方部の基礎的自治体に対して拠出する実際の負担は目に見えにくくなった．しかし，1996年に社会民主党政権は，財政調整の連帯制度を復活させて，再び社会民主党の基盤である都市部の基礎的自治体が地方部の基礎的自治体にどれだけの拠出をしているかを強調しようとした．2006年現在，自由党・保守党連立政権が議会の多数を占めており，財政調整制度を補助金による制度に戻すことを提案している．

州間で政治的な格差が大きい連邦制国家では，その他の政治的議論が聞かれる．そこでは，補助金による垂直的財政調整は連邦を結びつける「接着剤」のような役割を果たすと議論されている．そのような国では，連帯の財政調整は対立的に見えるかもしれない．この議論の現実は統一後のドイツで示された．当時の西側諸州は東側の新州を彼らの連帯制度に含めることに反対し，抵抗した結果，西側諸州の拠出する負担額には上限が設けられるように変更された．

連帯モデルを好意的にとらえる別の政治的議論もなされている．このモデルが用いられると，影響力の強い地方政府協議会も，メンバーの半分が反対をするために，より大きな財政調整を要求することが不可能となる．一方で補助金による財政調整モデルでは，より大きな財政調整を要求することは「無償」であり，多くの補助金を要求すれば，すべての地方自治体がより容易に合意する要求が出来上がることを意味するだけである．

4.3 財政調整の規模は？ インセンティブ問題は存在するか？

北欧の財政調整制度（収入面において）の強さに関する全般的な調査の結果は，表12-4に示されている．財政調整の度合いは国際的な基準から見て非常に高いように思われる．

12章 再分配的福祉機能と連帯財政調整：北欧諸国

表 12-4 北欧諸国の連帯財政調整制度

補助（貧しい基礎的自治体が受領する）				拠出（豊かな基礎的自治体が支払う）	
		補助の割合[1]	ブラケット上限[2]	拠出の割合[1]	ブラケット下限[2]
スウェーデン	2005年	95%	115%	85%	85%
ノルウェー	2002年	90%	110%	50%	134%
デンマーク	2005年	85%	90%	85%	100%＊(2004年以降)
		45%	90-100%[3]		
フィンランド	2003年	100%	90%	40%	90%

(資料) Mønnesland (2001), OECD (2003b), OECD (2002a), MOF Denmark.
(注) 1. 補助と拠出（基礎的自治体の潜在的税収に占める割合）
2. ブラケット（全国平均の所得課税標準に占める割合）
3. 概算，住民一人当たり課税標準が全国平均以上の 10 (215 のうち) の非都市基礎的自治体は，45％という率の財政調整に直面し，全国平均以下の 8 (60 のうち) の都市部基礎的自治体は，85％という高率の財政調整に直面している．

ただし，この表は貧しい基礎的自治体の補助を目的とした活動の全体像を示しているわけではないことに注意する必要がある．それらの自治体を補助するために，一般財政調整制度の枠外で（この表には含まれていない）特定補助金または裁量的補助金が交付されている．しかし，この表からは，北欧のどの国においても豊かな基礎的自治体が貧しい自治体に対して目に見える直接的な拠出を行っていることが明らかである．

時として，あまりに高度の財政調整は「独自の課税標準を成長させる」インセンティブを失わせる，という議論が聞かれる．この議論は，2003 年にノルウェー政府が，1999 年に廃止された法人税の税収分与制度を再導入するときにも論じたものである．また，Rattsø (2003) はノルウェーについて「課税標準の平準化が産業を発展させるインセンティブを妨げている」と述べている．最後に，この議論はスウェーデンの 2005 年以降の財政調整の水準を引き下げる改革でも用いられた．

この議論はスウェーデン政府の報告書の中で全面的に分析されている (Söderström, 1994)．それによると，地方の政治家は再選を望み，再選を確実にする最善の方策は企業と雇用を引きつけることである．これは，新しい雇用によって地方自治体の金庫が豊かになるかどうかという問題よりも強力なインセンティブである[5]．OECD (2003b) は同様の文脈で，基礎的自治体のコントロールの範囲外にあって配置の決定に影響する要因は数多くあり，こ

のインセンティブ議論を用いてフィンランドの豊かな自治体に対する低い財政調整率を擁護することはできないと論じている[6]．

4.4 タイムラグ

OECD (2002b) は，財政調整が弱い場合にはラチェット効果のリスクが存在すると論じている．つまり，税収の好調な伸びを経験している自治体は支出を増加させるため，後年に収入が減少してもそれを切り戻すのは難しい．しかし，財政調整がこの種の問題を解決できるのは，収入の効果と財政調整の支払いの間にタイムラグが生じない場合だけである．もし課税標準がある年のショックに正の反応をし，自治体が同じ年に収入の予期せぬ増加を確認し，ところが財政調整がそれを取り戻すのが何年か後であると，やはり結果としてラチェット効果が生じてしまう．

スウェーデンはその問題を，地方税収と財政調整移転の両者を2年前の明らかになっている所得（全国的な比率を用いて，当該年の予測水準にインフレートして）に結びつけることで解決した．デンマークはスウェーデンのような制度を導入する政治的な支持を得ることができていないが，その代わりに，希望する基礎的自治体はそのようなモデルを選択する権利が与えられている．OECD (2003b) は，フィンランドに対してスウェーデンと同様の制度を導入することを勧告している．

4.5 制度はそれほど複雑な必要があるのか？

北欧諸国の財政調整制度に対する批判は，財政調整に反対するその他の多くの国での批判を繰り返したものである．すなわち，地方政府に対する財政調整制度はあまりにも複雑だ，という批判である．しかし，財政調整制度はいくつかの理由で複雑になる必要がある．

地方政府に移譲されている機能が多ければ多いほど，需要の測定は複雑に

---

5) Söderström (2002) は財政調整制度について懸念を表明し，高齢化が地方財政に影響を与え始めると，必要な財政調整移転は持続可能でなくなる可能性があると述べている．
6) OECDは，その他の資料ではこれらのインセンティブ議論をより聞き入れようとしている．Joumard and Yokoyama (2005) を参照されたい．

なる必要がある．政治的な観点からすると，敗者が不満を述べるだけではなく，勝者も十分な量を得ていないと不満を述べるのであるから，財政調整を扱うのは難しく，些細な性格の「需要」を補償するという，複雑な政治的妥協が頻繁に行われなければならなくなる．時がたつにつれて，政治的な圧力に応えて変更に続く変更が加えられており，それぞれの変更はうまく設計されているのだが，同時に制度を複雑化している．

時には，多くの指標よりも少ない指標を守る方が政治的に容易であると議論されることもある．これは一般的な真実ではないだろう．スウェーデンの指標の数はデンマークよりもかなり多い（表12-5を参照）．これは，スウェーデンの生活水準の地理的格差がデンマークよりも大きいことによって説明されるだろう．しかし，同様の議論は指標を増やす要求に対する抵抗に成功してきたノルウェーについても当てはまるはずである．つまり，答えはおそらく，指標の数は平等主義への政治的な熱意の差を反映している，というものである．

4.6 地方の財政需要の測定

財政調整において最も複雑な要素の1つは，財政需要の測定である．基礎的自治体の財政需要を統一的に測定するためにまず必要なことは，すべての基礎的自治体が同じ機能を持っていることである．基礎的自治体間で機能が異なると，それらの需要の一般的な指標が存在しない（平準化されるべき課税能力の定義についても同様のことが言える．収入源が地方自治体間で大きく異なっている場合は，課税能力の比較は難しくなる）．

次に，何が地方の財政需要であるかを明らかにする問題がある．観察された自治体間の支出水準の格差は，財政需要の格差のみによって説明されるのではない．サービス水準や効率性の格差も地方支出に影響を与えるが，サービスや効率性の格差は地方自治体自身が負担するべきものである．観察された格差を需要とそれ以外の要因に分ける方法を調査するためには，需要と関連性が強いと仮定されるいくつかの指標を特定する必要がある．

ここで「需要」の測定には，特定の地方サービスそれぞれについて，サービス供給を受ける実際の人数ではなく潜在的な人数と，標準的なコストを用

表 12-5 デンマーク，スウェーデン，ノルウェーの財政需要の計算に用いられる指標

デンマーク (2003年)	スウェーデン (2000年)	ノルウェー (2000年)
年齢関連指標，次の相対人数：	保育：	0-5歳
0-6歳	1-9歳	6-15歳
7-17歳	雇用の頻度	16-66歳
7-16歳人口，3年の変動で調整	所得	67-79歳
17-19歳	人口密度	80-89歳
20-24歳	初等教育	90歳以上
25-34歳	7-15歳	
40-64歳	外国語を話す児童の割合	離婚した16-59歳人口
65-74歳	人口の少ない地域	死亡率
75-84歳	学校規模	67歳以上の単身者
85歳以上	児童の通学時間	移民
高齢者の賃貸アパート数	中等教育	推定される移動時間（人口密度
潜在的に早期退職の20-59歳人口	16-18歳	を測定するための指標）
	学習の専門性	16歳以上の精神病患者
「社会指標」基準：	密度	0-16歳の精神病患者
一人親の子供数	距離	15-69歳の失業者
高齢者アパートの数	高齢者福祉	
(年齢に関する指標と同様)	高齢者人口	
20-59歳の失業者	婚姻状態	
特定の国からの移民数	以前の就業	
コペンハーゲン都市部の外の	外国籍	
貧困地域に居住する住民数	人口の少ない地域	
	距離	
	その他	
	移民の割合	
	失業者	
	一人親家庭	
	低所得家庭	
	土壌の質	
	冬の気候	
	公共施設の暖房コスト	
	人口減少	
	域外通勤の割合	

(資料)　デンマーク：Indenrigs-og sundhedsministeriet (2002).
　　　　スウェーデン，ノルウェー：Mønnesland (2001), ノルウェー内務省.

いると理解している．パフォーマンス関連指標は，需要ではなくサービスの水準を測定するから，利用を避けるべきである．高齢者福祉に関する地方財政需要の指標となるのは，高齢者用施設に滞在している高齢者数ではなく，全国的な統計にもとづくと施設型の介護を最も必要とすると考えられる年齢

層に含まれる高齢者の人数である．

しかし指標を選択する際には，人口統計学的な指標にとどまらず，例えば一人暮らしの高齢者（これらの人たちがより介護を必要とすることは実証的に明らかにされている）の割合などの，それほど直接的ではない要因をも考慮に入れる必要がある．このような新しい指標を探し出すためには，多くの国で指標を一人当たり地方支出の格差に回帰をさせることで，指標の重要性を研究する必要がある．

財政需要を客観的な要因にもとづいて表すために回帰分析を行うと，非常に有意であったとしても，それで地方支出の格差の半分以上を説明できることはまれであるというのが，これらの研究の問題点である．スウェーデンの学者による研究である Söderström (2002), Schwartz and Weinberg (2000) は，非常に有意ではあるが，説明力が小さすぎると述べている．デンマークでは，回帰分析の利用は一般的に受け入れられている．デンマーク内務省の Mau Pedersen は次のように述べている．「我々は客観的な指標を特定すること，それを客観的な方法で実行することが可能だと分かった．しかし，その過程でいくらかの価値判断を挟むことは避けられない」．Rattsø (2003) は，ノルウェーの財政需要の指標は小さな基礎的自治体を過剰に補償して，合併によってより大きな基礎的自治体へ移行する動きを遅めており，地方自治体は自分たちに利益となる指標を後押しするだろうと考えている．この意味では，ルールにもとづく財政需要も時間とともに裁量的な性格を持つと，Rattsø は述べている．

財政需要を測定するための望ましく客観的な指標を見つける問題は手強いものであり，客観的な指標にもとづく財政需要の測定は複雑になる傾向がある．北欧諸国の需要の測定がいかに複雑になってきたかは，デンマーク，スウェーデン，ノルウェーの財政需要の測定に用いられる指標を示した表 12-5 を見ると明らかである．

5. 結論

日本と北欧諸国を比較して暫定的な結論をまとめると以下のとおりである．

日本と北欧諸国は，いずれもすでに公共部門が比較的分権化しているため，多くの共通点がある．しかし議論にはタイムラグが生じている．日本では現在，地方自治体を過剰に縛りつけている規則からどのように解放するかが議論されている．北欧諸国では，これらの問題は20年前に議論されて解決しており，現在は地方の効率性と地方サービスの質をどのように改善するかが議論されている．

対話と交渉の役割について

　北欧諸国の中央と地方政府の関係は，交渉と対話の傾向を持つ．このためには強力で責任のある地方政府協議会が必要である．いくつかの研究によると，一方的な中央の統制よりも対話と交渉による統制の方がより効率的であることが知られているが，それにもかかわらず北欧諸国では，この制度で十分なのか？という疑問がますます起こっている．

補助金政策について

　一般補助金の規模は，地方福祉サービスの安定した供給をまかなうように決められており，中央の新規の立法によって地方が負うすべての支出増を地方政府に補償する目的でも用いられている．全体として，地方政府は外生的ショックからよく保護されている．地方の優先順位と効率性をマイクロマネージするために，雇用に関連した特定補助金がますます用いられている．

地方政府に対する財政調整について

　地方自治体が税収から財源を得ており，全国的な再分配的福祉機能が地方レベルに移譲されている場合には，地方政府に対する財政調整が必要である．北欧諸国では公平が好まれるために，高度な財政調整が行われている．北欧諸国ではしばしば，豊かな自治体が貧しい自治体に対する補助の財源を拠出するという，(水平的) 財政調整の連帯モデルが用いられている．しかし，時には政治的な理由により，補助金によってまかなわれる (垂直的な) 財政調整の方が好まれる．連帯財政調整は，豊かな自治体への平準化の適用を容易にするという利点を持っている．

財政需要の測定は客観的な指標にもとづいて行われる必要がある。学校数や公債費などのパフォーマンス関連指標が用いられると、支出水準が高く非効率な自治体が優遇される結果になるだろう。

参考文献

Blom-Hansen, Jens (1997), "Macroeconomic controls of local governments in Scandinavia," in *Studier I statens styring af den kommunale økonomi. Århus.* Politica.
Finansministeriet (1996), *Kommunal budgetredegørelse*, August, Denmark.
Groes, Niels and Pedersen, Steffen (2001), *Pendling og stemmeprocent AKF*, Denmark.
IMF (2002), *Government Finance Statistics Yearbook*, IMF 2002.
Indenrigs-og sundhedsministeriet (2002), *Kommunal udligning of generelle tilskud 2003*, Denmark.
Joumard, Isabelle and Yokoyama, Tadashi (2005), *Getting most out of public sector decentralisation in Japan*, Economic Department Working Papers, No. 416, OECD.
Lotz, Jørgen (1991), "Controlling local government expenditure," in Remy Prud' homme ed., *Public Finance with Several Levels of Government*, Foundation Journal Public Finance The Hague/Koenigstein.
Lotz, Jørgen (1998), "Local Government Reforms in the Nordic Countries, Theory and Practice," in Jørn Rattsø ed., *Fiscal Federalism and State Local Finance*, Edward Elgar.
Lotz, Jørgen (2003), "Forthcoming article" in Shah, Anwar ed., *Local Government organisa-tion and finance*, World Bank, Washington.
Mau Pedersen, Niels Jørgen and Kabelman, Thomas (1999), "Measuring social expenditure needs: is it possible to be objective? (unpublished)," Ministry of Interior, Copenhagen.
Mochida, Nobuki and Lotz, Jørgen (1999), "Fiscal Federalism in Practice: The Nordic countries and Japan," *The Journal of Economics*, Vol. 20, No. 1, pp. 49-77.
Munch, J. R. and Svarer, M. (2002), "Rent Control and Tenancy Duration," *Journal of Urban Economics* 52, pp. 542-560.
Mønnesland, Jan (2001), *Kommunale Inntektssystemer i Norden*, NIBR 2-2001, Norway.
OECD (2001), *Revenue Statistics 2001*.
OECD (2002a), *Economic Survey of Norway 2002*.
OECD (2002b), *Economic Survey of Finland 2002*.
OECD (2003a), *Economic Survey of Denmark 2003*.

OECD (2003b), *Economic Survey of Finland 2003*.

Rattsø, Jørn (1998), "Introduction," in Jørn Rattsø ed., *Fiscal Federalism and State-Local Finance*, Edward Elgar.

Rattsø, Jørn (2002), "Fiscal controls in Europe : a summary," in Bernard Dafflon ed., *Local Public Finance in Europe*, Edward Elgar.

Rattsø, Jørn (2003), "Vertical imbalance and fiscal behaviour in a welfare state : Norway," in J. Rodden ed., *Fiscal decentralization and the challenge of hard budget constraint*, MIT Press.

Söderström, Lars (1994), "Utjäming och kommunala incitement," *Bilaga 8 til Betänkningande från beredningen för statsbidrag och utjämning i kommunsektorn*, SOU 1994 : 144.

Söderström, Lars (2002), "Hoten mot kommunerne," *ESO*. Ds 2002 : 7, Sweden.

Schwartz, B. and Weinberg, S. (2000), "Serviceproduktion och kostnader, att söka orsaker," *till kommunala skillnader. Ekonomisk forskningsinsitutet*, Handelshögskolan i Stockholm.

Tanzi, Vito (1998), *The Demise of the Nation State ?*, IMF Working paper WP/98/120.

Tanzi, Vito (1999), "Comments," in Fukasaku and De Mello Jr, *Fiscal Decentralisation in Emerging Economies*, OECD Development Center.

13章　分権国家における財政調整制度：スイス

世利洋介

1. はじめに

　本章では，分権国家スイスの財政調整を取り扱う．スイスにおいては，2004年11月28日に『連邦政府とカントンの間の財政調整と役割分担の新たな構築（*Neugestaltung des Finanzausgleichs und der Aufgabenteilung zwischen Bund und Kantonen*）』（以下，NFAと略称）が国民投票によって賛同を得て，2008年1月から実施される見通しとなった．NFAは，今後のスイスの政府間関係を基底付けるものであり，「最も重要な国家政策上の改革企画」[1]とみなされている．本章では，スイスにおける従来の財政調整制度の問題とNFAの1つの支柱となっている新たな財政調整制度に焦点をあてて論を展開する[2]．

2. 政府間関係の骨格

2.1　連邦主義

　スイスの政府間関係は，国家同盟から連邦国家に移行した1848年以来，連邦主義として特徴付けられる．現在，州政府に該当する26のカントン（Kantone, Cantons）と地方政府である約2,900の市町村（Gemeinden, Communes）から構成される．ここでは，連邦政府の権限は連邦憲法に限定列記

---

1) EFD, *NFA Faktenblatt* 4, 2005, S. 3.
2) NFAに関しては，連邦大蔵省（Eidg. Finanzdepartement）とカントンの連合協議機関であるカントン統治協議会（Konferenz der Kantonsregierungen）が共同で連邦議会に提示した「NFA最終報告書」（EFD/KdK, 2004）に拠っている．

され，カントンには残余権が保証されている．1999年の連邦憲法[3]第3条には，次のように規定されている――「カントンは，その主権が連邦憲法によって制限されない限りで主権を有する．カントンは，連邦に委ねられないすべての権利を行使する」．また，連邦政府の税目も連邦憲法によって限定列記され（税目に限らず，最高税率も規定され，また4年毎に経過規定として連邦議会による見直しの対象となる），カントンの課税権に関しても残余権が保証されている．各カントンに帰属する市町村の自治権も保証されており[4]，その活動も広範囲に亘っている[5]．

カントン・市町村の権限の強さは，財政の数量面にも反映されている．例えば，OECD Revenue Statisticsによって2000年の税収全体に占める政府水準別の割合をみてみると[6]，スイスにあっては，州・地方政府は34.0%で，連邦国家8カ国中，カナダ（43.8%）に次ぐ高さであり，また地方政府は14.0%で最も高い比重となっている．また，カントン・市町村の財政運営上の重要事項に関しては，住民投票による採決が必要であり（「財政レファレンダム（Finanzreferendum）」と呼ばれている），住民のコントロールが強く働いている[7]．

2.2　執行連邦主義

行財政面に注目すると，その政府間関係は，連邦政府に帰属する権限をカントンが実施するという「執行連邦主義（Vollzugsföderalismus）」として特徴付けることができる．この執行連邦主義は，スイスにおいて2面性をもっている．1つは，積極的な面であり[8]，連邦政府に帰属する権限とカントン・市町村が有する行財政上の資源が結びつくことによって，いわゆる補完効果が

---

3) Bundesverfassung der Schweizerischen Eidgenosseschaft vom 18. April 1999. スイス連邦憲法の翻訳に関しては，小林（2000）を参照した．
4) 1999年の連邦憲法第50条には，次のように規定されている――「地方自治は，カントン法を規準にして保証される」．また「連邦は，処務を行うに際して，市町村に生じ得る影響を顧慮する」．
5) 世利（2001），第5章から第8章．
6) OECD, *Revenue Statistics 1965-2001*, 2002, p. 25, Table E.
7) Dafflon (2002), p. 217.
8) 世利（2001），pp. 369-383.

発揮され得る．ここでは，連邦政府は単独ではその権限を実施できないが，カントン・市町村の人材・財源を動員することによって連邦政府自身の権限を実効化することができ，他方で，カントンは権限を有しない分野に関与することでカントン自らの選好を反映させることができる．

しかし，反面，NFA 提案にあたって連邦議会に提出された「NFA 最終報告書」によれば，執行連邦主義は次のような問題を含んでいる．すなわち，特に財政上の基盤が弱いカントンにあっては，連邦政府から財源を獲得するため，その選好とは逸脱した予算配分，そして過剰支出を促すことに繋がった[9]．また，次の指摘も重要である――「カントンの権限が顕著であるため，連邦政府が役割を直接遂行する余地は非常に限定されている．そのため，連邦政府は，一層，役割の遂行にあたって，カントンに対する補助金に条件と基準を設けるようになった．このことによって，決定権が連邦政府に集まり，また連邦政府に財源を依存するようになり，集権化が進んだ．他方で，カントンはますます執行機関化した」[10]．ここでは，カントンの権限が強いことと集権化とが共存し得ること，執行連邦主義が連邦補助金を介在してカントンを執行機関化してきたことが指摘されている．後述するように，連邦補助金がカントン間財政調整の手段としても活用されてきた，という従来の財政調整制度の特徴によって，この執行連邦主義に伴う集権化という問題が助長されてきた．

2.3 連邦主義の活性化策

NFA にあっては，「スイス連邦主義の効率性，有効性，そして活力構造の改善」を目的に掲げて，前述したスイスの従来型の政府間関係を変革するため，次のような4つの対策群を支柱に据えている[11]．すなわち，第1に，執行連邦主義の下で複雑化してきた既存の役割を，「補完性の原理」に基づいて，連邦政府に帰属する役割とカントンに帰属する役割を可能な限り区分すること，第2に，その区分が困難な分野にあっては，連邦政府とカントンの

---

9) EFD/KdK (2004), S. 2-3.
10) EFD/KdK (2004), S. 1. EFD, *NFA Faktenblatt* 1, 2005.
11) EFD/KdK (2004), S. 3-4.

260   第III部　動揺を通じた安定化

目的	手段	
カントン間の財政上の過剰な格差の解消	狭義の財政調整　　財源調整・負担調整	広義の財政調整
連邦政府とカントンの間の役割分担の明確な規定	役割解体と財源化　連携業務における協働	
カントン間協働の強化	財源負担を伴うカントン間協働	

上位目的：スイス連邦主義の効率性，有効性，そして活力構造の改善

(注)　著者作成．

図 13-1　NFA の目的と手段

間の役割を明確にして，パートナーシップの下で連携を図ること，この場合，従来の集権化に繋がる連邦補助金の形式を廃止して，包括的補助金として目的志向型に替えていくこと，第3に，カントンに帰属する役割について，カントン間でその利害が生じる場合，従来任意に形成されていたカントン間契約を，「財源負担を伴うカントン間協働」として義務付けること，第4に，財政調整の改変である（図13-1を参照）．

　以上の対策群は，スイスの政府間関係の全般に亘っており，連邦主義を国家成立の理念としているスイスにとっては，「最も重要な国家政策上の改革企画」と呼ぶに相応しい内容となっている．また，いずれの対策群も相互に補完しあい密接に関連している．本章においては，第4の対策群を取り上げ，従来の財政調整がどのように改変されたのか，また今回の改革の在り方から日本は何を学ぶことができるのか，という点を検討する．

3. 従来の財政調整制度：概要と問題点

3.1　連邦憲法・法律上の根拠

　NFA による新財政調整制度を検討する前に，まず従来の制度について，その枠組みと問題点を概観しておく．「NFA 最終報告書」によれば，連邦主

義のデメリットとして課税負担の格差が顕著となることが挙げられ，この格差を緩和する手段として財政調整制度が求められることになる[12]．

スイスにおいて財政調整が実際に展開されるようになるのは，1958年に連邦憲法に増補された「財政調整」条項と，それに基づいて翌年公布された「カントン間財政調整に関する連邦法」によってである．1958年には，財政調整の条項とともに，スイス連邦憲法上，はじめて連邦直接税[13]が恒常的に規定されることになった．このことから，財政調整は，連邦直接税の導入との「取引」として導入されてきたという経緯が窺える．

連邦憲法の旧第135条（NFA導入に伴う本条項の改正については後述）には，次の「財政調整」規定があった——第1項「連邦政府は，各カントン間の財政調整を促進する」．第2項「連邦政府は，〔カントン間の財政調整を図るための〕連邦政府の寄与を提供するにあたっては，カントンの財政力及び山岳地域を考慮する」．

この旧条文に基づく「カントン間財政調整に関する連邦法」にあっては，第I部では連邦補助金について，また第II部では「カントン分与税」に伴う財政調整について，それぞれ規定してある．しかし，ここでは，基本的な規定に留まっており，連邦憲法でいう「財政力」の算定と適用について具体化された規定はみられない[14]．既存の財政調整は，歴史的な産物であり，必ずしも何らかの「理念」の下で，基本的なコンセプトに沿って設計されたものではない．

3.2 財政移転と財政力関連額

スイスにあっては，連邦政府からカントンに対する財政移転に対して，「財政力」を適用することによって財政調整が図られてきた．ここで適用される財政力指数は，次のような4つの基準値の総合指数である[15]．すなわち，基準値I：住民所得（カントンの一人当たり住民所得），基準値II：課税力（カントンと市町村の一人当たり税収入を元に，総課税負担指数で加重される），基準値

---

12) EFD/KdK (2004), S. 1.
13) 導入当時は，国防税（Wehrsteuer）（現在の連邦直接税）がこれに該当する．
14) 世利 (2001), p. 259.
15) 世利 (2001), pp. 264-273.

表 13-1 財政力関係の財政移転 (2002 年)

(単位：千スイスフラン, %)

	財政力適用前の受取額 (＋)・支払額(−) [a]	財政力関連額を伴う調整分 [b]	b/a×100%
カントン分与税	5,249,228	977,656	18.6
補助金等			
連邦補助金	3,451,011	874,694	25.3
連邦政府による社会保障関連支出に対するカントン分担分	−1,481,857	416,604	−28.1
計	7,218,382	2,268,953 (2,395,966)	31.4

(資料) Eidg. Finanzverwaltung, *Finanzausgleichsbilanz*, 2002 より作成.
(注) 計は単純集計. ( ) 内は, 連邦道の特定目的還付金1億2,701万3,000スイスフランを含めた場合.

III：課税負担（カントンと市町村の税の総額による負担指数で，総合値に換算される際にはその逆数が用いられる），基準値IV：山岳地域（山岳地域に位置しない耕作地が総耕作地に占める割合と，未開墾地と非陸地を除いた総面積の平方メートル当たり居住者数からなる指数）．以上の基準値を元に，一定の算定式[16]によって，総合化されたのが財政力指数である．この指数が低い程，より多くの財政力関連の財政移転を受け取ることになる．

近年，連邦政府からカントンに対する財政移転は，カントン収入総額の約4分の1を占めている[17]．しかし，移転額が大きいにも拘わらず，その内，財政力関連額が占める比重は必ずしも高くはない．表13-1にみるように，2002年の場合，財政力関連額の割合は，カントン分与税においては18.6％，連邦補助金においては25.3％，連邦政府による社会保障関連支出に対するカントン分担分においては28.1％に留まる[18]．

---

16) 各基準値は最小値が70になるように換算される．また，基準値IとIIは1.5で，基準値IIIとIVは1で，それぞれ加重され，その総計平均値が100になるように修正換算される．最後に，その修正換算値について，最小値が30になるように再換算された値が，各カントンの財政力指数となる．

17) 例えば，2001年においては，カントンの収入総額に占める連邦政府からの財政移転（カントン分与税，連邦補助金・特定目的還付金）の比率は，23.0％であった（Eidg. Finanzverwaltung, *Finanzausgleichsbilanz*, 2002）．

18) 財政力適用前の受取額・支払額については，財政力指数が適用されない分は除いている．

なお，表 13-1 中のカントン分与税は，連邦収入の一部をカントンに帰属させるもので，その配分比率は法律上明記されている[19]．また連邦補助金に関しては，カントンからの申請に基づくこと，各補助金額に占める財政力関連額が項目毎に異なってくること，投資に関連した補助金があることなどから，総額の決定はルール化されている訳ではない．

3.3 配分上の問題

旧制度にあっては，前述したように，総額の決定にあたってルール化されておらず，また，財政力の適用の仕方が一様に法律上明記されている訳でもない．このことは当然に，財政力が適用される諸制度間で統一が採れないで配分されていることを意味する．

例えば，連邦直接税のカントン分与に関しての各カントンへの配分にあたっては，政令のレベルで算定式が示されている[20]．また，連邦補助金の財政力関連額の算定は，基本的には，基準値（補助率の最小値）に各カントンの財政力指数の逆数を乗じた値を加えることで，各カントンに対する財政力関連額が決定する．しかし，連邦補助金においては，連邦大蔵省財政局が公表している分だけでも，25 項目別に，補助率の最小値と最高値が示されている[21]．補助率の最小値は 5％（「地域交通の技術改善」）から 60％（「環境景観」），最高値は 35％（「文化財保護」）から 95％（「地域交通保証」）と異なっている．

こうした旧財政調整制度の分断的な措置は，財政調整に関する実効性の把握を遅らせていた．カントン収入に占める移転総額の内，財政力関連額が占める比重が限定的であり，したがって再分配効果が弱いことが 1991 年にな

---

19) 例えば 1999 年にあっては，カントン分与税の原資としては，連邦直接税の 30％，清算税収入の 10％，アルコール事業純収益の 50％，中央銀行の純収益の 66.67％，兵役免除税収の 20％，そして関税収入の 33.33％ が充てられている（Sonderegger (2001), S. 179）．

20) 各カントンに対する配分は次の定式によって決定される．$2.71828^{(財政力指数 - 0.0192104)} \times$（平均的住民数／1000）×（連邦直接税内のカントン分与分／1 億）×定数（定数は約 800）（Verordnung über den Finanzausgleich mit dem Kantonsanteil an der direkten Bundessteuer vom 27. November 1989 mit Änderungen vom 11. September 2002, Der Schweizerische Bundesrat. より）．

21) Eidg. Finanzverwaltung, Bundesbeiträge 2002-Finanzkraftzuschläge.

ってはじめて判明し，このことが今回の改革に至る発端となった．

3.4 財政力指数の問題

配分上の基準となる財政力指数には，その要素自体にも問題点がある．財政力指数は，既述したように，4つの基準値（住民所得，課税力，課税負担，山岳地域）の総合指数であるが，ここでは，次の点が重要である．すなわち，所得水準が低いカントンの場合，一層の財政移転を受け取るために，課税負担を高くして（したがって課税負担指数の逆数を低くして）財政力指数を低くしようとする誘因が働くことが考えられる．例えば，Appenzell A. Rh.（AI：以下，カントン名は略称で示す．図13-3の注を参照．）や UR は 100 を超える課税負担を示し，同程度の所得指数を有するカントンと比較しても，財政力指数がより低下している．こうした作用には，低い所得水準→高い課税負担→一層低い財政力指数→一層高い財政移転への依存と立地誘因の一層の劣化，という悪循環を生じさせる要素が含まれている．

3.5 調整効果

従来の財政調整制度においては，前述したように，財政力指数に応じて財政調整がなされていた．図13-2 は，財政力に関連付けて配分された財政移転を各カントンの一人当たり額で示したものである．財政力指数 100 を境に，概ね，それを上回る場合はより多くを支払い，それを下回る場合はより多くを受け取っていることを意味しており，したがって，再分配の機能が発揮されている．ただし，詳細にみてみると，例えば財政力指数 64 の UR は，その財政力指数を下回るカントン（FR, NE, BE, AI, AR）と比較して，大きく上回る一人当たり財政移転額を受け取っている．また，財政力 141 の GE は，160 の ZH よりも，より多くの一人当たり財政移転額を支払っている．以上にみるように，財政力に応じた財政力関連移転額の配分という点で，調整上の不公平が生じている．

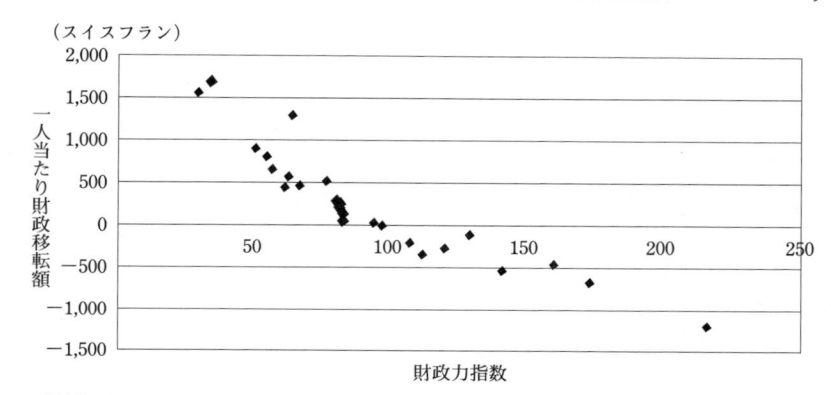

(資料) Eidg. Finanzverwaltung, *Finanzausgleichsbilanz*, 2002 より作成．
図 13-2 財政力関連の一人当たり財政移転（2002 年）

4. NFA による新財政調整制度

4.1 連邦憲法・法律上の根拠

NFA にあっては，「スイス連邦主義の効率性，有効性，そして活力構造の改善」という「理念」の下で，広義の財政調整制度が改変されることになる．ここで，広義というのは，財政移転を手段としてカントン間の財政格差を緩和させるという狭義の財政調整に限らず，政府間の役割分担（したがって，これに伴い財政移転にも影響が出てくる）をも含めていっている[22]．本章では，ここでいう狭義の財政調整を対象としている．

NFA の導入に伴い，連邦憲法の第135条は，「財源・負担調整（Finanz- und Lastenausgleich）」として，次のように改変された[23]．第1項「連邦政府は，連邦政府とカントンの間の，並びにカントン間の，適正な財政・負担調整に関する規則を公布する」．第2項では，財政・負担調整は，特に次の事項の義務を負うとしている．すなわち，「a. カントン間の財政上の給付能力における差異を緩和させる」．「b. カントンに対して最小限の財源を保証する」．

---

22) 例えば次を参照．Botschaft zur Neugestaltung des Finanzausgleichs und der Aufgabenteilung zwischen Bund und Kantonen (NFA) vom 14, November 2001, S. 2307-2308.
23) Bundesbeschluss zur Neugestaltung des Finanzausgleichs und der Aufgabenteilung zwischen Bund und Kantonen (NFA) vom 3, Oktober 2003.

「c. 地理的・地勢的あるいは社会的人口統計的条件から生じるカントンの過剰な財政負担を調整する」．「d. 負担調整を伴うカントン間協働を促進する」．「e. 国内外環境におけるカントンの租税競争能力を維持する」．第3項では，「財源の調整は，財源の強いカントンと連邦政府によって措置される．財源の強いカントンの支給は，連邦政府の支給の最低3分の2から最高80%の額である」として，財源調整における垂直的調整と水平的調整の配分比率が明記されている[24]．

以上の連邦憲法上の規定を基礎に，新たな財政調整法である「財源・負担調整に関する連邦法」（Bundesgesetz über den Finanz-und Lastenausgleich (FiLaG) vom 3, Oktober 2003. 以下，FiLaGと略称で示す）で，さらに具体化されている．ここで，「財源ポテンシャル（Ressourcenpotenzial）」が財源調整の基準となっている．すなわち，カントンの「財源ポテンシャル」は，「カントンの財政上利用可能な財源額」（FiLaG第3条第1項）とされる．それは連邦直接税に関する「個人の課税所得」と「法人の課税収益」，そして「個人の資産」を基礎にしている（第2項）．住民一人当たりで各カントンの「財源ポテンシャル」が算出される（第4項）．ここで，その一人当たり財源ポテンシャルが，スイス平均を上回っているカントンは「財源の強いカントン」とみなされ，スイス平均を下回っているカントンは「財源の弱いカントン」とみなされる（第5項）．

4.2 財政中立の原則と財政調整枠

NFAの制度設計にあっては，財政調整枠が予め想定されている．ここで調整枠が決定される際に重要なのは，「財政中立の原則」の考え方である．これは，表13-2のモデル計算にみるように，NFA導入に伴うカントンの負担増とカントンの負担減が相殺される，ということを意味している．カントンの負担増（軽減分）はまた，連邦政府の軽減分（負担増）に見合うことになる．

---

[24] 関連して，第128条第4項では「租税〔連邦直接税——引用者による〕は，カントンによって査定され，また徴収される．その租税の総収入の内，カントンには，少なくとも17%が帰属する．その割合は，財政調整の効果が求められる範囲で，15%にまで抑制することができる」と規定されている．

表13-2 NFA移行に伴う財政上の影響
(2001/2002年のモデル計算,単位:百万スイスフラン)

カントンの負担増加(連邦政府の負担軽減)	
① 垂直的財政力関連額の廃止	1,041
② 連邦直接税におけるカントン分与の抑制	1,541
カントンの負担軽減(連邦政府の負担増加)	
③ 任務解体・再編成に伴うカントン純残余	435
④ 垂直的財源調整	1,557
⑤ 負担調整	590
水平的財源調整(⑥)	1,090

(資料) EFD/KdK (2004), S. 8.

　今回の改変に伴う新財政調整制度の内,連邦政府からカントンに対する垂直的な財政移転に伴う調整額は,表13-2に従えば21億4,700万スイスフランとされている.それは,〔①垂直的財政力関連額の廃止10億4,100万スイスフラン〕+〔②連邦直接税におけるカントン分与の抑制分15億4,100万スイスフラン〕-〔③任務解体・再編成に伴うカントン純残余4億3,500万スイスフラン〕の集計値を意味する.ここで③の純残余とは,連邦政府とカントンの間の役割分担の再構築に伴って,カントンの財政負担分がそれだけ減少したことを意味する.財政中立の原則に従えば,この減少分だけ,従来の連邦政府が負担していた垂直的な調整額が抑制されることになる.NFAにあっては,このように,まず「財政中立の原則」[25]から,財政調整に関する連邦政府の負担分が決定されている.

　この連邦政府の調整負担分は,④垂直的財源調整(2001/2002年のモデル計算[26]によれば,15億5,700万スイスフラン)と⑤負担調整(5億9,000万スイスフラン)に区分される.ここで垂直的財源調整は,連邦政府から「財源の弱い」カントンに配分される財源調整分である.また水平的財源調整分(10億9,000万スイスフラン)は,「財源の強い」カントンから「財源の弱い」カントンに配分される財源調整分である.ここで,水平的財源調整分は垂直的財源

---

25) 実際には,新制度移行に伴う激変緩和策として,連邦政府による実質的な負担増が想定されている.
26) 2001/2002年のモデル計算では,次のように仮定されている.第1に,水平的財源調整は垂直的財源調整の70%.第2に,連邦政府の調整負担分の内,垂直的財源調整に72.5%が負担調整に27.5%(地理的地勢の負担調整と社会的人口統計的負担調整にそれぞれ13.75%)がそれぞれ充当.

調整の「最低3分の2，最高80%」（連邦憲法第135条，FiLaG第4条）の条件により，④から⑥が決定される．

この④と⑥が財源調整の原資となるが，それはFiLaG第5条によれば，「連邦議会は，国民投票に付される連邦議決とともに，4年毎に，財源調整に充当される財源の強いカントンからの原資と連邦政府からのそれを確定する」．「財源の強いカントンは，一人当たりでみて，当該の標準化された固有財源とそのスイス平均との差異の一定の比率額を支払う」．ここで「標準化された固有財源」とは標準的な自主財源であり，後述の「標準的税収入」を意味する．他方で，特別負担に対する負担調整については，FiLaG第9条によれば，「連邦議会は，国民投票に付される連邦議決とともに，4年毎に，地理的地勢的負担調整と社会的人口統計的負担調整のためのそれぞれの原資を確定する」．

以上にみるように，NFAにおいては，(1)「財政中立の原則」による連邦政府の調整負担分がまず決定され，(2) その枠内で垂直的財源調整分と負担調整分が配分され，(3) 垂直的財源調整分を基礎として水平的財源調整分が決定されている．ここで，(1)の点は制度移行に伴う枠である．それ以降は，財源調整の総額，その中の垂直的財源調整分と水平的財源調整分，そして負担調整の総額，その中の地理的地勢的負担調整分と社会的人口統計的負担調整分が，それぞれ4年毎に連邦議会によって総枠決定される．旧制度の下では，財政調整に充当される総額は結果的に把握されるのに対して，新制度の下では，まず枠配分がルール化されて決定されることになった．

4.3 配分方式

NFAにあっては，財源調整の配分は次のように決定される（FiLaG第6条）．「財源の弱い」カントンに対して配分されるが，そのカントンの「財源ポテンシャルと住民数」に基づいて配分額が，毎年，確定される．ここで，「一人当たり交付額」は，「カントンの標準化された固有財源とそのスイス全体の平均との差異が大きくなるに従って累進的に増大する」．ただし，「カントンの序列は，財源調整によって変化してはならない」（第1項）．また，各カントンの標準化された固有財源は，一人当たりでみて，「スイス平均の少なく

とも85％」にまで調整される（第3項）。

　また，NFAでは，財源調整の効果をみるために，標準的税収入（standardisierten Steuererträge, 以下，SSE）が用いられている．これは，「すべてのカントンが，その様々な財源ポテンシャルを一様に利用しているという前提で，それによって得られる税収入に一致する」[27]．この値は，次のようにして算出される．

〔(全カントンと全市町村の実際の税収入総額＋連邦直接税中のカントン分与の総額)／スイスの平均的人口〕×〔(当該カントンの財源指数)／100〕×当該カントンの平均的人口

ここでは，財源指数が高いほど，また人口数が多いほど，SSEは高くなる．「標準化された固有財源」は，財源調整の際の配分基準として具体化される際には，直接にはこのSSEを指している．これに財源調整分を加算した値を「調整後のSSE」とみなし，また，各カントンの一人当たりSSEを指数化（スイス平均を100）した値をSSE指数としている．

　したがって，FiLaGの上述した規定事項について，SSE指数を使って換言するならば，次のことを意味している．すなわち，(1) 財源調整前のSSE指数との関係で，財源調整後のSSE指数が累進的であること，(2) 財源調整によってSSE指数の大きさの逆転が生じないこと，(3) 調整前のSSE指数が最も低いカントンは，財源調整によって，その「調整後のSSE」指数が少なくとも85にまで増大すること．

　以上のように，財源調整にあたっての配分方法は，SSE指数の適用という形でルール化されている．ただし，限定的ではあるが，財源調整に充当される原資の枠内で，「累進」の程度をどうするか，という点は連邦参事会の任意性が入る余地がある．

　負担指数については，地理的地勢的負担指数と社会的人口統計的負担指数に区分される．FiLaG第7条によれば，「地理的地勢的負担調整」は，「その地理的地勢的状況により，過度に負担しているカントンに対して，調整する」というもので，その配分基準は，「a. 平均を上回る高地にある居住・耕作地

---

27) EFD/KdK (2004), S. 9.

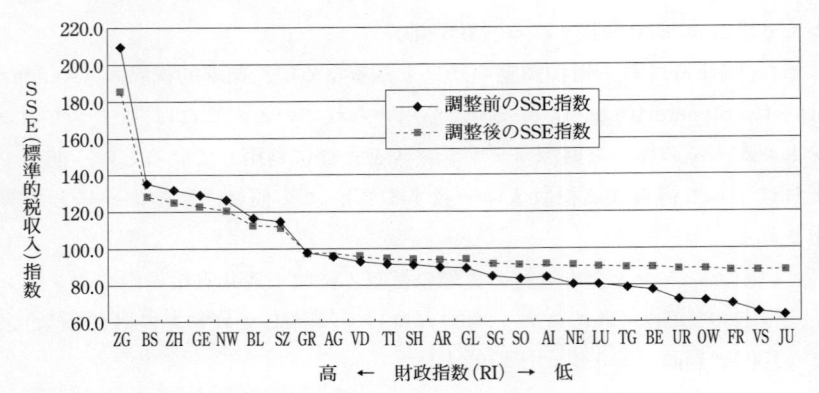

(資料) EFD, *NFA Faktenblatt* 6, 2005, S. 15 より作成．
(注) カントンの名称（主な公用語での日本語訳）と略称は次の通り（スイス連邦憲法に記された順に示す）．チューリヒ：ZH，ベルン：BE，ルツェルン：LU，ウーリ：UR，シュヴィーツ：SZ，オプヴァルデン：OW，ニトヴァルデン：NW，グラールス：GL，ツーク：ZG，フリーブル：FR，ソロトゥルン：SO，バーゼル・シュタット：BS，バーゼル・ラント：BL，シャフハウゼン：SH，アッペンツェル・アウサーローデン：AR，アッペンツェル・インナーローデン：AI，ザンクト・ガレン：SG，グラウビュンデン：GR，アールガウ：AG，トゥールガウ：TG，ティチーノ：TI，ヴォー：VD，ヴァレー：VS，ヌーシャテル：NE，ジュネーヴ：GE，ジュラ：JU．

図 13-3　財源調整（2002 年モデル計算）

の割合」と「b. 分散した居住構造と低い人口密度」である．いずれも，基本的には，「財源の低い」カントンと重なる事項と考えられる．他方で，第 8 条によれば，「社会的人口統計的負担調整」は，「その社会的人口統計的状況により，過度に負担しているカントンに対して，調整する」というもので，次の事項について「平均を上回る割合」に応じて配分される．すなわち，「a. 貧困者，b. 高齢者，c. 専門職希望の青少年，d. 失業者，e. 麻薬常用者，f. 同化に援助を必要とする外国人」，そしてその他に，「過密状況を考慮すべき中核都市の特別な負担」が加わる．この配分基準は，都市的機能が集積するカントンを配慮した基準となっている．

4.4　調整効果

NFA による財政調整は，財源調整がその要諦をなしているため，ここではこの財源調整の効果を検討してみる[28]．図 13-3 は，2002 年のモデル計算より，財源指数（Ressourcenindex；RI）の高い順に，財源調整の前後で SSE

指数を示したものである．

　調整後の曲線は，100を境にして，その傾斜がより緩やかになっている．これは，より高い財源指数を有するカントンほどSSEがより抑制され，他方で，より低い財源指数を有するカントンほどSSEがより多く補填されていることを意味している．ちなみに，財源指数が最も高いZGはSSEを11.4％抑制され，最も高い削減率であり，他方で，財源指数が最も低いJUはSSEを37.9％増大させ，最も高い増加率となった．また，この調整の前後で，カントン間での序列の変化はなく，財源指数に応じたSSEの調整という点では，公平な調整がなされている．以上の結果は，累進的な調整効果が成功していることを意味する．

4.5　新旧財政調整制度の比較

　従来の財政調整制度と比較すると，次のように改変された．

　第1に，従来，財政移転に「財政力」を反映させて配分しており，これには，使途が特定されていないカントン分与税と使途が特定された連邦補助金にこの財政力が適用されていた．新制度の下では，これに替わり，「財源調整」と「負担調整」，ともにその使途は受領するカントンの裁量に任されることになった．

　第2に，従来は，「財政力指数」という基準を設定しながらも，数多くの連邦補助金制度の下で調整効果を全体として統制することが不可能であった．新制度の下では，これを「給付能力における差異」に対しては「財源調整」によって，また地理的地勢的要因あるいは社会的人口統計的要因によって生じる「特別負担」に対しては「負担調整」によって，と目的に応じた手段を対応させることで，調整効果をそれぞれ把握できるようにした．

　第3に，財源調整は，財源のみを対象としたものであり，需要面を考慮したものではない．需要面の考慮は，別途，負担調整を導入して対応しようとしている．従来の財政調整制度においては，財政力指数という1つの指標に，財源面での調整と需要面での調整を同時に図ることを意図していたが，

---

28)　広義の財政調整による財政効果がNFAではモデル計算として示されている．

NFA にあってはこの手法は「効率性と再分配を混同」[29] しているという認識がある．

第4に，モラルハザードに関してである．モラルハザードの問題は，従来の連邦補助金の最大の問題点，したがってまた執行連邦主義に伴う問題点とみなされている．「NFA 最終報告書」によれば，連邦補助金について次のような問題点が指摘されている．第1に，「使途が特定された補助金はしばしば，例えば割高な生産あるいは地域住民の需要を上回る数量の拡大に陥っているという欠点を促すことに繋がっている」．第2に，「正に財政力の弱いカントンは，上述した欠点に強く与っているのであり，したがって，特に強く非効率的な手段投入に傾く，という結果を意味する」[30]．これらの指摘はいずれも，補助金に伴ういわゆるモラルハザードの問題点を指摘したものである．

NFA に伴う財源指数には財源ポテンシャルが使用されているが，これは実際上の課税負担分ではなく，潜在的な税源を数値化したものである．したがって，より多くの財源調整額の獲得のために税率等を戦略的にコントロールする[31]という誘因を生むものではなく，この点で，従来の財政調整制度の有するモラルハザードの問題を回避している．

第5に，NFA による新財政調整によって，簡素化が図られたことである．従来，各種補助金制度間の配分基準についての不整合が指摘されてきた．すなわち，「今日，ほとんどすべての連邦の補助金率が，ともかく一種，カントンの財政力に向けられている．このことはしかし，連邦政府とカントンの間の現行の財政調整は，50 以上の個々の措置に及んでいる，ということを意味している．この制度の調整作用は，したがって，今日では，ほとんど概観できないし，またコントロールできない」[32]．ここでの問題点の指摘は，この連邦補助金制度が複雑化しており，整合的な統制が不可能な状態にあるという点を挙げている．

NFA による財政調整制度は，こうした従来の制度を統制可能なものに改

---

29) EFD, *NFA Faktenblatt* 3, 2005.
30) EFD/KdK (2004), S. 2.
31) 世利 (2001), pp. 79-114.
32) EFR/KdK (2004), S. 2.

変することが主な狙いであった．このことは，結局は，簡素を促すことに繋がったといえる．すなわち，配分上の仕組みが「50以上の個々の措置」から，基本的に財源調整と負担調整という2本のルートに集約された．

　第6に，アカウンタビリティについてである．従来の財政調整制度においては，財政力関連の総額，したがって財政調整効果の把握は不透明であった．これは，前述したように複雑な連邦補助金制度での財政力指数の適用の仕方が複雑であり，統制が不可能であったことに起因する．また，財政力指数の算定式の決定は政令において措置されていた．こうした事情は，アカウンタビリティの点で問題が多い．

　今回のNFAの導入に伴い，1. 財源調整と負担調整の総枠，2. そして垂直的財源負担と水平的財源負担の各負担額，3. 地理的地勢的負担調整と社会人口統計上の負担調整の各配分枠について，それぞれ4年毎に連邦議会の議決の対象となった．また，これら原資分の議決に対して，国民投票が付されることになる[33]．この点で，NFAの導入によって，国民の意向が財政調整の運営に反映されることになり，アカウンタビリティが，連邦政府とカントンの間の財政調整（連邦政府からカントンに対する垂直的な財源調整と負担調整），そしてカントン間の財政調整（「財源の強い」カントンから「財源の弱い」カントンへの水平的な財源調整）においても，強化されることになった．

5. 日本への示唆：制度設計の視点から

　日本においても，いわゆる「三位一体の改革」と称して地方交付税制度の見直しが求められている．スイスの財政調整制度，特に今回のNFAの取り組みから，日本は何を学ぶことができるのであろうか．これまでは財政調整に焦点を絞って論を展開してきたが，ここで幾分視野を拡大し，財政調整制度の置かれた環境という点から，本節の課題に答えたい．最後に，この点について，1. 制度設計上の手続きの在り方，2. 政府間のコンセンサス形成，3. 広義の財政調整という捉え方，という点を指摘しておきたい．

---

33) NFAが実施されて以降の原資見直しに対するアカウンタビリティについては，Freyが指摘している．Frey (2001), S. 15, S. 22.

5.1 制度設計上の民主的手続き

スイスにあっては，連邦憲法に基づく財政調整は，連邦政府の連邦大蔵省財政局が直接運営にあたっている．しかし，連邦憲法改正，あるいは法律設計にあたっては，利害の関係するカントンと連携を図ることが連邦憲法上求められている（第44条，第45条）．今回のNFAの制度設計は，この連邦憲法改正と法律設計に該当しており，ここでは，日本にとっても民主的手続きの徹底という点で注目される．この点について，NFAが国民投票により採択されるに至るまでの経緯を概観しておく[34]．

NFAの設計は，1991年に，連邦大蔵省財政局によってはじめて財政力関連額が把握されたことに端を発する．その際，財政移転の規模が大きいにも拘わらず，調整効果が弱いことが問題視された．これを受けて，改革案の提示に向けて，カントンの財政当局代表からなる財政局長会議 (Finanzdirektoren) と連邦大蔵省の共同運営によるプロジェクト機関が設置された (1994年)．本機関による報告書が公刊され (1996年2月)，それに対する意見聴取が実施された (1996年)．またその後，改めて連邦政府とカントンの代表者から「対等」に構成されたプロジェクト機関が設置され，その報告書が1999年4月には，連邦内閣に該当する連邦参事会 (Bundesrat) によって承認され，意見聴取が求められた．

2001年11月14日に連邦参事会より『NFAに関する通知 (*Botschaft zur Neugestaltung des Finanzausgleichs und der Aufgaben zwischen Bund und Kantonen vom 14, November 2001*)』が発表され，2002年には全カントン院 (Ständerat) と国民院 (Nationalrat) からなる連邦議会の協議に付された．2003年10月3日に，全カントン院では，NFA案に対しては38対2で，またそれに基づく「財源・負担調整に関する連邦法 (FiLaG)」案に対しては38対3で採択された．同日，国民院では，NFA案に対しては126対53で，「財源・負担調整の連邦法」案に対しては121対52で採択された．

この両院採決を受けて，2004年11月28日に国民投票に付され，了承され

---

34) EFD, *NFA Faktenblatt* 3, 2005.

た．投票は，国民の64.4％が賛成（投票率は35.6％），カントンの18と5/2（2分の1の投票権を有するOW, BS, BL, AR, AI）が賛成，2（SZ, ZG）と1/2（2分の1の投票権を有するNW）が反対，という結果であった[35]．

以上にみるように，まず，制度設計の作業が着手された段階から，連邦政府当局に限らず，カントン当局も「対等」にプロジェクト機関に参画している点が注目される．この場合，「政策統治機構」（NFA計画の最高統治機関で，特に，プロジェクト機関の認可，プロジェクトチームへの委託，連邦参事会の提案に対する政策評価，メディアでの提案紹介を負う），そして事務局，また適時設置されるプロジェクトチームのいずれにおいても，このことが当てはまる[36]．

5.2 コンセンサスの形成枠

制度設計上の民主的手続きは，広くコンセンサスを得るための前提条件となっているが，今回の新財政調整制度，それ自体にも，コンセンサス形成に寄与している要素を含んでいる．まず，新制度の導入に伴う財政負担の増加分と減少分を相殺させるという「財政中立の原則」を採用しているが，これはカントン全体の負担増加分（軽減分）と連邦政府の負担軽減分（増加分）が相殺されていることを意味する．この点において，連邦政府とカントン全体のコンフリクト[37]を回避している．この点は，広義の財政調整に伴う財政効果がモデル計算として公表されることによって説得力を増している．

わが国のいわゆる「三位一体の改革」にあっても，「中立性の原則」が採用されているが，次のような意味でスイスの「財政中立の原則」とは異なっている．第1に，NFAにあっては，既存の財政需要を総額としては変化させないという前提がある．これに対して日本にあっては，税源移譲に先立って，補助金削減・交付税抑制が実施されたため，自治体における事実上の財政需要の抑制の要素を持つ．第2に，NFAにあっては，モデル計算が改正の精緻化と制度改正の説得力を高めているといえるが，わが国にあっては，この

---

35) 興味深い点は，課税戦略を積極的に展開してきたZGにあっては，52.4％の投票率で，83.7％の反対を示していることである．
36) EFD/KdK (2004), Grafik zur NFA-Projektorganisation.
37) 伊東（2005），4-8頁より示唆を得た．

種の推計は公表されないままに進捗してきた．

　コンフリクト形成にあたって常に問題となるのは財源上の「強い」団体と「弱い」団体の関係である．今回の改革にあっては，まず，負担調整に関しては，「財源の強い」カントンであれ「財源の弱い」カントンであれ，特別負担が生じているならば負担調整の受取の対象となり得る．この意味で，負担調整はいわばコンセンサス基準として機能している．

　財源調整は，今回，「財源の強い」カントンから「財源の弱い」カントンへの水平的調整の要素を新たに取り入れている．カントン分与を介して単に間接的に水平的調整が働いていた従来の制度と比較すると，財源の高低によってカントン間の利害がより鮮明化したことを意味する．このため，水平的財源調整は，「財源の強い」カントンと「財源の弱い」カントンの間のコンフリクト基準といえる．しかし，連邦憲法（第135条）とFiLaG（第4条）によって，垂直的財源調整よりもその比重を抑制していることは（「最低3分の2，最高80％」），コンフリクトの程度を抑えているといえる．

　「財政中立の原則」の枠内にあって，新たなコンセンサス基準を取り入れ，他方で，コンフリクト基準にあってもコンフリクトの程度を抑制している点は注目される．また，垂直的財源調整，水平的財源調整，負担調整の原資枠が4年毎に連邦議会での議決の対象となり，また国民投票に付されることも，コンセンサス形成枠として重要な要素である．

5.3　広義の財政調整の視点

　スイスの今回の改革にあっては，公共サービスの有効性の向上，政府水準間での役割の再編，カントン間協働の強化，そして狭義の財政調整の改革，という様々な対策群をセットにして，連邦主義を維持・活性化させる，という発想がみられる．それぞれの対策群は相互に補完しあう関係にある．例えば，NFA以降に伴う従来の複雑な連邦補助金制度の廃止は，連邦政府とカントンの間の役割分担あるいはカントン間の水平的な連携の再構築と結びついている．この場合，単なる「補完性の原理」の貫徹に留まらずに，カントン間の連携を具体化することによって連邦政府への権限の専属化を抑制している．

13章 分権国家における財政調整制度：スイス　277

　狭義の財政調整（財源調整と負担調整）の改革に留まらず，役割分担を含めた政府間関係という広義の財政調整の動員という視点が入っている点は，前掲の図 13-1 に示すように上位目的への寄与と他の「手段」との連携を促す上で重要である．特に制度改変に伴う財政調整の捉え方として欠かせない視点であり，地方交付税制度の改変にあたっても同様である．

参考文献

Dafflon, Bernard (2002), "Capital expenditures and financing in the communes in Switzerland," *Local Public Finance in Europe*, Edward Elgar.
Der Schweizerischen Bundesrat (2001), *Verordnung über die Festsetzung der Finanzkraft der Kantone für die Jahre 2002 und 2003 vom 7*, November 2001.
Eidg. Finanzdepartement (EFD)/Konferenz der Kantonsregierungen (KdK) (2004), *Neugestaltung des Finanzausgleichs und der Aufgabenteilung zwischen Bund und Kantonen (NFA), Schlussbericht über die Ausführungsgesetzgebung*, Bern, 24. September 2004.
Eidg. Finanzdepartement (EFD), *NFA Faktenblätter* (1-6), http://www.naf.ch, 2005/01/04 取得.
Frey, R. (2001), *Ziel-und Wirkunngsanalyse des Neuen Finanzausgleichs*, NFA-Ber8. DOC.
Hrsg., Sonderegger, Christian und Stampfli, Marc (2001), *LEXIKON für Politik, Recht, Wirtschaft, Gesellschaft*, 3. Auflage, Bildung Sauerländer.
伊東弘文編 (2005), 『現代財政の改革』ミネルヴァ書房.
小林武 (2000), 「一九九九年四月一八日のスイス誓約者同盟の連邦憲法」『南山法学』.
世利洋介 (2001), 『現代スイス財政連邦主義』九州大学出版会.
世利洋介 (2005), 「分権国家スイスにおける新たな政府間役割分担と財政調整」『「政府間財政関係ワークショップ」報告書―国際比較編』財務省財務総合政策研究所.

第Ⅳ部　試練と選択
　　　──日本の地方交付税

14章　地方自治と地方交付税

林　正寿

1. 政府間関係の特質

1.1　大規模な財源移転

　わが国は自由市場経済制度を採用し，何を，いかに，誰のためにという経済の3つの基本的問題を，主として民間市場経済で解決している．しかし，市場は万能ではなく市場の欠落がさまざまな分野で見られるから，かなりの規模の公共部門が民間部門と並存する混合経済である．すべての混合経済における最初の課題は，公共部門と民間部門との間の役割分担の選択である．2005年度OECD諸国の平均値が40.5%であるのに対して，わが国の一般政府歳出総額の対GDP比は37.2%であり，低いグループに属する．スウェーデン (57.2%)，デンマーク (54.6%)，フィンランド (50.6%) 等，北欧の福祉国家が高い比率を示す[1]．少子高齢化の急速な進展，国際社会での役割の拡大，巨額の公債残高に対する利払い費の増大等，公共支出を膨張させる要因が強く働いているから，小さな政府を志向する政策により公共部門の規模をどこまで抑制するかが，わが国の今後の重要な選択肢となる．歳入面で見ると，わが国の税収及びその他経常歳入の対GDP比は30.7%にすぎず，歳出総額の対GDP比の37.2%との差額を，巨額の公債収入により補塡している．

　地方自治，地方財政の観点からは，公共部門の内部における国と地方との間の役割分担の選択が重要課題となる．2003年度の決算額で見ると，国の一般会計歳出総額は88.79兆円，地方の歳出額は92.58兆円であり，ほぼ同じくらいの規模となる．しかし，地方交付税，地方譲与税，国庫支出金の形での

---

[1] *OECD Economic Outlook*, Annex Table 25, General Government Total Outlaysや，Annex Table 26, General Government Total Tax and Non-tax Receiptsを参照．

国から地方への支出額が 32.94 兆円と巨額であり，これらの国と地方との間の支出額を差し引いた純計額で見ると，国の支出額は 55.85 兆円，地方の支出額は 91.36 兆円となり，38 対 62 の比率で国よりも地方の規模のほうがかなり大きい．公共部門のなかで，地方の比重の高いことが，わが国の財政構造の大きな特徴となっている[2]．

国から大規模な財源移転がなされるというわが国の地方財政の特徴は，都道府県と市町村の歳入構造からも明らかである．租税国家と呼ばれる現代の国家において主要な歳入源は租税であるが，2003 年度において，地方税の歳入総額に占める比率は都道府県で 32.34％，市町村で 33.67％ と低く，国からの移転財源である地方交付税や国庫支出金の比重が高い．本章で論ずる地方財政調整の役割をわが国では地方交付税が演じており，歳入総額に占める普通交付税の比率は都道府県では 19.71％，市町村では 14.00％ に上る[3]．

1.2 地方財政調整の理念

財政調整制度も含めた地方財政制度の構築において，単一国家か連邦国家かの国家の基本体質の規定が重要である．単一国家のほうが連邦国家よりも，地方サービスの量的・質的な全国的均一性を要請する．わが国は単一国家に分類されるから，国民は全国のどの地方団体の住民となろうと，ナショナル・ミニマムと呼ばれる全国均一的水準の地方サービスの享受を期待する．

問題は，地方団体間に大きな財政力格差が存在することである．東京都は道府県と市町村両階層地方団体の性格を有する特殊団体なので除くと，46 道府県一人当たり地方税額の平均値は 9.6 万円であるが，最大の愛知県の 14.1 万円から最小の沖縄県の 6.8 万円までの格差がある．本章では市町村の分析は割愛するが，特殊地方団体である東京都の 23 区を除いた市町村数は 3,109 団体（2004 年 3 月 31 日現在．市町村合併は現在進行中であり，2006 年 3 月 31 日時点の数は 1,821 にまで減少した）あり，市町村間の財政力の格差は道府県間よりも遥かに大きい．すべての地方団体の平均値からの格差を表現する統計値が標準偏差であり，それを平均値で除した値が変動係数であるが，その値

---

2) 『平成 15 年度地方財政統計年報』，「1—2—1 表　地方財政と国の財政との累年比較」参照．
3) 前掲，「1—3—3 表　平成 15 年度団体別歳入決算」参照．

が大きいほど格差が大きい．46道府県間の変動係数の値は人口0.8581, 面積1.4782, 地方税額0.9549, 一人当たり地方税額0.1419である[4]．

このような大きな財政力格差を前提としながら，ナショナル・ミニマムを達成するには，大規模な財政調整が必要となる．わが国の財政調整制度は地方交付税と呼ばれ，そのうちでも普通交付税に財政調整機能が与えられている．交付税には普通交付税と特別交付税の2種類あるが，前者は交付税総額の94%であり，後者は6%である．

わが国の地方交付税法第1条は，「この法律は，地方団体が自主的にその財産を管理し，事務を処理し，及び行政を執行する機能をそこなわず一般に，その財源の均等化を図り，及び地方交付税の交付の基準の設定を通じて地方行政の計画的な運営を保障することによって，地方自治の本旨の実現に資するとともに，地方団体の独立性を強化することを目的とする」と述べている．

地方交付税はその使途を定めない補助金である点で，使途の定められた特定補助金と区別される．この点は第3条の2に「国は，交付税の交付にあたっては，地方自治の本旨を尊重し，条件をつけ，又はその使途を制限してはならない」と明確に規定されている．しかし同時に第3条の3には「地方団体は，その行政について，合理的，且つ，妥当な水準を維持するように努め，少なくとも法律又はこれに基づく政令により義務付けられた規模と内容とを備えるようにしなければならない」と規定されており，地方交付税の交付を受ける地方団体が全面的な自由裁量によりこの財源を支出できるわけではない点も明記している．この規定は，地方交付税が現実にどの程度まで自由財源であるかについての疑問の余地を残す．

地方歳入には地方税以外にもさまざまあるが，地方交付税が財政調整の対象としているのは，地方税と地方譲与税と地方交付税の合計額からなる一般財源である[5]．一般財源は都道府県に対しても市町村に対しても歳入総額のほぼ50%を占める．一般財源以外の大きな歳入項目には，国庫支出金や公債収入があるが，これらの財源に依存する支出に対しては，地方交付税によ

---

4) 日経NEEDSデータ・ベース，「地方財政」の2004年度データをもとにして算出．
5) 1999年から導入された地方特例交付金も一般財源の性格を有する面もあるが，本章では一般財源は地方税，地方譲与税，地方交付税の合計額として分析する．

る財政調整を実施しない．

2. 地方交付税の総額

2.1 特定国税の一定比率

　地方財政調整制度の理念は，地方団体がみずから調達する財源とあいまって常に財政需要に見合った財源を確保し，各地方団体の交付基準の設定を通じて地方行政の計画的な運営を保障することである．しかし財政需要は無限であり財源は希少であるから，財政調整財源総額の決定をめぐって国と地方団体との間の紛争を招くとともに，地方団体がその財政運営の結果を，すべて財政調整制度による交付額の不足に帰するという風潮が生じかねない．

　1954年度に創設された地方交付税制度においては，交付税の総額は特定国税収入の一定割合に限定された．設置直後の1954年度においては所得税，法人税，酒税という国税三税収入見込み額のそれぞれ19.874%，19.874%，20%が交付税率として定められた．特定国税の一定割合は，地方団体間の財政力格差を是正するための財政調整制度の財源総額となるものであり，地方団体全体に対して固有の共有財源を形成する．

　財政調整制度の総額を特定国税収入の一定比率と規定することは，希少な資源の配分をめぐる国と地方団体との間の紛争を回避し，地方団体が財政運営の結果を国の財政調整制度から配分される交付額の不足額に帰するという弊害を予防する点では優れている．しかし，地方交付税法第6条三の2には，「毎年度分として交付すべき普通交付税の総額が引き続き各地方団体について算定した額の合算額と著しく異なる場合には，地方財政または地方行政に係わる制度の改正または第6条第1項に定める率の変更を行うものとする」と規定されており，特定国税の一定率が変更される余地を残している．

　地方団体の財政需要は，社会経済事情の変化に伴って，短期的・循環的のみならず，長期的・傾向的にも変遷する．「毎年度分として交付すべき普通交付税の総額が引き続き各地方団体について算定した額の合算額と著しく異なることとなった場合」の原因と対策は一義的ではない．租税の形でどれだ

けの資源を民間部門から引き抜いて公共部門に投入するかは，公共部門と民間部門との資源配分の問題である．公共部門の財政需要額が引き続き財政収入額を上回るとしても，公共部門の構造改革，合理化，民営化により達成できる．また，民間部門よりも公共部門に資源を投入したほうが効率的ならば，増税による民間部門から公共部門への資源配分の拡大が正当化される．

公共部門内部における国と地方団体との間の資源配分において，各地方団体について算定した額の合計額が普通交付税の総額と著しく異なる場合でも，国の事務と地方団体の事務の比較考量が必要である．地方が不必要に歳出を拡大した場合には，交付税率の引き上げによる地方財源の拡大ではなく，地方歳出の削減が適切な対応策である．

過去において，何度か交付税率に変更が加えられた．戦後長期にわたり交付税率は所得税，法人税，酒税の32%であったが，現行制度ではそれに消費税の収入額の29.5%とたばこ税の収入額の25%が追加されている．交付税総額を特定国税の一定割合に明確に制限した点は，資源の希少性という現実を反映するものであり，また，国と地方団体との間の紛争を回避する点で政治的にも賢明な制度的措置であった．しかし，長期的に見て地方団体の財源不足額の総額と交付税総額との間に著しい差異が生ずる場合に交付税率を変更するという制度は，国と地方団体との間での紛争の可能性を残している．

2.2 交付税特会による特例措置

事態の複雑化要因は，国と地方団体の継続的で大幅な公債依存である．2004年度においては，国の一般会計の歳入総額は86.88兆円であったが，租税印紙収入はその50.69%にあたる44.04兆円にすぎない．他方，公債金の比率は租税印紙収入の比率の低下を補填すべく42.12%と高く，36.59兆円である．特筆すべきは，経常支出の財源としての公債の発行であり，財政法第4条の建設国債の原則に対する例外であるから特例公債と呼ばれ，最近では建設国債よりもその発行規模が遥かに大きい．

国が歳入を租税で調達するならば，特定国税収入の一定比率を地方交付税総額とすることにより地方団体の安定的な財源保障に資することができるが，国が巨額の公債収入に依存するならば，国の歳出は維持されても，地方団体

の財源として重要な地方交付税の財源が確保できない．わが国の政府は景気対策としてフィスカル・ポリシーに大幅に依存したから，歳入総額に占める国税収入比率は縮小し，主要国税の一定率である地方交付税総額は，地方団体に安定的で十分な財源を保障できなくなった．そこで地方財政需要をまかなう対応措置として，地方交付税特別会計による大規模な借入れがなされ，その財源が地方交付税総額に追加された．2004年度当初予算額に計上された地方交付税総額には，附則に基づいたさまざまな繰入れや交付税特別会計の借入れという形での加算が多額であり，本来の地方交付税総額となる国税5税の一定比率額は66.07％にとどまった．

1990年から2004年までの期間における地方交付税の相対的規模を見ると，国の一般会計歳出総額に占める地方交付税交付額の比率は，この期間全体にわたっては年率0.27ポイント低下したが，かなり変動している．1991年度の22.62％から1995年度の16.94％まで低下し，その後1997年度の19.71％まで上昇した．その後1999年度には14.47％まで低下し，2003年度には20.01％まで上昇したが，2004年度にはまた17.71％まで低下した．この期間全体にわたり，都道府県の歳入総額に占める地方交付税の比率は年率0.31ポイント，都道府県の一般財源に占める地方交付税の比率は0.69ポイント上昇した．さまざまな特例措置のおかげで，地方交付税の相対的大きさは維持されたといえる[6]．しかし，38兆円，うち26兆円は地方負担分とされる交付税及び譲与税配付金特別会計の抱える巨額の借金は，今後の地方財政運営に大きな影を落としている．

3. 地方交付税の個別配分ルール

わが国の地方交付税はきわめて巨大な精密機械に譬えることができるが，全国47都道府県，3,132市町村に対してきわめて複雑な公式に基づき基準財政需要額と基準財政収入額を算出し，次式の示すように，個々の地方団体に対して原則としてこの財源不足額を補塡することを目的とする．

---

6) 日経NEEDSデータ・ベースをもとにして算出．

基準財政需要額－基準財政収入額＝財源不足額＝普通交付税額

　交付税総額は上記のように原則として国税5税の一定割合により規定されるから，地方団体の財源不足額の合計額が交付税総額に一致する保障はない．両者が不一致の場合には，「調整率」を用いて，財源不足となった地方団体の基準財政需要額の規模に比例的にその財源不足額から減額して総額と合致させる．財源不足額の合計額が普通交付税の総額に満たない場合には，その差額は特別交付税の総額に加算されるとともに，各地方団体の財源不足額がそのまま交付すべき普通交付税額とされる．

3.1　基準財政需要額の算定

　基準財政需要額は，各行政項目別に次の公式に基づいて個々の地方団体に対して算出される．行政項目は道府県には15種類，市町村には16種類に分類される．

単位費用×測定単位×補正係数

　測定単位には，例えば警察費は警察職員数，土木費の1. 道路橋梁費の (1) 経常経費には道路の面積，(2) 投資的経費には道路の延長が選ばれている．行政項目のなかには災害復旧費や各種債務の償還費のように金額が測定単位のものもある．

　単位費用の決定に標準団体と呼ばれる架空の団体を用いるのは，地方交付税制度に特有の制度である．標準団体が提供すべき各種行政の量と質が，国の担当官庁の制定した法令により詳細に規定されている．県の標準団体は，人口170万，面積6,500ヘクタール，所帯数63万，市数10，市部人口90万，市町村数75，町村部人口80万の属性を有する．市の標準団体は人口10万，面積160ヘクタール，世帯数3.7万の団体である．

　まず，単位費用算定基礎としてさまざまな根拠法令がある．警察費の例をあげれば，行政事務内容を警察法，道路交通法，風俗営業等の規制及び業務の適正化等に関する法律，質屋営業法，古物営業法，銃砲刀剣類所持等取締法，警察官職務執行法，刑事訴訟法，道路交通法，自動車の保管場所の確保等に関する法律，遺失物法，警備業法，暴力団等による不当な行為の防止等に関する法律，警察法などの根拠法令が行政事務内容を規定している．それ

らの法令を根拠として，標準団体行政規模が規定される．標準団体行政規模は警察本部数1，警察学校数1，警察署数22，交番数60，駐在所数220，警察官数2,908人，住民1,000人当たり警察官数1.7，建物延面積12万9,600平米となっている．さらに，経常経費，細目1警察管理費，細目(1)公安委員会費，細目(2)警察職員費等のように分割され，それぞれ給与費，報酬費，旅費等に分類されて積算される．使用料や手数料は差し引いて，一般財源で支払われるべき額が算出される．

置かれたさまざまな状況により現実の地方団体は，行政項目の測定単位数においても単位費用においても，この架空の標準団体と異なる．測定単位には，地方団体が置かれた特殊状況を反映してより正確に基準財政需要額を算出すべく，さまざまな補正係数を用いた調整がなされる．例にあげた警察費の行政項目に対しては段階補正と態容補正と寒冷補正が，道路橋梁費の経常経費測定単位である道路の面積に対しては種別補正，密度補正，態容補正が，投資的経費の道路の延長に対しては態容補正と寒冷補正が適用される．ほかにも数値急増補正，数値急減補正，財政力補正等があるが，これらの補正係数の内容を詳しく説明をする余地はない[7]．形式的には測定単位を補正するが，それに単位費用が乗ぜられて基準財政需要額が算定されることから明らかなように，地方団体の置かれた状況により，単位費用に差異が生ずるから，それらの差異を調整して，より厳密に地方団体の基準財政需要額を算定しようとするものである．

地方自治の趣旨や地方交付税が使途の定めのない一般財源であるという規定との関係で指摘したい点は，地方交付税額算出の基礎としての地方行政の事務内容と規模が，全面的に国の担当官庁により法令の形で定められていることである．この事実と地方交付税法第3条第3項の「地方団体は，その行政について，合理的，且つ，妥当な水準を維持するように努め，少なくとも法律又はこれに基づく政令により義務付けられた規模と内容を備えるようにしなければならない」という規定をあわせると，どの程度まで地方がその使途を自由に決定できる一般財源なのかについて疑問が生ずる．建前上は使途

---

7) 地方交付税制度研究会編（2005 a, b）を参照せよ．

の制限のない一般財源ではあるが，実質的には使途の定められた特定補助金に準ずる性格の補助金にすぎないという批判の余地は，わが国の地方交付税についても存在する．

3.2 基準財政収入額の算定

個々の地方団体の基準財政収入額は，基本的に基準税率をもって算定した当該地方団体の普通税（法定外普通税を除く）並びに自動車取得税及び軽油引取税の基準財政収入見込み額である．地方団体は標準税率と異なる税率を適用する裁量を与えられており，現実に超過課税と呼ばれる標準税率を上回る税率での課税が実施されているが，基準財政収入額の算定には，現実に適用された税率ではなく標準税率が採用される．さらに，標準税率に0.75を乗じた税率を基準税率というが，地方団体の基準財政収入額はこの基準税率を適用して算出する．

基準税率でなく標準税率を用いて基準財政収入額を算出すると，交付団体である地方団体はせっかく税源の涵養努力により地方税の課税標準の拡大を図っても，税収増加額と同額の普通交付税の減額を招くから税収と普通交付税の合計額は増加せず，税源の涵養努力を損なうことになる[8]．ちなみに不交付団体の場合には課税標準を拡大して税収が増加するならば，その増加分全額が一般財源の増加となるから，交付団体と不交付団体の間に税源の涵養誘因に非対称性が存在する．標準税率よりも高い税率を適用して超過課税する場合には，税収増加分は交付税の減額を伴うことなく，全額が当該地方団体の歳入増加を形成する．

---

[8] 個人に対する所得再分配の場合にも，低所得者の勤労意欲を高めるために，所得増加額が生活扶助等の減額により全額相殺されることなく，稼得所得と移転所得の合計所得が増加するように，負の所得税等が提案されている．

290　第IV部　試練と選択

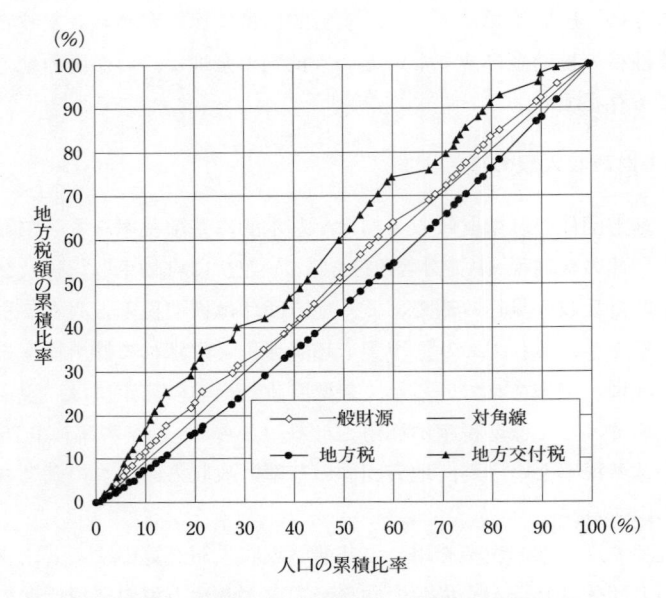

図14-1　擬似的ロレンツ曲線による各種分配状態

4. 最近の主要論点

4.1 再分配効果

　地方税の地方団体間分配の不平等度は，ロレンツ曲線とジニ係数で表現することができる[9]．道府県と市町村の両方の性格を兼ねた特殊団体である東京都を除いた46道府県について，図14-1に地方税のロレンツ曲線が描かれている．横軸には一人当たり額の低い順に並び替えられた道府県の累積人口比率をとり，縦軸には対応する地方税額の累積比率をとる．一人当たり地方税額の低いのは沖縄県であるが，その累積人口比率は1.18%であり，対応する地方税額の累積比率は0.80%である．一人当たり額の一番高い愛知県に対しては，人口累積比率も地方税累積比率も100%となる．横軸の各道府県

---

[9]　ロレンツ曲線と対角線に囲まれた三日月形の面積を対角線の下の三角形の面積で除した値がジニ係数であるが，ロレンツ曲線が対角線の近くに位置するほどジニ係数の値は小さくなる．

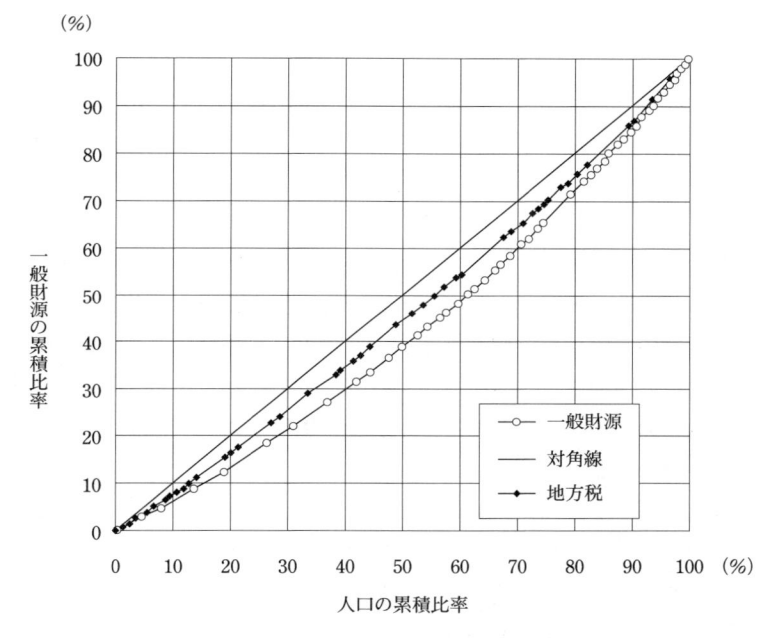

14章 地方自治と地方交付税　291

図 14-2　地方税と一般財源の分配状態

の人口累積比率と縦軸の地方税額累積比率の組み合わせ点をプロットしていくと，図14-1の地方税のロレンツ曲線を描くことができ，対角線の下に位置する．

　一人当たり額が等しい完全平等の場合にはロレンツ曲線は対角線に一致し，対角線の右下に位置し対角線から遠いほど，分配の不平等度は高くなる．ジニ係数は対角線とロレンツ曲線に囲まれた三日月形の面積の対角線右下の直角三角形の面積に対する比率で表されるが，完全平等の場合にはロレンツ曲線は対角線と一致し，ジニ係数の値は0となるが，ほとんどの場合にその値は0と1との間にある．この値が小さいほど平等度が高く，大きいほど不平等度が高くなる．46道府県間地方税分配のジニ係数の値は0.0800である．

　租税の再分配効果については，課税前所得分配と課税後所得分配を比較して，課税後所得分配を表すロレンツ曲線が45度線に近づき，ジニ係数の値が低下すれば再分配効果があったと判断される．地方交付税は地方の一般財源

の大規模な再分配を実施する制度であるが，地方交付税により財政調整を受けた46道府県の一般財源の分配状態は図14-2に描かれている．意外なことに，一般財源のローレンツ曲線は地方税よりも対角線から遠くに位置し，ジニ係数の値は0.1487と地方税のそれよりもかなり大きくなるから，財政調整後の一般財源分配状態の平等度は，地方税の分配状態よりも低下したことになる．

地方交付税により均等化された一般財源のほうが地方税よりも不平等度が高まるというのは意外な結果であったが，その理由は再分配により順序を変えてはならないという再分配の黄金律が，地方交付税による地方財源の再分配においては侵されているからである．46道府県すべてについて一人当たり地方税額の順序と一人当たり一般財源額の順序を対比する余地はないが，一人当たり地方税額の一番低いのは6.79万円の沖縄県であり，次いで7.24万円の長崎県，7.81万円の奈良県と続く．一番高いのは14.06万円の愛知県であり，次に12.00万円の静岡県，11.93万円の福井県と続く．

再分配の黄金律は再分配後も順序を変えないということであるが，わが国の地方交付税による財源の再分配では，一人当たり額の順序が大幅に変化する．一人当たり一般財源の一番低い県は神奈川県で12.05万円であるが，一人当たり地方税額では32番目である．次に低いのは埼玉県12.75万円であるが，一人当たり税額では17番目である．次いで千葉県の13.11万円が続くが，一人当たり税額では19番目である．他方，一人当たり一般財源額の一番高いのは一人当たり税額では14番目に低い島根県の34.73万円，次いで16番目の鳥取県の31.31万円，次いで5番目の高知県の30.49万円である．このように図14-1で描いた地方税のローレンツ曲線と図14-2で描いた一般財源のローレンツ曲線に対して，一人当たり額の並び順序はまったく異なる．それゆえに普通のローレンツ曲線で描くと，地方交付税による財政調整後に，かえって地方税よりも一般財源の分配の不平等度が上昇するのである．

順序は変えないのが再分配の黄金律とすると，地方税の一人当たり額による道府県の順序を維持して，地方交付税がどのような再分配効果を与えたかを分析するのは興味深い．地方税のローレンツ曲線と一緒に図14-1に地方交付税の分配状態と地方交付税により財政調整された一般財源の分配状態を描

いてある．このロレンツ曲線は道府県の並び方については一人当たり地方税額の指標を用いて横軸の人口累積比率をプロットし，縦軸には対応するそれぞれ地方交付税と一般財源の累積比率をプロットしている点で，普通のロレンツ曲線とは異なるので擬似的ロレンツ曲線と呼ぶことにする．

まず，地方交付税についても一般財源についても，一人当たり額の順序を変えるほどの大規模な再分配を反映して，擬似的ロレンツ曲線は対角線の上側に位置している．横軸には一人当たり地方税が低い順に道府県が並んでいるから，例えば一人当たり地方税の一番低い沖縄県の人口比率は 1.17% であり，税収の比率は 0.735% であるから，地方税のロレンツ曲線は対角線の下側に位置する．しかし，沖縄県の地方交付税の累積比率は 1.95% であるから，対角線の上側に位置する．図 14-1 の地方交付税の擬似的ロレンツ曲線は対角線の上側に張り出しており，一人当たり地方税額の低い道府県に厚く交付されていることが分かる．擬似的ジニ係数は，-0.1782 である．

また，沖縄県の人口累積比率は 1.17% に対して一般財源の累積比率は 1.75% であるから，ロレンツ曲線は対角線の上側に位置する．ジニ係数の値は -0.0549 である．個人間の再分配では，再分配の黄金律と呼ばれるように順序は逆転させないという原則があるのであるが，わが国の地方交付税は順序の逆転を招くほどの高度の再分配を実施しているといえる．この結果をもって過度の再分配と呼ぶかどうかは価値判断の問題である．垂直的公平は高所得者と低所得者との間の分配の公平であり，再分配により不平等度を低下させようとする．財政調整制度は垂直的公平を改善するために富裕地方団体と貧困地方団体との間の再分配を行う．形式的には国税という財源を用いた再分配であるが，富裕団体の住民が支払った国税が貧困団体に地方交付税として交付される事実に変わりない．

4.2　税率選択に対する中立性

租税は民間部門の経済主体に勤労意欲，貯蓄意欲，投資意欲，危険負担，資金調達方法，企業組織，結婚か同棲かの家族形態等のさまざまな面で歪曲効果を与える．また，同様の効果は負の税ともいうべき，福祉国家におけるさまざまな形態の所得保障制度についても言える．地方交付税は地方団体に

対する財源保障制度であり，地方団体の行動にさまざまな影響を与えることが予想される．

地方公共団体は客観的な算定式に基づき基準財政需要額と基準財政収入額との差額により交付されるとともに，基準財政需要額は歳出実績ではなく，基準財政収入額も税収実績ではない．地方交付税はいわば定額交付金の性格を有しており，地方団体による支出拡大や低い税率適用による税収減少により地方交付税額が増減するわけでないから，支出や税率選択については中立的な制度であるということができる．しかし，課税標準拡大の形での税源の涵養努力には，標準税率ではなくそれに 0.75 を乗じた基準税率を採用することにより，負の所得税と類似の誘因を与えている．

地方交付税が定額補助金の性格を有するとしても，交付団体に対して所得効果を与える．わが国の地方税は税率決定の自由を大幅に容認しているから，地方住民は国税支払い後の可処分所得を，地方サービスの享受と私的財・サービスの享受との間にどのように配分するかの選択に直面している．わが国の制度では，標準税率以下の税率を選択する場合にはさまざまな罰が科されるから，交付された地方交付税の一部を地方税率の引き下げに向けて，私的財・サービスの増大に充てるという選択肢は行使されていない．しかし，地方交付税の交付を受けなかったらば，一定水準の地方財・サービスの供給を達成するために標準税率を超える超過課税の選択をした地方団体が，地方交付税の交付を受けたために標準税率での課税を選択するならば，所得効果を通じて地方財・サービスと私的財・サービスとの間の選択において地方交付税の影響を受けたことになる．

地方交付税は使途の定められた特定補助金ではなく，地方団体が一般財源として自由に使途を選択できる一般補助金であるが，一般財源でも地方税のような自主財源ではなく，他団体から交付された依存財源である．一般補助金であっても交付団体の歳出を拡大する効果を有するかどうかは，フライペイパー効果として検証対象となっている．

4.3 補正係数の複雑性

わが国の地方交付税制度は，巨大精密機械に似ているが，簡素な制度で

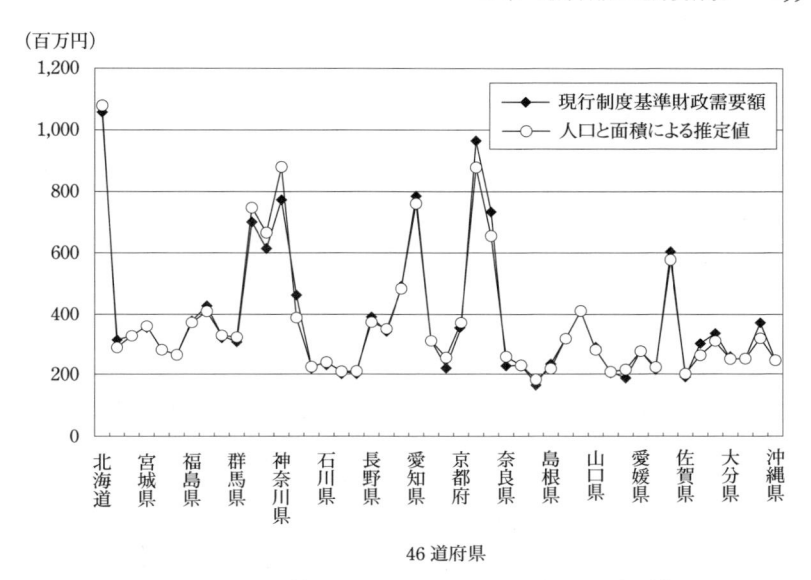

14章 地方自治と地方交付税　295

図14-3　現行基準財政需要額と人口及び面積による推計値

あるとはとてもいえない．制度の根幹は，きわめて分かりやすい．地方交付税の総額は特定国税の一定割合で決まる．それぞれの地方団体に対して基準財政需要額と基準財政収入額を算出し，その差額を原則として補塡する．しかし，地方交付税の総額の決定方式が，交付税及び譲与税配付金特別会計による大規模な借入れも含めた，毎年度の複雑怪奇な特例措置によりきわめて不明確になった．また，基準財政需要額の計算も，決して簡素とはいえない．とりわけ各種補正係数の適用による基準財政需要額の算定は複雑極まりなく，どのような基準で特定の補正係数の値が決定されるのか明らかでない[10]．地方団体の基準財政需要額のほとんどは人口と面積で説明できるのに，多数の補正係数をはじめとする極めて精緻な計算方法を用いて47都道府県，3,200あまりの市町村に適用して算出している[11]．図14-3には，現行制度の下で算出された基準財政需要額と，人口と面積で推計した基準財政需要額を対応

---

10) 図14-1や図14-2で示した地方交付税の再分配効果を数年度にわたり描いてきたが，年度間にかなりの差異があり，どのような政策変更により，そうなったのか明らかでない．

11) IIPF（国際財政学会）において日本の交付税制度を紹介したときに，討論者のドイツの教授がその複雑性に驚嘆し "This is absolutely crazy" とコメントしたのが印象的であった．

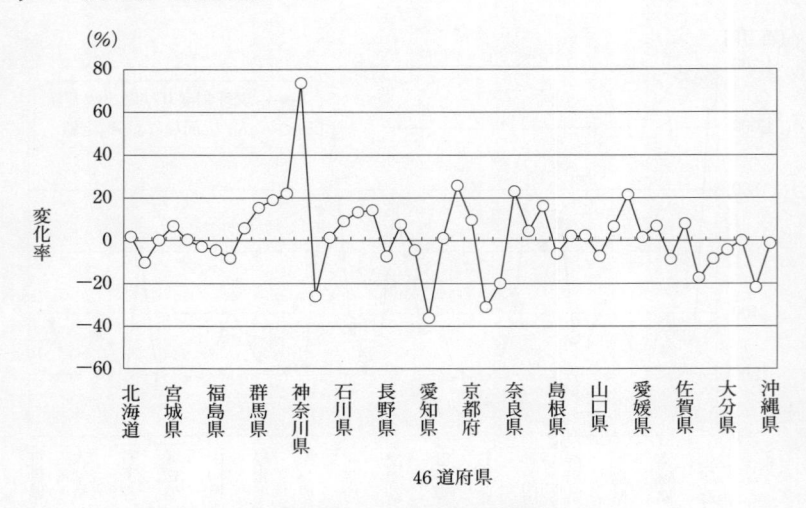

図 14-4　簡素化による普通交付税額の変化率

させて，46道府県に対して描いてある．46道府県について人口と面積の2つの変数で各地方団体の基準財政需要額を説明すると，自由度調整済決定係数は 0.9745 ときわめて高い．

　決定係数の値が 1.0 でないことからも明らかなように，現行制度の下で精緻に計算された基準財政需要額と，人口と面積で推計した額とが，完全に一致するわけではない．奈良県の基準財政需要額は，人口と面積で推計すると，現行制度のもとでの基準財政需要額よりも 14.73% 増加する．他方，新潟県の基準財政需要額は，16.00% も減少する．

　普通交付税額は基準財政需要額と基準財政収入額との差額であるが，現行制度の下での普通交付税額と，人口と面積で推計した基準財政需要額と基準財政収入額との差額で規定される推計普通交付税額を比較したのが図 14-4 である．人口と面積で推計した基準財政需要額を使用した場合にも，普通交付税総額は同額になるように想定してあるが，個々の道府県に対する普通交付税交付額はかなり大幅に変化する．分子には人口と面積で推計した基準財政需要額を用いた普通交付税額と現行制度の下での普通交付税額との差額を，分母には現行制度の下での普通交付税額をとり，変化率を各道府県に対して算出してある．神奈川県の普通交付税額は 73.45% も増加し，愛知県の普通

交付税額は 35.88% 減少する．

　以上は基準財政需要額と基準財政収入額との差額を補填するという現行制度の方式を維持して，複雑な基準財政需要額を人口と面積を用いて推定して単純化したものであるが，財政調整補助金そのものを，人口と面積を用いて配分する国が多い．現行制度の下での普通交付税額を人口と面積に回帰させ，各道府県の普通交付税額を人口と面積で配分すると，現行制度の下で交付される普通交付税額と比べて，愛知県は 217% も多額の交付を受け，兵庫県の交付額は 39% 減少する．

　わが国の精緻極まりない算定方式に基づく普通交付税額を，人口と面積を用いて基準財政需要額を推計して配分する場合にも，普通交付税額を推計して配分する場合にも，現行制度の下での交付額からの大きな乖離が生ずる．現行制度の下よりも普通交付税交付額を減額される地方団体は激しく反対するであろうし，現行制度の下よりも交付額が増加する地方団体は歓迎するであろう．現行制度の下で精緻な算定式により算出される各地方団体に対する普通交付税の交付額が適切な額であるとするならば，人口と面積を用いて基準財政需要額を推定する方式も，直接的に普通交付税額を推計する方式も，地方団体の真の財政需要と財政力を反映しない劣った制度であるということになる．他方，人口と面積による財政調整補助金の配分が適切な配分方法ならば，現行制度は特定地方団体に対して過剰にまたは過少に財政調整補助金を配分していることになる．

　わが国の地方交付税額の算定方式は，高い相関性を有するかもしれないが，各行政項目ごとに，人口や面積とは異なるさまざまな測定単位が選択されている．また，地方団体が置かれた異なる状況を反映するために，さまざまな補正係数が適用されている．一般的にいえば，人口や面積では十分に反映できない個々の地方団体の特殊事情を，適切な測定単位の選択とさまざまな補正係数の適用により調整しているわけであり，より精緻な制度であるといえる．しかし，税制にも当てはまるが，個々の特殊事情によりよく対応しようとすればするほど，制度は複雑化する．そして税制改革と同じく，一般国民にも理解できる程度の簡素性は，制度改革の重要な目的である[12]．総務省においても地方交付税改革に取り組んでおり，そのひとつの目的は制度の簡素

化である．事業費補正，段階補正，留保財源率の見直しがさしあたって検討対象としてあげられており，最終的にどのような改革が実施されるかはまだ流動的であるがその努力は評価したい[13]．

5. むすびにかえて

　わが国の地方交付税制度は「地方交付税法」という国の法律として制定されている．毎年度の地方交付税総額の決定や，個別の地方団体に対する地方交付税額の交付については国の総務省が深くかかわっており，国と地方の仲介的役割を果たしている．地方交付税は一般財源ではあるが，その算出において基準財政需要額は国の諸官庁の決めた数多くの詳細な法令を基礎としている．一方では地方自治の趣旨は，財源を地方団体が地方の価値判断に基づいて自由に支出することを要請するが，他方では，単一国家におけるそれぞれの地方財・サービスのナショナル・ミニマム水準までの均一性が要請されるから，国の担当官庁は多数の法令により地方財・サービスの水準を拘束する．形式としての自由財源である地方交付税が，実質においてどの程度まで自由財源であるかに疑問の余地が生ずるゆえんである．また，わが国においては地方団体自身も横並び思考が強く，他団体とひどくかけ離れた行動を避ける傾向がある．結局は，わが国の地方自治は9割くらい全国均一の地方財・サービスを供給し，残りの1割くらいで限界的に独自性を発揮する余地を残す体質といえるかもしれない．地方自治と全国的均一性という二律背反の目的を掲げる単一国家のわが国の地方自治にとっては，適切な組み合わせと考えることができる．

---

　12)　アメリカの税制，とりわけ個人所得税制度の複雑さは驚異的である．著者による「アメリカの税財政制度」，『税経通信』の連載論文林（2005）を参照せよ．
　13)　岡本（2002）を参照．

参考文献

Hayashi, Masahisa (2000), "Simplification of Local Grant Tax Allocation," *Socio Economics*, Waseda University.

Hayashi, Masahisa (2001), "Decentralization and the Review of the Fiscal Equalization Grant System in Japan : The Case of Prefectures or the First Tier Local Authorities" the paper presented at the 57th World Congress of the International Institute of Public Finance held in Linz, 2001.

OECD (2005), *Economic Outlook*, 2005.

岡本全勝 (2002), 『地方財政改革論議―地方交付税の将来像』ぎょうせい.

地方交付税制度研究会編 (2005a), 『地方交付税制度解説 (補正係数・基準財政収入額篇)』, 地方財務協会.

地方交付税制度研究会編 (2005b), 『地方交付税制度解説 (単位費用篇)』地方財務協会.

地方財務協会 (2005), 『平成15年度地方財政統計年報』地方財務協会.

日経 NEEDS データ・ベース.

林正寿 (2005), 「アメリカの税財政制度」『税経通信』2005年7月から2006年4月の各号.

301

15章　高齢者保健福祉の財源保障[1]

星野菜穂子

1. はじめに

　本章では，地方交付税の財源保障について考察を加える．地方交付税の財源保障機能については，昨今，地方のモラルハザードを生み，地方の歳出を肥大化させるとの批判がある．しかし，その実証分析は，多くが，事業費補正など投資的経費を中心としたものになっている．事業費補正とは，公共事業の地方負担額等の一部を直接基準財政需要額に反映させるもので，公共事業の実績に応じて保障を行っていこうとするものである．このような事業費補正等による投資的経費の財政支援措置が，地方交付税のすべてであるかのように位置づけられれば，地方交付税そのものをモラルハザードとする論調を助長しかねず，交付税の財源保障機能を検討する上では一面的だと考えられる．「国内のいずれの地域においても，標準的な地方税負担と地方交付税によって，標準的な行政サービスを確保することができるようにするため，地方公共団体に実施が義務づけられた事務等に必要な財源を保障する」[2]ことがその本旨であるとすれば，むしろ基礎的自治体の行う不可欠な公共サービスである福祉等の対人社会サービスに焦点を当て，交付税の現状をみていくことが，財源保障機能を検討していく上で重要だと考えられる．

　本章では，対人社会サービスのうち高齢者保健福祉費を取り上げ，特に，市町村を対象とした基準財政需要額の算定内容の検証（1999～2002年度）を通じて，ミクロの財源保障[3]について検討していく．

---

1)　本章は，個人的見解に基づくものであり，所属する機関の見解を示すものではない．
2)　地方財政審議会「平成16年度の地方財政についての意見」平成15年12月1日．
3)　ミクロレベルの財源保障は，基準財政需要額の算定が重要な柱になっていると考えることができる．兵谷他（1999）では，地方交付税は地方団体の行政運営に必要な財源をミクロ，マクロ

2. 介護保険制度導入と地方交付税

はじめに，高齢者保健福祉の分野には，2000年度に介護保険制度が導入されていることから，介護保険制度と地方交付税について考察しておく．周知のように，高齢者の介護サービスは，2000年度に導入された介護保険制度によって措置から保険へという制度変更が行われている．措置制度の下では，租税にもとづくナショナル・ミニマムのサービス提供にかかる財源を保障するものとして地方交付税は位置づけられるが，介護サービスが，保険料にもとづくサービス給付へと移行したことで，地方交付税の財源措置のあり方にはどのような変化がみられたのか．

この点については，『地方交付税制度解説』によって，介護保険導入前の1999年度と導入後の2000年度の単位費用算定内容の変化を検証した．表15-1は，単位費用算定の基礎となる経常経費および投資的経費それぞれの標準団体の一般財源所要額を示したものである．同表によれば，両年度の介護保険費の算定に大きな変化が生じている[4]．1999年度の介護保険費は，介護保険制度施行のための準備に関する経費であり，職員の給与費，事務費を含む各種準備のための経費が計上されているが，2000年度になると，職員の増員，システム開発経費等の加算以外に，介護給付費を主な内容とする介護保険特別会計繰出金を中心に費用の増大がおきている．これは，介護保険制度が保険料収入を財源にするとはいえ，介護給付費の8分の1が市町村負担となっているためである．

このように，介護保険以外の高齢者福祉，在宅福祉は従来の仕組みの下で

の両面において保障しているとし，各地方団体の財源保障（ミクロの保障）については各団体ごとに算定されたあるべき財政需要額としての基準財政需要額と一定のあるべき財政収入額である基準財政収入額との差が補塡されることによりミクロの財源保障機能が果たされているとしている．また山内 (2005) では，地方財源保障の具体的なプロセスとして，地方財源総体のマクロの保障，個別事業に係るマクロの財源保障，個別自治体に対するミクロの財源保障および財源調整，の3段階を示している．ミクロの保障の制度実態は普通交付税の額の算定ということになり，普通交付税は，基準財政需要額の算定によって「財源保障機能」を果たす一方，基準財政収入額を差し引くことによって「財源調整機能」を果たすという考え方を示している．

4) 高齢者施設福祉事業費，在宅福祉事業費が減額しているのは，特別養護老人ホーム入所者への扶助費，ショートステイおよびデイ・サービス運営事業費等が介護保険制度へ移行したことに伴うものである．

15章　高齢者保健福祉の財源保障　303

表15-1　単位費用算定の基礎

細目	細節	99年度 一般財源所要額(千円)	シェア(%)	00年度 一般財源所要額(千円)	シェア(%)	00/99年度 変化額(千円)
経常経費						
65歳以上人口を測定単位とするもの						
高齢者福祉費	高齢者福祉対策費	178,122	14.7	178,404	14.4	282
	高齢者施設福祉事業費	393,822	32.4	55,649	4.5	−338,173
在宅福祉費	在宅福祉事業費	269,424	22.2	141,435	11.4	−127,989
高齢者保健費	高齢者保健費	287,240	23.7	274,970	22.2	−12,270
介護保険費	介護保険費	76,585	6.3	581,339	46.8	504,754
給与改善費		1,449	0.1	1,474	0.1	25
追加財政需要額		7,767	0.6	7,930	0.6	163
合　計		1,214,409	100.0	1,241,201	100.0	26,792
70歳以上人口を測定単位とするもの						
高齢者保健費	高齢者保健費	577,350	—	474,354	—	−102,996
投資的経費						
65歳以上人口を測定単位とするもの						
高齢者福祉費	高齢者福祉施設費	57,939	—	50,038	—	−7,901

(出所)　地方交付税制度研究会『地方交付税制度解説(単位費用篇)』より作成.

のサービス提供が行われていることに加え，介護保険制度が保険料にもとづくサービス給付を行う制度とはいえ，給付額全体の8分の1は市町村も負担しなければならないこと，さらに制度施行のための人件費や事務費は地方の負担で行わなければならないことなど，全国画一の制度を運営していくにあたっても，依然，一般財源での負担が不可欠との認識となっていることが読み取れる．介護保険制度が導入され，介護サービスには，自己責任や地域内での受益と負担の一致が求められるといわれているものの，高齢者関連サービスの提供においては，依然，保険料だけでは賄えない財源について交付税を通じた移転財源が保障されているのである．実際，65歳以上人口測定単位経常経費の一般財源所要額は，1999年度よりむしろ2000年度に増えるなど，地方交付税の役割はますます重要になっているといえる．この点を踏まえた上で，高齢者保健福祉費基準財政需要額の算定内容を検証していきたい．

3. 高齢者保健福祉需要額の算定の概要

実際の財政運営にとっては，地方交付税が財源面から保障しようとしている「標準的な行政水準」が，どのように決められてくるのかが，重要な意味を持ってくる．基準財政需要額の算定は，各地方公共団体の「標準的な財政需要」の額を見積もろうとするものである．基準財政需要額は，単位費用×測定単位×補正係数により，行政項目（経常経費・投資的経費別）ごとに算定される．測定単位は，当該行政項目に係る財政需要の多寡を最も反映する「尺度」「指標」であり，単位費用は，測定単位当たりの一般財源所要額である．標準団体の一般財源所要額を標準団体の測定単位の数値で割った値である．各地方団体の財政需要は，（全国一律の単位費用）×（各地方公共団体ごとの測定単位）によって示されるが，各団体が置かれた自然・社会条件などの違いを考慮すれば，それだけで財政需要が的確に表されたとはいえない．そこで自然・社会条件等の各団体の差を財政需要に反映するために，補正係数が用いられる[5]．

高齢者保健福祉費の場合，測定単位は，経常経費で65歳以上人口および70歳以上人口の2項目が設定[6]されており，投資的経費では65歳以上人口となっている．それぞれの2002年度の単位費用[7]は，経常経費の65歳以上人口測定単位では6万5,000円，経常経費の70歳以上人口測定単位では3万5,300円，投資的経費については2,280円である．基準財政需要額の算定において，単位費用は重要な役割を果たすと考えられる[8]．しかし，単位費用の多寡，その算定の根拠となるマクロの保障の水準について，地方交付税の枠内で議論することには限界がある．それは，国の予算，その予算を反映した地方財政計画によって決められるためである．単位費用の水準については，国の予算規模が十分なものか，またその地方負担分が，地方の事務負担

---

5) これらの説明については，主に岡本（1995）に拠った．
6) 70歳以上人口が測定単位となったのは1999年度以降2002年度までであり，2003年度以降は変更されている．
7) 地方交付税制度研究会『地方交付税制度解説（単位費用篇）』2002年度版．
8) 山内（2005）では「単位費用の作成」プロセスはマクロレベルの財源保障とミクロレベルの財源保障との結節点の役割を果たすとしている．

に対して見合ったものになっているのか、という検討を要する課題となる．一方、個別の団体の立場から考えれば、基準財政需要額の算定において、全国一律の単位費用の水準が重要であるのと同時に、自団体個別の基準財政需要額がどのように算定されたのか、ということも重要な意味を持つと考えられる．この点からは、地方交付税の中で補正係数がどのように決められていたのかということも、ミクロのレベルでは無視できない問題ということになろう．このようなことから、本章においては、65歳以上人口測定単位経常経費の補正係数について検討を加え、高齢者保健福祉費の基準財政需要額の算定内容を検証することにする．具体的には、次節で、神奈川県下市町村および徳島県下市町村の基準財政需要額の算定（1999～2002年度）を取り上げる．

4. 神奈川県および徳島県下市町村を事例とした検証

4.1 高齢者保健福祉費基準財政需要額の概観

まず、分析対象とする神奈川県と徳島県の性格を簡単に確認しておこう．両県は、1) 大都市圏に所属する県であるのか、地方圏に所属する県であるのか、2) 市町村構造、3) サービス供給構造、の点で違いがある．3) サービス供給構造は、介護サービスでみると、神奈川県が居宅型、徳島県は施設型と位置づけられる[9]．2) 市町村構造については、神奈川県37団体（2政令市、1中核市（2001年度以降）、16市、18町村）、徳島県50団体（4市、46町村）[10]で、神奈川県が政令市を含む多様な規模の市町村を抱えるのに対し、徳島県はほとんどが町村で、高齢者人口規模の小規模な町村、および種地区分[11]でみると低位の種地に集中している、という違いがある．このような2県下市町村

---

[9] 介護保険サービスの居宅・施設別受給者数でみると（2002年度）、居宅サービス受給者割合は神奈川県が77.8%で全国1位、徳島県は67.4%で全国40位となっている（厚生労働省『介護保険事業状況報告年報』）．

[10] 本章が分析対象期間とした1999～2002年度までの団体数．

[11] 種地区分とは、都市化の程度に応じた市町村区分であり、普通態容補正の適用を前提としたものである．現行制度では、全市町村を地域の中核都市としての性格を有する「Iの地域」とそれ以外の市町村の「IIの地域」に大別し、それぞれについて都市化の程度に応じて1種地から10種地に区分されている（兵谷他（1999））．

306 第IV部 試練と選択

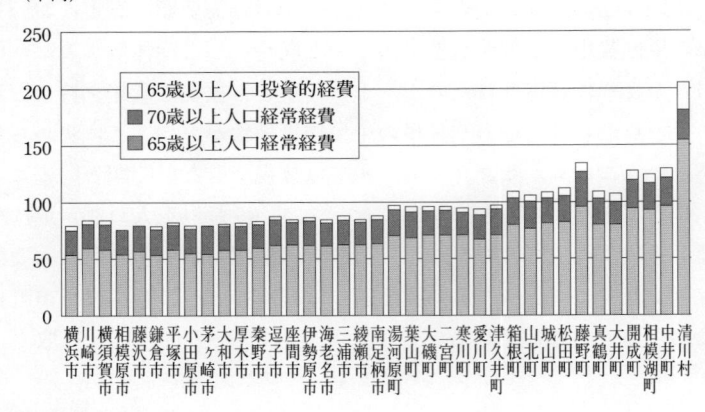

神奈川県
(千円)

凡例:
- □ 65歳以上人口投資的経費
- ■ 70歳以上人口経常経費
- ■ 65歳以上人口経常経費

徳島県
(千円)

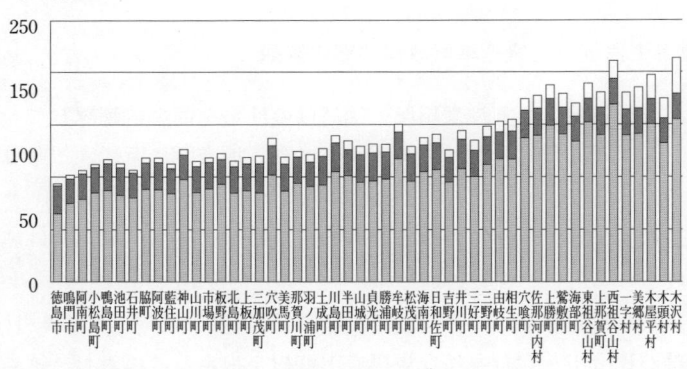

(出所) 神奈川県および徳島県市町村課,国土地理協会『住民基本台帳人口要覧』より作成.
(注) 市町村の配列は,95年国勢調査にもとづく65歳以上人口規模順.

図15-1 高齢者一人当たり高齢者保健福祉費基準財政需要額 (2002年度)

を取り上げることにより,高齢者保健福祉費を対象とした交付税の基準財政需要額算定の特徴がより明確化できると考えられる[12].

詳細な算定内容の検証に入る前に,図15-1で神奈川県下市町村および徳

---

[12] 基準財政需要額算定の内容をみる上で,『地方交付税関係計数資料』の分析という方法も考えられるが,概観を知る上では有効であるものの,市町村については都道府県合算額としての掲載に留まる点,補正係数を分析する上でも連乗補正の掲載がない点で限界がある.

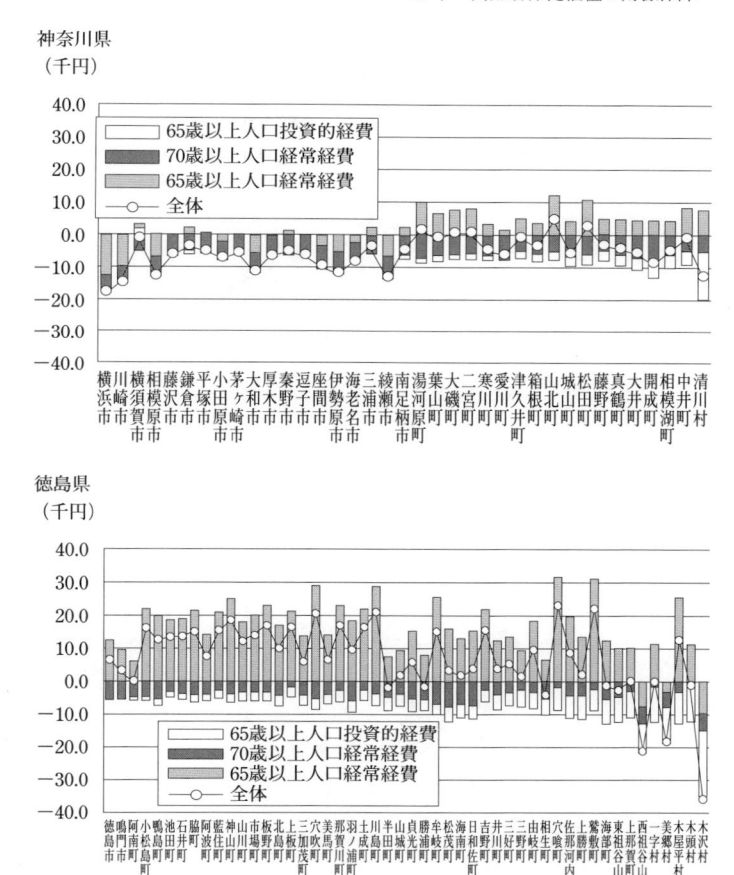

15章 高齢者保健福祉の財源保障　307

神奈川県
（千円）

［グラフ：65歳以上人口投資的経費／70歳以上人口経常経費／65歳以上人口経常経費／全体］

横浜市 川崎市 相模原市 藤沢市 鎌倉市 平塚市 小田原市 茅ヶ崎市 大和市 厚木市 秦野市 座間市 逗子市 伊勢原市 海老名市 綾瀬市 南足柄市 葉山町 大磯町 二宮町 寒川町 津久井町 愛川町 箱根町 山北町 松田町 藤野町 真鶴町 大井町 開成町 相模湖町 中井町 清川村

徳島県
（千円）

［グラフ：65歳以上人口投資的経費／70歳以上人口経常経費／65歳以上人口経常経費／全体］

徳島市 鳴門市 阿南市 小松島市 池田町 鴨島町 石井町 脇町 阿波町 藍住町 神山町 山城町 北島町 上板町 三加茂町 穴吹町 那賀川町 美馬町 羽ノ浦町 川島町 土成町 半田町 山川町 貞光町 勝浦町 牟岐町 松茂町 海南町 日和佐町 吉野町 川内村 相生町 佐那河内村 鷲敷町 上勝町 東祖谷山村 一宇村 西祖谷山村 美郷村 木屋平村 木沢村 木頭村

（出所）図15-1に同じ．
（注）図15-1に同じ．

図15-2　高齢者一人当たり高齢者保健福祉費基準財政需要額の変化額（1999年度-2002年度）

島県下市町村の高齢者一人当たり[13] 高齢者保健福祉費基準財政需要額を概観した．同図では，1995年国勢調査による65歳以上人口規模順（大→小）に

---

[13] ここでの高齢者人口は，実態をみる意味で，算定に使用される国勢調査ではなく住民基本台帳人口の65歳以上人口を使用した．以下，高齢者一人当たり額という場合，断りがなくともすべて同じである．

308　第IV部　試練と選択

神奈川県
（千円）

徳島県
（千円）

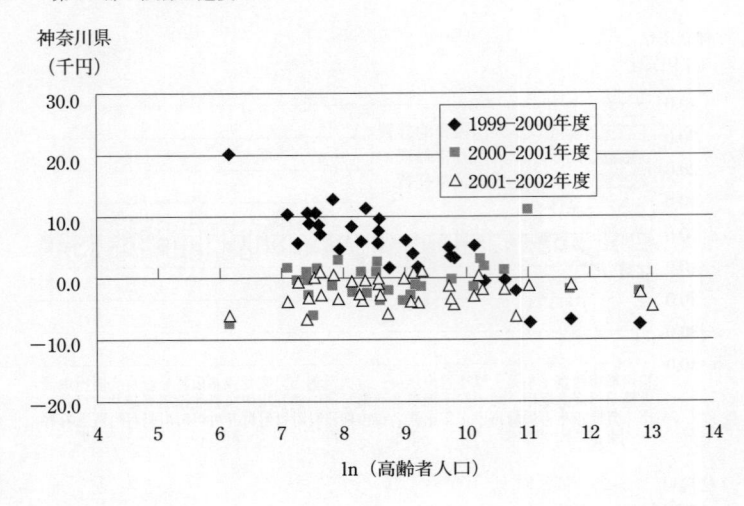

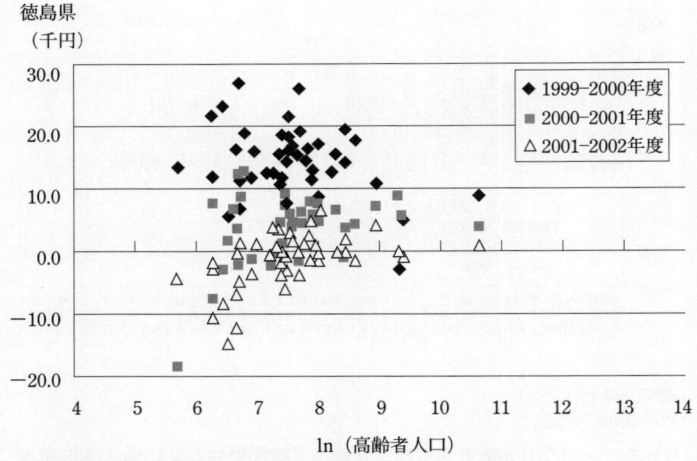

(出所)　図15-1に同じ．
(注)　横軸の高齢者人口は1995年国勢調査．高齢者一人当たり額の高齢者人口は当該年の『住民基本台帳人口』の65歳以上人口．
　　　ln（高齢者人口）と一人当たり変化額の相関係数は，1999-2000年度は神奈川県 −0.88，徳島県 −0.29とも5％水準で有意な負の相関，2000-2001年度は神奈川県では0.24で統計的に有意な相関がなく，徳島県で0.34の5％水準で有意な正の相関，2001-2002年度の神奈川県で0.10で有意な相関が見られないのに対して，徳島県では0.45の5％水準で有意な正の相関．

図15-3　65歳以上人口測定単位経常経費の高齢者一人当たり額の変化額（前年差）

各市町村を配列している．神奈川県，徳島県ともに，全体額として，小規模団体ほど高齢者一人当たり額は大きくなる傾向がみられるが，費目別には，投資的経費ほどその傾向は顕著である．経常経費では，70歳以上人口測定単位の一人当たり額の団体差は小さいが，65歳以上人口測定単位の一人当たり額には規模の差がみられている．特に，高齢者人口規模が1,000人未満（1995年国勢調査）の団体，神奈川県では清川村，徳島県では穴喰町以下より一人当たり額が断続的に増加している傾向が読み取れる．またシェアでみると，65歳以上人口測定単位の経常経費が，いずれの団体においても全体額の7割前後を占めており，高齢者保健福祉費においては中心的費目ということができる．

　次に，分析対象期間である1999年度と2002年度の高齢者一人当たり額の変化をみると（図15-2），費目別および団体間には差がある[14]．費目別には，70歳以上人口測定単位（以下，測定単位を省いて表記）経常経費，65歳以上人口投資的経費で，ほぼすべての団体の一人当たり額が減少しており，投資的経費の減少額は小規模団体でより大幅である．一方，65歳以上人口経常経費の変化額は，団体間での差が大きい．神奈川県の政令市の減少幅は全団体を通じて最も大きく，市は政令市ほどではないが減少，それに対して町村では一人当たり額が増加している．徳島県では，相対的に高齢者人口規模の大きい町で一人当たりの増加額が大きくなっており，高齢者人口規模が1,800人の境となる半田町以下の小規模な団体で，増加額が小幅となり，全費目併せて変化額がほぼ横ばい程度というところもある．また，高齢者人口規模が最小の6団体（西祖谷山村以降）の中には，一人当たり65歳以上人口経常経費が減少となるところも出ている．

　中心的費目でもある65歳以上人口経常経費については，1999～2002年度までの各年の変化を高齢者人口規模との関係でみると（図15-3），介護保険制

---

[14] この間の単位費用の変化は以下のとおり（（出所）『地方交付税制度解説（単位費用篇）』）．65歳以上人口経常経費は，6万7,500円（1999年度），6万9,000円（2000年度），7万3,700円（2001年度），6万5,000円（2002年度）．70歳以上人口経常経費は，4万8,100円（1999年度），3万9,500円（2000年度），4万2,700円（2001年度），3万5,300円（2002年度）．65歳以上人口投資的経費については，3,220円（1999年度），2,780円（2000年度），2,780円（2001年度），2,280円（2002年度）．

度導入を挟んだ1999年度から2000年度までと,それ以降の2002年度までの動きが異なっている.高齢者一人当たり額変化額(前年差)と高齢者人口規模との相関は,1999年度から2000年度では,神奈川県が徳島県より相関係数は高いものの,共に高齢者人口規模に対して負の相関をとっているのに対して,2000年度から2001年度,2001年度から2002年度では,神奈川県では高齢者人口規模との有意な相関がみられなくなる一方で,徳島県では両年度とも,人口規模に対して正の有意な相関がみられる結果[15]となっている.つまり,介護保険導入前後となる1999年度から2000年度では,神奈川県,徳島県ともに,高齢者人口規模が小さいほど高齢者一人当たり基準財政需要額(65歳以上人口経常経費)は増額しているが,その後,2000年度から2001年度,2001年度から2002年度では,神奈川県において高齢者人口規模との関係がみられなくなるのに対して,徳島県では,高齢者人口規模が小さいところ程,高齢者一人当たり額が減っている.2000年度から2001年度,2001年度から2002年度の神奈川県と徳島県における違いは,図15-3によれば,徳島県の高齢者人口規模が小規模な団体で一人当たり額の減少幅が大きくなっていることによるものとみられる.以上のような高齢者一人当たり高齢者保健福祉費基準財政需要額(65歳以上人口経常経費)の動きから,介護保険導入時の1999〜2000年度とそれ以降とで,ミクロレベルの保障に変化が生じていることがうかがわれる.この変化は,基準財政需要額が,単位費用×測定単位×補正係数によって算定されることから,補正係数の変化によってもたらされているということができる[16].どのような内容の変化であったのかについては,次に,補正係数の中身を詳細にみることを通じて検討したい.

4.2 65歳以上人口測定単位経常経費の補正係数

高齢者保健福祉費に適用される補正係数は測定単位ごとに異なるが,65歳以上人口を測定単位とする経常経費では,段階補正係数×普通態容補正係数＋(密度補正係数−1)＋(数値(65歳以上人口)急増補正Ⅰ係数−1)[17]であ

---

15) 結果は図15-3の注を参照.
16) 2002年度と2001年度は適用される国勢調査が違うため,厳密には当該年にはその影響も含まれると考えられる.

る．各構成要素は，人口規模，行政権能・行政質量差[18]，サービス供給構造，人口急増の程度を反映するものといえ，基準財政需要額の算定においては，補正係数を通じてこれらの団体間の差を財政需要に織り込むことになる．

それぞれの要素が補正係数全体にどのように影響したのかをみるため，ここでは『地方交付税制度解説』に基づいて，神奈川県下および徳島県下市町村の 65 歳以上人口測定単位経常経費の補正係数を算出した[19]．既述の高齢者一人当たり額の変化にみられた特徴から，補正係数についても，介護保険導入前後の 1999 年度から 2000 年度，介護保険導入以降として 2000 年度から 2002 年度の変化に分け，内容を「段階補正×普通態容」，「密度補正」，「人口急増」に区分して検証することにした．図 15-4 は，当該年度の補正係数の変化とその内容を示したものである．

同図をみると，1999～2000 年度については，補正係数の変化に，段階補正×普通態容が最も影響を与えていることが分かる．神奈川県，徳島県を通じて，概ね市が低下，町村が上昇しており，特に横浜市，川崎市といった政令市の落ち込みが最も大きくなっている．併せて，密度補正が，神奈川県では概ね市で上昇，町村低下を示しており，この結果，段階補正×普通態容がマイナスの市においても補正係数全体ではプラスを保っている市もある．また徳島県では，密度補正が高齢者人口規模 1,800 人以上の川島町までプラスとなっているが，それ以下の団体ではマイナスの団体も多く，補正係数全体では 1,800 人以上の団体（川島町までの団体）に比べプラス幅が小さくなっているところが多い．これらの結果，1999～2000 年度の補正係数の変化は，最

---

17) 65 歳以上人口を測定単位とする経常経費の補正係数は 1999 年度，2000 年度では段階補正係数×普通態容補正係数×寒冷補正係数+（密度補正係数-1）+（数値（65 歳以上人口）急増補正 I 係数-1）．ただし，神奈川県および徳島県には寒冷補正の適用はない（総務省『地方交付税関係計量資料』）．70 歳以上人口を測定単位とする経常経費の場合，数値（70 歳以上人口）急増補正 I，65 歳以上人口を測定単位とする投資的経費では，投資補正係数+（数値（65 歳以上人口）急増補正 II 係数-1）となっている．

18) 法令の規定に基づく市町村の規模等による行政権能の差，都市的形態の程度等による行政の質量の差を意味している．

19) 算出方法は，『地方交付税制度解説』にもとづき，基本は各市町村の当該数値（国勢調査人口，種地評点など）を挿入して算出したが，密度補正に関しては該当数値の入手が困難なため，補正係数 (A)＝段階補正係数 (B)×普通態容補正係数 (C)＋密度補正係数 (D)＋人口急増補正 (E) を，((高齢者保健福祉費基準財政需要額実際額 (65 歳以上人口測定単位経常経費))/(測定単位×単位費用))＝(A) とし，(D)＝(A)−(B)×(C)−(E) で算出した．

312　第IV部　試練と選択

神奈川県
1999-2000年

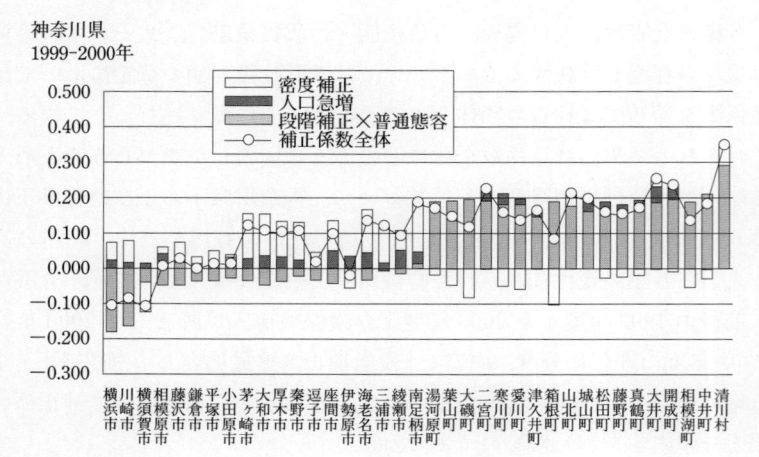

凡例：密度補正／人口急増／段階補正×普通態容／補正係数全体

2000-2002年

凡例：密度補正／人口急増／段階補正×普通態容／補正係数全体

市町村（横軸ラベル）：横浜市　川崎市　横須賀市　相模原市　藤沢市　鎌倉市　平塚市　小田原市　茅ヶ崎市　大和市　厚木市　秦野市　逗子市　座間市　伊勢原市　海老名市　綾瀬市　三浦市　南足柄市　湯河原町　葉山町　大磯町　二宮町　寒川町　愛川町　津久井町　箱根町　山北町　城山町　松田町　藤野町　真鶴町　大井町　開成町　相模湖町　中井町　清川村

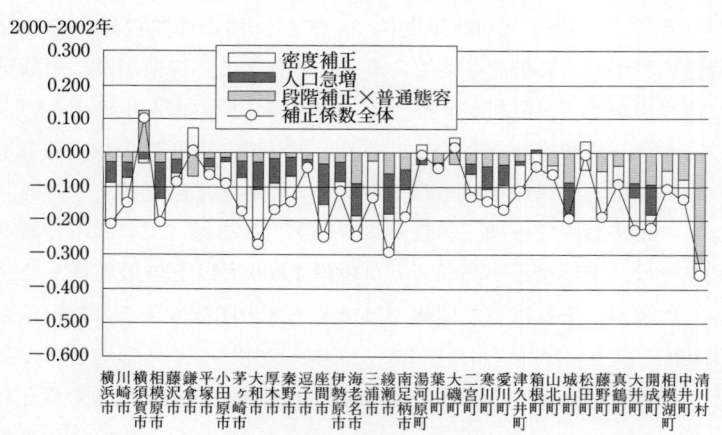

(出所)　各県市町村課提供データおよび総務省『国勢調査』、国土地理協会『住民基本台帳人口要覧』、交付税課提供データより『地方交付税制度解説』を基に注19)の方法により算出。
(注)　市町村は95年国勢調査にもとづく高齢者人口規模順に配列した。

図15-4　補正係数の変化（1999→

も低下しているのが神奈川県政令市，以下，神奈川および徳島の市，神奈川町村および徳島の1,800人規模以下団体（半田町以下町村），徳島の1,800人規模以上団体（川島町以上町）の順に変化幅が増加していっている．

2000～2002年度については，密度補正が概ね神奈川県で低下，徳島県で上昇と逆に作用していることが特徴的である．また段階補正×普通態容は，

徳島県
1999-2000年

凡例:
- 密度補正
- 人口急増
- 段階補正×普通態容
- 補正係数全体

市町村名（横軸）: 徳島市 鳴門市 阿南市 小松島市 鴨島町 池田町 石井町 脇町 藍住町 神山町 山川町 市場町 板野町 北島町 上板町 三野町 穴吹町 那賀川町 美馬町 川島町 土成町 羽ノ浦町 山城町 半田町 貞光町 勝浦町 牟岐町 松茂町 海南町 日和佐町 吉野町 井川町 三好町 三加茂町 由岐町 相生町 穴喰町 上勝町 佐那河内村 鷲敷町 海部町 東祖谷山村 上那賀町 西祖谷山村 一宇村 美郷村 木沢村 木頭村 木屋平村 沢田村

2000-2002年

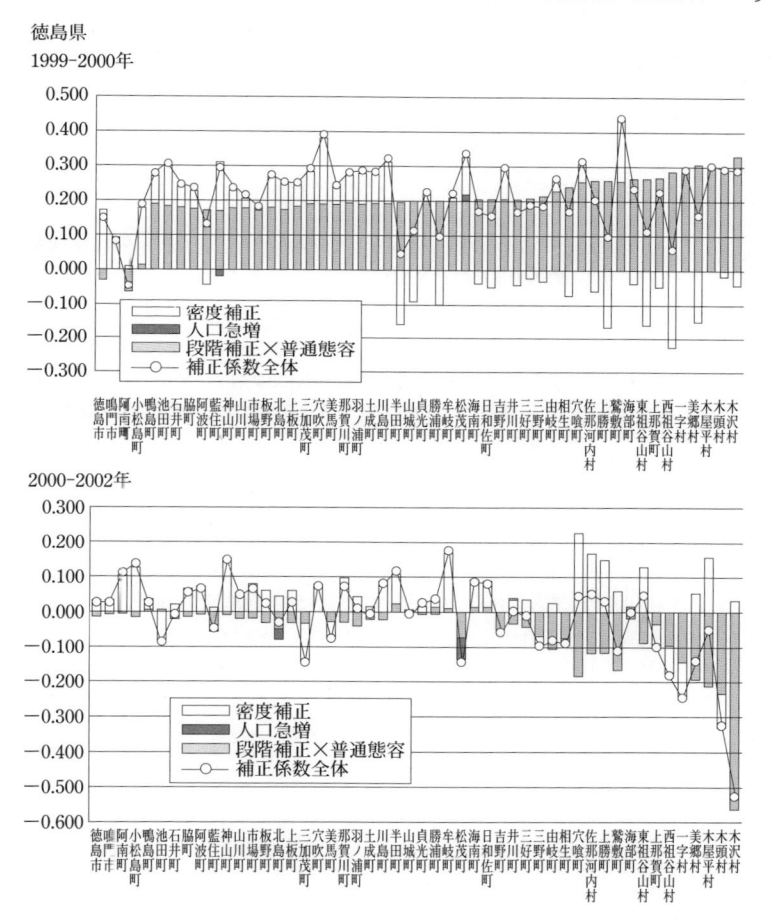

2000年度, 2000→2002年度の差）

1999〜2000年度のような市町間での差はほとんどみられなくなるが，高齢者人口規模が1,000人未満の団体，神奈川県では清川村，徳島県では穴喰町辺りから，引き下げ幅が大きくなっており，高齢者人口規模が小さくなるほど引き下げ幅にさらに拡大している．

このような補正係数の変化は，どのような算定根拠に基づいているのだろ

表 15-2 密度補正係数の算定式

(密度補正係数 −1)	
	=1/(65,000 円×A)×{C×0.8400×(B×1.0079−57 人×A/21,000)}
	+ 1/(65,000 円×A)×{(E×141,400 円+F×499,500 円)−524,118,000 円×A/21,000}
	=(0.8466B×10/A−0.023)×D+((2.175E+7.685F)/A−0.384))
A	当該団体の測定単位の数値
B	当該団体の平成 14 年 4 月 1 日現在の養護老人ホーム被措置者数
C	養護老人ホーム被措置者一人当たり算入単価
	市にあっては 1,034,300 円,町村にあっては 517,100 円
D	市にあっては 1.592,町村にあっては 0.796
65,000 円	単位費用
0.8400	養護老人ホームに係る援護率(費用徴収分を控除した割合 (1−0.1600))
1.0079	平成 14 年度分の平成 13 年度分に対する養護老人ホーム被措置者数推定伸率
57 人	標準団体における養護老人ホーム被措置者数
E	当該団体の居宅介護サービス受給者数
F	当該団体の施設介護サービス受給者数
141,400 円	居宅介護サービス受給者一人当たりの介護給付費負担金単価
499,500 円	施設介護サービス受給者一人当たりの介護給付費負担金単価
524,118,000 円	標準団体において算入されている介護給付費負担金の額

(出所) 地方交付税制度研究会『地方交付税制度解説(補正係数・基準財政収入額篇)』2002 年度版.

うか.密度補正,段階補正×普通態容についてそれぞれみることにする.

5. 補正係数の算定根拠

5.1 密度補正

　まず,密度補正は,サービス供給構造の違いによる財政需要差を見込むものになっているが,介護保険導入にともない採用指標の変更がおきている.1999 年度の指標は,ホームヘルパー派遣世帯数,養護老人ホーム被措置者数,特別養護老人ホーム被措置者数であるのに対し,2000 年度以降は,介護保険制度の実施にともない,「従来から指標として用いていたホームヘルパー派遣世帯数及び特別養護老人ホーム被措置者数を廃止し,新たに介護給付費負担金等に係る経費を適切に算入するため居宅・施設別の介護サービス受給見込者数を指標として用いる」[20]こととされた.つまり,2000 年度以降は,

養護老人ホーム被措置者数および居宅・施設別の介護サービス受給者数[21]が考慮されることになり，介護給付費の一定割合を市町村が負担せねばならないという介護保険制度移行による変化がおきている．図15-4に示されたような1999年度から2000年度への密度補正の変化は，上述のような採用指標の変更にともなう変化を反映していることになる．

しかし，2000年度に居宅・施設別の介護サービス受給者数が指標に採り入れられて以降，密度補正の動きは，神奈川県と徳島県で対照的になっている．神奈川県では全般的に低下している団体が多いのに対し，徳島県では上昇している団体が多い．この点の算定根拠については，2002年度『地方交付税制度解説』の密度補正係数の算定式を通じてみることにする（表15-2）．

この算定式は，介護サービス受給者数および養護老人ホーム被措置者数のそれぞれについて，標準団体におけるサービス単価を基礎に，標準的なサービス供給構造に対して，当該団体がどのような構造であるかによって財政需要の多寡が見積もられるというものになっている．ここでは，「標準」とされる居宅・施設別のサービス単価，介護給付費負担金等がどのように決められているのかが重要である．筆者がヒアリングしたところによると[22]，前者，すなわちサービス単価については，厚生労働省の介護給付費の予算額に対して，市町村負担分を求め，前年度実績にもとづき居宅分と施設分に按分，それを1月段階の全国の居宅サービス受給者数および施設サービス受給者数で割って，居宅，施設それぞれのサービス単価（一人当たり額）が算出される．また後者，すなわち標準団体において算入されている介護給付費負担金額は，予算額にもとづく介護給付費負担額を全国の高齢者人口で割って一人当たり給付費負担額とし，標準団体高齢者人口規模の2万1,000人を掛けて求められるという．養護老人ホーム被措置者数についても，同様の考え方にもとづいている[23]．また標準のサービス構造も前年度実績による全国平均が基礎に

---

20) 地方交付税制度研究会『地方交付税制度解説（補正係数・基準財政収入額篇）』2000年度版．
21) 2000年度においては，需給見込者数だが，2001年度以降は受給者数．
22) 総務省交付税課に対するヒアリング．
23) 厚生労働省の当該予算額の地方負担分について，全国の養護老人ホーム被措置者数で割ったものを一人当たり算入単価とし，標準団体における養護老人ホーム被措置者数（2002年度の場合57人）は，全国の養護老人ホーム被措置者数が高齢者人口2万1,000人に対して何人にな

されている.すなわち,密度補正の算定は,厚生労働省の予算額を基礎に,地方負担分を算出し,前年度の実績数から標準的な単価を割り出すことを基本として,当該団体の供給構造の「標準」からの多寡に応じて経費の割増,割落としが行われることになっている.そもそも「標準団体」とは何かという問題はあるが(ここでは全国平均となっている),この算定方法をみる限りにおいては,交付税枠内で恣意性が入り込む余地は乏しいと考えられる.しかし,厚生労働省の予算額が,居宅サービス受給者数の増加ペースを下回って抑制されていくと仮定すれば,居宅サービスの給付単価は低下していくことになり,居宅サービス中心の団体の財政需要は引き下げられることになる.実際,『地方交付税制度解説』により,2000年度から2002年度までの施設単価に対する居宅単価の比率(=居宅単価/施設単価)をみると,0.46,0.30,0.20となっている.図15-4でみたように,神奈川県のような居宅サービス型の供給構造を持つ団体においては,介護保険導入以降,密度補正は財政需要の引き下げに働いた可能性が指摘できる[24].算定方法に対して裁量性が働く余地は乏しいとしても,密度補正でサービス供給構造まで見込むことには議論もあるところである[25].

5.2 段階補正×普通態容補正

次に,段階補正×普通態容をみる.まず,1999年度から2000年度にかけての段階補正×普通態容の変化には介護保険導入に伴う普通態容補正の変化が影響している.普通態容補正は,行政権能差および行政質量差を基準財政需要額に反映させるものに分かれるが,『地方交付税制度解説』によれば,1999年度から2000年度では,双方ともに変化がみられている.1999年度から2000年度の行政権能差は,その他市1.000基準に対して,指定都市1.240→1.198,町村は0.840→0.980と指定都市低下,町村上昇となっている.これは,措置制度下で指定都市(中核市も同様)に織り込まれていた特別養護老

るかで算出される.
24) 各政令市において,同様の検証を行ったところ2000年度から2002年度にかけて2市を除く10市で密度補正は引き下げ方向に働いていた.
25) 2000年度以前のホームヘルパー世帯数を採用指標としていることへの批判は,神野・池上(2003)等.

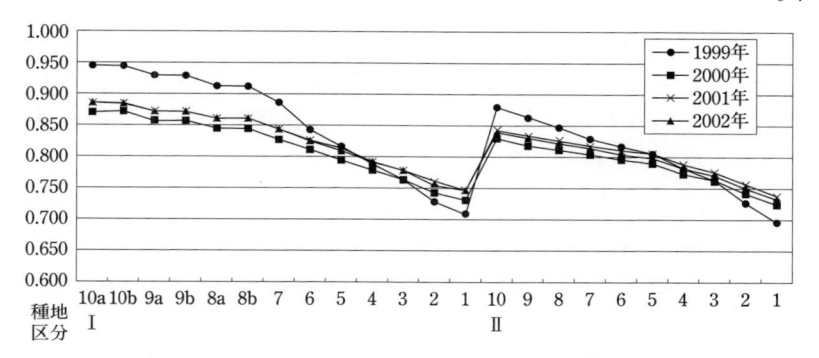

(出所) 地方交付税制度研究会『地方交付税制度解説（補正係数・基準財政収入額篇）』各年度版より作成.
(注) 種地Ⅰは中枢管理機能の規模と質を表し，Ⅱの地域は中核都市との社会的経済的機能の度合いを示す．

図 15-5 個別係数の変化

人ホームの県委譲分の経費が，介護保険制度導入に伴い算定されなくなったこと，逆に町村では負担の軽減措置がなくなったこと等の制度的要因を反映している[26]．また，行政質量差は，都市的形態の程度等の差による財政需要の差を見込むものとされているが，これも，1999年度から2000年度に注目すべき変化をしている．行政質量差を示す各種地ごとの係数は，全費目に共通して適用される共通係数と各費目の特性に応じて適用される個別係数から成る．個別係数は，「個々の費目においては給与費以外の経費でも都市化の程度に応じて行政の質及び量の差が生ずる場合があるため，これを反映させるために適用される」[27]ものとされているが，1999年度から2000年度には，この個別係数が大きく変化している．

図15-5によれば，1999年度から2000年度に，10～8の種地の係数が大きく引き下げられているのに対して，2～1の種地では若干の引き上げが行われている．つまり，2000年度以降は，介護保険制度導入によって，都市的形態の程度の差による財政需要の格差は縮小すると見込まれているということになるが，1999年度から2000年度の変化としてみれば，措置制度から保険制度への移行により，都市化の進んだところで財政需要は縮小し，都市化の相

26) 地方交付税制度研究会『地方交付税制度解説』ならびに総務省交付税課ヒアリング．
27) 兵谷他（1999）．

対的に進んでいないところで財政需要は増える方向での格差縮小が見込まれているということである．Ⅰ10b〜8bの種地は政令市が該当（Ⅰ10aは特別区）しており，図15-4の1999年度から2000年度の横浜市（Ⅰ10b），川崎市（Ⅰ9a）の補正係数低下に影響を及ぼしているといえる[28]．

このような介護保険導入時の補正係数の変化は，措置制度から保険制度への移行に伴う一般財源の財政需要の変化の程度が，都市的形態の差に応じて異なることを交付税が見込んでいたという点で興味深い．一般に，介護保険制度導入に伴う市町村負担は，措置制度下での6分の1から8分の1へ減じるという理解がなされており，その後の実証研究の中で，市町村規模に応じて影響の異なることが指摘されている[29]が，交付税の算定においては都市化の進展度合いに応じた財政需要の変化を盛り込んでいたということになる．しかし，個別係数については，かねてから「普通態容補正係数は大部分，個別係数によって決定されている」のに，「共通係数の算定根拠が明白なのに対して，個別係数は明示されていない」，「影響力の大きさからみて，具体的な計算根拠を明らかにすべき」（伊東（1992），古川（1995））と指摘されているように，1999年度から2000年度の変化がどのような根拠や算定に基づいて行われたのかが明白でないことは問題といえよう．政令市からみれば，算定根拠がよく分からないうちに補正係数を通じて財政需要の算定が引き下げられたということになりかねない．

一方，2000年度から2002年度にかけての段階補正×普通態容は，普通態容補正の変化はわずかであり，段階補正が低下していることの影響が大きい．段階補正は，1998年の「地方分権推進計画」を踏まえ，市町村分について概ね人口4,000人以下の団体に適用する係数を一律とする見直しが進めてられてきたのに加え，経済財政諮問会議の基本方針を受けて，2002年度以降3年間をかけて見直しが行われることになった．『地方交付税制度解説』でみると，高齢者保健福祉費に適用される段階補正も小規模団体の低下幅が大きくなっており[30]，激変緩和措置が講じられているとしても，実際，徳島県下市

---

28) 他の政令市すべてについても検証を行ったが，全ての政令市で1999〜2000年度にかけては段階補正×普通態様補正の引き下げが寄与して補正係数の低下がおきている．
29) 例えば，佐々木（2004）．

町村の例（図15-4）でみたように変化は顕著に出ている．このような段階補正の見直しは，「小規模団体における合理化や効率化への意欲を弱めることにならない様に」[31]という視点からのものであり，今までみてきた普通態容補正や密度補正の変化が，高齢者保健福祉費固有の財政需要を見積もろうとする中でおきたものであることとは異なるものといえるだろう．徳島県の小規模団体では，2000年度から2002年度にかけて密度補正は増加しているところも多いが，それを相殺するほどに段階補正の低下が大きいところもあり，図15-3でみたように，高齢者一人当たり額の低下の要因となっていると考えられる．

6．むすびにかえて：中立性，簡素，アカウンタビリティ

　以上，神奈川県下市町村および徳島県下市町村を対象に，介護保険制度導入を挟んだ1999～2002年度にかけての高齢者保健福祉費，うち65歳以上人口経常経費の基準財政需要額の算定内容を検証してきた．その結果，介護保険導入時の1999～2000年度，その後の2000～2002年度のミクロの算定内容の変化により，1999～2002年度にかけての高齢者一人当たり高齢者保健福祉費基準財政需要額は，神奈川県及び徳島県下市町村において，「政令市」で最大の減少，次いで「神奈川の市」，「徳島県の小規模村」で減少幅が大きく，「神奈川の町村」，「徳島の市」「徳島の高齢者人口1,800人以下町村」「徳島の高齢者人口1,800人以上町」に類型化されるかたちで順次増額していく特徴がみられた．

　これらは，介護保険制度導入に伴い介護給付費の一定割合を一般財源で負担するという制度変化を受けて，国が設定する「標準的」なサービスを行う水準である基準財政需要額の算定内容を変更した結果であり，加えて，高齢

---

30) 65歳以上人口段階ごとの財政需要額（単位当たり費用／単位費用）（『地方交付税制度解説』各年度版）によれば，1999年度と2002年度の比較では，例えば，標準団体の1.000に対して，1995年国勢調査65歳以上人口（カッコ内は2000年国勢調査適用人口）の規模が小さい方から，180人（210人）で4.019→3.638，720人（840人）で2.293→2.138，1,400人（1,700人）で1.651→1.580，2,200人（2,500人）で1.415→1.377と引き下げ幅が大きい．

31) 前田（2002）．

者保健福祉費固有の事情とは別に,交付税全体への「小規模団体への効率化要請」を受けた結果の表れである.神奈川県を居宅型,徳島県を施設型と一般化すれば,この間の基準財政需要額の変化は,居宅型の政令市や市に引き下げ幅が大きく,施設型の町村に引き上げに働いたということになる.またこれとは別に,小規模団体には基準財政需要額の抑制が行われたということである.

このような高齢者保健福祉費を対象とした基準財政需要額の算定について,本書の共通の論点でもある中立性,簡素,アカウンタビリティといった視点から評価を試みたい.

まず中立性に関して,標準的な財政需要,すなわち基準財政需要額の算定は,特定の事業が優遇されることなく,地方団体の意思決定に対して中立的でなければならない.この点に関して,高齢者保健福祉費の場合,密度補正の問題があげられる.密度補正は,居宅・施設別の介護保険サービス受給者数等を採用指標としていることによって,介護保険のサービス供給構造の違いを算定に織り込むものになっている.その結果,居宅型の供給構造を持つ団体には,財政需要の相対的な引き下げにつながっている.このような算定は,必ずしも地方団体の政策に対して中立的とはいえない.ただし,ここでの中立性の問題は,例えば事業費補正のように,ある政策目的のために基準財政需要額を割り増すといった政策誘導的なものとは異なっている.高齢者福祉行政は,1990年代以降,施設福祉から在宅福祉へ重点を移行させており,介護サービスにおいても,居宅サービスが重視されてきたのに対し,実際の算定は,居宅型の財政需要の相対的な引き下げに作用している.つまり,政策の方向性と算定とは逆を向いているのであり,算定が地方団体のモラルハザードを生んでいる,と短絡的に結論づけられるものではない.居宅型の団体に割落とし,施設型の団体に対して割増となる算定は中立性を侵害するという立場の一方で,居宅か施設かの選択が,住民選好によるというより,むしろ地域の自然・社会条件に根ざすところが大きいと考えれば,その経費差についても財源保障を行っていくべきであるという立場もあり得るだろう.

また簡素かどうか,という観点からみれば,高齢者保健福祉費の算定は精緻かつ複雑なものとなっている.高齢者人口規模が50万人を超える大都市

から500人に満たない村に至る多様な団体で，各個別の標準的な財政需要を，地域の実情を取り込んで見積もろうとしている結果でもある．いずれの地域においても標準的な行政サービスの水準を保障するという考え方に立ち，かつ各団体において標準的な行政サービスの財政需要が自然・社会条件によって異なる以上，標準団体との財政需要差を補正係数を通じて見積もることそのものは問題とはいえない．しかし，補正係数の複雑さは，アカウンタビリティの欠如と相俟って，裁量性への疑念を抱かせる要素ともなっている．

　例えば，大都市圏，なかでも大都市に対する財政需要の算定の問題がある．大都市（＝政令市）の基準財政需要額は，1999～2002年度にかけて，補正係数を通じ，全団体中，最も大幅な引き下げが行われていた．そのうち，密度補正係数および普通態容補正係数の個別係数は，引き下げの要因となっていたにもかかわらず，前者については，先述のとおり，中立性の問題が指摘できることの他に，後者については，算定根拠が示されていないため，不透明さを抱えた中での引き下げとなっている．高齢者保健福祉費は，減少が予測される'人口'が測定単位となっている経常経費とは異なり，今後増加が見込まれる'高齢者人口'を測定単位としていることが特徴の1つでもある．その高齢者人口の増加は，地域的に均等ではなく，大都市や大都市圏を中心に増加のスピードが速いと見込まれている．つまり大都市においては，今後の高齢者人口増加のスピードと規模を考えれば，高齢者保健福祉費の財政需要がさらに膨らむことが予想され，全体へのインパクトも大きくなる．総額抑制の下では，算定における引き下げ圧力が今後高まることも考えられる．大都市において基準財政需要額が低く見積もられることについては説得力のある根拠が示されなければ，大都市の反発を招き，交付税の財源保障が不当なものとされかねない．

　各団体の標準的な財政需要をより精緻に見積もろうとする中で，補正係数は増大し複雑化してきている．多様な団体において標準的な財政需要を的確に見積もる上で，算定方法の簡素化に限界があるのだとすれば，方法やその算定根拠について，アカウンタビリティを高め，国民に対して透明性を確保していくことが課題となる．

　以上のような論点に加え，高齢者保健福祉費におけるミクロの財源保障は，

介護保険制度が導入されたことで固有の問題も抱えている。同制度移行に伴い介護給付費の一定割合が市町村一般財源による負担となり、高齢者保健福祉費の一般財源所要額[32]のうちの大きなシェアを占めるに至っている。しかし、介護保険サービスは、地域単位で給付水準に応じて保険料負担を行うという応益的な考え方を採り入れている。この考え方によれば、地域の給付水準は地域住民の選択の結果であり、ミクロレベルでの負担水準が高いことに対して交付税による財源保障を行うことは相容れないものとなる。一方で、介護サービスは保険制度を採り入れているとはいえ、給付費の半分は公費によって賄われ、全国画一的な制度である。負担水準が高いことが地域の受益水準が標準以上である結果としてのみ受け止められ、財源が保障されなければ、小規模団体のような財源が不足する地域においては制度そのものが成り立たなくなる。ミクロレベルで生じる市町村一般財源による負担は、各地域でナショナル・ミニマムを実現するための負担として財源を保障していくという考え方もできる。このように高齢者保健福祉費では、介護給付費の一定割合を一般財源で負担するという制度の下で、ミクロレベルの標準的な行政サービスの水準をどのように捉えるか、一層複雑な課題になっているといえる。

参考文献

石原信雄 (2000)、『新地方財政調整制度論』ぎょうせい．
池上岳彦 (2004)、『分権化と地方財政』岩波書店．
伊東弘文 (1992)、『入門　地方財政』ぎょうせい．
岡本全勝 (1995)、『地方交付税―仕組と機能』大蔵省印刷局．
岡本全勝 (2002)、『地方財政改革論議』ぎょうせい．
金澤史男 (2003)、「日本型財政システムの形成と地方交付税改革論」『都市問題』94巻1号．
佐々木伯朗 (2004)、「介護保険の導入と地方財政」、林健久・加藤榮一・金澤史男・持田信樹編『グローバル化と福祉国家財政の再編』東京大学出版会．
佐藤進 (1998)、『地方財政総論』税務経理協会．
神野直彦・池上岳彦編 (2003)、『地方交付税　何が問題か』東洋経済新報社．
高木健二 (2002)、『交付税改革』敬文堂．

---

[32] 決算ベースでは老人福祉費充当一般財源．

地方財政審議会（2003），「平成16年度の地方財政についての意見」．
沼尾波子（2002），「財政負担と地域間の公平性」齊藤愼・山本榮一・一圓光彌編『福祉財政論』有斐閣ブックス．
沼尾波子（2004），「条件不利地域の財源保障と地域政策」『地方財政』43巻12号．
兵谷芳康・横山忠弘・小宮大一郎（1999），『地方交付税』ぎょうせい．
古川卓萬（1995），『地方交付税制度の研究』自治総研叢書．
前田一浩（2002），「平成14年度普通交付税の算定方法の改正について」『地方財政』41巻9号．
持田信樹（2003），「財政調整の理論と地方交付税改革」『都市問題』94巻1号．
持田信樹（2004），『地方分権の財政学』東京大学出版会．
山内健生（2005），「地方財源保障に関する一考察（1）（2）」『自治研究』81巻2号，3号．

参考資料

神奈川県および徳島県市町村課提供データ．
厚生労働省『介護保険事業状況報告年報』各年度版．
国土地理協会『住民基本台帳人口要覧』各年版．
総務省『地方交付税関係計数資料（市町村分）』各年度版．
総務省『国勢調査』1995年，2000年．
総務省交付税課提供データ．
地方交付税制度研究会『地方交付税制度解説（単位費用篇）』『同（補正係数・基準財政収入額篇）』各年度版．

16章 「試練の時代」の地方交付税

伊東弘文

1. はじめに

　地方交付税が創設されたのは 1954（昭和 29）年度である．この 1954 年度以後，約半世紀にわたって地方交付税制度は存続し，機能を果たしてきた．このことは，地方交付税という制度が日本の現実に適合的で，「頑健さ」を備えていたことを示している．

　しかし地方交付税は固定不変であった訳ではない．地方交付税は「時代の子」でもあり，時代に合せて変わっていった．変わりつつ，地方団体の財源の均衡化と，必要な財源の確保の保障という，本来の目的を実現していったのである．その地方交付税制度は，1975（昭和 50）年度以降，「試練の時代に入ったということができる」といわれる[1]．交付税にとって「試練の時代」とは何であろうか．「試練の時代」に適合することは可能であろうか．また，いかに可能となるのであろうか．

　繰り返しになるが，地方交付税はどのような「試練の時代」に直面しているのであろうか．将来の交付税はどういう方向をたどるのだろうか．本章はこの問題を地方交付税は地方財政計画，地財対策が緊密に組み合わさった円環である，という観点から考察しようとするものである[2]．

2. 自治と集権のバランス

　はじめに地方交付税が果たしている役割を確認しておこう．その際に注意

---

1) 石原（2000），p.144 を参照．
2) 本章は筆者の個人的な見解であって，あらゆる意味で筆者の属する組織の見解をいささかも代表するものではない．

(％)

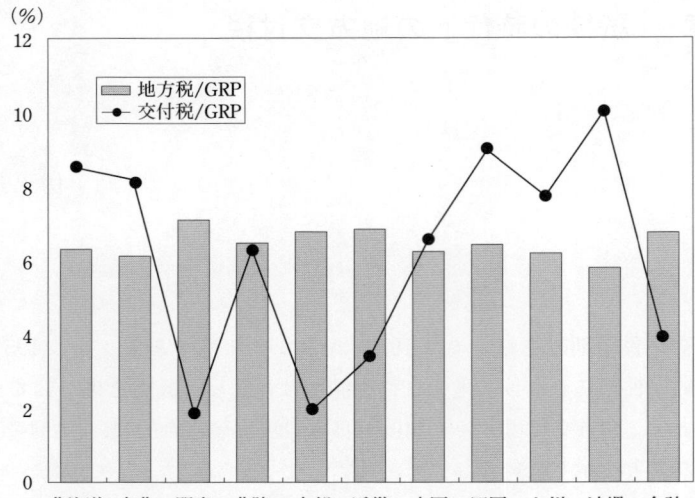

凡例:
- 地方税/GRP
- 交付税/GRP

(横軸：北海道, 東北, 関東, 北陸, 中部, 近畿, 中国, 四国, 九州, 沖縄, 合計)

(資料) 総務省『地方財政統計年報』平成16,17年版，内閣府『県民経済計算年報』平成17年版．

図 16-1 域内総生産に占める地方税と交付税の比率（2002年度）

しなければならないのは地方交付税が「時代の試練」とでもいうべきものに直面しているということである．それは端的にいうと「都市化の時代」あるいはその端的な姿である「一極集中の時代」という認識である．

図16-1を見よう．図16-1の域内総生産に占める地方税と地方譲与税の計の比率（譲与税の金額は相対的に小さいので，ほぼ地方税の比率に等しい）は，全国で6.8％をやや上回る（以下では，地方税等比率という）．他方，同じ域内総生産に占める地方交付税の比率（以下，交付税比率）は，全国で約4％である．なお，地方税等も，交付税も，都道府県と市町村の計である．

地方税等比率は，沖縄等でやや低くなっているものの，各地域でほぼ全国の6.8％と同じ水準を示している．これは，地方税等については「国民負担の地域的な均衡」[3]が保たれていると言えそうである[3]．他方，交付税比率は，全国のほぼ4％を基準とすると，関東（1.85％），中部，近畿（それぞれ2.0％，3.4％程度）で基準より低く，他の諸地域で高い．北海道，東北，四国，九

---

[3] 三好（1933）を参照．

州，沖縄では，地方税等比率に比べてもかなり高くなっている．関東，中部，近畿では地方税等が「主役」，地方交付税が「脇役」であるのに対して，北海道以下九州，沖縄に至る広汎な諸地域では地方交付税が「主役」，地方税等が「脇役」である．

地方交付税は，国税（当初3税，現行5税）の一定比率の合算額を地方共有の「固有財源」としたもので，この「固有税源」がどのような「地域的不均衡」を示しているかは，本来，問題にならない．むしろ，地域的不均衡を示しているからこそ，形式は国税とし，その実，地方共有の「固有財源」とし，財政力の弱体地域に配分したのであった．しかし，この「固有財源」は交付金の形で中央政府より交付される．言い換えれば，地方団体にとって「依存財源」である．その点では，「自治と集権のバランス」（三好重夫）を「集権」に傾けるものとは言えそうである．

ここに，「時代の試練」がある．「自治と集権のバランス」は，どこまで「集権」に傾いて，言い換えれば地方交付税に依存する程度を深めていいのであろうか．2003年度決算（東京都を除く）で見ると，道府県歳入で地方税が交付税を構成比で上回るのは8府県のみである．財政力の下位グループの15県は，歳入総額のうち，県税は12.8％にすぎない．他方，交付税は歳入の31.7％に上る．交付税は実に府県税のおよそ2.5倍に達しているのである．「自治と集権のバランス」は「集権に抱かれた自治」に転化している．これを逆に言えば，「自治」は「集権」の要素をどこまで取り込んで差し支えないのであろうか．「都市化の時代」「一極集中の時代」は，新たな「自治と集権のバランス」をとる「試練」を地方交付税に課している．

この観点から作られた図16-2は，異なる印象を与える．図16-2は，直接国税（所得税，法人税，相続税の計）に対する地方税（都道府県税と市町村税の計）の比率を見たものである．制度が変化しているので，戦前等との長期的な比較には適切ではない．しかし，地方交付税が整備された後も，この比率には地域間不均衡があることが示されている．なお，1990年代に，この比率が全体として上昇しているのは，直接国税のところに減税の影響がより強く出ているためと思われる．

直接国税に対する地方税の比率は，全国では，1990年には68％程度にと

328　第IV部　試練と選択

(％)

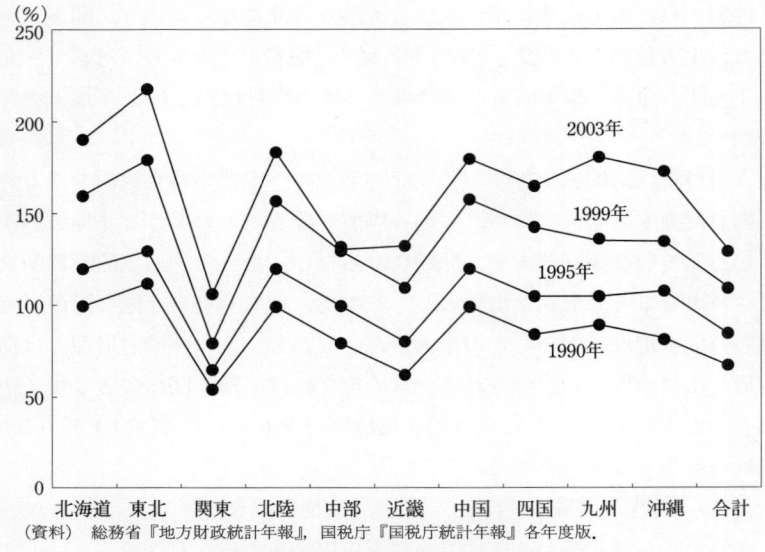

図 16-2　直接国税に対する地方税の比率（1990-2003年）

（資料）　総務省『地方財政統計年報』、国税庁『国税庁統計年報』各年度版.

どまっていたが，1999年度には130％程度に上昇している．この間に1989年度に1988年12月の抜本的税制改革によって，消費税が創設され，同時に所得税等の減税が行われた．つまり，大型間接税をもう1つの柱とする構造に変化したことで，国税の構造における直接税の役割は相対的に小さくなったと考えられる．他方，地方税は応益課税の原則に基づき，固定資産税等の外形課税の直接税が維持され，税収の安定性が重視されてきた．これらの事情が，上記の直接国税に対する地方税の比率の上昇に反映していると見られる．

　注目されるのは，2003年においても，直接国税に対する地方税の比率に2倍程度の地域間の不均衡が見られることである．関東ではこの比率が107％程度である．言い換えれば，地方税は直接国税と同程度であり，直接国税の税源の大きさに比べて相対的に小さな地方税負担となっている．他方，直接国税に対する地方税の比率は東北では219％近くに達している．このような地域間の不均衡は，関東では分子となる地方税も大きいが，分母の直接国税の金額がもっと大きく，税源に恵まれているためであろう．逆に，東北では

直接国税が示す税源の負担能力に比べて，相対的に大きい地方税を負担している．

　直接国税に対する地方税の比率が「地域間の負担の均衡・不均衡」問題を判断する上で，どの程度適切であるか否かについては，議論の余地があろう．しかし，図16-1を思い起すと，図16-1で東北地域は，地方交付税の比率が地方税を上回っている地域の1つであった．つまり，地方交付税への依存度が高く，地方交付税が「主役」，地方税が「脇役」というように「自治と集権のバランス」の点では，「集権」に傾いていた．ところが，図16-2では，直接国税に対する地方税の比率をベースとしてみた時，東北における「自治」（地方税負担）の程度は，関東はもちろん，全国平均を大きく上回っているのである．つまり，まだまだ「自治」の方に秤は傾いていると主張できないこともない．

　図16-1及び図16-2が示すものは，地方交付税に課された「時代の試練」，すなわち「都市化の時代」「一極集中の時代」において新たな「自治と集権のバランス」をとっていくとき，自治及び集権の秤に何を入れるかという点である．図16-1に示されるような「集権に抱かれた自治」の地域ではバランスの回復を図るために「自治」（端的な自主財源としての地方税）の強化が求められる．しかし図16-2ではこういう地域ではすでに充分に地方税を負担している．バランスはむしろ税源に富んだ地域がもっと地方税を負担することで回復されるべきであるとも見られる．そうでない場合には，「集権に抱かれた自治」の課税の圧力が見直されるべきかもしれない．

3. 地方財政計画の意義とジレンマ

　以下では「時代の試練」はさておき，もっぱら「試練の時代」を課題とする．では石原のいう「試練の時代」とは何であろうか．それを解く鍵が地方財政計画にある．地方財政計画そのものは，今日のように精緻なものではないにしても，すでに1948年度から作成されていた．その目的は戦後，地方財政の役割が飛躍的に高まるという環境変化の下で，地方財政の実情を把握することに置かれ，必ずしも財源保障を第一義的な目的とするものではなかっ

た．しかしこれが交付税法第7条の指示している「翌年度の地方団体の歳入歳出総額の見込額に関する書類」と同一とされたのである．地方財政平衡交付金，次いで地方交付税の創設とともに，地財計画はそれが推計されるようになった当初の性質（不足財源額の単なる予測）を変えていた．シャウプ勧告に基づく地方財政平衡交付金の算定に当たって，平衡交付金として必要な金額を地財計画に基づいて算定していたからである．

　平衡交付金はいわゆる積み上げ方式を建前としていた．地方財政平衡交付金法第6条第1項は「当該年度において基準財政需要額が基準財政収入額を超えると認められる地方団体の当該超過額の合算額を基礎として定める」と述べている．第6条第1項の建前から見れば，地財計画に基づく平衡交付金の算定は，「便宜主義」的な方法であった．しかし積み上げ方式は種々の問題をはらみ，現実には行われることはなかった建前と実務は分離していたのである．種々の問題の1つである以下の事情だけでも，積み上げ方式は実施困難である．つまり，予算編成は比較的短い時間でなされることを固有の性質としているのに，積み上げ方式は長時間を要するため，予算編成の中に組み込むことができないという事情である．

　1954年度の地方交付税の創設は，毎年度の地方交付税の決定を国税の一定割合として自動決定することとした．これによって地財計画のジレンマ（地方団体の財源不足額を積み上げて財源を保障するという「理想」と，実際には地財計画によるしかないという実行上の制約）は取り除かれるようにみえたが，そうはならなかった．交付税法第6条の3第2項により，毎年度分として交付すべき普通交付税の総額が引き続き各地方団体について算定した財源不足額の合算額と著しく異なることとなった場合は，地方財政もしくは地方行政に係る制度の改正または地方交付税の率の変更を行うものとされているからである．地方交付税は財源保障の問題を直接的なもの（毎年度の積み上げ方式）から間接的なもの（「……引き続き……著しく異なることとなった場合は，……制度の改正又は地方交付税の率の変更を行う」）へ変えたにすぎない．

　したがって財源保障という目的自体には変更はない．ただし毎年度積み上げるのではなく，毎年度の地方交付税の決定は国税の一定割合として自動決定することに任せつつ，中期的に，地方財政もしくは地方行政に係る制度の

改正または地方交付税の率の変更を行うことによって財源保障するのである．財源保障という目的とその手段との間のジレンマは，残ることとなったのである．ただし，国が制度の改正または地方交付税の率の変更といった地方財源の保障要求をそのまま受け入れるならば別である．

　このジレンマは1975年度の石油危機以後，現実のものとなる．法定率による自動決定という予算編成に適合的な手段を重視すれば，地方団体の財源保障という交付税の本来の目的は達成されない．逆に本来の目的の達成を至上とすれば，積み上げないとしても，法定率の変更を追求せざるを得ず，予算編成を著しく困難なものとする．このような事情のために，ジレンマを調節することが独自の意義をもつようになる．1975年以後，ジレンマの調節を行う地財対策と地財計画の意義はそれゆえ，高まったのである．

4. 地財対策の2つの見方

　前項で述べたジレンマを別のことばで表現すれば，本来法的根拠をもたない地方財政対策が地方交付税という財政現象の実際の世界で「普通名詞」の地位を確実に占めつつあるということになる．それでは地方財政対策とは何だろうか．年々の財政現象としての交付税は地財計画（地方財政計画）に基づいている．ところが，その地財計画は地財対策（地方財政対策）によっている．

　地財対策と地財計画の関連は『地方財政小辞典（5訂）』（石原信雄・嶋津昭監修，ぎょうせい，2002年）が明快である[4]．『小辞典』の「地方財政対策」の項目の説明を見よう．すなわち，(1)「毎年度における地方財政計画の前提として地方財政収支の均衡を達成するための財源対策が必要になる．国の予算編成に先立ち，総務省と財務省の折衝が繰り返された後に決定される地方財源の総額の確保のための措置を，『地方財政対策』という」と．上記『小辞典』はさらに続けて，(2)「地方財政対策は，制度的な財源保障の仕組みを補完し，毎年度の社会経済情勢の変動や国の施策の展開に対応して，地方財政の

　4）　石原・嶋津（2002）を参照．

円滑な運営を図るための仕組みである」と表現を変えて地財対策の説明を繰り返している．

2つの説明は，地財対策を (1)「地方財源の総額の確保のための措置」，(2)「地方財政の円滑な運営を図るための仕組み」と述べ，地財対策が地財計画，さらには交付税の前提となる「地方財源の総額」「円滑な運営……の仕組み」であることを明らかにしている．両者は事実上，同一である．しかし，2つの説明には微妙な違いを嗅ぎ取ることができるかもしれない．もう一度 (1) (2) を読み返すと，(1) では地財対策が地方財政の収支均衡を達成する「財源対策」であることが明示されている．言い換えれば「地方財源の総額の確保」を図る措置のすべてが地財対策である．

それに対して (2) では，地財対策が「制度的な財源保障の仕組みを補完」するものであることが言及されている．つまり，地財計画及び地方交付税は地方交付税法に根拠をもつという意味で「制度的な財源保障の仕組み」である．他方，地財対策はそのような法的根拠をもたない．にもかかわらず地財対策は必要であって，制度を「補完」するのである．そのような「補完」がなぜ必要になるかというと，「毎年度の社会経済情勢の変動や国の施策の展開に対応」するために必要となるというわけである．しかし (1) (2) は実質的に同一であって，表現が異なるにすぎないといってすますことができるだろうか．

実は上記『小辞典』の監修者の一人，石原は地方交付税に関するエンサイクロペディアとも言うべき著書『新地方財政調整制度論』(旧版も同様の評価を受けている) で著名であるが[5]，著書の中で地財対策を主題として (あるいは，項目を立てて) 取り上げていない．地財対策という用語法が文章中にないわけではないが，著しく消極的である．たとえば上記著書の「第5章 地方財政計画」のII (地方財政計画の沿革) の末尾では，以下のように述べられる．「このように，毎年度の地方財政の財源不足の状況について，その計数的な検討はすべて地方財政計画ベースで行われており，地方交付税率の引き上げ，特例地方債の発行，交付税特別会計の借入れ，地方特例交付金の交付な

---

5) 石原 (2000) を参照．

どの地方財政対策は，いずれも地方財政計画を基礎として行われたものであって，地方財政計画の重要性は，地方財政平衡交付金時代に比較して決して劣るものではない」(p.217) というようにである．石原が上記『小辞典』の(2) の説明に近い立場をとっていることは疑えないところであろう．

しかし地財対策は，石原が意義を限定しようと努めているように見えることとは別に，地方交付税という財政現象の実際の世界で「普通名詞」の地位を確実に占めつつあるように思われる．「実際の必要」は，理由は必ずしも明示的ではないが地財対策という用語法に高い意義を認めているように見える．現に，交付税を所管する総務省自治財政局の手になる『改正地方財政詳解』各年版（以下，『詳解』と略す）は叙述を各年度の「地方財政対策」から始めている．2005年度についても，その点は変わらない[6]．

5. 荊に満ちた道：2005年度地方財政計画

では地方財政対策と地財計画の実際はどうなっているのだろうか．地財対策の核心は「地方財源の総額の確保」あるいは「地方財政の円滑な運営を図るための仕組み」造り（これも財源総額の確保に帰する）にある．これを作成するのは総務省であるが，そのプロセスでは様々なプレイヤーが影響を与える．言い換えるとこれを実現する道はどの年度も，多かれ少なかれ障害に満ちているのである．2005年度についてはどうだったろうか．

第1に，障害に厳密な意味で数えることは出来ないかもしれないが，地方団体の「期待」である．その背景には，以下の事情がある．すなわち，地方団体は，2004年度予算の編成が仕上がりつつある2003年12月下旬に，2004年度地財対策を知らされ，茫然自失した．一般財源は主として，地方税，交付税に臨時財源対策債（特例債）を加えたものである．その一般財源が2004年度地財対策で，前年度に比べて，約2兆9,000億円減少することが分かったからである．このようなサイズの一般財源が突然消失することは，すでに予算編成の終盤の局面でその充当を織り込んで計画していた地方団体に混乱

---

6) 総務省自治財政局（2003），第1章「三位一体改革と平成17年度地方財政対策」．

をもたらした．この経験があったので，三位一体の改革に関する政府・与党合意（2004年11月26日）の中で，2005, 2006年度は「地方団体の安定的な財政運営に必要な地方交付税，地方税などの一般財源の総額を確保する」という一文が入れられた[7]．このような事情があったので，地財対策上，少なくとも2004年度並みの交付税総額を確保することがきわめて重要と受け止められた．

第2に，いわゆる決算乖離が問題となった．決算乖離とは地財計画額（投資）が決算額を大きく上回り，上回った乖離分から来る余裕金額が人件費などの別項目の需要（経常）に流用されているのではないか，というものである．「老人介護等の経常経費の単独分が地方の実際の決算より過少である一方，生活関連道路の整備費等の投資的経費の単独分が過大に計上される」という状況があったのである．これは投資的経費の単独分のみ見れば計画の過大計上を内容とする決算乖離であるが，実は他方の経常経費の単独分では逆乖離も生じていたわけで，地財計画が社会の変化に対応し得てなかったことになる．乖離と逆乖離を一体的に是正するという方向で地財計画を手直しすることで解決が図られた．

第3に，財務省が新たなキャンペーンを行ったことである．その1つは，交付税等の一般財源が地方の「無駄遣い」に用いられているというものである．財務省が挙げた例は，敬老祝い金，老人への無料の乗車券，乳幼児医療への地方単独助成，ペットの避妊手術助成などである．このような予算措置が適正であるかどうかについて「争う余地のある」経費は4,000億円程度と見積もられた．もう1つのキャンペーンは，地方公務員の給与支給が，種々の面で，不適切であり，多くの地方で民間を上回っているのではないかという主張である．この点は，国・地方を通ずる公務員給与のあり方を総合的に見直す必要がある等の反論を交えて，議論が交わされた．

さらに，経済財政諮問会議の民間議員は地財計画の二分論を主張した．二分論とは，事務・財源を二分し，1つは国から見て必要とみなされる事務であり，その実施に必要な財源は国が保障する．もう1つは自治的な事務であ

---

[7] 総務省自治財政局（2003），p.539による．

表 16-1　地方財政計画の歳入歳出構成比

(単位：％)

(1) 歳入

区　　　分	2005年度
1　地方税	39.8
2　地方譲与税	2.2
3　地方特例交付金	1.8
4　地方交付税	20.2
5　国庫支出金	13.4
6　地方債	14.6
7　使用料及び手数料	1.9
8　雑収入	6.1
歳入合計	100.0

(2) 歳出

区　　　分	2005年度
1　給与関係経費	27.1
2　一般行政経費	27.6
3　公債費	16.0
4　維持補修費	1.2
5　投資的経費	23.5
6　公営企業繰り出し金	3.4
7　地方交付税の不交付団体における平均水準を超える必要経費	1.2
歳出合計	100.0

(資料)　本文を参照．

る．自治的な事務は超過課税等の自主財源に基づく財源でまかなう．しかし係る二分論は，事務の区分が恣意的となる（どの地方団体も国の財源保障がある方を選好する）という点のみとっても，首尾一貫性において基礎のあやふやな主張であった．

　このような荊に満ちた環境の下で決定された2005年度の地財計画の歳入と歳出を例に示すと，表16-1のようになる[8]．

　地財計画による財源保障は，財源不足の補塡を中心に見ると以下のようになされた．

(1)　通常収支に係る財源不足（7兆5,129億円）は，次により完全補塡する．
①建設地方債（財源対策債）等を増発する（1兆7,600億円）．これによってもなお残る財源不足は国と地方が折半して補塡する．国の負担分は国の一般会計からの繰り入れの加算となる．これはつまるところ赤字国債の増発に帰着する．地方負担分は地方財政法第5条の特例となる地方債（臨時財政対策債）によって補塡する．臨時財政対策債の元利償還金相当額は，その全額を交付税の基準財政需要額に算入する．すでに述べた2つの地方単独事業（投資的経費に係るものと，一般行政経費に係るもの）の一体的な乖離是正（投資単独の過大計上を是正し，同時に経常単独の過小計

[8)]　総務省自治財政局（2003），p.116による．

上の是正を図る)の一般財源に相当する地方財源の不足は,基本は国と地方が折半して負担する.しかし2005年度については全額,臨時財政対策債の増発によることとし,国が負担するべき分は後年度に調整する.国の一般会計加算は2兆5,298億円,地方の臨時財政対策債は3兆2,231億円となる.

(2) 1999年度実施の「恒久的な減税」に伴う地方財政への影響額(3兆4,720億円)及び2003年度税制改正による地方税減収額(1,720億円)についても補塡する.補塡は,地方税の減収額のみならず,その地方交付税への影響額も含めて,完全に補塡する.補塡の方法は,地方たばこ税の増収措置,法人税の地方交付税率の引き上げ,地方特例交付金,減税補塡債,交付税特別会計の借入金の組み合わせによる.

以上から分かるように,地方の財源不足は(a)通常収支の不足と(b)減税に伴う地方影響分からなる.これら2つの不足財源の補塡は(ア)地方交付税の加算(例:国の一般会計繰り入れの加算,交付税特別会計の借入れ等),(イ)地方債の増発(例:財源対策債,臨時財政対策債等)及び(ウ)税財源の移譲(地方たばこ税の増収等)の諸方法によっている.ただし,最後者の(ウ)税財源の移譲による金額は小さく,税財源の移譲が不足財源の補塡の主たる手段となっていないことは明白である.

2005年度の地方交付税総額は地財計画上,16兆8,979億円となる.地方交付税の算定基礎は,表16-2の通りである[9].表16-2によれば,「前年度からの繰越分」の1兆347億円が2005年度は「皆増」となっている.この1兆347億円が前年度並みの地方交付税を確保し得たことに大きく貢献している.「前年度からの繰越分」は大部分,税の自然増収に負うものであるから,2005年度に前年度並みの地方交付税総額を確保しえたのは,景気の回復という「偶然」に多分によるものであった.この「前年度からの繰越金」を別として,交付税の対象税目と交付税率,上で述べた(ア)地方交付税の加算及び(ウ)税財源の移譲の詳細が表16-2で示されている.

まず第1の特徴として,国税5税の法定率が算定基礎が挙げられる.地方

---

9) 総務省自治財政局(2003),p.268による.

表 16-2 2005 年度地方交付税総額算定基礎

(単位：億円)

区　　　　　分		当初予算
国税	所得税 (A)	131,640
	酒税 (B)	16,250
	二税 (所得税＋酒税) 計 (ア)	147,890
	法人税 (イ)	115,130
	消費税 (ウ)	101,640
	たばこ税 (エ)	8,620
一般会計	(ア)×32%	47,325
	(イ)×35.8%	41,217
	(ウ)×29.5%	29,984
	(エ)×25%	2,155
	小　　　計	120,680
	平成 15 年度精算分	0
	過年度精算分	−870
	小計 (法定 5 税分)	119,810
	法附則第 4 条第 1 項第 2 号に基づく加算額	1,963
	法附則第 4 条第 1 項第 3, 4, 5 号に基づく加算額	2,295
	臨時財政対策特例加算額	21,641
	計 (一般会計繰り入れ)	145,709
特別会計	返還金	2
	特別会計借入金	15,911
	借入金償還額	−799
	借入金等利子充当分	−6,591
	剰余金の活用	4,400
	前年度からの繰越分	10,347
	翌年度への繰越分	―
	計	23,270
	合　　　計	168,979
地方交付税	普通交付税	158,838
	特別交付税	10,140

(資料) 本文参照.

交付税の対象税目は長い間，所得税，法人税及び酒税であった．1989 年度に消費税が導入されたのを機に同税が，さらにたばこ税も対象税目に追加された．交付税率は国税 3 税 (所得税，法人税，酒税) については 1966 年度に 32% に引き上げられて以後，そのままであった．消費税の 29.5% は 1997 年度に

施行された地方消費税の創設に際して従来の25％から引き上げられた。たばこ税の交付税率は25％である。法人税の交付税率は1999年度の「恒久的な減税」が実施され，これに伴う減収の一部を補塡するものとして同年に32.0％から32.5％に引き上げられた。2000年度にさらに35.8％とされた。

以上のように対象税目の拡大，法定交付税率の引き上げがまったく試みられなかったわけではないにしても，財源不足を補塡する主たる手段とはならなかった。「制度の改正」という名の下に，特例措置を設けて補塡したのである。

第2に，その特例措置である。国（一般会計）が負担する特例措置としては，金額からいって臨時財政対策特例加算が大きい（2兆1,641億円）。これに対応する地方の特例措置は，交付税ではなく，すでに述べたように臨時財政対策債（特例地方債）である。なお，地方（特別会計）の特例措置で，主たる措置は特別会計借入金の1兆5,910億円である。

以上の第1および第2の特例措置の計は4兆8,298億円である（前年度からの繰越金等を含む）。他方，対象税目の法定率に基づく金額は，12兆680億円である（いわゆる交付税の「実力」）。それゆえ，交付税総額に対する特例措置の金額の割合は28.6％である。財源補塡の特例措置には，さらに地方債も「活用」されている。臨時財政対策債は3兆2,231億円である。いわゆる「実力」に交付税特別会計における特例措置及び臨時財政対策債を加えると，合計は20兆1,210億円に達する。実質的な地方交付税の総額の4割は特例措置や特例地方債に依存して調達されているのである。

なお普通交付税は15兆8,838億円（総額の94％），特別交付税（同じく6％）は1兆140億円となる。この2種類の交付税の区分は，周知であるから，説明は省略して差し支えないだろう[10]。財源調整と財源保障の役割を担うのは，主として，普通交付税である。

表面には必ずしも現われないが，通常収支の大幅な財源不足が連年続く事態に直面して，地財計画の策定に当たって地方交付税の対象税目の拡大，交付税率の引き上げ等が議論され，そのために国庫当局との間に執拗な交渉が

---

10) 石原（2000）を参照。

なされたことは確実である．それは部分的に成果を上げたが（例：1999年度の法人税の交付税率の引き上げ），執拗な交渉も多大の成果を上げることはできず，多くは特例措置に委ねざるを得なかった．地方交付税が果たして地方財政の財源保障という目的を達成することに，地方財政平衡交付金と異なって，成功したのか否か，どの点で成功し，どの点で躓いたのか等，評価の余地が新たにでてきたのである．

6. 地方交付税はいかに苦境を脱するか

　地方交付税は前身の地方財政平衡交付金にかわって，1954年に創設された．以後，50年を過ぎたことになる．財政調整は「国の形」と密接に関連している．50年を超えて地方交付税が存続していることは，それ自体が「国の形」を決めることにもなっている．50年というのは，「人間」に置き換えれば，「壮年期」に当たる．壮年期は，知恵と経験と力の総合において頂点に達する時期である．

　確かに地方交付税は現在，苦境にある．それは，苦渋に満ちた議論のあと，乾坤一擲の決断に基づいて，交付税特別会計の借入れ等の特例措置を通じて「身の丈」をはるかに超える財源保障を敢行した事が大きな理由となっている．根本的には90年代以後の景気対策に地方財政が大きく動員されたという点に行き着くわけである．

　では，景気対策に参与することから開放されれば，また徹底した事務（しごと）の見直しと合わせてであるが，財源不足は縮小し，地方財政の状況は改善の方向に向かうのであろうか．知恵と経験と力の総合において頂点に達しているいま地方交付税は苦境を脱するであろうと「予言」していいかもしれない．しかし，果たして楽観できるであろうか．

　第1に，日本の地方財政はまったく新しい局面に達そうとしているのかもしれない．税源偏在の状況は，冒頭に述べたように深刻である．3割の府県（15県）が歳入の1割程度を税収でカバーし得ているにすぎないという事実はショッキングである．地方財政についての国民意識を抜本的に変え，「国の形」をも改革する中でのみ，地方財政の安定した，長期にわたる改善も望

めるのではなかろうか．税源に乏しい地域は，かかる地域だからといって，財政需要も「乏しい」，つまり，少なくて済むというわけにはいかない．むしろ「税源の乏しい」社会・自然条件が「税源の豊かな」社会・自然条件の地域にも増して「財政需要」を生み出すことがあり得る．

　ところで，税は財政需要を充足するために徴収される．税を豊富に生み出す地域（例：経済の中心地域）と，税源に乏しいがしかし，多くの財政需要を生み出す地域（例：人口の少ない地域の高齢者福祉）の分離は，国の場合，何の役割も演じないし，仕事をする上で障害にならない（必要な範囲で内部調整が行われるとも見られる）．しかし地方は異なる．前者の地域は税源に富むが，後者はそうではない．この状況をどうするかは財政関係をどうするかであり，財政問題のかたちをとった「国の形」の問題なのである．結論的に言えば，財源調整と財源保障によって安定した地方をもつことは，重要である．それは「強い国」の観点から言って利益をもたらす外部経済である．

　第2に地方団体が地財計画の主体の一人として登場してきたことが特筆されるべきだろう．『詳解（05年度版）』の第1章は2004年の三位一体の改革と翌年度の地財対策の策定とが重なって進行した1年を回顧して，「特筆すべきことは，国と地方が同一テーブルの下で，地方財政改革のあり方について議論する場が定例化したこと」を挙げている．2004年度には，この協議の場の開催は8回に上った．2005年度もその第1回が4月28日に開かれた．地財対策は，地方財源対策であり，地方財政の円滑な運営の仕組み造りであった．その策定はもっぱら国に責任があり，地方は要求する側というのが，暗黙ではあるが，共通理解であったといえよう．地方は「同一テーブルの下で，地方財政改革の在り方について議論する」ことになった．地方は今や地財対策の客体ではなく，主体（当事者）の一人となったのである．舞台はかわろうとしている．しかし，変わることは可能であろうか．地方団体は利害に沿って「分裂」していることを特徴とする．都道府県と市町村，大都市，市と町村，「富裕」団体と「貧困」団体……など利害の分裂の理由には事欠かない．「小異を捨てて大同につく」ことは，地方団体がもっとも不得手とするところである．

　『詳解』は以下の文言で第1章を締めくくる．すなわち，「特に，税源の乏

しい地域においては，税源移譲をさらに推進するよりは，国庫補助負担金を温存することの方が損得勘定からは有利とみえるであろうが，そのことが結局は，地方団体の自律を妨げ，国・地方全体としてみれば無駄な行政を温存してきたことに思いを致すべきである」と．地方団体が上で述べられている「国・地方全体」の立場に立つことは容易ではない．地財対策から地財計画へ，さらに地方交付税へと進んでいく地方財政調整も，その本質を変えるような未知の改革が可能か否かは，逆説的であるが，国というよりも，今や地方団体にかかっているのである．個別の利害を追う地方団体の行動こそが合理的で全体の立場に立った財政調整の形成をしばしば不可能にしたのである．

参考文献

石原信雄（2000），『新地方財政調整制度論』ぎょうせい．
石原信雄・嶋津昭監修（2002），『地方財政小辞典（5訂）』ぎょうせい．
伊東弘文（2000），「地方交付税のこれから」『都市問題研究』第52巻第7号．
総務省自治財政局（2003），『改正地方財政詳解』地方財務協会．
三好重夫（1933），『地方財政改革論』良書普及会．

索 引

あ 行

アカウンタビリティ 273
「足の速い」課税ベース 20
アダム・スミス (Adam Smith) 7
天川晃 25
アメリカ 30
　——合衆国憲法 31
安定と成長協定 (EU) 19
イギリス 31
依存財源 294
一般国庫補助金 (スウェーデン) 230, 231
一般財源 283, 288
一般歳入分与 (アメリカ) 5, 43, 151
一般的財政移転支払 185
一般補助金 (デンマーク) 245
移動均衡 (migrational equilibrium) 68
伊藤大一 35
インセンティブ論 11, 15
欧州共同体法 206
沖合資源協定 (カナダ) 119
穏健党 (スウェーデン) 237

か 行

外商投資企業・外国企業所得税 (中国) 178
乖離是正 335
下院方式 (アメリカ) 157
カウンシル税 (イギリス) 137
「過剰平準化」論 9
課税自主権 169, 176, 224
過渡期移転交付 (中国) 183
カナダ医療社会移転 111
カナダ憲法第36条 108, 112, 121, 123

貨幣給付法 (ドイツ) 206, 215
簡素性 297
カントン 33
カントン間財政調整に関する連邦法 (スイス) 261
カントン分与税 (スイス) 261, 263
ギアリング効果 (Gearing Effect) 133
機関委任事務 30
企業所得税 (中国) 178
起債許可制度 32
擬似トポクラート 5
基準財政収入額 289
基準財政需要額 287, 304
基準税率 289
基準法 (ドイツ) 13
機能的な任務配分 195, 201
機能的連邦主義 5
基本法 (ドイツ) 32
　——第104a条第3項 210
　——第107条第2項 200
逆乖離問題 23
給付法 (ドイツ) 206
教育委員会 28
行政学 39
行政監察 32
行政管理予算局 (アメリカ) 164
行政的連邦主義 240
協調売上税 (カナダ) 109
協調的連邦主義 153, 195
共同税 (ドイツ) 6
居住地課税 (residence based tax) 8, 69
緊縮財政 18
グロス・システム 113
経済効率 194
経済財政諮問会議 334
経済体制改革 173

344　索引

激変緩和措置　230
決算乖離　334
欠損額補塡分（ドイツ）　198
原資総額　7
憲章　36
源泉地課税（source based tax）　8, 74
憲法的連邦主義　167, 168
公共部門政治　156
公共部門の民営化　239
公債依存　285
構造的コスト平衡化（スウェーデン）　229, 230, 235
構造補助金（スウェーデン）　235
交付税及び譲与税配付金特別会計　286
交付税の総額　284
交付税率　285
公平性　77
高齢者福祉　252
国際市支配人協会　38
国民投票　274
国有企業改革　173
5州標準（カナダ）　113
個人所得税（中国）　178
国庫補助金　32
コミューン　220
コミュニティ・チャージ（イギリス）　136
混合経済　281
コンサルタント　44
コンセンサス　275, 276
コンフリクト　275, 276

さ　行

財・サービス税（goods and service tax：GST）→GST
財源・負担調整　265
財源・負担調整に関する連邦法（スイス）　266, 274
財源指数　269, 270, 272
財源対策債（日本）　336
財源調整　266-271, 273, 340
財源保障　65, 244, 340
　──機能　5, 22, 301
財源ポテンシャル　266, 272

財政移転　182, 282
財政基本規範　191, 192, 204
財政原則　230
財政支援交付金（オーストラリア）　96, 97, 99, 100
財政需要　340
　──の測定　251, 253
財政中立の原則　266, 267, 275
財政調整　65, 192, 194, 283
　──機能　79, 174
　──係数　57
　──システム　204
　広義の──　265, 276, 277
　北欧の──　248
「財政調整制度なき国家」　167
財政調整法（ドイツ）　198
財政的外部性　72
財政能力の均等化　5
財政力指数　261, 262, 264, 271
財政力の測定　159
財政レファレンダム　258
財政連邦主義　240
最低保障措置（カナダ）　115, 123
歳入援助交付金（Revenue Support Grant）制度（イギリス）　14, 136
歳入分与の1980年改正　162
歳入分与の創設　154
歳入分与の廃止　162
歳入平衡化　229, 230, 233
再分配の黄金率　292
裁量的補助金　246
サマリタンのジレンマ　11
産品税　178
「三位一体」改革　22, 334
残余権　258
GST（オーストラリア）　93
　──歳入交付金（オーストラリア）　6, 12, 86, 89, 93
市会・市長制度　40
事業費補正　301, 320
市支配人　35, 38
市政改革運動　37
自主財源　294, 329
自主税源　193

支出協定 110
自主的増税停止勧告（スウェーデン） 224
自治官僚 40
自治省 41
自治と集権 325, 327, 329
執行主因 204
執行連邦主義 258, 259
ジニ係数 291
市民的自治 35
事務配分 26
社会国家 206
社会費の支出 206
社会扶助 208, 209
ジャクソニアン・デモクラシー 36
ジャクソン（Jackson） 36
社民党（スウェーデン） 235, 237
州間財政調整（ドイツ） 7, 212, 213
住宅補助 211
州の任務 200
10州標準（カナダ） 122
需要・財政力混合ベース型 9
純計額 282
純財政便益（net fiscal benefit） 8, 66
準私的財 66, 73
純粋公共財 70
上院方式（アメリカ） 156
「小」税源結合 196
省庁再編 44
上納 180
　――利潤 177
人頭税（Poll Tax） 136
垂直的公平 293
垂直的財政調整 65, 228, 247, 254
垂直的財政不均衡 83, 85
垂直的調整 13, 237
水平的公平性（horizontal equity） 77
水平的財政調整 65, 198, 199, 225, 230, 254
水平的財政平衡原則 89, 90, 97
水平的調整 13, 237
スウェーデン地方団体連合（SALAR） 223
ストックホルム 232
生活関係の統一 197
税源の涵養努力 289

税収返還 183
政府間関係 41
政府間関係諮問委員会 160, 163
政府間財政関係 174
西部大開発戦略 184
税平衡交付金制度 223
税務行政機関 180
税率決定権 176
1972年州・地方政府財政援助法（アメリカ） 155
1982年憲法（カナダ） 9
1985年統合予算調整法（アメリカ） 151, 163
専門委員会 126
専用項目補助 185
総務省 44
測定単位 287, 304
租税徴収協定（カナダ） 109
租税分与 167

た 行

体制補助 180
代表的課税システム 107, 112, 114, 117
Tax on Income 118
Tax on Tax 118
単一国家 282
単一制国家 169, 197
単位費用 287, 304
段階補正 318
地域間の所得再分配 10
地方交付税 3, 16, 21, 325, 327, 330, 332, 336, 339
地方財政協議会（Cousultative Counsil on Local Government Finance） 138
地方財政計画 329, 331, 332
地方財政対策 331-333
地方所得税 228
地方所得付加税 240
地方税 327
地方税収格差 175
地方税等比率 326
地方政府協議会 242
地方政府交付金委員会（オーストラリア）

87, 99
地方政府固定税（中国）180
地方団体連合 232
地方分権改革 44
地方分散型税収配分 179
中央集中型税収配分 182
中央政府固定税（中国）180
中央・地方政府共有税（中国）180
中央地方パートナーシップ（Central/Local Partnership）138
調整補助金・負担金（スウェーデン）235
調整率 287
直接税 328
通常収支 335, 336
定率補助金 245
テクノクラート 34
出先機関 26
転貸 175
ドイツ連邦共和国 201
導入補助金（スウェーデン）235
トクヴィル（Tocqueville）12
特定補助金 174
特別交付税 338
特別の施設 207
特別負担 271
特例解決措置（カナダ）14, 116, 122, 124
特例公債 285
都市化された州 203
トポクラート 33
　擬似―― 35
　真正―― 35

な行

ナショナル・スタンダード 23
二元的連邦主義 152
ニューディール 29

は行

バード（Bird）118
バーネット算定式（Barnett Formula）130
バイエルン 212
ハンブルク 209
ビア（Beer）34
ヒックス（Hicks）夫人 4
一人当たり相対係数 89, 90
標準税率 289
標準団体 288
標準的税収入 268, 269
費用負担の転嫁 101
費用分担プログラム 110
貧困の罠 4, 14, 125
　――論 10
付加価値税 20, 178
ブキャナン（Buchanan）107
　――の財政余剰 65
福祉国家 3, 219, 224, 237
負担指数 269
負担調整 268, 271, 273
普通交付税 338
普通態容補正 316
Flatters モデル 65
プレミア・モデル 14
分権革命 168
「分税制」改革（中国）177, 178
平衡交付金（カナダ）7, 16, 112
平衡交付金（日本）330
平準化機能 48
平準化効果 15
変動係数 282
包括交付金（Block Grant）制度 135
包括所得（comprehensive income）68
包括的支出精査（Comprehensive Spending Review）137
ボードウェイ（Boadway）65, 107, 115
補助金の機能 244
補正係数 288, 304, 310
ホブソン（Hobson）65

ま行

マクロ・アプローチ 120
マシーンポリティックス 37
マスグレイブ（Musgrave）240
密度補正 314, 320
メリットシステム 37

モラルハザード　23, 246, 272

や　行

家賃補助　209

ら　行

ラチェット効果　250
ランスティング　220
立法主因　204
猟官性　37
臨時財源対策債（日本）　333
臨時財政対策債（日本）　336, 338
レイト補填交付金（Rate Support Grant）
　　制度（イギリス）　134
レーガン（Reagan）　29, 162

連合規約　31
連帯モデル　247, 248
連邦交付金委員会（オーストラリア）　87
連邦国家　191, 282
連邦主義モデル　201, 257
連邦政府　31
「連邦政府とカントンの間の財政調整と役
　　割分担の新たな構築」（スイス）　257
連邦専属事務　196
連邦補充交付金（ドイツ）　198
連邦補助金（スイス）　259, 261, 263, 272
ロビンフッド・モデル　6
ロビンフッド税（スウェーデン）　10, 226,
　　232
ローレンツ曲線　290
　擬似的——　293

執筆者一覧（執筆順．*は編者）

持田信樹（もちだ のぶき）*　東京大学大学院経済学研究科教授
秋月謙吾（あきづき けんご）　京都大学法学研究科教授
橋都由加子（はしづめ ゆかこ）　東京大学大学院経済学研究科博士課程
石田三成（いしだ みつなり）　東京大学大学院経済学研究科博士課程
堀場勇夫（ほりば いさお）　青山学院大学経済学部教授
花井清人（はない きよひと）　成城大学経済学部教授
北村亘（きたむら わたる）　大阪市立大学大学院法学研究科准教授
古川俊一（ふるかわ しゅんいち）　元筑波大学大学院システム情報工学研究科教授
　　　　　　　　　　　　　　　　（故人）
町田俊彦（まちだ としひこ）　専修大学経済学部教授
ヴォルフガング・レンチュ（Renzsch, Wolfgang）　ドイツ・マグデブルク大学政治
　　　　　　　　　　　　　　　　　学教授
林　健久（はやし たけひさ）　東京大学名誉教授
ユルゲン・ロッツ（Lotz, Jørgen）　デンマーク財務省顧問
世利洋介（せり ようすけ）　久留米大学経済学部教授
林　正寿（はやし まさひさ）　早稲田大学社会科学部教授
星野菜穂子（ほしの なほこ）　大和総研主任研究員
伊東弘文（いとう ひろふみ）　総務省地方財政審議会会長

地方分権と財政調整制度
改革の国際的潮流

2006年8月30日　初　版
2007年7月20日　第2刷

［検印廃止］

編　者　持田信樹
　　　　もちだのぶき

発行所　財団法人　東京大学出版会
代表者　岡本和夫
113-8654　東京都文京区本郷 7-3-1 東大構内
電話 03-3811-8814・振替 00160-6-59964

印刷所　株式会社精興社
製本所　誠製本株式会社

©2006 Nobuki Mochida et al.
ISBN 978-4-13-046092-7　Printed in Japan

R〈日本複写権センター委託出版物〉
本書の全部または一部を無断で複写複製（コピー）することは，
著作権法上での例外を除き，禁じられています．本書からの複
写を希望される場合は，日本複写権センター（03-3401-2382）
にご連絡ください．

持田信樹	地方分権の財政学　原点からの再構築	A5・5000円
林・加藤 金澤・持田 編	グローバル化と福祉国家財政の再編	A5・5200円
林　健久	財政学講義［第3版］	A5・2600円
林　健久 今井勝人 編 金澤史男	日本財政要覧［第5版］	B5・2800円
貝塚啓明	財政学［第3版］	A5・2600円
今井勝人	現代日本の政府間財政関係	A5・3800円
村松岐夫	地方自治　現代政治学叢書15	A5・2500円
秋月謙吾	行政・地方自治　社会科学の理論とモデル9	46・2600円
金井利之	自治制度　行政学叢書3	46・2600円

ここに表示された価格は本体価格です．御購入の際には消費税が加算されますのでご了承ください．